甲子黑金梦

赵尊秀　编著

文匯出版社

图书在版编目(CIP)数据

甲子黑金梦 / 赵尊秀编著. —上海：文汇出版社，2018.7

ISBN 978-7-5496-2678-6

Ⅰ.①甲… Ⅱ.①赵… Ⅲ.①油气勘探-企业史-中国

Ⅳ.①F426.22

中国版本图书馆 CIP 数据核字(2018)第 152257 号

甲子黑金梦

编　　著 / 赵尊秀

责任编辑 / 熊　勇

出版发行 / 文匯出版社

　　　　　上海市威海路 755 号

　　　　　(邮政编码 200041)

印刷装订 / 成都勤德印务有限公司

版　　次 / 2018 年 7 月第 1 版

印　　次 / 2018 年 7 月第 1 次印刷

开　　本 / 787×1092　1/16

字　　数 / 460 千

印　　张 / 23

ISBN 978-7-5496-2678-6

定　　价 / 68.00 元

内容简介

　　《甲子黑金梦》是一部按时序记叙原地质矿产部、现中国石化组建于1955年初的全国首批石油普查队伍至今60年的成长发展轨迹史实的书籍。队伍名称和规模与时代、专业、形势发展频繁变动调整，乃至上下级隶属与经济体制类型从国家事业向央企集团公司转制；勘探地域从华北盆地到青海高原及至新疆塔里木、准葛尔。三部曲勘探历程风雨颠扑，八千里山河险路汗水历练；穿越大跃进、文革和改革开放的纷飞战火。然而，有一点天塌地陷始终不变：就是听党话，跟党走，同心同德一股绳；呕心沥血，艰苦奋斗，勤俭勘探；依靠科技进步；始终坚守队伍思想建设和经济管理措施创新。无论在捷报频传的华北，抑或险走麦城的江河源头，还是三授命的"死亡之海"；这支队伍以其钢铁意志久久围攻，打下大庆、胜利、大港、辽河、江汉和塔里木各大油气田的发现和开发战役；创造了自己独具的"一普精神"勘探开发道路。找矿功勋和利润交椅荣登地矿部、中石化榜首。

　　60年成长道路的波峰波谷趋势，折射出由小见大的中国社会主义经济建设道路缩影，这就是《甲子黑金梦》的重大现实与历史意义所在。

六十春华秋实见真情

——序《甲子黑金梦》

宋瑞祥

　　赵尊秀同志是名石油地质队伍的老兵。他把走进石油地质队伍视作安身立命的毕生事业，抱定矢志不渝感恩终生的情结。用他心仪的创作成果，讴歌和高扬原地矿系统几代人，坚持"三光荣"教育，以及科学探索精神的动人找油故事。当下他的新书《甲子黑金梦》，以纪实文体编写了"一普"前后60年的队史。经过八年奋战，终以文史报答。展示了地质部门为黑金梦战斗的足迹和画卷，以存史、教化后人。

　　他的新书，我读得很粗，谈不上什么感想。然而有一点体会到了，这就是重温了新中国地矿人找矿的鲜活而艰辛卓绝，但又充满科学探秘的历史，像电影一幕幕闪过，挥之不去。

　　仿佛又看到了解放初，年轻的地质队员初试拳脚，何等酣畅。"一普"健儿在华北盆地刚刚报出油气勘查工作的准确、翔实资料，又一再曝出重大油气快速突破喜讯；捷报这般频传。然而，不久他们又受命，转身去埋头编写上交国家勘探成果报告。

　　墨汁未干，健儿们背起地质包爬上青海高原。在那儿爬坡过坎，上上下下，弯弯曲曲。在柴达木在民和盆地，勘探儿女为搏击钻探技术成功完井，呕心沥血日夜进行"纠斜""堵涌"和"防塌"的顽强夺围苦战。

　　战斗正酣，一纸红文，"一普"三受命挑战塔里木，日夜兼程不敢懈怠；40年一口气未下鞍，勇攀险峰创油气突破三座丰碑。

　　60年走了一个马鞍型，一路"三部曲"歌哭交织，渐趋佳境；荣登地矿部、中石化找矿功勋和利润交椅。

　　"一普"健儿不改初衷，回眸沙参二井、塔河油田，而今又喜攀顺北油田突破巅峰。最近我又去了那里，当下他们这匹战马正在沙场挥汗驰骋路上。前路无终极，险峰一座座。他们惟有一如既往，胼手胝足，跃蹄奋进；

— 1 —

高举低成本高效益大旗，一刻不敢喘息和停顿，继续闯夺那条铺满荆棘的黑金梦道路。

纵揽60年3地的勘探开发"三部曲"后，凸显了全书精髓。即队伍始终一贯紧紧抓住四个坚守：献身地质、艰苦奋斗、勤俭办地质；坚守地质科学、精雕细刻部署、奋力科技攻关；紧抓思想和经济措施建设创新。走出了独特的闪耀"一普精神"的勘探开发道路。

编写队伍发展史不是目的，"记述过去，为的是开创未来"。期待借此契机，让读者从队伍的艰苦创业精神、曲折搏击的不馁气概与发展壮大的史实中，得到精神洗礼，人生观重塑；而西北石油局、西北油田分公司广大勘探儿女，在阅读和重温历史的自豪和骄傲中，激发出多一份肩上的担当责任和使命；如何把"一普精神"发扬光大，做出与时俱进业绩，长江后浪推前浪。无论从哪个角度讲，这部《甲子黑金梦》不啻正面宣传西北石油局、西北油田分公司，在我国油气地质勘探开发史上所起的不可替代的历史作用；而且为后人留下弥足珍贵的历史资讯，以及亟待吸取的宝贵精神富矿。

实事求是讲，成立于1955年早春的二二六队，是地质部第一批组建承担全国石油普查队伍之一。中间经历多次队伍调整变更，但基本骨架始终不变，至今存世的绝无仅有！编写其发展史该是应有之义。这支队伍的漫长曲折发展历程，贴贴切切地印证了中国石油地质战线、中国经济建设发展道路的弯曲与上下、波峰与波谷的趋势；换言之就是一部由小见大的中国经济道路在中国共产党领导下所走的缩影。中国石油地质发展了突破了，还是停滞了困顿了，这支队伍像温度计敏捷地报出感知与报警信息。从这高度讲，这部发展史的意义，超出自身存在的深刻意义。

无疑，"一普"这支队伍的前身后世，理应进入编写出版国家有强烈个性而顽强搏击前行的金色企业发展史殿堂，拥有雕刻自己独特的发展轨迹史名分。

"以史为鉴"，开创未来。

二〇一七年九月十四日

于京城山水书屋

（宋瑞祥同志，系青海省原省长、原地质矿产部部长。）

C目录 ontents 甲子黑金梦

▼

目

录

— 1 —

第二编　青海高原，爬坡过坎（1967－1978 年）

▼

目
录

第三编 挑战塔里木，攀峰树三碑（1979－2016年）

▼

目

录

第四编　附　录（1955—2016 年）

第一编　初展雄风，逐鹿华北

（1955－1966 年）

第一章　路从二二六队起步

第一节　二二六队临危入世

建国之初，毛泽东没有忘记1894年（清光绪二十年）中国进口洋油24万吨，代价是白银800万两；截止1949年，中国累计进口各类石油产品2880多万吨，耗资33万美元。中国人的命运要看"洋上帝"的脸色，这样的滋味岂能再忍受！

而且，直至1952年底，中国原油年产量依然少得可怜——43.5万吨，大体仅能满足需要的四分之一。可1953开始迈进了第一个五年计划，工农业和国防建设高歌猛进，对石油和天然气提出了日益增长的迫切需要；微不足道的自给石油产量，虽然苏联和东欧一些人民民主国家支持我们，进口一定数量石油，也不能满足我们这样一个大国高速发展的巨量需求。此外始终依赖进口，带来的潜在危险是不可估量的：不仅严重掣肘新中国经济建设发展的速度，甚至于刚诞生的中华人民共和国的生死存亡相关！

因此毛泽东高瞻远瞩地强调，要进行建设，石油是不可缺少的。天上飞的，地下跑的，没有石油都转不动；而且石油是国家重要的战略物资！《中华人民共和国第一个五年计划》提出警示："石油工业在我国特别落后，不但产量低，设备能力很小，而且资源情况不明。因此，要求我们大力地勘察天然石油资源……长期地积极地努力发展石油工业。"

毛泽东等党和国家领导人，极为清醒地认识到了这一点。中国是发现和利用石油、天然气最早的国家，早在公元前一、二世纪，就在陕北发现了石油，只因近代中国政府无能腐败，西方伪学者才把"中国贫油"诬词予以强加。毛泽东不肯投降，心中自有定力。

1953年底，毛泽东在中南海就发展我国石油工业，是开发天然石油还是办人造石油的问题，征询地质部长李四光的意见。李四光基于我国地质工作者对中国地质构造和油气资源的调查资料，运用地质力学理论，分析了石油形成的基本条件，并就勘探开发我国天然油气资源的光明前景，作了充满希望而肯定的答复。系统地提出我国东部新华夏系三个沉降带控油的理论，其基本思想是：松辽平原－华北平原（包括渤海）－江汉平原－北部湾；巴音和硕－鄂尔多斯（陕、甘、宁）盆地、四川盆地；日本海－东海－南海等三个沉降带等形成了北东方向排列的一系列盆地，具有生油和储油的条件。他深信在中国辽阔的领域内，具有丰富的天然石油资源蕴藏量。现在的关键问题，是要抓紧时间多做地质勘探工作。毛泽东为此作了重要批示，周恩来赞许这些意见。后来，周恩来在一次会议上说："地质部长很乐观。对我们说，石油地下蕴藏量很大，很有希望。我们很拥护他的意见。现在需要去工作。"

为此，国务院于 1954 年 12 月决定，从翌年起，除由燃料工业部石油管理总局继续加强对可能含油气构造的细测和钻探外，由地质部、中国科学院分别担任石油和天然气的普查和科学研究工作，以加强、加速石油地质勘探工作进展，争取在较短时间内，扭转石油资源情况不明的落后局面。党和国家的这一重要决策，揭开了我国石油天然气资源勘查工作一个新的大发展时期。

为贯彻国务院的重大决策，地质部闻风而动，鉴于石油与天然气普查任务的重要和急迫，决定列为今后相当长历史时期的重点工作。为了加强对重点工作的领导，1955 年刚过罢新年，就将原担负固体矿产普查工作委员会改为石油普查的主管部门（后又改组为石油地质局）。负责迅速筹划，及时提出部署方案。并于春节前后（1 月 20 日－2 月 11 日）紧锣密鼓地在京召开了第一次全国石油普查工作会议。

李四光部长致开幕词，指出摆在石油勘探工作面前最紧急任务，是增加储量与开拓；地质部要恪尽职守负责落实中央和国务院的重要战略决策。

会议据此制定了地质部石油普查的工作方针，并决定全国首批优先开展包括华北平原等 5 个地区的石油普查工作，同时组织相应的队伍，并在会上商定相关具体事宜。

因此，新组建的承担华北平原石油普查名二二六队，以及其他 4 个石油普查大队，在代表们热烈掌声和窗外节日的鞭炮声中应运隆重诞生。

第二节　华北地区概况

辽阔的华北平原地区，泛指的概念与行政区域、地质工作所指华北地区的范围不尽相同。地质上所谓的华北盆地北起燕山，南迄大别山，西起太行山－嵩山，东至郯庐断裂，面积近 40 万平方千米，包括北京、天津两市及河北、辽宁、山东、河南、安徽等省所辖（包括华北平原和辽河平原）。如包括外围盆地跨越到山西省乃至苏、皖小部分，面积达约 70 万平方千米，通称为华北地区。均为第四系现代沉积所覆盖。

华北盆地为中、新生代以来所形成，在大地构造上位于华北地台的东部。其南为秦岭褶皱带，北为燕山褶皱带，西为山西隆起区，东以郯庐断裂与辽东－鲁苏隆起区为界。

故华北盆地的地貌为三面环山，东临渤海延伸的广袤平原，其自然地理条件温暖、雨量丰沛、土壤肥沃，适农作物生长，是人类宜居地区，为中华民族最早繁衍生息之佳地，中华文明发祥地之一；我国传统文化中的哲学思辩、伦理道德、学术智慧的诞生、发展和形成，乃至构成我国博大精深经典传统文化的最重要奠基内容，均萌发于此壮丽山河。

自古以来，充满绚丽与奇异幻想的凤与龙的文化，就诞生在这片土地。以炎帝、黄帝为始祖的西羌族是龙文化的源头，那么，以太皞伏羲氏和少皞金天氏为始祖的东夷族便是凤文化的源头。这两大部族、两大源头的融合和生息发展，构成了"龙凤呈祥"吉祥如意这幅中华瑰宝最为夺目的象征图腾。据《山海经·南次山经》记载："丹穴之山（今山东泰山）有一种鸟，它的形状像鸡，有五彩的花纹，名字叫凤凰。它吃的是天然的山泉和果实，它能唱歌跳舞，它的出现象征着天下安宁太平。"一直寄托着我们古老民族的全部憧憬和祝愿。今天我们有理由怀揣比古人更令人沉醉的梦想，富饶的土地之下一夜之间，将为"龙凤呈祥"的广袤土地献出灿烂无比的宝藏！

今天华北地区交通方便，经济发达，为我国政治、经济、文化中心之所在，因此，开展对它的油气勘查具有特别重要的战略意义。然而，沿海滩涂及局部水网、盐碱地区，交通运输困难，野外勘探工作条件差，从而给油气勘探带来了诸多困难。

第三节　华北盆地地质演化及油气前景

华北盆地为中、新生代以来所形成，在大地构造上位于华北地台的东部。其南部为秦岭褶皱带，北为燕山褶皱带，西为山西隆起区，东以郯庐断裂与辽东－鲁苏隆起区为界。在太古界－下元古界已经褶皱变质并构成了地台的基底，中元古界－下古生界海相碳酸盐岩为最早的沉积覆盖。自燕山期华北地台解体，盆地开始形成。及至喜山晚期，最终形成了统一的华北盆地，也是油气藏主要形成时期。

区域地质条件决定了华北地区具有新生界、中生界、上古生界、中上元古界－下古生界四大套不同类型的找油领域。其中下第三系湖盆沉积分布普遍，生油岩系巨厚，并具有良好的配套条件。实践证明：第三纪沉积是华北地区油气最富集的领域。

据地球物理概查资料，对华北盆地进行区域构造初步划分：拗陷单元有：下辽河、黄骅、济阳、冀中、开封、周口和合肥等，隆起单元有：沧县、无棣、内黄、通许及鲁西等。

早在新中国建国以前和建国初期，不少老一辈地质专家就曾从多方面指出，华北平原具有较好的含油气远景。1939 年李四光教授在英国讲授《中国地质学》关于华北平原的论述中指出："（新华夏系）这个沉降带，我们有证据认为是白垩纪内陆盆地的发展，如果在华北平原下部，钻探到足够深度，似乎没有多大问题会遇到白垩纪地层，并且用地震的方法进行勘测时，可能揭露有重要经济价值的沉积物。"1954 年 2 月，他在燃料工业部石油管理总局所作的《从大地构造看我国石油资源勘探的远景》报告里，又一次指出华北平原是我国含油气远景最大的地区之一。

1945 年，谢家荣对唐山的古生界油苗进行了调查，于 1954 年 7 月，在《中国的产油区和可能的含油区》一文中，也指出华北平原为我国含油希望很大的地区之一。此外，还有诸多地质学家，如李春昱、黄汲清等也对华北平原可能存在的油气远景作了推测。但多数认为平原下主要是古生代和中生代沉积，且都指望寻找海相油气，而尚未考虑它是个以陆相第三系为主的沉积盆地。

基于此，地质部在接到国务院受命国家油气勘查使命时，首当其冲把华

— 5 —

北平原作为优先开展油气普查的首批地区之一。遂之组织了相应规模队伍力量，命名为二二六队。从此，拉开了华北平原大规模、多工种联合作战的油气普查序幕。并在当年首先以 10 个物探队、1 个物性队、1 个化探队、3 个地质组，三台浅钻的力量开始了全区的油气普查。

时任地质部普查委员会办公室副主任李奔回忆：1955 年 10 月下旬的一天，北京西单附近的曲园饭店里，有一个普普通通，但后来被证明是非同寻常的聚会。

这次聚会，由地质部普查委员会的刘毅、黄汲清、谢家荣、吕华四人做东请客。刘毅是普委办公室主任；黄汲清和谢家荣是普委技术总负责，都是颇负盛名的地质学家；吕华是普委办公室的地质科科长。他们刚从西北回来，在那里奔波了整整一个夏天，捡查西北的石油普查工作。西北地区条件艰苦，野外津贴较高，花钱的地方又不多。他们返京后每人口袋里都节余下来一笔数目可观的钱。我和普委的几个同志怂恿他们请客，于是，他们四人便在曲园饭店摆了两桌。

客人们也大都是地质界的知名人士，其中有中国科学院地质所所长侯德封先生、中国科学院地质所专家尹赞勋先生诸位，再加上我和普委的几位，一共十来个人。

曲园饭店以湖南风味著称，陈毅、郭沫若和一些大名家也时来光顾。曲园饭店的名气也便水涨船高了。这天，席间气氛很活跃，且颇有民主作风，大家各自都点了一两样自己爱吃的菜，客随主便，主随客便，悠悠然，好不热闹。我们边饮酒品菜边叙谈。

主人和客人们在席间谈笑风生。因为主人们刚从西北归来，西北的石油普查情况，很自然地成了席间的话题。

黄汲清和谢家荣向客人们谈到了西北石油普查的成果和西北地质概况，他们说，柴达木、准噶尔、六盘山等重点石油普查区的沉积岩，包括生油岩、储油岩和盖层，都不理想，并不像原先所想象的那么好，找油前景并不乐观；而柴达木盆地的深层可能有希望找到油，但也不够理想。至此，大家你一言我一语议论起来。还谈到了西北交通特别困难，生活安排问题也很多。

不知不觉间，地质学家们纵论起全国各地区的找油前景，也谈到了东北。

当时，我们普委刚得到一些关于东北松辽盆地的新资料。此前，东北地区从未开展过石油普查工作，为了解松辽盆地地质情况，这年五、六月间，普委指令东北地质局组织了一只踏勘队，到松辽盆地踏勘。踏勘队从哈尔滨出发，乘船顺松花江踏勘了沿岸出露地层，发现松辽盆地沉积层的厚度达三千米之巨，并且可能有生油岩系、储油岩系和盖层。

听到这一信息，黄汲清、谢家荣、尹赞勋、侯德封等地质学家们眉飞色舞起来，都认为东北幅员广阔，既然有三千米厚的沉积，白垩纪时代又有造山运动，有可能形成圈闭的储油构造。大家愈谈愈兴奋，黄汲清摸着络腮胡，激动得站了起来。

谁也没有料到，正是这个平平凡凡的日子，这次普普通通的聚会，这些即席发表的见解和主张，竟成为我国石油普查工作战略大转移的前奏。不出数年，喜讯传来松辽盆地油龙飞舞，大庆油田宣告诞生。从而加快了中国的经济发展速度，甚至在某种意义加速了中国的历史进程！

1955年底，地质部正式通知东北地质局，由该局组建东北石油普查队，开展松辽盆地石油普查工作。

翌年春天，我乘火车从北京前往长春，看望在那里刚组建的东北石油普查队的职工。列车在广袤的平原上奔驰，黑土地正值冰消雪化，春潮在土壤里萌动。我贴着车窗向远方眺望，内心激动地轻声呼喊着：松辽盆地，我们就要探索你心中的秘密了！

（刊《新生界》1990 年 1 期）

第二章　区域展开的探索阶段

（1955 – 1959）

第一节　石油普查工作全面展开

　　根据第一次全国石油普查工作会议的决定，地质部从直属的地质、物探队伍和华北地质局中调出大量骨干、部分管理人员及少量技术工人，于1955年春寒料峭的3月，迅速组成了华北平原第一支石油普查专业队伍——二二六队。至1956年迅速发展到拥有3个重力队、1个磁法队、4个电法队、3个地震队、1个物性队、1个化探队、1个测井队、5个地质普查分队、500米钻机5台、1200米钻机6台（1955年仅3台浅钻）等规模较大的综合性石油普查队伍，并改名为地质部华北石油普查大队。大队部设15个职能科室、1个政治处。其中地质科、物探科、钻探科，分别对生产井分队进行技术指导和管理。

　　二二六队568名干部工人，从五湖四海汇聚华北平原，开始了筚路蓝缕的艰难跋涉。他们用原始而简陋的勘查道具和几乎空白的经验、资料，依靠几位吃过洋面包牛奶的学子，以及少量苏联专家，拉开了华北平原石油普查勘探帷幕。为了尽快掌握技术，摆脱落后，他们高呼自强不息，决定办各类学习班，什么文化扫盲、基础勘查技术，急用先学，用什么学什么；一边施工、一边学习文化、技术、政治、财会、管理；立足自教自学，培养骨干力量，使干部、工人能尽快地掌握现有设备的技术性能和维修应用。新中国石油勘探乐章，响起了一个漂亮的音符。就这样，他们从一少技术、二缺设备、三无借鉴经验的困境中摔打出来了；从不知钻探和物理勘查为何物到向地球呼啦啦宣战，并大无畏地承诺了在华北茫茫大平原第四纪沉积覆盖、几乎没有岩层出露和油气显示可寻的严峻现实挑战面前——寻找黑色金液。这将无异付出凤凰涅槃的代价只为了那金色的梦啊！

苏联专家在华北石油普查大队地震队

他们实事求是作出战略战术决策——从华北平原整体出发，开展综合勘探。根据华北地区地质实际情况，结合苏联专家的建议，勘探工作采用以综合地球物理调查为主，野外地质勘测和浅钻验证为辅的方法；这种方法在当时被称作"多兵种联合作战"，并强调"物探先行"的作用，进行"探边摸底，全面宏观把握"。1955 年首先从区域着眼，全面展开，整体解剖，采用小比例尺重、磁大面积测量和地震、电法、钻探相结合的区域大剖面，以及边缘地质调查，与全盆的地质综合研究相结合的多元技术手段，来对辽阔盆地进行探边摸底、全面宏观把握。尔后，在此宏观基础上，圈出较好的凹陷局部，再进行较大比例尺的综合物探技术的构造普查，乃至适当的钻探验证，为进一步工作打下基础。这一区域展开阶段，物探工作起到了功不可没的作用，真正发挥了侦察兵的先行功能。

1955 ～ 1958 年期间，除航空物探大队完成 30 万平方千米的 1/100 万航磁测量外，华北石油普查大队共完成综合物探大剖面 7 条，不同比例尺的各种物探面积测量约 85 万平方千米，取得令人鼓舞的重大成果。为了解华北盆地覆盖层下沉积的发育状况，为盆地次级构造单元的划分并确定这些单元的性质奠定了基础。其中：

（1）重力：1955 年，完成华北平原北部 1：100 万比例尺的面积测量 21.16×10 平方千米；1956 ～ 1957 年，完成开封、周口、临清、博野坳陷 1：20 万的面积测量 19.39×10 平方千米；1959 ～ 1960 年，完成济阳、黄骅坳陷 1：10 万的面积测量 6.77×10 平方千米。

（2）磁力：1955～1956年，完成华北平原北部1：100万的地面磁力测量21.0×10平方千米；1957年完成华北平原北部1：20万的地面磁力测量12.0×10平方千米；1958年完成渤海及其周围地区1：100万的航空磁力测量15.0×10平方千米；1959年完成山东中部1：10万的航空磁力测量7.92×10平方千米；1960年完成华北平原北部1：20万的航空磁力测量16.0×10平方千米。

（3）电法：1955～1957年，共做电法大剖面26条，剖面总长度2347千米；1956～1960年，在华北平原18个地区进行了1：20万的面积测量，总面积为6.9×10平方千米，剖面总长度11415千米；1956～1958年，电法工作量主要集中在华北平原西部和南部地区，如沧县隆起的明

1956年，贺光队长，到野外分队工作
（毕占海提供）

化镇、冀中坳陷的安平和高阳地区、临清坳陷地区、内黄隆起地区、开封坳陷的商丘及开封地区、周口坳陷的徐州至颖上、麦城至临汝地区等；1958～1960年，电法工作主要集中在济阳坳陷的商河、惠民、东营、青城地区。电法异常在奥陶系石灰岩埋藏较浅的地区反映明显，对划分构造单元有一定参考价值。

（4）地震：1956～1960年期间，全华北平原共完成区域性地震大剖面8条，剖面总长度1480千米；完成了20个局部构造（地区）的面积普查、详查，面积2.72×10平方千米，剖面总长度12.04×10平方千米；1956～1958年期间，主要在华北平原西部地区进行地震勘探，如沧县隆起的明化镇和兴济镇构造（潜山）、冀中坳陷的高阳构造、临清坳陷的堂邑构造（潜山）、太康隆起的邸阁和丁庄构造（潜山）；1959～1960年期间，除完成了临清坳陷的邱县、安阳地区和开封坳陷地区及冀中坳陷杨村、大辛庄构造的地震勘探工作外，主要完成了济阳坳陷的沙河街、林樊家、东营构造以及黄骅坳陷的盐山、羊三木、乐亭构造的地震普查、详查工作。根据上述工作成果，为华北平原基准井、参数井的钻探提供了井位，同时为在渤海湾盆地进行战略

性勘探部署提供了依据。

在开展大规模物探区域普查的同时，华北石油普查大队还配以浅、中深钻设备，对盆地进行区域性的地质钻探。1955－1958 年间，共投入钻探费用 364.55 万元（缺 1955 年投资数），年均职工数为 580 人左右；1957 年最高开动钻机 11 台，共打浅井钻（500 米以内）和中深井约 80 口，总进尺 44350 米。其中千米井近 23 口。以上钻井主要分布在区域大剖面的不同构造部位及一些重要物探异常体上，验证物探成果、揭露地层沉积和检查油气苗。（1958 年所钻盐 1、滨 1 井，均在上第三系发生气喷，前者喷高 22.5 米，持续约 1 小时，后者喷高 1 米，持续时间约 20 分钟。由于施工时未取样品，性质不明，却向找油人亮出了期待的光芒。）从而为进一步评价华北盆地的舍油气远景提供了新的资料。

本着对盆地全面"探边摸底"的基本工作指导思路，在加强物探和钻井工作基础上，大力发展地质普查队伍，至 1957 年扩编到 10 个地质分队，对盆地周缘进行了大规模的路线调查、剖面测量以及各种比例尺的地质填图。从北京西山到太行山，从嵩山到大别山，至 1958 年已基本完成了整个盆地东、南缘 1/20 万的地质测量。此外，还对一些小盆地进行地质测量，发现有中、新生代的暗色地层，如 1957 年，彭世福苏育明在济源凹陷西缘确认有延长群存在（前人将其划为石千峰组）；同年蔡乾忠在河北临城确立了有白垩系临城组的存在（前人划分作上古生界）；王鸿志、孟济民在南阳盆地东北确认下渐新统油页岩及绿色泥岩存在；杨志坚等在拗陷区南缘"大别群"上部采有中炭纪植物化石；1958 年陈德维等于大别山北麓变质岩中首次发现石炭二叠纪化石，等等，为认识盆地地层发育和构造特征提供了重要的佐证。

此外，由华北石油普查大队提供的地质资料，交由石油工业部队伍施工了基准华 1 井（河北省南宫县明化镇），钻穿第四系和上第三系红色沉积，并于 1064.5 米钻遇奥陶系灰岩完钻，验证了明化镇重力高异常的性质存在。

第二节　初步掌握盆地地质结构认识

通过几年对华北盆地地质、物探和钻井的普查工作，对盆地深部地质构造已有了初步认识，对隆、坳的格局，对正负向构造单元的认识也基本趋于一致。初步摸清了构造格局。

1957 年 3 月召开的地质部全国石油普查专业会议上，孙万铨作《华北平原大地构造单元划分初步意见》报告。他结合区城地质物探及钻井成果，首次提出华北平原的构造单元的划分；郭锡同等在年初对华北平原圈出 5 个沉积凹地，确定沉积厚度。1958 年华北石油普查大队在综合地质简报中进一步指出，这些凹陷带的边界大多为断层接触；且首次提出大致以陇海线为界，将华北沉降带分为南、北两部分。北部为华北平原沉降带，南部称江淮平原沉降带；后又进一步细分为周口盆地和合肥地堑。至此，华北平原深部地质认识有了初步认识，已划出 6 个沉积最深地区，命名为博野（后改冀中）、临清、济源、黄骅、开封及合肥凹陷带，总面积达 10 万平方千米以上。华北覆盖区下的构造轮廓已基本明朗。

探索和认识凹陷基底埋深。

凹陷中电法无限大电阻层（已证实为奥陶纪及其以前的灰岩、前震旦纪变质岩等浸蚀面）埋深在 3000－4000 米。地震成果一般显示三组反射层。第一组水平层，1000－1400 米左右，已证实为第四纪、新第三纪地层；第二组为缓角度反射层，约 1400－4000 米，应是老第三纪及中生代地层；第三组反射层，有 5－10 度的倾角，分布面较广，并超覆在隆起边缘，该组当是古生代地层。因此，可以认为凹陷中的结晶基底埋深约在 5000－6000 米间，华北平原下的纵向地质结构也已初步明确。

最为关键的是指出具有深厚沉积的凹陷带，是找油最有希望的地区，孙万铨曾大胆地预测："纵然平原下的白垩系至下第三系为陆相沉积也可能生油、储油，它们可能是具有最大希望的含油岩系。"

中原石油物探大队取得重要成果。

1958 年初，中原石油物探大队地震队在济阳坳陷东营地区发现东营、胜利村、坨庄和义和庄等 4 个局部构造，其中以东营构造圈闭较可靠。同年夏天，该大队在郑州召开了"华北物探资料综合研究成果汇报会"，地质部石油局、石油工业部及各省石油普查队等有关技术负责人参加。该大队在会上提出："建议地质部将华北列为石油普查重点并集中到济阳和黄骅坳陷工作，立即在东营构造上打深井。"其时正值地质部根据中央关于体制下放和发挥地方积极性的精神传达贯彻中。

以上几点对华北平原地质结构的初步认识及远景评价，尽管尚属原始雏形，但为后来的油气勘查工作打下了坚实的基础。

第三节　五八年队伍体制调整后的普查工作

1958 年初国家体制实行大调整，华北石油普查大队不能例外。这年春天，根据苏联经验，首先物探普查队伍从华北石油普查大队分离，在河南省郑州市成立石油物探专业队伍名地质部中原石油物探大队（大队长陈树森、书记宋俊德、技术负责人郭锡同，1962 年改名第一物探大队，简称一物）。10 月，根据国家体制下放精神，又进一步将其余华北石油普查大队按山东、河北、河南、安徽、江苏等分组成五省石油普查队，分别下放到所在省地质局（厅）领导（称某某省石油队）。从此，除中原石油物探大队继续对华北盆地从整体上进行物探普查外，其他各石油普查队，均以各省局各自为战开展属地工作。

其间，各省队因盆地内大部分地区"红被子"较厚，而迫于当时无深钻装备，部分工作一度无奈地转向外围的莱阳、凤山、南阳、皖南等小盆地开展石油普查工作。但各省对下放的石油普查队伍都给予了重视和支持，队伍总体有较大的发展。以 1959 年为例，以上四省石油队职工总数达 924 人，较之 1956 年华北石油普查大队 580 人（不含物探职工数），增近一倍。钻机开动总数 18 台，较 1956 年 11 台有明显增加。投资总额、进尺、效率和成本均有较大幅度提高。经过几年中深钻机实践探索，认为华北平原多数地区，尤其各坳陷中心和斜坡部位"红被子"深厚，勘探目的层埋藏较深。然而各省队拥有钻机装备能力，大大落后勘探现实需要。因之，山东与河北石油队于 1959 年开始，着手作引进石油钻机的准备，有力推进油气普查向纵深发展时期转移。

尽管工作体制不顺，此后两年多时间内，华北石油普查工作也取得了不可小觑的成绩。

（一）首次钻获生油层系。1959 年下半年和次年上半年，山东石油队在济阳拗陷连续于潍 1 井首次 332.5 米、淄 2 井及博 1 井分别在 452.5 - 943.61 和 708.0 - 1009.5 米钻遇暗色地层。据地震资料分析，该套地层厚度达 1000 多米，除凸起外，凹陷中普遍有所分布。其岩性灰绿、灰黑色泥页岩夹油页岩、泥灰岩及灰白、灰黄色砂岩等，含有机质及化石丰富，属强还原条件下的深湖相沉积，适于生油，被公认为良好的生油岩系。从而人们明确了华北盆地的首要找油目的层系非它莫属。这是盆地油气普查历程中一个重大飞跃性的发现。

（二）建议优先上钻济阳和黄骅拗陷。1959 年冬，山东石油队贾润胥等对渤海、黄海北部沿岸潮间油苗调查中认为，油苗可能是从海底游移上来。他们专题研究队提交的《济黄盆地资料整理与初步研究总结》指出"无棣不是一个火山活动带而是一个凸起"后，论述了济黄盆地可能与渤海凹陷归为一体，其中有深厚的中生代地层。地质部航磁大队及第五物探大队也在渤海地区取得重要进展，认为黄骅、济阳凹陷已通向大海，与贾润胥等认识完全一致。因此认为该区域海陆是一个找油很有远景的地区，需要加速勘探。此外，其所属的几个次一级单元，以济阳拗陷最佳，黄骅拗陷略次。从而推定，在济黄盆地找油，首选该区济阳拗陷作为突破口。1960 年 7 月，该队在其所召开的地质工作会议上更进一步指出，济阳拗陷的东营二级构造带是含油最有利的地区。并计划于当年下半年在该构造带的东营构造上钻探一口深井。然而遗憾该队没有深钻设备，无奈下被迫以中深钻机施工一浅井，以探求虚实，为上深钻作谁备。

（三）还是 1959 冬，河北石油队蔡乾忠在其《河北平原地质构造特征与含油远景的初步评价》报告指出：航磁资料表明，渤海是一个巨大的沉积盆地，有巨厚的沉积层，黄骅拗陷位于渤海盆地的西南端，被认为与济阳拗陷都是华北盆地最有希望实现的含油地区（暂不与渤海凹陷比）。1960 年松辽石油普查现场会议后，河北石油队进一步明确了以黄骅拗陷为重点，并积极筹备在羊三木构造上钻。此外，河北石油队在冀北的凤山、围场、大阁、桃儿沟等地的中生代地层中发现了天然气、固体沥青等，证实中生代地层有过油气生成和运移过程。在冀东又一次发现奥陶纪灰岩晶洞含油现实。

（四）沁 3 井首获含油砂岩。河南石油队在南阳盆地李官桥地层剖面测制中，见到两套泥灰岩向东至唐河一带相变为油页岩。在镇平北赵湾处泥灰岩裂隙中，发现了石油挥发后的残迹物。在济南盆地边缘经地层剖面测制，确认有上三迭延长统（陕北生油层）及中侏罗马凹统（相当四川自流井统）存在。这两套地层为灰绿色砂页岩夹油页岩，尤其马凹统中的泥灰岩具油臭味。沁3、孟5、沁7井相继发现含油砂岩，特别是沁3井为华北平原首次钻获含油砂岩，具重大意义。但终因济源群无良好生油层而未获更大进展。

（五）初步建立华北平原地层层序。1960年前，华北平原虽曾钻遇较厚又与边缘地区不同的中新生界，但均未开展对这些地层划分进行对比研究，因此尚缺乏华北平原一套地层层序。山东石油队组织杨兆宇、贾润胥、杨承先等对济阳拗陷钻井地层进行了划分对比，初步建立了适用华北平原北部的新生代地层层序，从上往下，初用俄文 А、Б、В、Г组字母表示，后改用甲、乙、丙、丁。甲组红色层、乙组为灰至深灰色层、丙组又红色层（较甲组胶结较好）、丁组为灰色层。由于资料所限，时代不甚确定，较为粗糙。但被河北、河南、山东等石油队普遍使用，为早期华北平原油气普查立下了汗马功劳。及至1963年正式确立地层名称后，才停止使用。

（六）中原物探大队取得重大系列成果。他们把工作重点转向济黄盆地，工作目标除继续根据开展区域、构造普查和钻井成果外。首先他们进一步划分华北平原下的构造单元，更重要在各拗陷与隆起中进一步划了凹陷与凸起一级构造单元。他们首次将华北平原整体称作华北拗陷区，其中又分博野、济黄、临清、开封、周口、潢川等6个坳陷和沧县、内黄两个隆起。在以上坳陷与隆起上又分了共22个凹陷、20个凸起和两个斜坡。他们的划分比较规范、全面，较前有明显提高。其次，重点为构造详查在进一步圈定并系统划分拗陷、隆起、凹陷、凸起基础上，至1960年底已发现了300多个较有意义的局部异常，其中12个经地震详查证实为圈闭构造。属济阳拗陷的有沙河街、胡家集、林樊家、三岔口、东营、坨家庄、胜利村、义和庄；黄骅拗陷有齐家务、羊三木；临清盆地有堂邑南、邱县、马头；博野盆地有大辛庄；开封盆地南坡有邸阁等。以上局部异常和构造，多数成排成带规律分布，构成众多有趣的二级构造带。从而，明确佐证了华北拗陷区具有良好的油气圈闭条件。

1960年初，中原石油物探大队在总结头年工作报告中指出：济黄盆地的新生界已钻到灰绿色地层，系具现实意义的目的层；而且盆地面积大，有良好的中新生代沉积厚层及局部构造发育，远景大应列为重点突破地区。特别是济阳凹陷的商河、博兴、沾化地区及黄骅凹陷应迅速部署深钻。随后该大队，指令地震二队在济阳凹陷的东营、沾化地区详查了东营、胜利村、坨庄、义和庄的四个极有意义的局部构造。这年 8 月，中原石油物探大队在郑州紫荆山宾馆召开有石油部代表参加的华北石油物探资料综合研究成果汇报会。孙武成全面汇报成果后，提出三点建议：华北应成为地质部石油普查的重点；华北石油普查应集中在济黄盆地工作；立即在东营构造部署石油深钻。

（七）统揽华北盆地油气普查的基本结论。1960 年 8、9 月间，地质部石油局总工关士聪，亲率彭世福、杨兆宇、蔡乾忠、刘正增等技术骨干，不畏生活艰难，跋涉千里，系统观察研究了华北盆地周缘的主要露头剖面及主要钻井岩心，同时研究物探资料，最后关士聪总工在青岛精心编写了《华北纪行》专著。论述了济阳、黄骅拗陷与渤海、下辽河拗陷同属于古渤海凹陷区的次一级构造单元的观点。同时，在概括各家意见的基础上，他指出："沿济黄凹陷边缘及无棣隆起的边缘，包括天津以东，黄骅以南，广饶以东等地区都是最有远景的地区，其中尤以黄骅附近的扣村、方庄和广饶的东营，已显示重力和地震资料基本吻合的，这些构造适当于两个重力凹陷（负异常）的鞍部，更适于油气运移聚集，应当先列为重点加以突破。"此次考察为华北石油普查的新部署提供了一份极为重要的第一手资料。

（八）为合肥拗陷远景提供新线索。安徽石油队在合肥拗陷通过物探钻井大剖面，对拗陷的构造特征有了初步认识，划分了次级单元，提出拗陷内断裂发育对沉积分布和构造性质都起了控制作用。揭示了拗陷下白垩统朱巷组上部暗色地层较发育，有一定生油条件，为评价该区远景提供了线索。此外，该队在皖南长江沿岸对浅层天然气进行地质调查。

以上各项成果，综合阐述了华北盆地油气普查的主攻方向和主攻目标，已十分明确和完全一致，油气普查的形势发展正处于一个连续突破的前夜；为上级领导决策提供了重要的科学依据，为发现和突破胜利油田打下重要理论和物质基础。

回顾华北盆地自 1955 年开始油气勘查以来，仅用 5 年多时间就完成了区域普查，并正确地指出了远景最好的地区和突破点；这不能不说是华北地区油气勘查史的一个大胜利。这一胜利的取得乃是坚持"物探先行，区域展开，整体解剖，面中求点"、"多兵种联合作战"这一普查方针所结出的硕果。

第三章　历史转折　钻探生产高潮迭起

（1961－1966 年）

第一节　天津会议，"一普"成立

1959 年 9 月底大庆松基 3 井出油，标志着中国油气命运的重要历史转折。与松辽盆地同处新华夏系第二沉降带的华北盆地，油气远景无疑更显光明。10 月，当李四光部长听了松辽石油普查大队汇报松基 3 井出油及松辽盆地油气普查前景时，他老人家扬眉吐气神采焕发而不无幽默地说："看来松辽油区，大局已定，今后该是我们跳出门坎（指铁岭一带隐伏的东西隆起带）往南的时候了（指下辽河、渤海及华北平原）。"

鉴于此，1959 年 12 月，地质部党组为进一步加强石油地质工作，经请示中共中央批准，采取了三项重大措施：1、成立地质部石油地质局来规划和管理石油普查工作，以加强部对这项工作的领导；2、收回各省石油普查队，建立区域性综合的石油普查大队，由部集中领导；3、建立石油深钻和加强物探工作。

因此，1960 年 2 月，地质部卓雄副部长在松辽石油普查现场会议上，对华北盆地油气普查更明确地指出："在林樊家构造及黄骅构造上进行深井钻探，以获得地层含油性资料，1961 年争取见油"。表明地质部党组决定油气勘查重点转向了华北盆地。1960

地质部副部长何长工视察野外工作

年 9 月，在长春召开两部联席会议上，旷伏兆和康世恩两副部长商定：石油勘探以松辽为重点，石油工业部统一指挥；石油普查以华北为重点，由地质部统一安排。同时决定建立由地质部和石油工业部，共同组成华北石油勘探指挥部，指挥长由旷伏兆副部长兼任。

为贯彻以上重大决策，这年 10 月 25 – 31 日，地质部在天津召开了"华北石油普查勘探工作会议"，简称"天津会议"。会议由何长工、旷伏兆两位副部长主持，石油工业部勘探司沈晨副司长率队参加；国家计委、北京和天津两市局、中原石油物探大队以及河北、山东、河南、辽宁四省石油队代表出席。何长工副部长作《高举毛泽东思想伟大红旗，在华北找到油田》的主题报告，关士聪总工作《华北石油地质与油气突破点的选择》的汇报，旷伏兆副部长作会议总结讲话。

会议最后决定：首先选择含油气远景最佳的济阳、黄骅拗陷作为重点工区，并围绕渤海湾选择东营、义和庄、羊三木、盐山、北塘、马头营等 6 个局部构造或物探异常作为突破点；要求集中优势力量，力争一、二年内突破出油关。尤其值得强调的是：当李四光部长听完会议情况汇报后，十分明确指出："东营条件最好，应作为第一个突击点。"又考虑到当时石油工业部的深钻力量较强，会议商定将这个最有利的东营构造，交由石油工业部华北石油勘探处率先进行深井钻探施工。

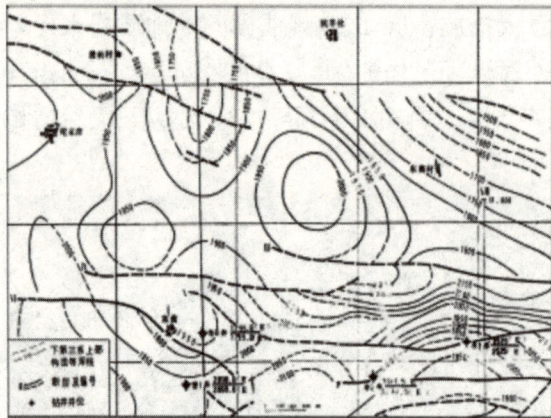

东营凹陷当年油气普查勘探形势略图

同时，会议还作出一项对华北盆地油气勘查史起着重要转折作用的决策：即决定以山东、河北两省石油队和石油普查大队在下辽河坳陷工作的四区队和天津海洋地质队筹备处合并为基础，组成由地质部直接领导的石油勘探大队，名为"地质部第一普查勘探大队"，来加强华北盆地的油气勘查工作（以下简称"一普"）。次月（11 月）在山东德州正式宣布挂牌成立（队长张连奎，书记王敏，后为白庆培，技术负责彭世福、杨兆宇)，明确以钻探为主要勘探技术手段，并配备了石油深钻机，与中原石油物探大队一起，负责对华北盆地开展较大规模的石油普查重点勘探工作。

从此，"一普"这支队伍在中国油气勘探史上，留下了自己上上下下爬坡过坎的弯弯曲曲足迹。同时，地质部在全国的油气勘查重点地区，即由松辽盆地转到了华北盆地。华北盆地的油气勘查随之由区域展开的探索阶段，进入重点勘探连续突破乃至全面胜利的巅峰阶段。

"天津会议"，承先启后总结前期探索成果，开拓未来航道。无疑成为华北油气勘查史上的里程碑、转折点，具有重大历史意义。

天津会议后不久，1961 年 2 月 16 日首传佳音，即尚未并入一普的河南石油队（队长李金生，技术负责彭世福）在济源坳陷后邓构造上的沁 3 井（地质员徐秉琨）首先于济源群中发现含油砂岩。这是华北盆地发现油气显示的第一口井，引起了业界的高度重视。

第二节　战天灾，干群同欲人心齐

天津会议后"一普"正式组建，1961 年元月元日正式在山东德州办公。大队设生产办公室、行政科、地质科、钻井科、机械供应科、计划财务科、人事保卫科等职能科室；下属生产队伍：山东区队、河北区队、辽河区队，附属单位有修配厂、天津供应站。

天津会议研究成立"一普"时，与中原石油物探大队职能有明确分工，决定石油勘探技术以钻探手段为主。"一普"建队初期，仅有几台小型轻便钻机；由于石油埋藏深度决定相应配套钻探装备，地质部及时调整陆续配置了瑞典 B－35 型钻机和前苏 уД－59 型石油深钻机。但与石油埋深及与石油部深钻拥有量较比，仍显力不从心。随着队伍组织和装备上有一定程度的加强，以及突破点选择的准确，为华北石油勘探迎来了连续突破，出现蒸蒸日上的大好局面。

然而，组建"一普"生不逢时，适遇国家三年遭难岁月。勘探工区茫茫盐碱滩，寸草不长人烟凋敝，是历史上著名的穷苦蛮荒之地。民间传谣纷纷："撩荒碜碜白碱千里，乞讨逃荒饿死虫蚁；种啥死啥八辈无后，爹死娘死无剩肉体。""羊三木、吕家桥，雁过也拔毛。"

对于刚扯旗成立的"一普"找油人，最难熬的匮乏物质，是人以食为天的粮食！然而他们的粮食标准迅速减少，1960 年钻工的粮食定量由 1959 年的 47 市斤降到 37 市斤，次年再降 5 斤，加之副食品短缺，肉类基本见不着，他们不得不常用盐水就粗粮窝头。二级工收入不及几棵葱，身体素质每况愈下。劳保用品基本停发，半年供应一条肥皂的 1/8，赤脚上山勘探，"肚子吃不饱，重车开不跑，钻塔爬不动"。缺东少西均易克服，而粮食不足把重体力劳动的钻工们害苦了。张德胜这位山东其县的农村娃，在井队当过柴油机工、钻工，吃不饱没力气干活那阵，特别是爬钻塔心慌腿哆嗦时，眼花冒虚汗的瘫软劲儿，他说这辈子忘不了。他想请假回家背一袋地瓜干回队，早晚饿急了能挺一阵。不料家里吃公社食堂，粮食恐慌比井队更厉害。队上流传顺口溜："枣树开花香又香，草根洋芋充饥肠；争吃糠菜窝窝头，金瓜豇豆烫肚肠。"石油局孟继声局长回忆说："工作地区又是盐碱沙荒，荒草丛生的地方，当地群众生活艰苦，职工生活也很困难，我们下去也和职工一同吃苦。在黄骅常是交了粮票只给两小块白薯。大家都很苦，但职工的情绪是很高的。"

但是，一普人在当年大庆出油喜讯和国家自立更生、艰苦奋斗精神激励下，以王敏、白庆培书记为首的坚强领导班子，与职工群众同吃一锅饭，同拿一把锹，同甘共苦。经常率领广大机关干部深入井队，重脏累岗位他们身先士卒，与广大职工奋战、拼搏在一线。使这支队伍始终保持着高昂的斗志，上下勒紧裤腰带、挺直腰杆，以"瓜菜带"、粗粮细做充饥提精神，上钻台打吊钳从不气馁。与此同时他们开始"生产自救"，以"勤俭办地质"为本，积极贯彻"低标准，瓜菜代"的过渡方针。他们开辟农副业基地，开荒种地 1375 亩，收粮 8 万余斤，养禽喂畜，重体力勘探职工获得了生活保证。

1961 年生产特点：边建队、边生产、边学习摸索中，艰难地完成9369.94 米钻探进尺任务；同时筹建两台 уД 型钻机队伍，并进行安装，试油两口井，突破出油关。

然而，刚组成的一普也频频曝出不少亟待解决的问题。诸如组织领导和生产管理。缺乏经验、缺少规章制度；又面对工区分散、交通不便，使物资供应和管理出现较多困难。此外，追求进尺重视效率速度，但忽视安全意识。这种情况在"大跃进"后的 1961 年全国依然普遍存在。一普当然不例外，因此事故多、质量差，台月效率低至 138 米/月，单位成本 71.57 元/米，平均孔深仅 760 米；且成井率低、取芯率低，事故时间占总台时 68%。

这年就因事故多没有完成国家计划任务，实际进尺数仅年计划的**68.39%**。

这年底队党委决定通过冬训改变现状，反思一年正反经验教训，制订了系列行之有效整改措施和统一规章制度。实践证明坏事变成了好事，为今后华北盆地油气勘查取得重大胜利打下坚实基础，也为年度冬训常态制度开了好头。

据时任石油局副局长李奔《义和庄试油》回忆：1962 年 7 月间，我刚从陕北回京，旷副部长即告我，义和庄打到油层了，老关和王子源正在那里安排试油，你也去看看。我遵命奔济南，关总来迎。义和庄属山东沾化县，北面临渤海湾，构造圈闭合在惠民拗陷偏北。我未到过鲁北，行前想象山东一定不像青海和新疆那样荒凉，虽不似江南青山绿水，桃红柳绿，风光旖旎，但总是人勤物殷的鱼米之乡吧！

车沿北镇开去，过完北镇后，和想象相反，大地一望无际，白茫茫的一片，不是村落人家，地里没庄稼，屈指可数的几棵榆树或白杨稀稀拉拉，枝叶不茂，孤零零地在大地上挣扎着。车路坑坑洼洼凹凸不平，车身摇摇晃晃，东歪西倒，滚滚尘土，迎车扑来。再加之时逢酷暑，热浪袭人，使人顿生窒息之感。好容易捱到沾化县城附近，才看到稀疏的村落、人家和庄稼，原来这是百里盐碱地，不长庄稼，草也长不旺……

井队居住离义和庄不远的一个小村里，该小村百十户人家，常年吃水困难，我们住房旁有一口水塘，面积只十来平方米，水浑浊且发黄，后来得知是积存下来的雨水，供人畜饮用。其实，村里人早上洗漱晚上洗脚涮身也在塘边；洗完随手将脏水泼掉，由于池塘周围均是斜坡，脏水流回池中，水质的污染便不言而喻了。尤其令人作呕的，是塘的周围还有三四个厕所。

我到达驻地后和关总、王工三人共住一个十来平方米的房间，然而我们一心扑在试油出油上，故对这样的环境也就不曾介意了！此间我曾被关老总捉弄了一次。当时由于我们固井和试油技术没有过关，结果不理想，摆弄六七天，无大进展，我只得回北京汇报。行前结算伙食账，我在井队就餐七天，共一百二十余元。我吓了一大跳，以为管账的郭秀堃同志和我开玩笑，不相信。郭正经地说，不是开玩笑，有据可查。流水账摊开了，煎一个鸡蛋三元，一片西瓜十元，一个香瓜十五元，一斤白薯三元五角，以上单价乘以数量，再加上二十元一斤的北镇白干酒等，分厘不差，只好倾囊。我付钱时，关总王工在一旁乐呵呵地笑，这时我才琢磨过味儿来，此前每当享用上述美味时，关、王总是说，东西少，是为你老李一个人准备的。他们酒不喝，瓜不沾，当时我还以为他们是谦让，现在才知道，原来他们比我先到多吃了几天，知道此地物价昂贵，只得忌嘴，但又故意瞒着我。我感到好气又好笑，于是笑骂道："好你个关老总，你等着，总有一天我要'报复'你的!"

又《夜宿雄县公路》写道：从义和庄回京不久，接着黄骅又打到油沙层，大队来电报，请示是否试油。旷副部长即命我和朱总到现场察看，并与大队井队一起研究。当时已是下午四时，我答应明天上午乘火车到沧州转黄骅；旷说大队井队等得很急，你们最好连夜乘汽车出发。那时正是雨天，天津至沧州公路被洪水冲断，无法通车。旷指示，绕道保定转过去，我们只好从命，决定下午八时准时出发。汽车是苏产"69"八座，司机为陈子和。当时我的女孩小虹才九岁，家中没大人照料，只好带她随行。临出发前司机说，部东郊仓库一司机退职回家务农，家住河间，要求搭我们的车，随带两个轮胎一捆电线……车有空座，只好同意。车到前门，我们在那里等候并趁机吃点小吃权当夜餐……折腾两个钟头，至晚上十时多才正式开车离京。

午夜过后车抵雄县境，忽然下雨，泥泞不堪，公路部门为安全计，禁止车辆通行，我们只好坐在车上打盹。好容易挨到天蒙蒙亮，雨停了车辆放行，我们又继续上路。车抵保定吃早餐，每份三元，两个馍馍，一碟小菜。六个馍馍端上桌后，一不速之客走来，毫不客气边吃边拿走了一半。是位中年妇女，怀抱一个小孩。小虹哭了，司机要去追回被我制止。幸喜朱总饭量不大，三个馍馍大家可以勉强充饥了。车经河间辗转到达沧州，已是夜间十一点多了，人疲马乏，幸喜物探队正在沧州饭店开会，迎进饭店安置食宿。我们要了两个菜一个汤，饭后算账为二十一元，我对朱总说；"住不得!"稍事休息后，不顾疲劳，赶赴黄骅。抵达住地时，已是子夜了，实在困得很，眼睛都睁不开了。安排小虹睡觉后，我们连夜开会研究。

我们听了大队井队的成果汇报后，查阅了测井资料和其他图纸，又看了岩屑，觉得油沙层不是十分理想，但由于这是新区第一口井，试出油后意义重大啊，于是决定测试，让井队作好试油准备，天亮后才躺下睡觉。一觉醒来,已是日上三竿。中午时,黄骅县委做了十来个菜表示慰问。菜有螃蟹鱼肉。我吸取义和庄和沧州饭店教训,细声打听收多少钱,回答说每人一元,等于请客,这才放下心来,敞开肚皮,狼吞虎咽。在黄骅、沧州共住了两天,察看地貌,到井队区队驻地看望石油员工。黄骅东临渤海,距义和庄直线约百余公里,也是大片大片盐碱地,然而不那么荒凉,大约是得"天(津)"独厚之故,村落和人家都较多,副食品种也比义和庄丰富。

一年后一普3003试油队,在黄三井上第三系喜获高产油气流,日初喷原油84立方米,天然气3万立方米。从此,拉开了这个地区油气会战序幕。

(刊1990年《新生界》)

第三节　钻井效益日新月异

队伍经过认真冬训,广大职工思想、技术和管理工作,有了根本性的变化。

1962年,最大的变化在于各类事故大幅减少。全年20口井中仅一口报废,取心率达44.15%,中深井平均井深1024.5米,生产时间提高至71.15%。整体钻井效率和工作量均大为提升。中深钻台效为258米/月,进尺为14159米;уД钻机台效518米/月,进尺6300米,从而超额完成国家计划钻探生产任务,为计划的113.66%。

至1964年,一普已拥有6个深钻井队、2个试油队。在张连奎和郑新华的组织领导下,迅速掌握深钻技术。这年就完成进尺39288.78米,为年计划任务37100米的105.9%,不仅超额完成计划,关键在于井越打越好。中深钻突破千米大关,最深井纪录由河南7分队以B-3钻机钻达1309米(滑1井),直逼B-35型钻机设计水平。此外不但3Nф-1200型钻机钻深1286.34米(灯1井),而且国产跃进型亦钻达1203.7米(商1井)。

在3201井队长王继先的带动下,1964年各井队基本实现了"快速拆迁安,日上千,周上双千,年上万(米)"的快速钻井奋斗目标。这年大多数钻井实现月进千米大关,最高纪录竟以14天20.5小时创千米好成绩。各深钻井队均突破了三千米深井大关——最深达3281米,而且可喜地出现3个月打 3000 米的纪录，如惠 6 井 91 天零 8 小时 13 分，成井率 100%。中深钻井队也不示弱，平均井深达 1159 米，台效率达 747 米/月，成本降至 39 元/米；уД 钻机平均井深 3099 米，台效 611.5 米/月，取芯率 50.33%，成本 230 元/米，较之 1962 年 320.32 元/米，有大幅度下降。

一普各生产基层职工精神面貌大有起色，士气饱满，干劲很足，争当先进个人、先进单位蔚然成风。一普提前 35 天完成全年钻探生产任务（包括追加 7900 米），为计划的 409.6%，比上年提高 53%，台月效率提高 54.40，大大提高了油气远景评价。

（1）提高了深井钻进技术。全年五德井深平均 3099 米，较上年提高 697 米，最深井达 3281 米；B－35 钻机平均 1970 米，比头年提高 69 米；中深钻平均 1159 米，比头年提高 106 米。

（2）钻速明显加快。台月效率比 1963 年深钻提高 149.5 米/台、中深钻少用 5.53 个台月，进尺却比 1963 年多 4077 米；拆迁安速度，深钻平均 64 天，比 1963 年快 8 天，最快仅用 25 天；中深钻平均 40.5 天，比 1963 年快 27.7 天，最快者为 9 天。

（3）钻井质量好。全队各井均满足设计要求，深井取芯率平均达 50.33%，比 1963 年提高 4.01%；中深钻平均 43.75%。此外，钻井施工质量和固井质量等方面都有明显提高。

（4）成本显著降低。五德单位成本 230 元/米，比计划降低 15 元/米，比头年降低 19 元/米；B－35 单位成本 101 元/米，比计划低 9 元/米，比头年低 98/米；中深钻 39 元/米，比计划降低 6 元/米，比头年降低 11 元/米。

（5）安全生产好。健全了一整套安全技术措施，杜绝了重大井内、机械、人身事故的发生。从而把停钻时间由去年的 32.15%，减少到 1964 年 14.56% 等等。钻井生产日新月异，不断创造新纪录，又赢得地质部超额优质完成生产任务的贺电。

第四节　你追我赶的一九六五年

1965 年钻探生产又出现了新水平，为华北快出大油大气人人争贡献，不甘平庸、以落后为耻的荣誉感深深扎根职工心里。队党委充分理解职工奋发向上心理素质，在此基础上提出响亮口号："三个减一半，任务翻一番（人员、设备、投资比上年各减少一半，完成任务翻一番）。"

3203 井队以地质部 1964 年授予"创造我部深探井新纪录"贺电为标杆，向大队党委作出保证："克服骄傲自满，固步自封，超越自我"，组织生产新高潮；在成本管理，节约非生产性开支上再创奇迹。大干六五年，以革命加拼命精神投入生产新高潮，并以此向 3201 井队提出挑战：

（1）拆迁安保证 15 天完成；（2）效率三天上千，十天进双千，月完一口井，力争年进万；（3）质量取心率 80% 以上，井斜 5 度以内；（4）成本降低至 75 元/米，纯钻时效达 45%，千米钻头争达 1500 米，取全取准 40 项资料；狠抓以"五好"为目标的比学赶帮超增产节约活动。行动口号："大干六五年，半月拆迁安，十天进双千，月攻三千米，誓同 3201 比比看。"如此先进指标，无疑向全队扯旗亮相，摆下擂台看谁胆敢比试。

从而，一普全队上下掀起比学赶帮超热潮，3203、3205、3004、3202、3204、3007、3003 等 7 井队，各自摩拳擦掌岂能被人矮看，努力争夺先进指标。全年开动三台 уД 钻机，21.8 个台月，共进尺 30438 米，超额 2938 米，比 1964 年 6 台深钻完成 24221 米多 6217 米。平均台效 1396 米/月，较计划提高 17.18%，比头年 уД 台效提高 1.28 倍。平均打 1 口 3000 米井 55 天，较去年 147 天缩少 92 天，施工最优秀的惠 8 井仅 45 天。平均拆迁安 1 口井 14 天，比去年平均拆迁安 1 口井 64 天缩短 50 天。其中 3205 井队施工惠 8 井 6 月 9 日终孔，拆迁安至惠 11 井仅 12 天，于 6 月 23 日开钻生产。因此，

第一编　初展雄风，逐鹿华北

钻探单位成本仅 91.68 元/米，较计划下降 9%，比 1964 年 230 元/米下降了 138 元，这是一个奇迹，为国家节约钻探投资 27 万元。令业界叹为观止，纷纷道贺。

此外，当年千米钻头试制成功，为全队钻探效益日新月异，创造一个又一个奇迹起到功不没的作用，印证了"工欲善其事必先利其器"的古训。3205 井队使用一个新钻头成功钻深 1524 米，超过苏联人创造的 1519 米纪录。试用 S-904 取心工具获得成功，取心率达 100%。3201 井队以 45 天钻进 3103 米深井，开创了安全进尺最快速度，并用 69 天打出 3366 米的深井，创一普历史的最好深井纪录。3205 井队在惠 11 井连破 5 项生产纪录，创班进尺 375 米、日进尺 925 米、6 天 23 小时上双千的新纪录；单钻头最高进尺 1524 米；12 天完成拆迁安，等等。

1965 年一普全队上下你追我赶的竞赛热潮一浪高过一浪，钻探生产长江后浪推前浪感天动地，各项生产纪录今天创造明天就被刷新。"超越永无止境"，成为一普当年时尚口号，前后方一片欣欣向荣。

3201 井队被地质部命名为"大庆式标杆钻井队"称号。

1965-1966 年，一普仅用不到 4 个台年时间，就在下辽河坳陷完井 12 口，进尺 29000 米，为快速发现下辽河油气田立下大功。历史定格为——你追我赶的 1965 年。

一普自 1960 年底成立以来，除 1961 年钻探生产未完成计划外，1962 年即打了翻身仗。尔后完成任务一年比一年好，效益一年高于一年。为华北油气连续突破作出了历史性的重大贡献。

第五节　井下系统的测、录、固

（一）在二二六队至一普成立前，地质部的地质钻探主要使用岩心钻机。1957 年 2 月，地质部为加强石油普查测井工作，决定将全自动测井队与华北二二六队半自动测井队对调，并增添一套半自动测井仪。而组建一普后，钻井深度增加至 3000 米以上，地质部相应给一普配备了各种型号的石油钻机，且随地质盖层厚度的深入而不断配置较深钻机。为了揭露油气层，发现油气藏和取全取准取好地下第一手地质资料，及时配备了解深井地下地质资料的技术手段，即被誉为地下眼睛的井下地质录井装备，成为一项提高井下地质工作质量的重要工作，摆上了议事日程。

1962年中原石油物探大队测井队和物探局实验测井队合并归属一普。一普于当年召开了首次测井技术规范会议，对野外、室内的测井工作制定了统一技术规范。使测井解释从定性提高到定量解释高度，对数据采集要求更高更科学，大大提高了为油气地质服务本领。1961年7月在山东沾1井试获突破出油关，为一普首次建功立业。相继在惠3、惠4、惠5井，以及河北省黄1、黄3井等，均在测试后获油气流重大突破。

1966年6月19日，对辽6井第三系1.6米厚的砂岩气层射开测试，发生强烈井喷。气流将井口滑轮和木板冲向二层平台，电缆被喷出井口乱成一团。炮组组长农国本，郭光等人跳下井台奔向绞车，迅速剪断电缆，命测井车快速安全离开井场，避免了一场严重事故发生。在下辽河坳陷测试6口井，5口井获工业油气流，测井技术得到锻炼且显著提高。如辽11井气层之下解释为水层，测试时却出气，大队连夜召集测井队有关技术人员研究，查对和核实射孔的准确性。发现气层与水层间的固井水泥替空串槽。为验证测井解释，特将气层打开但气量未增，有力证明确属固井串槽，测井解释无误。

（二）当年一普在华北盆地深井较多，对井下地质工作很重视。为了保证取好各项地质资料，不漏掉油气层，除给井队配备较强地质组技术力量外，并注重从录井技术方法和内容要求方面及时总结经验，不断改进和提高整休队伍的地质录井技术。因而，一普的录井工作取得较好成绩，走在地质部石油队伍前面。

1963年3月，一普在山东德州召开地质工作会议，刘国栋向兄弟单位系统地介绍了经验，获得与会代表的较好反映。同年石油局在河北唐官屯召开全局系统井下地质工作会议，推广了一普的录井工作经验。为全面总结井下地质工作，建立健全全国井下地质规程规范起到了重要作用。

1964年4-6月间，石油局与一普以3201井队为井下地质工作试点单位，派石油局刘毅、苏云山、张荷等蹲点，总结并建立整套系统的综合录井方法和要求，包括岩屑、岩心（井壁取心）录井、气测井、各项电测井、钻时、钻速录井和综合解释等10个部分。要求各部分相互衔接、环环扣紧；各工种相互配合、协作，尤其突出的是要求工人、领导和技术人员统一提高认识，即钻井是为了取得各项第一手地质资料，达到发现与评价油气层目的，从而既提高钻进效益，也保证了地质资料质量。

同年在杨羽副局长主持下，在 3201 井队召开石油局系统井下地质工作现场会议，制订地质部石油局系统钻井录井规范和操作规程，在以后较长时期乃至今天仍发挥着重要作用，有力地保证地质录井做到及时、准确，提供油气藏评价的基本地质信息。

（三）固井技术工艺至 1961 年提上议事日程。这年成立固井队，拥有苏式玛斯水泥车两台，缺乏专业技术骨干和技术工人。为尽快掌握技术，办法是请进来送出去。固第一口黄 1 井时，请兄弟部门帮助完成；尔后派人员前往兄弟单位学习。1962 年对惠 2 井本着在战争中学习战争精神，开始尝试独立固井施工。毕竟经验不足又缺乏理论指导，致使发生连续替量不足、环空渗漏、串槽等质量事故。经过近两年的艰难实践和正反经验总结，固井成功率大幅提高。在此后四年固井 28 口，水泥浆密度达到 1.85 克/立方厘米，替浆准确度基本达到地质目的和施工设计要求，为华北盆地油气连续突破发挥了重要作用。

这里应特别记述"注水泥"的紧张和艰苦。固井的注水泥工程工艺，一普当年全部采用人工供灰，其紧张、激烈、艰苦、粉尘污染异常严重，劳动强度无以复加。因要确保 1.8 克/立方厘米水泥密度泥浆，在极短时间内保证水泥浆不早凝，顺利注入井底并畅达返至井口，因此必须强调争分夺秒迅速向井内灌注水泥。稍有延误必遭固井全部失败。

为保证和提高固井质量，地质部又增调两台雅斯水泥车共达四台。深井注水泥需加缓凝剂，当年以选择五倍子粉液效果较好；水泥量由电测井径求取平均值再加附加系数，或用钻头直径计算附加系数。当开注水泥时，以木塞碰承托环来控制水泥塞高度，套管外环空一定要封住目的层。控制注水泥质量，采用电测方法在 24 小时内测完井温，以井温曲线确定固井质量优劣。由此足见当年的固井技术，尚属初级水平。由于上世纪 60 年代华北盆地尚未钻遇高压油气层，地层压力无异常，井深一般 3200 米以内，井内情况不甚复杂，以上初级固井技术免强适应。

一普固井队伍从无到有，有所发展和提高，但总体技术装备不足并较简陋；因此难以较好地保证油气成果不断发现和连续突破，甚至不被漏失。尽管取得一定油气成果，难免遗憾。总结经验关键一点人的精神因素——高度事业责任心发挥了重要作用。

第四章　迎来华北盆地油气连续突破高潮

第一节　首战济阳坳陷告捷

"天津会议"结束和一普成立不久，济源凹陷，首传佳音。1961 年 2 月 16 日，河南省石油队尚未划编一普，就在济源盆地后邓构造沁 3 井济源群中钻获含油砂层（959－961.89 米）。尽管这一发现后来未能取得突破，但它毕竟是华北地区井下确切见到含油显示的第一口井，无疑是华北地区连续突破前的序曲。

济阳坳陷拥有广饶（东营）、沾化、惠民三个次一级凹陷。天津会议后，一普山东区队和石油工业部华北石油勘探处，首先分别对广饶（东营）、沾

化两凹陷布钻勘探，先后获得突破。尔后，一普又西进惠民对临邑背斜带进行钻井施工，也获得了突破，为胜利油田的建成奠定了基础。

（一）广饶（东营）凹陷的重大突破

天津会议根据李四光指示，决定提升东营构造为华北盆地第一个突破点。中原石油物探大队提供详查圈闭构造及井位，交由石油部华北石油勘探处上钻施工华8井。1961年4月16日试油获8.1吨原油，突破出油关。中原石油物探大队在地质部华北石油勘探指挥部部署下，迅速调集两个地震队进一步在该区详查工作，又有新的较好发现。并及时提交了包括坨家庄、胜利村、东营西、东营、辛镇、现河庄、辛镇东等局部构造在内的整个东营构造群的构造图。与此同时，石油工业部门队伍也迅速加强深钻力量，按中原石油物探大队提供的详查构造资料部署了一批探井。特别是1962年9月23日东营2井、1965年胜利村坨11井，分别钻喷日产555多吨和1134吨的高产油流（30毫米油嘴），从而成为我国首口千吨井，胜利油田因此而得名。这是继大庆之后，地质部和石油部真诚而通力合作的又一个光辉典范。

（二）沾化凹陷的突破

天津会议后，一普山东区队3004井队，从林樊家搬至沾化凹陷义和庄构造南盘施工沾1井。1961年5月4日开钻，7月初首先在岩屑录井中发现油砂。该井上第三系下部～下第三系上部发现油砂，947.8～1341.3米间岩性经综合解释，发现各种级别的含油砂岩达24层，总厚58米。另在下第三系下部1350～1388米多处见灰岩、泥灰岩晶洞裂隙含油。经提前完钻对上第三系下部油层进行选择性分别试油，有的能自喷，如1961年一次对羊三木组1214.4～1220.5米井段试油，最高试获日产3立方米（7.5毫米油嘴）。这是一普成立来首次试获工业油流，为济阳坳陷继东营之后第二次次一级凹陷突破。

随后，中原石油物探大队派地震二队，对该构造及渤海农场鼻状构造又进一步细化深入工作。在此基础上，3205井队于1963年4月又在义和庄构造北盘（高于南盘）施工沾2井。但因钻遇奥陶系漏失严重，于1964年2月在1718.5米提前完钻。经综合解释，羊三木组（已将甲2亚组正式命名羊三木组）下段1203.8～1496.0米计16层，各级别含油砂岩厚47.9米。而奥陶系1503～1629米间多处灰岩晶洞裂隙及方解石脉含油（厚约68米），施工时泥浆明显带油花。前者羊三木组含油程度较沾1井好，经试油最高获日产4.2立方米（6毫米油嘴）工业油流。

当沾 1 井突破工业油流后，石油部华东石油勘探局，即赴义和庄构造东翼上钻义 1 井，仅见泥浆油花而已，故该井迁至沾 2 井东 80 米处，又施工一口勘井。鉴于此，一普队伍完成沾 2 井后，转移至济阳坳陷西部的惠民次一级构造施工。同时提交了《沾化南部凹陷石油地质普查报告》。该报告在肯定沾化南凹陷有良好油气远景基础上，指出沾化北凹陷同样具有良好油气前景，并指出义和庄及滨县凸起也是很有潜力的油气区。此后这些地区交由石油工业部门施工，事实证明，上述报告有关油气指向是客观科学的。

（三）惠民凹陷的突破

早在 1960 年底前，通过中原石油物探勘查，已揭示惠民凹陷西部如其他凹陷一样，具有深厚的中新生界沉积，其中部显示一北东东向的临邑地震隆起带，同时在凹陷东部圈定了一批局部构造。

1961 年 4 月，由旷伏兆指挥长主持在山东德州召开了华北石油普查勘探指挥部第二次"华北石油普查勘探会议"，凡在华北地区进行油气勘探的地质和石油单位均派代表参加。会议对惠民凹陷评价很高，给予了足够重视，旷伏兆指挥长在会议总结讲话中，指出："由一普在商河构造上一台五德深钻。"

因而，一普由山东区队新组地质部第一台五德深钻 3201 井队，于 1962 年在商河（胡家集）构造上施工了惠 2 井。除钻遇较厚有利生油的下第三系外，山东区队技术负责人贾润胥，在井队蹲点时发现 7 颗油砂，从而进一步提升了该区的油气远景评价。

1963 年 3 月，一普在德州召开地质工作会议，据国家计委"向华北平原西部铁路沿线进行侦察"的指示、当时石油普查勘探形势以及惠民凹陷自身油气远景，会议决定把惠民凹陷提高为一个新突破点，会后又提出"突破惠民，扩大黄骅，侦察冀中。"的方针。据此，一物和一普在 1963～1965 年期间，集中相当力量又对其中的临邑背斜带开展了全面勘查。累计完成地震测线 1473.56 千米、钻井 10 口，进尺 30790 米。全面勘查结果表明：济阳坳陷中圈定的临邑背斜带系一长 60 千米、宽 8 千米，面积约 400 平方千米的大型构造带，发现其局部构造共 22 个。其上发育有大芦家等 8 个（义和庄、商河、大芦家、田家、马庄、王石庄、辛店东和后范家）极有潜力的局部构造。背斜带内有 9 口探井见到不同程度的含油气层，且以背斜中段的含油气情况最佳，如大芦家构造惠 4 井、田家构造的惠 3、惠 5 井，马庄构造惠 12 井含油情况尤为突出。其特点单层厚度小，饱和度高，分布层位广，延续井段长，总厚度大。如惠4井共60层，总厚121.7米，延续井段达千余米，仅油砂就34层，厚50.5米。

因而，3201井队于1963年，在临邑地震隆起带东段田家高点施工惠3井，于下第三系1941.8～2837.4米间见多层良好油气显示，共30层，厚59.1米。其中油砂层21层、厚38.6米，同时在多处灰岩、生物灰岩、泥灰岩夹层见裂隙含油。巨厚的油气层显示了临邑地震隆起带可能是油气富集地。于是从1963年下半年始，一物大队又重返惠民凹陷开展构造普查和详查。然而该井在等待固井中井壁坍塌而未能试油，旋又在东侧300米处补打了惠5井。历尽一波三折。

1963年12月，地质部在济南召开了全国石油地质普查会议，翌年2月地质部党组向中央报告会议统一意见："华北地区仍以济黄坳陷为重点，集中比较多的力量，选定上古林、沙井子、临邑三个最有希望的构造带为主攻方向，以进一步探索控制油气聚集的地质条件。"因而一普于1964-1965年上半年，掀起临邑背斜带钻探工作高潮，开动最多钻机（3201、3205、3202三个井队），钻进速度大大加快，你追我赶，不断创造新纪录。

经过试油，以上各油气富集地上部署的探井，均取得可喜成绩。如3201井队施工的田家构造惠5井，获日产工业油流11.6立方米；3205井队施工的大芦家构造的惠4井，获日产54立方米高产工业油流。从而胜利实现了济阳坳陷第三处重大突破，为此后建成临盘油田提供了物质基础。

济阳坳陷陆地面积18300平方千米，被誉为华北盆地油气远景最佳的坳陷。历经几年勘查搏击，三个次一级凹陷已陆续全部突破出油关，雄辩地证明我国广大地质工作者有能力艰苦奋斗，勘探和发现继大庆之后又一个巨型的胜利大油田！

此后，根据中央建设三线的战略决策，一物、一普相继撤离临邑地区及济阳坳陷。1965年下半年起，一物大队主力队伍改行从事天然地震预防等科研工作，一普除3202等井队调往编入从大庆调往四川的二普外，

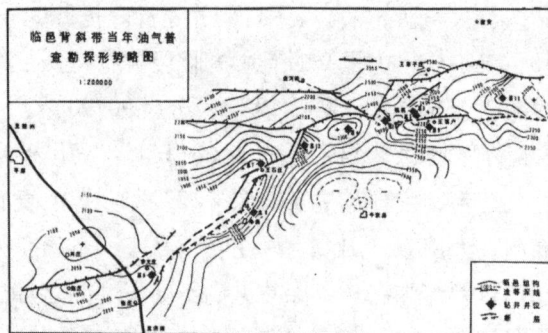

其余两个井队先后向下辽河坳陷转移勘查。

　　与此同时，一普全力完成编写《济阳坳陷临邑构造带石油普查报告》，并及时提交。报告明确指出：该构造带是个极有含油远景的背斜带。后来石油部在此基础上继续探明这一背斜带约有5000万吨石油储量，为济阳坳陷中较大油田之一。也表明当年向中央报告，将惠民凹陷作为新突破点的决策预见是正确的。

　　据时任地质部石油局副局长李奔回忆（1）《给毛主席写报告》：1961年初在广饶拗陷东营构造打出了第一口井名为"华8井"，1961年中打出第2口井为"沾1井"，获得高产油流。消息传来，人心振奋，当即决定给毛主席写报告。报告初稿由李四光部长亲自执笔，内容因牵涉到地质科学理论及学派之争等问题，地质学名词术语又太多，专业性太强，不宜用。后来指定石油地质局起草，由关士聪、刘毅和我负责研究执笔。初稿写出后，部审查不满意，指出不足和要修改之处；我们三人根据部的意见，作了修改补充，但仍不能交卷。后旷副部长让我和关老总随他赴天津，摆脱日常事务，专心致志写。提纲商定后，花了三四天时间，逐字逐句琢磨，几次反复修改，每稿都呈旷副部长亲自过目，一起商酌修改，草稿终于完成；回京后何副部长召集各副部长一起讨论研究通过，送李部长审阅，李部长表示同意。为了庄重严肃，报告用毛笔在宣纸上正楷缮写，校对后，笔墨清晰醒目，迅即呈报党中央。当时毛主席南巡在杭州，中央办公厅收到我们的报告后，即派专人送杭州，毛主席阅批了，原文我没看到，后来听何、旷两位副部长传达说，毛主席看到报告后，很高兴，批示同意地质部报告中所提到的1962年方针任务和安排。

　　（2）《毛主席请李四光看戏》：一九六二年冬，河南豫剧团来京演出，除夕夜在中南海怀仁堂由常香玉演出《朝阳沟》。在快要演出前，毛主席问身边工作人员，四光同志来看戏吗？工作人员查询后，回报毛主席说没来，主席即告工作人员，请四光同志来看戏并在自己身旁为李四光留下一个空位。李四光接到毛主席通知后，即赶赴怀仁堂，此时戏已开演，便在主席座位后面数排随便找了一个座位。过一会儿主席看到身边座位仍空着，又问工作人员，通知到四光同志吗？怎么还没来？工作人员站起身，用眼向后扫了一下，看到坐在后面的李四光，即报告主席。主席当即令人去请李四光来自己身边坐，李四光便来到主席身边落座了。在看戏间歇时，毛主席殷切地向李四光询问当前石油普查勘探进展情况。大年初二，我们被李部长邀到紫竹院，听他给我们传达主席的谈话。李部长还回顾说，前些日子在人民大会堂开会，遇见毛主席，主席一见他就说，你太极拳打得好，李当时回答说，刚学还打不好，主席笑着说，我讲的不是那个健身太极拳，是指你一拳打出松辽大庆油田，又一拳打出华北油田。李部长谦虚地回答毛主席，这是党的领导和主席的关怀。李部长谈到这里，勉励我们说，要切实做好工作，戒骄戒躁，努力实现一九六二年任务，取得更好的成绩，不辜负毛主席对我们工作的关怀和期望。

（刊《新生界》1990 年 1 期）

第二节　黄骅坳陷的重大突破

黄骅坳陷陆地面积约 11200 平方千米，系天津会议确定的又一重点勘区。会议后，中原石油物探大队集中力量，全面对坳陷进行构造普查和详查；一普钻探队伍集中羊三木和大港两个构造带上，在济阳坳陷油气重大发现捷报频传时，也不断取得突破，从而发现了大港油田。

（一）实现羊三木构造带高产工业油流的重大突破

羊三木构造，系河北省地质局石油普查队（队长崔林，技术负责人蔡乾忠）物探地震分队详查圈定，后又经中原物探大队地震证实，同时又圈出孔庙、扣村和四埝庄等局部构造，形成一个北东向并倾没于渤海湾的构造带。天津会议后，一普河北区队 3007 井队（井队长李昌泰，地质组长张学志），在坳陷内羊三木构造顶部偏西南黄 1 井安装 B－35 钻机，1961 年 4 月 22 日开钻。7 月 7 日钻至羊三木组上第三系下部遇含油砂岩，1240.8～1284.7 米，共有油浸～油砂 5 层，总厚 28.2 米，8 月 22 日钻至 1330.08 米停钻试油。该井系黄骅坳陷第一口深井，也是一普成立后首次见油气显示的第一口探井，意义重大。但经选层试油，主要产水未见油流，最大自溢量 5.04/h 立方米，带少量原油和天然气。继黄 1 井油气显示，位于大港构造带大道口地震隆起上道 1 浅井，同年 9 月 30 日于上第三系下部 979.1～982.6 米发现油浸砂岩。

为追踪这一好兆头，一普党政与技术领导高度重视，上下反复研究，要求在地质构造和圈闭、钻井施工、固井作业和油气测试等各个环节技术上，必须做到极端负责精雕细刻，而且各个环节要建立岗位失职追责制度。在此基础上，1962 年 4 月一普另组河北二区队，专负大港构造带钻探勘查工作，把原河北区队改为河北一区队，开展羊三木构造带及周围钻探。

鉴于此意义重大，地质部华北石油普查勘探指挥部在一普的请示下，决定一物大队对该区精心补作地震详查工作。同时河北一区队首先组织强有力的 3203 井队（井队长贾金玺，地质组长于启连，钻井技术负责吴国佐），负责施工羊三木构造顶部黄 3 井。黄 3 井没辜负众望，发现较黄 1 井更好含油气层，除上第三系下部含油气情况良好外，下第三系和青山组亦见油气显示；1230.24～1412.4 米间共有 15 层油浸～油砂岩，总厚 69.8 米，后经 3003 试油队选层测试，决定对第三系油层进行测试，于1963 年底获自喷工业油流。1964 年 4 月达最高日产 84 立方米、天然气 4 万立方米（10 毫米油嘴）的重大突

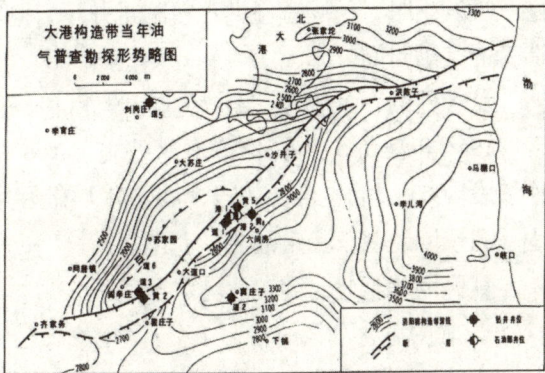

破，成为黄骅坳陷第一口高产工业油流井，也是大港油田第一口发现井。

在黄 3 井前，位于羊三木构造东南的扣庄构造扣 1 浅井，曾在 907 米见油砂岩屑。为扩大羊三木构造的油气成果，在黄 3 井周围的孔店、苗村、扣村构造上施工了黄 4、黄 6、黄 9 三口深井。可惜因测试技术装备不到位问题，均未见油气显示，仅黄 4 井首先在黄骅坳陷报出一套新地层——孔店组，较好地扩大了华北盆地的找油前景。

（二）突破大港构造带出油关

　　大港构造位于黄骅坳陷中部，界于板桥、岐口两凹陷间，呈北东走向伸入渤海的一大型重力高带。1961 年 4 月第二次华北石油普查会议上呼声甚高，寄以厚望。中原石油物探大队投入较多地震分队，进行构造普、详查；查明为构造带顶部被一条北东向大断层切割。沿断层两盘发育了两排由断层封闭的半边局部构造，即上古林、沙井子、马棚口等，总面积约 280 平方千米。

　　由前述，位于大港构造带上的一口浅井——道 1 井，上第三系下部发现良好含油砂岩，昭示了大港构造带具有理想的含油远景，甚至有人喻为"大庆长垣"。据"扩大黄骅"的战略，自 1963 年始就把沙井子构造推上了新的勘探靶区。因此，一普河北二区队 3202 井队于 1962 年，首先在该构造带西南端施工黄 2 井，仅见油浸砂岩，未获突破性进展。1963 该井队又迁至大港构造带，中段北盘沙井子构造施工黄 5 井。其上、下第三系和奥陶系中发现了众多的含油气层，1080～1717 米段含油砂岩 37 层，厚约 100 米，其中较好油砂岩 5 层，厚 14.4 米；1748～1944 米油浸油砂岩 20 余层；1214～2885.71 米奥陶系灰岩破碎带中，有 3 处见方解石脉和灰岩角砾岩具油浸，且钻至 2083～2085 米间发生高达 7 米的气喷，气测总烃大于 4%。然而，遗憾气喷发生时，一场意外洪水包围了井场，泡垮了井壁。天灾推迟了大港构造带的突破时间。

　　黄 5 井的含油盛景，让人岂能罢休。又据"集中力量突破井子"的指示，1964 年离黄 5 井东南 1500 米处施工黄 8 井。在济阳群 2564.8～3085 米连续发现 63 层油气层并灰岩含油，21 层较好中一层含气，总厚 33 米。然因固井质量问题仅获少量油流，遗憾之至。

　　黄骅坳陷至此已圈定大港、羊三木、孟村 3 个构造带；共发现局部构造 11 个，其中见含油气的构造 4 个：羊三木、上古林、沙井子和扣村。所有这一切实践证明："天津会议"的重大而正确的决策，成为华北油气勘查史的重要里程碑。

　　由于济阳、黄骅坳陷连续突破，1964 年元月，党中央批准石油工业部关于在天津南、东营北沿海一带组织以东营凹陷为主战场的华北石油会战报告。而石油部指定黄骅坳陷会战队伍主要从大庆调入，并计划自 1964 年展开该坳陷从区域到重点的勘探，进而建成大港油田。

　　地质部拥护中央决策。1964 年 2 月，地质部党组迅速动员在华北的一普和一物的全部力量，即 13 个井队、8 个地震队、1 个重力队、1 个电法队、一套测井站、1 个地质综合研究队、1 个地球物理综合研究队、1 个实验室及其与钻井和物探配套的修配、运输、机关管理队伍等计 3500 余人，全力参加这场地质部史无前例的华北石油大会战，并将会战地区所获的地质、物探和钻井资料悉数无代价地送交石油部使用。

与此同时，一普为给会战队伍创造尽快拿下大油田，提供侦察兵先行发现掌握的大量基础资料；同时组织一批技术骨干，夜以继日地研究资料，精心编写油气地质据告。高速度地于 1964 年 3 月提交了《黄骅坳陷石油地质普查基本评价报告》。报告系统地总结了黄骅坳陷的地质成果，认为"黄骅地区远景很大，值得大搞"；又精辟而警醒地提出要"谨慎行事"和"油气并举"的方针。不言而喻，报告将对会战顺利开展，起到奠基和领路作用的现实意义。

济南综合研究队讨论黄骅坳陷评价报告

第三节　冀中坳陷油气成果的发现和评价

冀中坳陷原名博野坳陷，因旷伏兆副部长当年抗日战争时期转战冀中地区，为怀念老区人民深情，在天津会议上积极建议后而改此名。坳陷面积约 25400 平方千米，油气区域普查与华北其他地区同步，早于 1960 年，冀中区域石油普查工作已大体基本完成，划分出武清、廊固、河间、保定等凹陷，牛坨镇、博野、无极等凸起；沉积厚达 5000～6000 米；地震勘查发现了大辛庄、吕公堡等局部构造。但天津会议后，部分物探队伍仍继续进行补缺或加密勘查工作，因此又发现一些局部构造。

期间，旷副部长多次深入野外勘区检查工作，发现野外勘探职工缺乏粮食，时常吃地瓜面、豆面等杂粗粮及南瓜汤充饥，健康严重受到影响，出现浮肿、肝病等疾病，但仍夜以继日顽强地进行野外普查勘探。旷副部长深受震撼和感动，他回京立即写专题报告呈送国务院。国家很快增拨粮食，提高了野外勘探职工定粮标准，大大地激发了职工勘探热情。

随着济阳和黄骅坳陷的油气勘探成功，地质部于1963年发出"侦察冀中"的指示，下半年一普3203井队（井队长吴登江，地质组长吴振江）赴坳陷南部进行侦察。1963～1965年，为配合解释地震区域大剖面的地质资料，该井队在冀中坳陷完成了坳陷南部，保定～河间凹陷东西向一条区域地震参数井大剖面。完成钻井4口，进尺12427.86米。发现河间凹陷蠡县蔺岗的冀参1井，与石门桥构造（今之任丘构造）的冀参4井，揭示了下第三系（冀中群）中均有较厚的生油岩系。前者揭示于井深2900米下第三系冀中群，发现了油砂和含气层，并揭示一层油浸～油斑砂岩；后者发现多层砂岩及白云岩裂隙、孔洞含油。由此证明冀中坳陷，特别河间凹陷含油远景令人瞩目。

此外，需要关注冀中坳陷北端京津地区的廊固和武清二凹陷，面积4300平方千米。早期的二二六队及华北石油普查大队曾作区域普查；1961年期间，北京地质局成立京津勘探大队，并组织北京地质、石油和矿业院校联合综合物探队伍，开展本区石油普查。除对构造、沉积厚度等有所认识外，进一步掌握和认识了构造面貌及沉积厚度。更重要的在于圈出了永乐店、凤和营、河西务、杨村等局部构造。

1962年7月，京津勘探大队（队长薛昌顺、技术负责人敖玉）划归一普后，改名京津区队。

1963年6月，京津区队10分队，在廊固凹陷西斜坡凤和营构造北南高点，分别施工凤1、凤2两浅井，先后在下第三系发现多层厚度较大含油砂岩：凤1井34层油迹砂岩、45米厚，凤2井24层、38.5米厚轻质油迹～油浸砂岩。

为尽快抓住油气成果，一普于1964年7月，调河北一区队3007井队（井队长王贵新，地质组长于启连）从羊三木构造迁至凤和营构造南高点，于10月钻完京参1井。在下第三系1050～1901.25米发现较好油气显示，不仅砂岩含油，泥岩和灰岩裂隙亦见油浸。综合解释认为冀中群1351.6～1393.8米的8层含油更好，共厚12米。经合层测试，11月25日日喷1.5～1.8立方米工业油流（4毫米油嘴）。这是冀中坳陷局部构造的首次突破，从而在距北京50千米的首都大门口找到油气基地，京参1井的重大战略意义，不言而喻并因此轰动一时，北京市委和地质部领导都亲临井场视察。

据时任地质部石油局副局长李奔回忆：消息传至中南海，党中央十分重视。时任中央政治局委员、书记处书记兼北京市委书记的彭真同志通知地质部他要去凤和营视察。李四光闻讯后，关照我们说，彭真同志去视察时，由他陪同。其日上班后接到通知，说彭真同志即将动身到凤和营，让我们作好准备。我们一方面安排携带图件资料，一方面和塞风局长急急忙忙赶到紫竹院，向李四光请示汇报，首先商量李老乘车问题。凤和营距北京 50 余里，路况甚差，他年事又高，加患高血压，坐越野车颠簸吃不消，李夫人坚持让他坐吉姆轿车去，我们同意。为防万一（如轿车无奈时），辅一辆苏"69"五人座，并准备路上食品和用具。一切就绪，我和塞风及分管该区的二同志一起，于 9 时出发打前站。

到达井队后，大队领导说，刚才接到通知，彭真同志有要事不能来，改由北京市委第二书记刘仁同志来。我们听了井队和大队有关油气情况汇报，看了图纸和放喷，一切安排妥当后，进村休息等候李部长。不一会李部长安全到达，我们向井场边走边汇报。到井场后，李部长绕井场走了一圈，看了放喷，又向我们询问一些测试过程，有没有技术上不到位的问题，部长的意思我们听出来了。是说如果测试技术上没问题话，放喷产油量一定会有更大提高可能。塞风回答说："我们的测试技术装备很原始。"我补上一句："如配备现代试油设备，十几吨……"

李部长没有回答，只是淡淡地微笑了一下。

尔后，我们回村休息静等刘仁同志。下午四点多，接部电话，说刘仁同志也因有事，不能来了。我们只好随同李部长一起返回北京部里。过两天接到井队电话，说刘仁和北京市部分领导来视察了，大队领导陪同并作了汇报。事先没通知，我们没去，李奔笑着说："这不算失礼吧！"

（刊《新生界》1990 年 1 期）

根据物探与钻探成果：京津凹陷共发现油气井 4 口：凤1、凤2、凤3 和京参1井，含油气层为下第三系冀中群；以冀中群油气显示最好；凹陷发现局部构造5个，凤和营钻遇油流。此外，冀中坳陷冀参1井在冀中群见油气显示。

1965年一普提交《冀中坳陷石油普查初步总结及今后工作建议》和《京津坳陷石油普查工作报告》。报告指出：河间凹陷（今之饶阳凹陷）和廊固凹陷是其中最有利油气潜力地区。事后实践证明：冀中坳陷现今发现的油气田无不集中这两个地区，说明一普首次进冀中侦察的选择，及其报告所指明的评价是客观而正确的。

第四节　下辽河坳陷油气田的快速突破

（一）前期普查概况

下辽河坳陷在辽宁省西南部，在地质构造上属于华北盆地的一部分，位于华北坳陷东北角，陆地面积约12400平方千米。关士聪等曾把它与济阳、黄骅坳陷划属巨大古渤海盆地。

早于1955年，地质部南满物探队首先在本区开展了以找煤为主，兼顾部分地域的石油物探普查。1955－1956年地质部北方地球物理大队112队，开展过部分地区物探工作，指出具有含油气远景。1958－1962年，东北石油物探大队和地质部航空物探大队航空磁测1/100万，除重点普查松辽盆地外，也包括了下辽河坳陷区域物探工作。1963－1965上半年间，二物（即东北石油物探大队）从以松辽盆地为重点向下辽河坳陷转移，除完成全区重力、磁法、电法普查外，基本完成了全区地震面积测量及东部凹陷主要局部构造的详查。

期间，松辽石油普查大队、辽宁省地质局和一普队伍，都曾于1960年组织了队伍开展石油地质普查工作，对该区的区域以及主要目的层系和有利地区等都有初步了解。然而限于勘探技术装备，进展不甚理想，均于1962年初撤销或部分转移。1963年初，二普行将结束松辽盆地堪查时，一区队又奉命再赴下辽河坳陷勘查，于次年冬3207井队（队长刘宝顺，地质组长刘泽宣），首先于该坳陷的驾掌寺（后改称黄金带）构造上，施工下辽河坳陷第一口深井辽1井，同年12月在下第三系发现良好含油气层。

通过以上早期地质物探的区域普查，初步认识下辽河坳陷构造轮廓，推断了沉积厚度，预测了主要目的层系和有利油气地区，并在东部凹陷圈定9个局部构造，尤其辽1井的油气显示，为此后进一步勘查打下重要基础。

（二）落实地质部"拿下下辽河"决心

根据中央战略决策的调整，地质部为加强"三线"建设，要求二普、二物Θ在下辽河勘查队伍尽快结束工作，陆续撤出该区，并迅速成建制转移四川盆地（其中二物242、243二地震队，继续留下辽河坳陷进行构造详查，暂归一普领导管理，后划属一普）。该区的油气勘查由一普进入接替。

据此，1965年初，一普决策抽出部分队伍奔赴下辽河坳陷。他们实施军事化运作机制，提出采取快速长距离搬、迁、安，"干打垒"建营房，艰苦奋斗快速突破下辽河方针，至1966年将全部勘查力量投入该区，并在两年内完成钻井11口（辽1—13井）。

为落实地质部快速"拿下下辽河"决心，1965年4月，一普3203井队（队长方世华，地质组长吴振江，钻井技术负责吴国佐）首先从冀中调赴下辽河，接替二普3207井队于大平房构造安装的辽2井装备施工。首战告捷，发现了良好的含油层。随后，3205井队也于当年下半年快速长途搬迁下辽河工区。此外3201井队及一普大队各二线，乃至机关科室职工纷纷奔赴下辽河，自建自住干打垒，以此为荣蔚然成风，掀起一股下辽河热潮，并新组3209井队，拉开了"拿下下辽河"的奋战局面。

从一普进入下辽河至1966年底撤出的短短近两年内，突击钻探井12口、进尺31305.95米，高速度突破下辽河油田，为建设辽河油田争到了时间与速度。应该实事求是说，这是一普队伍士气最高、精神面貌最强、勘探成果最好的时期。

连续突破前景令人振奋。

刚才记述辽2井发现了良好油气层，后经测试，分别在田庄台组1061～

1067. 2 米和 1236 ~ 1251. 3 米两个井段，获日产 13 万立方米工业气流和日产 1. 5 ~ 1. 7 立方米工业油流。证实了大平房构造为一以气为主的浅层气藏田。首次突破了下辽河含油气区，战略意义不可低估。

紧跟是 3205 井队施工的荣兴屯构造西高点辽 3 井，再传捷报。于田庄台组 1929. 4 ~ 2063. 2 米试油，6 毫米油嘴试获日产 12 ~ 15 立方米工业油流，伴随日产 9000 ~ 11000 立方米天然气，因故井质量问题难以维持长期自喷。尔后东高点辽 5 井虽因技术条件掣肘，未试获理想结果，但曾一再钻遇良好油气显示，总体说明荣兴屯构造为较好一油气藏。

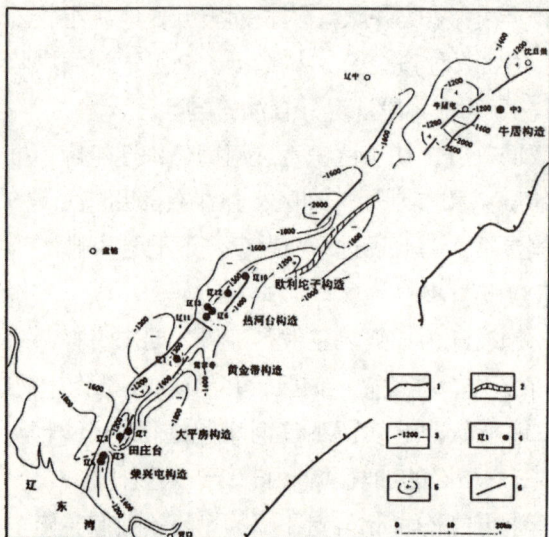

1—盆地边界线；2—地震反射复杂带；3—地震反射界面（相当下第三系上部）等深线；
4—重要井位及井号；5—局部构造；6—断层

下辽河坳陷东部油气勘查略图

一普仅用两年时间，在下辽河坳陷共完钻 13 口（含二普辽 1 井）井中，11 口于下第三系发现含油气层。优选 6 口井测试，5 口井获工业油气流突破，黄金带构造辽 1 井和欧利坨子构造辽 10 井也见良好含油气层；东部凹陷北端辽 9 井和西部凹陷辽 8 井同样发现油气显示。上述含油气构造以北东向成排分布于田庄台坳陷凹陷南部中段，系优越的油气富集带。由此，足以说明一普勘探效益是高速度、高效益的。

产能最高系热河台构造辽 6 井，仅射开沙岭组 1712. 4 ~ 1714 米一层，即发生强烈天然气井喷，犹如"气老虎"，获高压高产工业气流，压力达 156 个大气压，日初产气约 65 万立方米，后以 12 毫米油嘴测试，日产气约 30 万立方米。当时气喷形势十分危急，不瞬时采取措施必顷刻机毁人亡。由于英勇果断的张连奎大队长组织和指挥得当，经曹和森等 18 位同志 5 个多小时的拼死抢救下，奋力安上井口装置，化险为夷彻底制伏。此后，距辽 6 井南 1100 米的辽 11 井，于沙岭组 1766. 8 ~ 1780. 6 井段，以 10 毫米油嘴测试日产气 9. 3 万立方米，关井套压 154. 4 个大气压，表明热河台构造，是一个潜在高压高产气藏田。

我们不能忘记那段为"早日拿下下辽河油田的'一普人'"，怎样组织3202、3205两井队攻打出关施工辽3、辽4井的恶仗。两井队几千吨重的大钻机设备拆、卸、安、装、上汽车，卸汽车、装火车，长途运输，时限30天，任务重至难以想象！还要安全迅速，哪有自动吊装设备，岂非异想天开！然而，事情就在"一普"人手中办成了。

出关职工首先甩掉"包袱"，轻装上阵，没一个家属、孩子拖后腿。都高高兴兴携儿带女到车站，敲锣打鼓欢送丈夫和爹妈出关找油，他们变"包袱"为"锣鼓"，还怨自己的冲锋号角吹得不够劲哪。

负责搬迁的运输车队，主动与井队联系，共商运输计划，随拆随运，要啥运啥，一次到位。值得一提的是，50年后的今天，人们还记忆犹新津津乐道的"三员"突击队。一支由机关办事员、地质员、化验员组成的劳动突击队。他们穿上劳动服，登上卡车，哪里搬迁安吃紧，他们突击队就奔向那里，突击井架、设备的拆卸和装运。

承担繁重试油任务的3003、3004两个井队，抽出主力干将，支援出关井队设备的拆迁和工地基础施工。3004井队帮助3205井队设备在山东禹县东站的装卸重任，做到随到随卸，卸了汽车装火车。"一普人"正是调动起了积极性，各井分队形成上下一条心、左右一股绳，团结一致、互相支援、上得快、打得响的大好局面。闯出了两个井队分别以25天和20天从山东、河北，分别转战至下辽河长距离安全搬迁的新国家记录。

好样的3203井队到新区后，没有住房就地露宿，没有厨房野地挖坑砌灶，把芦苇丛生，蚊虻肆咬，只当意志烁火。大伙以为祖国找油为第一使命，踏破重重艰难，首先突击安装，运到什么安什么，白天到白天安，晚上来晚上装。3205和3203井队，经过艰苦拼搏，按时开钻，打了一场硬仗、漂亮仗。

结下了丰硕成果。下辽河坳陷共发现局部构造10个，构造显示9个。其中热河台、荣兴屯、大平房、黄金带、牛居、田家镇、欧利坨子等7个局部构造见油气或显示，其含油层位主要为下第三系下辽河群沙岭组和田庄台组，以沙岭组为最佳。

据此，1967年初一普快速提交的《下辽河地区石油普查勘探工作阶段评价报告》（刘正增、周兴太、张士亚、邓树立等）中，指出下辽河坳陷具有良好的油气远景，且有大油大气，但油气聚集条件复杂。展示了下辽河坳

— 43 —

陷灿烂的油气前景。下辽河坳陷，从区域油气普查到取得显著突破，全为地质部队伍所进行实施。

下辽河坳陷从早年启步普查，到取得全面而快速突破，作为父母官的辽宁省委领导看在眼记在心，他们最清楚；给予了一普从未有过的高度评价。因此辽宁省委曾两次向中央和地质部党组提出积极而恳切要求，请将一普这支过硬队伍留在辽宁省，继续开展油气勘查乃至开发大油田。这是对一普最好的嘉奖，也是一普自身圆梦升华的极致！

正当一普上下沉浸如此自豪喜庆并欲乘胜前进的时刻，地质部遵循国家加强"三线"决策，于1966年底决定一普撤出下辽河、撤出华北。故自翌年始，地质部系统终止该区油气勘查工作。不能不说历史总有遗憾，事物发展难免曲折不尽全美。

天津会议以来，一普驰骋华北千里，短短六年就先后发现和突破济阳、黄骅、冀中和下辽河四大坳陷油气田，获得了丰硕的地质成果。并为此后的著名胜利、大港、辽河、河北四大油田的勘探和开发打下雄厚物质和严谨科学基础。一普组织科研骨干精心编写和提交了《下辽河地区石油普查勘探工作阶段评价报告》和《济黄地区石油普查勘探阶段评价报告》（王鸿志、刘韩酉、张延华等）。报告总结并首次提出华北盆地坳陷发展中的断坳阶段是生、储岩系形成的重要时期；由于每个凹陷各有不同的油气生成和聚集条件，因此每个断陷或坳陷往往是独立的成油基本单元；由于不同级别的断层控制着坳陷、凹陷和构造带的成生发展，它们往往既是油气运移通道，又是圈闭形成和封储油气的条件，因此在油气形成中有着重要的作用。

以上初步认识升华的理论概括和其他一些特点掌握，基本上反映了华北盆地中、新生界油气藏形成、乃至基本代表了我国东部断陷盆地油气形成的主要特征。

注 Θ：1956年二月，地质部第二次全国石油普查大会成立了松辽石油普查队一五七队和一一二物探队，拉开了松辽平原石油普查勘探大幕。1957年冬至次年初，地质部党组作出战略东移决定，以松辽平原作为全国油气勘查工作的重点，并将原在柴达木205物探队、四川303重力和电法队、鄂尔多斯中匈技术合作队一一六物探队等地的勘探队伍和勘探装备。陆续调往松辽充实和加强那里勘探力量，与原在松辽工作的一一二队，于1958年元月合并组成地质部地球物理探矿局长春大队

（1958 年 7 月改称东北石油物探大队，王更华代理大队长，任振东副大队长，朱大绶任技术负责，1962 年 5 月又改名第二物探大队），同年初又新组地震三队（即 243 队）等。

1959 年，地震三队技术人员与匈牙利专家在安达工地合影

该队与兄弟队伍至年底发现近 30 个有意义局部构造或隆起，在大同镇附近有一局部重力异常，电测深显示隆起，除电法加密测网，地震资料显示该隆起系一沉积层的褶皱，需要查明圈闭和延伸范围。经地震三队普查圈出高台子、太平屯等局部构造，呈南北延伸，规模较大。当年地震三队在报告中写道："在任民镇大同地区发现了封闭较好的沉积构造，特别是大同构造，可能是一个很有价值的构造"。又称"大同构造是一个很有意义具有含油远景的构造"。

1958 年 5 月，地质部何长工副部长，在中共第八次全国代表大会第二次会议上，又进一步提出，必须"大力加强松辽等有希望地区的石油普查勘探工作……只要各方面共同努力，密切配合，在第二个五年计划期间，找到中国的'巴库'是很可能的。"这极大地鼓舞着松辽勘区。为了正确评价中央坳陷和这一构造带的含油远景，长春大队提出布置第三口基准井建议。当年 10 月，大队技术负责朱大绶率石油部钟其权、张铁铮去地震三队驻地黑龙江省明水县附近现场研究基准井资料。地震三队技术负责人郭建达，还有大队生产科刘广信，共同研究认为在高台子构造上布置基准井较好。于是地震三队提交了高台子地震构造图和主要的地震反射剖面。经过逐级研究审定后，于 1959 年 4 月正式开钻，这就是有名的松基 3 井。同年 9 月 26 日，松 3 井见到了自喷的工业油流，从此松辽平原石油普查勘探工作进入了一个新的时期。应该特别强调的是：松基三井地震详查资料与钻探结果相差不到千分之九。

1959 年地震三队在队长刘树勋、副队长周国栋、技术负责郭建达领导下，继续圈定大同长垣构造的往北延伸范围，了解整个构造形态，搞清浅层和深层构造关系；圈定高点做出三种不同深度：1:10万比例尺构造图和1:5万比例尺详查构造图。并向北继续圈定了喇嘛甸子、萨尔图、杏树岗、太平庄、高台子、太平屯、孙家围子、新发屯、杏树岗构造南部一个三角形高点和郑新屯等10个局部构造（郑新屯构造后更名为龙虎泡构造）。此外，在1960年还做了一些加密工作，最终完成了长约150千米，宽约20~30千米的大庆长垣地震详查任务。如此高速度，归功于1959年轰轰烈烈夜以继日的大跃进形势。全队革命加拼命，副队长周国栋率先垂范，在生活艰苦，队上病号增多，汽车司机不够，他不顾自己身患重病，一直坚持工作，一人开几辆车，创造"串连搬站法"，光荣地出席了黑龙江省群英会。野外勘探速度突飞猛进，室内资料解释往往赶不上，甚至出现发现构造显示时，勘探队伍已经远走，造成返回原地查明构造，进进出出多达5次之多。

松基3井试获工业油流后，全国为之振奋！同时也有力地推动了地质部大同镇构造带的加速追踪工作。石油工业部也因此增调钻机，"甩开勘探"，特向东北石油物探大队提出尽早提交完整的大庆长垣构造图，为地质选择上钻井位提供可靠资料。为此地质部决定东北物探大队地震三队与地震四队，要求在向长垣南北追踪普详查资料构造草图基础上，进一步对比解释编制出完整的大同长垣构造图。

大队于1959年底在安达县组成了以地震三队室内组长谢婷婷为组长，地震四队周焕然以及杜建叶、安月梅和陈燕卿等参加的构造图编制突击小组。经过三个多月紧张工作，终于在1960年3月，将两个队的构造草图重新检查对比解释编制出一份完整的大庆长垣构造图，并经大队朱大绶、刘广信和物探局陈滋康等检查验收。

石油工业部松辽石油勘探局据此，认为大庆长垣可能为二级构造控油的大油田，提出以整个二级构造带为钻探对象，进行大规模的勘探部署，余秋里部长据此作出"大战松辽"的决定。

地震三队在1960年9月－1962年春夏，两次参加冬季地震大会战。1961年第一季度圆满地完成了首次冬季会战任务，"以冲天的革命干劲和无高不可攀，无坚不可摧的大无畏精神，战严寒、破万难，坚决完成冬季生产的光荣任务"。在开冻期内水淹泥泞难于涉足的湖泊沼泽地区，发现了一批构造圈闭，特别是在1960年工作中，查明了大庆长垣向北延伸的范围和形态及深浅层构造的关系，提交了 I：10 万比例尺的标准层构造图。最后完成了喇嘛甸子构造的封闭工作和长垣南部的封闭工作，为接踵而来的石油部钻探部署铺平道路，并获得了地震冬季野外施工的丰富经验。

1961 年 9 月 17 日，东北石油物探大队又一次参加了由石油工业部召开、康世恩副部长部署的太康二次冬季会战会议。243 队（地震三队）又经数月冒零下 30 度冰雪，战严寒，斗冰雪的苦战恶战，全面完成其承担的江南红岗子、太平川构造以南、江北朝阳沟构造以北及其南侧重要水网沼泽地区的主攻任务。地震三队每月保证完成 100 千米，力争 120 千米，创造了人间奇迹。1962 年受到指挥部高度评价及奖励。

此后在贯彻"调整、巩固、充实、提高"八字方针下，1963 年起二物转以下辽河为重点，抽调 60 名骨干支援华北（即一普）。243、244 等物探队转入下辽河勘区，

匈牙利专家在鄂尔多斯工地

大队组成下辽河前线指挥部。他们在此前队伍工作基础上，除补充完成了全区的重力、磁法、电法普查外，还基本完成了全区的地震面积测量和东部凹陷主要局部构道的详查。至一九六五年上半年，基本上完成了全盆地 1 比 10 万和 1 比 20 万地震面积普查，完成了东部凹陷带，大部分地区局部构造的详查。并圈定了九个局部构造。它们是：牛居屯、大湾、欧利坨子、郑家店、唐家铺、驾掌寺、桃园、田庄台、荣兴屯等局部构造。1965 年二物进关入川，下半年仅留 243 队继续工作，直至全面结束下辽河物探勘查，一九六五年提交了《下辽河平原物探基本总结报告》。初步肯定了本区含油气远景，划分了区域构造单元，指出了地质钻探和物探工作的方向。在普详查阶段，及时地提交了一批构造，提供了钻探井位和可供钻探的构造。为下辽河工业油流的首次发现和下辽河油田的发现做出了贡献。并为全平原今后的石油勘探工作提供了较为完

整的资料。

1965 年 12 月，根据部局指示，二物将 243 队等 2 个地震队划归一普大队暂管。1966 年"文革"兴起，243 队返回二物闹革命，1967 年石油局镇江会议决定 243 队调一普作为基本骨干建制队伍。据此，尽管原一普队伍未曾进入松辽盆地勘查，但仍具备享誉发现松辽盆地油气田资质。

第五章　坚持抓紧职工思想和技术教育

第一节　建立冬训常态十一年不动摇

二二六队组建时队伍职工来源于三个方面：一是从地质部和河北省地质局，抽调少量技术骨干和党政干部及曾操作过其他矿种钻井技术的工人等为建队骨干；二是大批转业军人和少量新中国培养的第一代大中专毕业生，以及来自上海等城市 1954—1956 年高考生，经过短期专业培训；三是招自农村的翻身农民和社会青年学徒工。

他们三类人员的思想素质和专业技术差异较大，面对石油地质普查工作内心反应纷繁复杂。既有从未经验过的新鲜而陌生求知感，又有野外地质作业的艰苦不安感，思想和行动上出现或多或少、这样那样的波动；更多的是来自战火纷飞的转业军人和怀着素朴阶级感情的翻身农民，他们则是满腔热情投入火热的野外作业；那种为国找油光荣奉献精神，成为石油普查队伍事业建树的主流。因此地质部党组从对整体行业稳定和提高上作出重大决策，要求一方面在全天候坚持职工思想政治教育的同时，另一方面根据北方冬季天寒地冻、不宜野外作业特点，实施整体冬训、集中学习提高的制度。

一、坚守冬训提升职工队伍整体素质制度

二二六队从建队次年的 1956 年，就开始有计划地部署冬训工作。每年

冬季由大队、区队组织冬训，总结一年生产中遇到的问题，有针对性地进行思想和业务培训。截止 1966 年一普撤出华北盆地的长达 11 年岁月，每年冬季的冬训内容有变化差异，侧重点有所不同，总体要求基本一致；目的在于提高普查队伍的整体素质，把队伍培养和锻炼成为一支思想作风过硬、技术掌握领先、管理规章严谨，拉得出打得响的特别能吃苦、特别能战斗、特别能奉献的石油普查队伍。

如 1963～1964 年冬训，大队党委于 1964 年元月 9～11 日召开冬训工作座谈会，各区队负责冬训的书记或队长、主要教员及大队直属单位的负责人共 35 余人出席。会议由王敏、张志宏书记亲自主持，大队党委白庆培书记作主题讲话。他就冬训围绕"结合实际，抓住重点，积极开展冬季训练"的社会主义思想教育中心，要求把一普队伍整体素质打造得更加特别能战斗，为夺取 1964 年生产新成果贡献思想和物质基础力量。会议明确突出抓好科组以上领导干部和工程技术人员的冬训。通过训练解决自觉参加集体生产劳动，加强团结，克服骄傲自满情绪，改变领导作风，提高企业管理水平；工程技术人员通过对红专道路、参加劳动、加强团结等问题的讨论，改造思想，做好工作，提高勘探技术业务水平，争当一名无产阶级知识分子。此外，要求不同单位结合自身特点，应采取不同方法组织冬训，并应妥善安排冬训与生产、工作、社会主义思想教育运动的关系。

二、坚持冬训思想建设

冬训的一个始终不变的重点内容，即牢固地树立地质工作艰苦奋斗的思想主题。每年规定冬训的 40% 时间，集中思想作风建设，强化思想政治教育，提高爱国爱党爱社会主义和热爱地质工作思想觉悟，树立共产主义人生观。因为，一方面艰苦是地质工作行业特点，是由地质工作性质所决定，地质工作是国民经济先行的工作，开拓性工作，工作地区的条件一般都较差，多是未被开发的地方；地质工作又是探索性的工作，要以野外作业为基础，人迹罕至的地方要去，悬崖陡壁要上，深谷溶洞要下，许多勘探手段在露天下进行，要冒雨雪，顶风霜，斗酷暑。另一方面，艰苦奋斗又是地质工作的现实状况所需要的，当前国家面临许多困难和问题，拿不出很多资金改善地质队伍工作、生活条件。

即使将来国家富了，但地质工作自身流动分散、野外作业的特点不会根本改变，比起大多数行业仍是一个比较艰苦的行业。因此，进行艰苦奋斗的思想教育，在地质行业的一普不仅有非常特殊的意义，而且是思想政治工作需要长期坚持的一项重要内容。如果离开艰苦奋斗的思想支柱，要搞好石油普查的地质工作是不可想象的。

可以说，艰苦奋斗思想建设是石油地质工作者最感人的形象之一。1957年春节，胡耀邦对北京地质学院的学生说"送你们春节的礼物，就是要充分作好准备，迎接艰苦奋斗"，毛泽东说："你们更像军队啊！"刘少奇说："今天的地质勘探工作是建设时期的游击队"。热情地称颂地质队的工作像军队打仗一样，南征北战，顽强紧张，生活像游击队一样流动、分散、艰苦。

三、针对当年生产技术特点，部署对症下药的冬训内容

1961年在河北保定和山东寿光，1962年在河北沧州和山东商河的那次冬训，是一普历史上组织得力，收效最佳之一。大队成立冬训委员会，各区队在党总支的领导下建立冬训领导小组。大队领导从不懈怠，把冬训落实程度作为考核干部标准，基层单位因此认真组织坚决执行。

各井分队除特殊经上级核准继续钻探施工外，一律集中队伍职工进行冬训。冬训内容大体三项：一为职工思想教育，包括形势教育；二是生产业务技术学习培训，结合当年生产得失实际；三为建章立制，健全科学技术规范和技术管理制度。冬训业务培训特点，强调在总结当年生产技术正反经验基础上，开展灵活机动而实践性强的缺什么补什么，急需哪些学那些，开展业务培训。

1961年一普未完成国家钻探生产任务，钻井科据党委冬训指示，召集各区队钻井负责人，共同研究制订当年钻探生产总结和业务技术的冬训教材提纲。各区队据此编写教材，组织讲课，并组织讨论，分析原因，师生共同提高；起到最具广泛性的年度钻井工作总结和技术的提高作用。如3201井队，是一普第一个使用"五德"钻机的井队，对吊卡、卡瓦、旋转器一问三不知。刚作业时，每接一根钻铤单根耗时45分钟，经过冬训老师授课，现场实际操作演练，接单根的速度提高至9～10分钟。实践证明：冬训是提高业务技术的好办法。

工人是生产的实践者，情况最了解，总结得最深刻，对工人、技术员、管理干部是一次深刻的自我教育。在此基础上制定了次年钻井生产安全、质

量以及泥浆、取心、操作、维修等实施细则。

冬训期间，组织学习白庆培书记《哪里有困难，他就在哪里》的感人事迹。有一次白书记带领机关干部5人，深入3205井队帮助工作。有天下午，下着小雨，道路泥泞，他扛起一百多斤重的大圆木，步行一公里多烂泥路。当年他已50岁出头且多病，满脸汗水，气喘吁吁。他放下圆木没喝水休息，立即脱下胶鞋，下到水渠里砌垒桥墩。在他的带领下，井队职工和机关干部纷纷下水，都全力参加劳动。雨越下越大，风也加劲刮着，大家劝书记上岸避风雨休息一下，但他坚决不走，反而鼓动大家加把劲。他抹把脸上雨水，吆喝着唱起号子："嗨哟嗬，同志们加把劲；英雄一普人，风雨何足惧；嗨哟嗬，胜利在我你……"在风雨交加中，白书记一直干到天黑，打好桥墩搭上桥板才上岸。大家看着桥，又瞅瞅白书记，都暗暗在心里说："干部言行是盏灯，照到哪里生产就大增。"

翌年一普钻探生产全面打了翻身仗，河北分队钻探泊1井，以旧 B－35 钻机，仅施工55天，顺利打出1003.94米超深纪录终孔。冬训的实实在在效果，广大职工深深感受到了。

第二节　抓好"人"这一基本的生产要素

做人的思想政治工作，关键要关注人在生产过程中的活思想。在惠7井组织"快速钻进"试验前，有职工提出"快了不安全，质量要降低。"实质上反映了他们对实现"快速钻进"可能性的怀疑，也反映了他们安于现状缺乏进取心的精神面貌。大队一方面坚持试验不动摇，但在行动上首先从解决思想认识上入手。针对"快了不安全，质量要降低"的思想认识和提法，以讲事实摆出过去生产中大量速度慢同样发生事故、出现质量不高的事例，使大家认识到速度的快慢，不是发生事故和质量降低的客观规律。

大队以1961年钻井生产事故多、质量差、效率低、成本高，完成的19口井中，17口井因事故终孔，没有完成国家计划任务，把17口典型井一一列举、分析、解剖来教育说服大家。而且更认真地剖析1961年队伍刚组建，组成队伍的三部份来源职工思想对地质石油普查工作认识不够统一、对野外勘探的艰苦性、流动性、分散性缺乏正确理解，与当年国家困难所造成队伍的思想混乱影响，而出现种种活思想分不开，职工队伍精神面貌自然受到影

第一编　初展雄风，逐鹿华北

— 51 —

响。经过如此细致缜密的思想教育，普遍反映把症结问题说到心坎上了。都口服心服。从而，"快速钻进"试验顺利推进，仅用25天完成拆迁安，并创钻进技术指标6项高点。

与此同时，大队和区队领导乘势前进，紧紧扭住这来之不易的形势，在抓好全盘面上钻井生产同时，沉下身子深入井分队现场蹲点参加劳动。在劳动中掌握生产一线前沿情况，及时组织力量解决生产中碰到的疑点和难点，更多地了解了职工群体中的个体活思想。个体与群体普遍活思想往往联系紧密，也影响着队伍群体精神状态，因此随着队伍形势的变化，要做到及时向全队提出新的工作和思想奋斗目标，1962年一普钻井生产就打了全面翻身仗。

从那时起，完成任务一年比年多，钻探质量一年比一年好，效率一年比一年高，成本一年比一年低，促成了一普几年来生产成效一浪高过一浪，不断向前推进的前所未有的局面。

如1961－1962年提出"敢攻深井关"口号，促进以后的"中深钻月进千米""уД钻机三月打三千"，乃至1965年提出"三个减一半，任务翻一番""快速突破下辽河坳陷"等等的成功实现，无不与抓住生产要素"人"的活的思想政治工作有着因果关系。实事求是地说，1963年下半年开始学习毛泽东著作，活学活用运动的开展，对于一普做好人的思想政治工作，更好服务于油气普查勘探，起到推波助澜的作用。这些生产成绩的取得，为华北盆地连续突破作出了历史性的贡献。

第三节　锻造队伍"三特别"的过硬作风

一普及前身二二六队青年职工，虽出身经历不同，但都是新中国第一代青年，有着素朴的、良好的家庭、学校和社会环境的教育和影响基础。具有纯洁而优秀的可塑秉性，对党和社会主义建设怀有强烈的听毛主席话跟共产党走的深厚感情。因而重点教育和激发广大职工群众，发自心灵底层的那股革命加拼命的热情，那种为建设社会主义祖国找油去吃大苦、耐大劳，乃至甘洒热血、无怨无悔去牺牲，将之视为水到渠成的天理定律。

教育的内容、形式和方法，除前边提到的冬训，是一个重要的阶段性思想教育方面；更普遍而不可或缺的则是全方位和多渠道，直接渗入野外生产中或生产间隙的日常思想政治工作教育。从组织形式上健全党团工会组织建在井分队，开展定期或不定期的组织活动与党团课的教育措施，以及井分队行政上根据国家和大队年度、临时性布置的有关国家形势时事学习内容。生产工作中强调领导干部、党团员和班组长，要处处事事以身作则，身体力行言行一致，用实际行动影响和教育职工群众。

一句话就是教育广大职工锻造献身祖国找油，吃大苦耐大劳，连续作战不怕疲劳、雷厉风行的过硬作风；生产工作中强调天不怕地不怕的闯劲和实干、苦干加巧干的大无畏拼搏精神；不怕风雪交加的严寒还是炎热煎熬的酷暑；不怕遭遇什么困难和挫折，吓不倒、压不垮，做到"干革命何惧刀枪，搞钻探哪怕艰险"！

正因队伍始终葆有如此坚定的火红思想和过硬作风，一普队伍上下团结一致，士气高昂，热血奔涌，摩拳擦掌待命。形成一旦上级下令，指向哪里打向哪里，而且紧密团结像一个人，为共同目标互相支援，上得快打得响的大好局面。

前述为快速拿下下辽河油田，全队大协作，共唱钻机大搬迁新纪录战曲犹在耳畔响起。

1966年3201井队施工的辽6井，试获高产天然气时发生强烈井喷。该队在大队长张连奎指挥下，迅速组织18位青年周振忠、苗有志、李运来、邵云红、魏双海、刘顺甲、高二丑、唐忠书、唐作君、周三堂、谢生恩、张志新等，分成两个梯队，冒着窒息、着火、中毒等威胁生命安全的考验，轮流冲进钻台下，抢装井口防喷器设备。每批抢险队员出征前，在大队长和井队长动员讲话后，举拳大声宣誓："与辽6井共存亡，与气老虎决战到底，不获全胜决不收兵，胜利属于3201井队！"18名勇士经过5个多小时殊死抢险搏斗，终于稳妥安全抢装上了井口防喷器，彻底地制服了高压气喷，为辽河油田快速建成作出重要贡献，"十八勇士"名声远播。

3201井队10个月钻井万米，创造地质部最新纪录，表现出连续作战不怕疲劳的好作风。3203井队一年内两次往返冀中与下辽河工区，勇打4口深井，并夺得年进万米大关红旗，表现出队伍拉得动、打得快，指到哪打到哪的过硬作风。

又如3004井队施工黄4井时，钻至2700米地层变化，急需追加至3000米，后又改加至3200米。那可是超越钻机设计能力，井队钻杆也储备不足，又遇雨季来临，运输堪忧。然而领导再三权衡利弊，为了找到油气，决定必须加深。尽管当时井场已被水淹，物资供应十分困难，再加流行性传染疾病入侵等重重困难。井队干群精神饱满，决心发扬3004井队吃大苦耐大劳、艰苦拼搏的光荣传统，扭成一股绳迈过了这一坎。不愧为特别能忍耐，特别能吃苦，特别能战斗的过硬队伍。

当时3004井队陷入长期吃咸菜萝卜干，住"外面不下，屋里滴答"，床下被水淹，井场水过膝困境。上上下下洪水汪洋，日夜泡在岌岌可危的环境里，但职工们依然大唱革命歌曲精神饱满，坚持钻至3105米，并下入3080米油层套管。为保证施工物资供应，陆地不通绕道海上抢运；水泥固井车用拖拉机牵引，一天几公里缓慢行进……所有这样那样的灾祸困难，都被革命加拼命硬骨头好作风的一普人踩在脚下，一一克服排解和彻底战胜，钻探生产按预定目标如愿实现。更令人喜出望外的振奋，是黄4井首先在黄骅坳陷揭露了一套新的地层——孔店组，从而扩大了该区的找油气领域。

第四节　技术掌握领先，管理规章科学

从华北石油普查大队体制下放，到天津会议一普的组建。在讨论组建队伍宗旨时，明确强调建立一支素质思想作风过硬、技术掌握领先、管理规章科学严谨；要特别能吃苦、战斗和奉献，能快速侦察地质堡垒，准确拿到油藏线索和蓝图的优秀石油普查队伍。

但是实事求是地说，一普大队由几个省石油队组建而成，他们虽有几年中深钻机施工的经历，但基本队伍多为新招农村青年和转业军人，即使所谓技术骨干，对石油勘查技术毕竟也是初次接触。总体讲技术力量薄弱，生产经验缺乏，组织管理粗放，事故多，难过深井关。一普建立时，可谓一穷二白，除少量骨干从石油工业部门陆续调进外，其余绝大部分来自中深钻机、地质取心浅钻，对石油深钻的"уД、B—35"等深钻钻机从未接触过。开始作业时技术员连吊卡、卡瓦、旋转器等等，完全陌生。面对现状，一普领导惟一出路，只能走自力更生道路，从战争中学习战争；边学边干、边干边学，逐步掌握；另一面送出去虚心向别人学习、请教。但归根到底还得靠自己。

一、坚持定期上技术课制度

石油普查钻井不是一种单纯技术手段，与地质、物探共同成为找油找气工作三大技术支柱。一普在五六十年代的钻井技术水平，已经达到当时国内石油钻井的领先水平。究竟是什么原因使得一普在当时落后的生产条件下，创造出那样不凡的成果呢？当年国家贫油的现实激发一普人强烈的责任感及空前高涨的找油热情；找油的手段是勘探，石油勘探是一门科学、是一行技术，单纯靠大家的热情显然不够，还必须尊重和依靠科学。当时一普的决策者们正是清醒地意识到了这一点，确立了持之以恒长期除冬训开办集体技术课外，生产工作期间始终坚持定期不定期上技术课制度。

各区、分队根据本单位生产特点或队伍弱点需要，用举办有针对性技术课的方式，来提高工人们及基层领导的钻井等技术业务水平。

建立定期工业余上技术课制度，是长期被井分队乐于采用，行之有效、灵活而针对性强的业务技术提高的方法。每年初或新井开钻前，尔后定周几某时开课。内容则根据：（1）总结上口井施工得失，介绍该井地质岩性特点，钻进中注意的技术问题；（2）井队自身钻工存在那些薄弱环节，如何提高和改进；（3）该井存在哪些技术难点，采取哪些措施；（4）根据井队技术基础，进行有步骤地学习与钻井生产密切关联的地质、物探、测、录、固井等基础知识。由井队技术队长、技术员、地质员和有技术专长人员授课。形式与内容灵活，根据需要随时变动增删，讲课时允许双向讨论交流与砌磋。工余技术课实践性强，气氛活跃，一直为井队长期青睐。为一普钻井技术普遍提高，收到事半功倍的效果。

二、举办专业短训班、参加系统内各专业培训班和现场会

大队和区队每年开办专业短训班，如司机班、钻工班、柴油机班、泥浆班、测井班、井控班等等。各井队派员参加；学习时间不超一月，学习内容以解决当前生产技术中突出而普遍存在的问题为主。1961年石油局在山东商河举办 уД 钻机培训班，边安装实践、边讲课、边操作，收效明显，为一普培训了一批基层技术骨干。1962－1963年在沧县开办 уД、В－35型钻机机械培训班，解决了大量实际遇到的问题。

泥浆技术在当年系薄弱环节之一。石油局在东北扶余办泥浆技术培训

班，一普派出多批骨干学习，培养了一支泥浆专业队伍。此外还带着问题派人外出学习、求教，如为组织"快速钻进"，多次组织力量到兄弟队伍学习取经。通过听、问、看、练等办法，学习先进经验和组织措施。3201 井队在惠 7 井的"快速钻进"试验，25 天实现拆迁安，并创造 6 项钻进技术高点，是带问题外出学习的明显收效。

以师带徒或师徒结对办法，边教边学、学干结合，从战争中学习战争，此法贯穿二二六队至一普始终，普遍、长期，是不间断的立竿见影的学习捷径。由于队伍不断扩大，生产任务紧迫，新招徒工要立等上岗，不容挤时培训。该法特点：速成、高效，利于师徒感情交流。问题也明显，缺乏理伦基础，技术掌握不系统、深入和全面。刚上岗作业时，接一根钻铤耗时 45 分钟，经一口井边干边学的锻炼，提高至 9～10 分钟。3204 井队钻井技术骨干仅 12 名：1 名大班司钻、6 名正副钻、1 名大班司机、4 名正副司机。在技术力量紧缺条件下，从干中学，边摸索边掌握、边提高；开钻时提一立柱钻杆平均 7.3 分钟，后来熟悉了仅耗 3.6 分钟。他们顺利钻进 3105 米，安全完钻终孔。实践证明：这是一种很受欢迎、工人容易接受、效果明显不影响生产的好方法。

三、狠抓建章立制建设，完善制度和强化执行力

早在 1957 年二二六队总结生产经验时，强调指出必须从建立一套完整的各种管理规章制度开始，1961 年一普总结当年生产事故多、质量差，完不成国家任务，最大教训之一是无章可循、放任自流；从拆迁安至正常生产过程，不是无章可循，就是有章不循的结果。一台 уД 钻机安装了 318 天；泥浆性能不测定，手指一粘能甩掉就合格；所谓循环槽，挖条小沟，对付着能流动就行，等等。所有这些对生产者和管理层的教训，是深刻而沉痛的。痛定思痛下决心，不认真建章立制，不狠抓制度执行力，就是玩忽职守的职务犯罪。

此后，许多合理的制度和积极的措施在不断总结中得到完善：拆迁安过程提出"三快、一细、一稳"（三快：拆、迁、安快，一细：安装检查细，一稳：确定开钻时机要稳）。此后又发展为"三快两保严"（保质量、保安全，安装检查要严）。由于经验不断积累以及严密的组织工作，уД 钻机拆迁安从 318 天到 1962 年缩短至 34 天；1964 年组织"快速钻进"仅用 25 天，发展至 1966 年下辽河工区，创造了 13 天的新纪录。

为全面检查开钻前的准备工作是否按规章制度就绪、到位，1962 年制定开钻前的验收制度。规定深钻由大队、区队、井队，中深钻由区队和分队组成验收小组，严格按规章规定的安装标准和开钻八大条件进行验收。总结 1961 年教训，深深懂得狠抓泥浆、钻具、机械设备和井内等四大环节的重要意义。实践证明，抓好四大环节是钻井安全高效的最基本保障。抓四大环节，主要在于制定一套围绕技术管理制度实现。泥浆、钻具、机械设备各有其完善的维护保养、拆修制度；井内操作有打钻三大纪律（保持井眼垂直、孔壁稳固、孔内清洁）、四大原则（提钻灌浆、钻具运动井内、遇阻不猛墩、遇卡不强拉）、冲孔划眼按井段划分等规章制度。后又逐步发展制订以岗位责任制为中心的一系列制度。

（1）设计编写、审批制度；（2）开钻、终孔验收制度；（3）岗位责任制；（4）巡回检查制及交接班制；（5）干部上岗制；（6）会议、汇报、学习制度；（7）班组成本核算制度，等等。这些制度措施，保证了钻探生产有条不紊进行，及时发现问题，堵塞漏洞；实行巡回检查制度后，仅冀参 2 井就发现大小隐患 662 起，其中关键性的 150 起。从而保证了生产安全和质量效益，并有力促进各工种基本功练习，提高工人整体技术业务水平。

第六章　勤俭办地质，节约每个铜板

中央人民政府地质部于 1952 年 9 月 1 日正式成立。规定地质体制执行地质单位为国家所有；全国各直属地质普查队伍，属独立核算的全民所有制地质事业单位。地质普查经费由国家地质事业费拨款，物资装备由国家地质部无偿调拨，执行实报实销的国家地质会计制度。地质普查队伍职工身份，为全民所有制的固定职工（除少量临时工），实行国家计时等级工资制。资金来源渠道单一——国家。因而，地质普查队伍成为国家统管、统包，实行"供给制"与"报账制"。地勘单位预算拨款和年度结算，以列入国家的地勘实物工作量为依据，而且地勘费受国家计划严格控制，不允许突破；只准千方百计勤俭节约、杜绝浪费，降低成本，汇聚资金多做勘探工作。

第一节　国拨地勘费强调勤俭节约，
艰苦办地质事业

1954 年国家对地质部勘探投资总额完成为 11950.3 万元，为计划的 103.1%。其中地质勘探中的普查工作量较 1953 年较大幅度增加；1954 年比 1953 年增加幅度更大达 253%，地质技术人员也较 1953 年大量增加至 186%，造成投资完成额较 1953 年增加 115%，而这年国家计划投资却出现了较大的缺口。究其原因：一是"各项成本超支，缺乏节约核算观念"；二是"存在许多严重的浪费现象"；三是"劳动计划的超标是使成本超支的一项重要因素"；四是"钻探成本超计划 44%，钻探台月效益低下、钻探工程质量不高等，加大了成本费用。"

1954 年，是地质部成立后全面执行国家计划勘探生产的第一个年头，地质部各级领导为此高度重视和警觉。一是因为国家不但底子薄，且十分脆弱，国家领导反复强调全国人民要勒紧裤腰带，需要艰苦奋斗很长时间。1954 年周恩来说："我们推动第一个五年计划建设的时候，应该特别注意厉行节约"。二因对国家地质普查单位予以统管统包、吃"皇粮"。因而，地质部党组商定，那种大手大脚的浪费现象必须迅速克服和纠正。地质部长李四光在全国地质会议开幕词里严厉地说："厉行节约的一个基本条件，是提高工作质量。而工作质量的提高，必须依靠科学研究"，并对地质部普查队伍里存在的严重浪费和普查钻探质量不高现象，提出了批评。1955 年初，地质部年度计划会议上明确而重点地要求："制定规范，加强设计，提高技术管理；制订定额、贯彻定额；提高计划管理，实行财务监督，加强经济核算；开展反浪费运动，提倡增产节约的风气是十分重要的。"

从 1954 年开始，地质部牢牢抓住珍惜国家资本这重要环节，提出强调增产节约，勤俭办地质，艰苦勘探这个纲。并一以贯之地落实在此后每个年度的计划工作会议中；同时适时地开展阶段性的增产节约，勤俭办地质的群众活动，以期收到实效，使有限投资尽可能多做地质勘查工作。

1965 年 11 月下旬，地质部发出《关于厉行节约、反对浪费的紧急通知》，目的在于保证和超额完成 1966 年国家计划，胜利实现第三个五年计划。又指出：厉行节约，反对浪费，是我党勤俭建国的方针，也是勤俭办地质事业的根本方针。要求全体职工努力提高生产率，节约活的劳动力和节约油、煤等物资，爱护机器工具，节约一切可以节约的物资。我们要提倡充分发挥人的因素，提倡小材大用，好材精用，缺材代用，废材利用；提倡从大处着眼小处着手，节约一切可以节约的物资，节约每个铜板，为着我们多做地质工作。

这一勤俭办地质事业的根本方针，直至以后的改革开放新时期，一刻也没有放松过。

第二节　开展"增产节约"，
"五好"比学赶帮超竞赛活动

一、增产节约你追我赶，比学赶帮超形势喜人

1963 年初，一普大队党委向全体职工发出号召，学"松辽"早日攻下华北盆地油气堡垒，开展以"增产节约"为目标，以"五好"为中心比学赶帮超的劳动竞赛活动。1964 年初，乘总结头年劳动竞赛活动经验热潮，把第一季度生产劲头推上蒸蒸日上好形势。

一季度末，全队开动 5 台中深钻，已有 4 台突破了千米。首先是河南省七分队，以 29 天零 40 分首创千米纪录，相继是河北二区队二分队、京津区队十分队、河北二区队一分队，分别以 27 天 40 分钟、20 天 12 小时 10 分钟和 28 天安全快速攻下千米，出现了你追我赶、争当先进、争当增产节约"五好"的新局面。特别是十分队无论在速度、质量都超过一、二、七分队，创一普中深钻争优质、高产、安全、低耗，凸显低成本的先进纪录，为 1964年中深钻生产推向新高潮闯出了新路，树了榜样。十分队职工思想情绪饱满，团结一心；井场管理井井有条，井场无废物、井内无落物、身上无污泥；食堂心里装一线，饭热菜香送井场；宿舍"五条线"，人人学"毛选"。十分队这一切，足成各井分队学的榜样、比的对象、赶十分队先进经验。

二、十分队先进经验

十分队创 20 天钻进千米、台效达 146 米、岩心收获率 87.5%，成本降

低51%以上等先进纪录。他们的经验：

第一、具体技术问题，积极采取措施；具体细节问题从不放过，不存侥幸心理。去年他们用37天钻完千米，经分析算细账，发现尚有潜力可挖。首先抓住三方面：质量、安会，提高时间利用率，提高机械钻速。结果实现20天钻达千米目标。又如钻遇砾石层问题，是拦路虎，往往拖住生产后腿。他们制定三条措施：充分发挥综合钻头作用；一、二、三档相结合，力争开三档钻进；准确判断井内情况，响时大胆钻进，不响就分析，不进则提钻。由于有效措施，某井钻遇347.76米砾石层，平均机械钻速达4.34米/时，接近全井平均钻速，胜利突破砾石层难关。概括说，十分队面对困难做到三点：不怕困难，分析具体困难，采取对症措施。

第二、虚心好学，积极向上，力争增产节约当"五好"。十分队原是化探分队，没摸过钻机的门外汉。至1964年的三年内，使用国产跃进1200钻机，连打5井口口达设计，井深超千米，最高达1200米，速度一口快一口，质量一口高一口。就十分队具体条件，钻龄最年轻、设备国产货、操作技术和地层等均无突出优势。要说新的只有一条，就是十分队精神面貌不一样：虚心好学好钻研、爱动脑子想办法。如得知七分队创42天千米经验，他们抓住不放，派人专程去学习，回来连夜研究如何学习，凡条件具备或暂不具备，经努力能做到的，千方百计争取做到。七分队的岗位责任制、设备维修保养、猫头提管等方面的好经验，他们一一都学到手，并有进一步的发展和提高。

第三、刻苦钻研技术，岗位练兵过得硬。他们认定要创生产新纪录，必有一套真本领、硬工夫。本着做什么练什么原则，开展互教互学，包教包学，刻苦自练。如班长陈门楼，练出一套准确判断井内情况本领，特别砾石层，他能据响声、快慢速度、钻头平稳状况，判定井内情况如何。又如管水泵尚桂民，练出一套水泵响声、水量变化、压力指针的偏转等情况，诊断水泵哪部位不正常，怎样修理的真本领。再如钻工朱焕起练出一手20～30秒松紧一次卡盘的硬功夫和打磨钻头的技术，等等。由于广大职工苦练硬功夫，操作技术、生产管理水平提高快，大大减小和杜绝机械、孔内等事故，保证施工顺利推进。

第四、狠抓二线，树立三个面向，一切为一线服务。区队从书记到各班组真正做到三个面向。在搬迁中，领导亲率组室干部15人深入现场，参加劳动组织生产。一到井场，放下行李穿上工装，就与工人一起劳动，干劲一个比一个大。区队长有病，进伙房作下手忙上忙下。技本员王宇新日夜与工人忙碌井场，废寝忘食几成常态，他说："钻机响，屋里就难坐住了。"因为干部们处处以身作则，带头干在先，一手抓生产，一手抓生活，不仅鼓舞全队干劲，关键更能发现和解决各类问题。物资供应随要随送，一线需要就是二线责任，尽心解决是分内事。

第五、按人特长合理分工，各司其职密切协作，是十分队生产管理特色。搬迁安前工作准备，实施边拆、边运边安的办法，采取平行作业和流水作业，提高拆迁安速度。按人体力差异，技术不一，进行合理分工。使施工合理有秩，工作进程既快又安全。如陈门楼班分工的范例：让不怕脏累而又泼辣的汪铁城管理泥浆，让心灵手巧善钻技术的尚桂民管理水泵，让说话少干活多，踏实细致的李付国管记录和钻具，让手腿勤快善修理小革新的梁任国管工具。由于合理分工，人人提高了工作责任心。全队普遍出现争比主动性、积极性、责任性和创造性的四性昂扬士气，在某井施工中，各显本领大争"四性"，使以增产节约为目标，"五好"为中心的比学赶帮超劳动竞赛活动步步深入，人人得到心灵洗礼和锻炼，先进生产纪录不断涌现。

三、中深钻越打越好，获地质部嘉奖

1964 年中深井生产任务完成情况，比头年上一个台阶。表现在上得快、质量好、抓得实；各生产阶段一环紧扣一环，环环衔接，有力保证生产秩序。

全年开动钻机 6 台，完井 13 口，成井 100 率%，进尺 15067 米，岩心采取率 44.78%，钻探成本 40 元/米，降低成本 23%，标志 1964 年钻探水平飞上一台阶。全队钻探形势喜人而逼人：先进再先进，后进赶先进、超先进；一浪高一浪，越打越好越打越深。

首先是速度，除章 4 和京 1 井，其余均超月进千米。七分队在陡 3 井以 29 天首创月进千米消息传开后，一普上下倍受鼓舞。随之掀起学七分队、赶七分队的热情，各分队你追我赶，力争上游。二分队灯 1 井、十分队凤 3 井、一分队潘 1 井，又先后创 28.20 天、14 天多一点时间突破千米。尤其京津十分队在凤 3 井施工中，拆迁安仅用 9.5 天，整个钻井周期短至 35.5 天，岩心率取率高达 87.5%；树立了多、快、好、省的榜样，受到地质部通报嘉奖。自部在十分队召开嘉奖现场会后，一普几乎所有中深钻都实现月进千米

大关，其中 8 口井深至 1200 米，乃至七分队滑 1 井超深达 1309 米胜利终孔，台月效率 961 米。

自 1956 - 1964 年，中深钻生产指标一年好于一年、各项经济效益达到地质部系统先进水平，为华北盆地石油地质普查，作出重大贡献。

四、1965 年掀起新一轮增产节约新高潮

（1）3203 井队发出新挑战，推动节约挖潜攻坚战。1965 年大队党政干部会上，指出全年投资偏紧，机电设备及零配件严重不足，要求全队上下在增产节约、勤俭办地质上下苦功，抓好成本管理，节约非生产性开支。提出对头年成绩要"克服骄傲自满，固步自封"思想，决心全队组织生产新高潮。在成本管理上，节约非生产性开支上再创新奇迹。

大会上 3203 井队决心大干六五年，以革命的精神投入生产新高潮，向大队党委提交保证书，同时向 3201 井队作出挑战：拆迁安，保证 15 天内完成；效率上，日上千，十天进双千，一月完一口井，年进力争一万；质量上，取心率达 80%，井斜 5 度内；超深井打 3500 米，力争 4 千；成本上，强化班组经济核算，单位成本降至 35 元/米。精打细算，一分掰作两分化，节约每个铜板多做勘查。

（2）3201 井队胸怀凌云志，提前实现"十天上双千"。干部会刚落幕，3201 井队继去年首创 21 天拆迁安纪录后，曝出 16 天半完成拆迁安新纪录。新井紧接开钻后，又以 7 天 19 小时 29 分钻完 2000 米，以千米钻打出 1406.18 米奇迹。4 天后 3203 井队以 8 天 17 小时 19 分钻进 2000 米，提前实现他们在干部会上"十天上双千"的挑战口号，为月进三千奠定了基础。测井队用 3 小时 12 分完成 317 米表层测井，创造了优秀成绩。从而赢来了部局于 3 月中旬在一普召开钻井、装备现场会。

会议通过现场交流经验，提高成本管理措施，平衡部局全国装备物资，促增产节约向纵深发展，抓压缩非生产性开支办法，使一普你追我赶竞赛劲头更大了。3205 井队立即派出 30 多名技术骨干，决心把 3201 井队的方方面面认真学到手，回队后采取"分片包干、包责到人、迁安交叉、倒班作业"的有力措施，大大提高了工效，扔掉了保守思想，克服种种过虑，以从未有过的饱满政治热情，用 14 天完成拆迁安和新井开钻，又刷新纪录。并于二次开钻后，创小班进尺 351.92 米和日进尺 917.03 米的最新纪录。部局为此

特向 3201、3203 井队和测井队通报表扬。

因此，地质部何长工、胥光义副剖长先后视察了一普以上各井分队。何长工满腔热情赞扬他们革命加拼命精神，为推动部局新一轮增产节约高潮，为勤俭办地质，节约每个铜板多做地质工作树立了榜样、作出了重要贡献，我要很好地感谢一普广大同志。最后何副部长，又一再告诫大家防止骄傲自满，要保持谦虚谨慎学习工作作风，艰苦奋斗再上一层楼。

五、为实现"三个减一半，任务翻一番"的目标

增产节约热潮一发不可收，3201 井队至 5 月 5 日，用 68 天实现快速、优质、安全钻进 3366 米的最高井深纪录。又于次日至 5 月 13 日的八天时间，连续作战不怕疲劳，完成新一井的拆迁安，达到开钻要求。经大队验收，安装质量全优，再次刷新自己创造的拆迁安新纪录。他们具体措施在于明确分工，包干到底，落实到人。一切工作从拆卸到安装，全固定专人负责，做到人人心中有数，充分发挥主观能动作用。此外，他们未雨绸缪上高人一等，旧井未终孔前，即抽人着手新井基础施工，提早打完基墩，安好了井架，为快速安装取得了主动权。

在地质部通报 3201 井队创深井和 8 天拆迁安纪录一周后，该队又学习了 3205 井队班进尺 351.92 米经验，于 5 月 21 日零时在某井又创班进尺 362.38 米的新成绩。为实现"打出高纪录，打出硬作风"的战斗口号，机房、钻台，同心协力，密切配合。水泵工没吃晚饭坚守岗位，一直工作至深夜 12 点。他们认真贯彻各项制度，一丝不苟，并主动为接班做好基础。紧接着他们又使用大队自制千米钻头，以 36.08 小时进尺 1431.01 米，刷新了他们自己创造 1406 米纪录。正因 3201 井队创造新纪录、新奇迹，一个接一个，令人敬佩，地质部政治部授予 3201 井队 1964 年度五好单位称号。

1965 年一普提前 156 天超额完成国家计划任务，实现了党委提出"三个减一半，任务翻一番"目标，打出了新水平。1~7 月份，3 台 уД 钻机开动 12.30 台月，完成进尺 22048 米，为年度计划的 100.22%，为头年同期开动 6 台钻机完成量的 186%；平均台月效率 1794 米，比计划提高 50.8%，为去年同期 667 米的 289%，创造了班、钻头进尺、拆迁安、深井和取心率新纪录。平均成本 83.27 元/米，较计划成本降低 17.55%，比 1964 年 220 元降低 1，65 倍，为国家节约投资高达 52 万余元。全队勘查生产成绩卓著，进

一步查清华北盆地含油气构造、地层划分等地质情况。一普无论前后方，上下都呈现出一片欣欣向荣、热火朝天的最好景象。

但一普大队党委仍发出通知，要求广大职工保持清醒头脑，高标准严要求自己；告诫自己和自己队伍，丝毫不能有骄傲自满、麻痹松劲情绪。要求以"一分为二"观点，认真总结，肯定成绩，找出差距，再创佳绩。广大职工决心在不增投资、设备、人员前提下，力争再多做 20% 左右地质勘查工作量。实现地质部提出的低投入、低成本与高产出的总体勘探构想。

第三节　财务工作深入现场，抓"两到两活"成本管理

国家不富裕，地质部的低投入、低成本与高产出的勘查方针，计划财务工作如何认真落实？他们在大队劳动竞赛热潮中，提出改进过去只会算死账、算事后账，存在不少烦琐哲学和重复劳动等问题。勘查生产，为广大职工服务不明确，似乎"屁股不离椅，身子不离桌，手指拨算盘，一天到晚忙不完，就是服务生产；账面数字一大堆，月终单据一大落，不知数字咋个来？低投入低成本财务如何发挥作用？精打细算从哪里入手，如何真正做到服务生产，促进勘查油气这个大目标？"大家心中很是茫茫然。

为贯彻增产节约，勤俭办地质的方针，大队制定了财务工作新要求。根本一条就是深入到广大职工群众中去，到勘查生产现场中去，到基层到班组中去，算活账，算事前账，实现"两到、两活"财务低成本管理。真正抓住成本管理这条牛尾巴，抓到真实可靠而活的成本，才可能促进大幅度降低成本。明确要求一要抓住流动资金管理，做到增产不增资或少增资；二是抓住大挖内部潜力，合理使用资金；三是抓住成本目标管理责任制，把成本责任制层层分解，直至落实到班组，甚至个人。从而达到用最少的人、财、物，求得最大的经济效益。

从现场、从基层班组，找到活账、事前账的根源，掌握和安排开支限制什么、支持什么、监控什么？找到了明确的指导思想，明确了可花可不花的非生产性开支、坚决不花的是什么。在他们深入现场"两到、两活"的实践中，总结建立了班组《成本管理细化台账记录》制度，把日常生产有关成本消耗切切实实、一点一滴精打细算地落实到台账上，把增产节约，降低成

本，一切为多做地质普查工作，真正发挥计划财务的内当家作用。这一制度为节约投入起到积少成多、集腋成裘的作用，大大地控制了生产成本日益增长的趋势。

全队广大职工学习毛泽东著作激发出的拼命干劲，使生产热情一波高一波。截止 1965 年 10 月底，又提前两个月超额完成第三次追加任务的 10.79%。超额完成了"三个减一半，任务翻一番"的目标。3201、3203 两井队 10 个月超额跨进年度万米的跃进指标。全大队平均台月效率 1526 米，比计划提高 330 米，是去年 604 米的 1.5 倍；单位货币成本显著下降，至 10 月底比去年同期低 61% 多。显然，这些成绩的取得，与深入现场抓"两到、两活"成本管理是密不可分的。

第四节　坚持技术革新和改造的增产节约运动

在勤俭办地质总方针指引下，以及增产节约运动的推动，一普及前身二二六队，于五六十年代就掀起轰轰烈烈的"双革"群众高潮。广大工程技术人员和工人群众积极投入了这一行列，大队建立了双革领导小组。在双革领导小组的组织领导下，围绕着生产技术中发生的问题，如钻探技术、设备改造、操作技术、钻探工具、运吊机械，测、固、试等方面，提出了很多有价值的改革方案和意见，其中有相当部分试制成功，为各项生产技术进步，提高生产率，促进增产节约起到很好作用。

一、掀起革新钻头热潮

60 年代初，仅钻头一项，各井队共提出 200 多项。其中分队山东 1201 钻机就提出改革方案 62 件，工人们献计献策自己动手，绘图做模型。各分队试制较好的有三翼佛手、三划箭、三爪式、三爪式半开口、大合金钻头等 11 项。较为成功的有三翼佛手钻头，进尺快、效果好，创造单只钻头进尺 557 米，单位小时进尺 27 米好成绩。河北 1202 钻机也就钻头改革提出 50 多项。

1962 年钻井科技术员陈吉永，设计监制的"三翼刮刀钻头"最为成功。在惠 3 井试验时，单只钻头进尺 970 米，较原三翼刮刀钻头 230 米提高 4 倍多。大队长张连奎当场命名为"千米刮刀钻头"。他一抓到底，要求钻井科、修配厂和井队通力合作；再经 4 次改进，创造单只钻头进尺 1200 ~ 1524.88 米的高效率。技术的先进，为一普钻井生产带来飞速发展的新局面：出现"日上千，周上双千，月进三千"，以及 1965 年"三个减一半，任务翻一番"口号的实现。钻头的革新和高效钻头的问世，大大地提高了钻探效率，为华北盆地早日出油气作出了重大贡献。

1956 ~ 1957 年间，华北石油普查大队各中深钻机，可供使用的钻头基本就三种：钢砂钻头、普通合金钻头、肋骨式合金钻头。可供选择使用的仅两种，即普通和肋骨式合金钻头。钢砂钻头效率低，卡钻事故多，因此不愿使用。但普通合金钻头虽在效率上强于肋骨式合金钻头，但其钻头与岩心管间隙小，一般只 1 毫米，由于环空间隙小，极易发生井内卡钻事故。肋骨式钻头也有自身的缺陷，钻进速度慢。经过工程技术人员的不懈努力，在分析三种钻头优缺点基础上，研制成功掰口式合金钻头。提高钻进效率达 3 ~ 4 倍。而且钻头制作工艺简便，分队机台都可制作；同时可根据现场不同地层和钻头磨损情况及时改进。钻头的改进，直接使效率提高，事故下降，成本下降，经济效益明显提高。

二、取心钻具的双革成果

开始使用单管投卡石的方法，在双革推动下逐步改进单管分水接头和用木质分水器等单管取心工具，后又改双管双动、双管单动取心工具和钻头，解决了松软砂土层和易碎地层难取心的困难，更有效地保护好岩心，大大提高取心率。苏制 СДК 取心钻头不适合华北地层使用，一普人不迷信，敢将国产仿美 EBSI 取心筒，改进为三翼刮刀取心钻头，使岩心采取率平均达 80% ~ 95% 以上（原为 30% ~ 40%）。由于 EBSI 及 СДК 取心钻头效率低，岩心往往被磨掉，致使岩心收获率低，较大地影响地质资料的采集。这种将 EBSI 取心筒加三翼佛手刮刀钻头的改进后新型钻头，使钻头不仅钻速提高，关键岩心保护好并提升采收率 1 倍以上，被誉为是种创造，功不可没。成为当年一普取胜华北油气勘查的一大利器。此外，在设备使用上，河南七分队用一台 3NФ－1200 钻机连续打了 9 口井，进尺 10190 米无大修创举。这是他们对机械设备维护管理高度的责任感和事业心的具体表现。

在钻探工具方面，大家以双革精神，大胆创新使用电动扭管器、擦管器、轻便压管器。这些工具的试用成功，减轻了工人的劳动强度，提高了工作效率，逐步走向文明生产。成功地试制了土电梯，土电梯是一种安全而轻便的工作台；当起下钻时，工人不必上下钻塔攀爬，只需在电梯内工作；由于土电梯上下活动自由，根据需要固定某处即可。它不但省力、省时，还安全可靠，使安装钻塔时省去建二层平台的作业。

三、自制土设备解决大问题

为中深钻机无修理设备，工人们动脑筋制作各类土没备，解决生产中燃眉之急。1201 钻机只化 650 元制造了一台土机床，1201 钻机自制电焊机，在生产中发挥了作用。土法研制钻杆校直机、土法自制钻杆运输拖车、钻杆防喷盒、小口径裸眼快速钻井技术在快速拆迁安中，在增产节约和双革运动的推动下，以往建 22.5 米钻塔需 3 天，拆塔需 2 天；而现在建塔一天半，拆塔一天。此外，工人们又提出合理化建议，90 匹马力柴油机基础座，以石灰与粘土混合土代替水泥基座。经试验质量符合要求，既节约了资金又节约时间。被广泛使用，改进了 B—3 型钻机油压平衡器。又如中深钻井内打捞工具的配备，除公、母锥外，其他基本自行加工各类所需工具，如壁钩、导向筒。与深钻不同的还配有吊锤、千斤顶等独有的工具，等等。

检修 B2－300 型柴油机是修配厂的重点项目，而高压油泵的校验，又是柴油机修理中重要工序。该厂没有校验仪器，过去均送外地校验，费用昂贵、时间不保证，当年已外送 11 台，资金压力很大。为了节约每个铜板，提高勘探效益，党支部研究决定艰苦奋斗自力更生，成立了高压油泵试验台的试制工作。在 90 天的试验中，大家除完成正常生产任务外，机械加工车间同志，克服技术和原材料上的困难，制造出什数蜗杆蜗轮、刻度飞轮以及长达 600 毫米的燕尾槽；供应人员四处奔跑买来稀缺配件，焊工、锻工、电工、模型工等都尽心劲投身这项革新工作。终于试制成功。这部土制试验台，能够精密测试 B2－300 型柴油机高油泵的喷油量、喷油时间、调速性能三个指标。在测油量方面，采用电气自动控制；测定喷油时间也采取了较先进的设计，力求提高精度。将来增装一些机件，还可扩大使用范围。这项高压油泵试验台试制成功，大大推进增产节约运动深入发展。

第七章 油气勘查钻探技术的进步

第一节 钻井技术装备的发展

油气勘查中的钻井技术，是在地质、物探工作基础上部署的一项技术复杂、施工难度高、投资大的地下勘查工程；既是独立取得地质资料，又是验证和服务于物探及地质资料，直接揭示地下油气、发现油气的重要手段，也是油气勘查工作中不可或缺甚至是惟一的工程技术。钻井装备由浅－中－深，地质岩心－向石油深钻，技术由原始粗放－向科学现代技术发展；总体讲钻井装备、技术和队伍三者由小到大，由弱到强，由粗放经验向现代科技迈进。经历了初创的原始、发展的创新和攀登的艰辛12年苦斗。

一、一普前身二二六队及华北石油普查大队的钻井技术装备

一普前身二二六队和华北石油普查大队，系为综合性的石油普查勘探队伍，普查性质重点强调展开区域面积普查，以物探为主钻探获取岩心为找油服务。1955年组建了3个钻机分队，共打井10口，总进尺2123.78米，最深540.77米。1955－1958年装备钻探深度能力为150、500、1200米的苏制 ЗИВ－150、КАМ－500、ЗИФ－1200及瑞典制 В－3－1200的四种浅、中深钻共35台，均为地质岩心钻机。至华北石油普查大队时，В－3钻机国产约占三分之二，系太原、本溪研制，动力机配济南4160－90HP柴油机，配张家口产40/200泥浆泵。至1958年底华北石油普查大队共有钻机41套：В－3－1200型钻机12套，ЗИФ－1200型钻机7套，КИМ－500型钻机11套，ЗИФ－150型钻机6套、50型钻机（手摇）6套。其中这年引进苏制 ЗИФ－1200А型钻机特点：电动油压，动力源柴油发动机，钻机靠电动机带动，钻机的前后移动和主轴给进靠油压缸控制，减轻体力劳动，钻机噪音小。使用钻杆直径50毫米，钻头直径75－91毫米，钻进1200米，属当时技术先进钻

机。1955～1960年，共钻井184口，进尺计117402.82米，均为中深钻。

1960年5月17日～10月7日，山东石油队3004井队使用瑞典B－35型钻机在济阳坳陷施工惠深1井，设计井深3000米。这是该队首次使用3000米石油钻机钻的第一口深钻井。从此石油普查由中深钻（井深小于1200米）向深钻过渡，也是真正使用石油钻机进行石油钻探的开始。

钻具及钻井工具中的钻杆和钻头。浅钻和中深钻使用的钻具通常为直径50毫米的钻杆，材质为40Cr，每根长4.5米以下，每2～3根接箍连成立根，立根两头配装有切口、能用垫叉上卸扣锁接头一副。另有直径33.5毫米、直径42～60毫米的钻杆，但使用较少。钻头：浅钻和中深钻均使用筒式镶焊硬质合金取心钻头；岩心管与井壁间隙小，容易卡钻。为此对钻头进行改革，称为"掰口钻头"，提高了钻井效率。

岩心管与套管有区别，管壁后均通用4.5毫米，长度4米左右，扣型与扣长均一样。岩心管接在钻杆与钻头中间，为在钻进过程中盛接和提取岩心。套管为保护井壁和导向作用。当年仅用粘土填充并起固定套管与井壁作用。

浅钻和中深钻起下钻具时，使用提引环和垫叉，上卸扣用自由钳或管子钳提下套、岩心管用夹板。常用打捞工具有公锥、母锥，并有正反扣之别。

二、第一普查勘探大队在华北钻井技术装备

一普成立至1964年，石油普查仍部分中深钻机继续发挥作用，中深钻机分队11个，深井队有3003、3004、3007、3201、3202、3203、3204、3205等8个，呈现中深钻与深钻并举局面。一普成立后，石油局调给一普6台УД－59型钻机、B－35型钻机4台、4辆亚斯水泥车和部分大型运输车，玛斯车，吊车等较好装备。除组建以上深井队外，大力组建配套特种工程作业如固井队、试油队、修配厂、仓库、车队等。从1965年开始，一普在石油勘查中不再使用中深钻机，代之而起则是瑞典B－35及前苏产УД－59型钻机，承担石油勘查的钻井作业。

一普自1961年成立，至1967年调出华北，共钻探79口井，累计进尺152872.65米，历时6年。其中深钻井40口，进尺100672.14米。1）3004井队B－35型完井2口，进尺2770.58米；2）3007井队钻井4口，进尺7171.37米；3）3201井队УД－59型钻井11口，钻进30769.19米；4）

3202 井队 УД－59 型钻井 4 口，共钻 10746.15 米；5）3203 井队 УД－59 型钻机钻井 8 口，进尺 21452.54 米；6）3204 井队 УД－59 型打井 1 口，进尺 3105.00 米：7）3205 井队 УД－59 型施工 9 口，钻进 22205.31 米；8）3209 井队 УД－59 型打井 1 口，进尺 2452 米。

钻具，主要是指钻杆、方钻杆、钻铤。上世纪 60 年代初从前苏进口，钻杆直径有 89、114.3、141 毫米三种，钻杆两头加成细扣，使用前两头需配烘装工具接头，钢级为 E 级。其细扣易发生刺扣现象，易引发井下事故。

方钻杆，是通过转盘带动钻柱旋转、钻头钻进。方钻杆公称尺寸为方边宽度，长度比钻杆长 2～3 米。B－35 型钻机配 108 毫米无细扣方钻杆，УД－59 钻机配 155 和 140 毫米四方钻杆，上下均有细扣，上为反扣，下为正扣，与工具接头连接，下部配保护接头。

钻铤，用来为钻头提供钻压，保持钻杆处于受拉状态，由于自身钢度大，扶正钻头，保证井眼垂直。钻铤的单位长度比钻杆重 4、5 倍。根据华北地质特性，钻铤通常采用直径为 203、178、159、146、120 和 89 毫米的几种。

钻头，系钻机钻进中首先与地层接触的井下切削工具，是钻机钻进的重要利刃工具。华北地区的地层上部拟选用刮刀钻头，下部拟以 YM 型牙轮钻头为主。三牙轮钻头，主要从苏联进口和上海钻头厂生产，使用寿命短，牙轮轴承密封差，轴承球粒易掉井底，事故多。一普前，钻头只有钢砂钻头、普通合金钻头、肋骨式合金钻头三种。但三种钻头都存在较大设计缺陷，钻进效率低，孔内事故多，成为当时钻探生产的主要矛盾。

第二节　高效钻头研制成功，
钻井技术跨上新台阶

一、配置的三种钻头自身分别存在较多缺陷

1956－1957 年间钻头选用基本只三种，即钢砂钻头、普通合金钢钻头和肋骨式合金钻头。而这三种钻头可拱选择仅两种，即普通合金钢钻头和肋骨式合金钻头。肋骨式合金钢钻头是在普通合金钢钻头基础上加焊了三片肋

骨，使钻头体加大了一级，钻头与岩心管的组合随之加大了一级；同样岩心管与孔壁之间的间隙增大许多，解决了卡钻事故频发的矛盾。但另一矛盾又出现了，由于肋骨式合金钻头体身加厚，钻进效率降低，钻头容易被泥包，卡钻事故增多。又因华北地区覆盖层较厚，钢砂钻头很少被采用。一旦进入深孔井段，因考虑钢砂钻头的钻压、投砂、泥浆排量等因素难以控制，不仅进尺效率低，且易发生卡钻事故。此外经常使用的普通合金钢钻头和肋骨式合金钻头，各井队反映各自不同程度存在较多缺陷，影响钻进效率，而且极易发生井下事故。因此这一时期内，钻井效率低，孔内事故多，成为钻探生产的一个主要矛盾。因此要求研制高效钻头的呼声强烈，大队领导给予了高度重视，要求钻井科技干部设法解决。

二、掰口式高效合金钻头研发成功

以陈吉永为首的工程技术人员和工人群众在分析研究普通合金钢钻头和肋骨式合金钢钻头的优、缺点基础上，不断总结并综合其长短，经过多次研究和试制，试制成功了掰口式合金钻头。具体做法是将国产钻头三个水口、六片切削片中三片向外掰10毫米。这种钻头特点是：钻头与岩心管的组合大一级，使岩心管和孔壁间隙增大，克服间隙过小诱发事故。此外，钻头与地层接触面小，钻具在孔内摩擦阻力减小，大大促进效率提高，约3～4倍，孔内事故也大为下降。在钻头制作上，认为掰口式合金钻头工艺简便，制作容易，分队机台都可制作。这样有利井队根据不同地层和钻头摩损情况，随时调整各项技术数据，不断改进和提高，有效提高钻进速度。因此说，掰口式合金钢的试制成功，不但提高了钻进效率，减小孔内事故，更重要意义充分调动了广大职工的士气和技术革新、技术革命的信心。1958 年 9 月，华北石油普查大队 1202 钻井队，在河北盐山县 2 井以 3NΦ – 1200 型钻机施工，用掰口式钻头 100 天钻进 1300.16 米的好成绩。从孔深和钻速等参数考察，创造当年该地区最高纪录，同时还创造了无套管裸眼钻进的成功经验。1202 钻井队盐 2 井报出的喜人成绩，有力地推动了油气勘查中钻井技术的进步作用和意义。

三、革新钻头热潮一发不可收

掰口式钻头研制成功适逢当年国家掀起技术革新和技术革命运动，提升了各井分队"双革"心信，争先恐后成立双革领导小组。以改制钻头，提高钻井生产效率已经成为工人、干部积极上进的目标。一普当年就钻头一项提出200多种建议，经各级领导同意试制的约超30多种。山东各分队试制较成功的有三翼佛手、三翼火箭、三爪式、三爪半开口、大合金钻头，其中要以三翼佛手钻头小时进尺最好达27米，单只钻头进尺577米。河北区队各分队独创性地改进试制和使用着三翼刮刀、矛式钻头、肋骨式合金钻头、开口取心钻头，都取得一定成功。其中以研制的矛式钻头较好，单位小时进尺高达8～12米，单只钻头进尺600米，效率提高约2～3倍。1202井队在施工滦1井时，尝试用螺旋肋骨钻头钻泥岩夹砾石层，单位小时进尺11米，效率提高3倍。在此双革热潮鼓励下，各分队更多地注重根据地层差异选用科学合理的钻头，使油气勘查的钻井生产效率大大加快。比如山东区队1201井队，在施工羊1井至1207米井深，仅仅消耗钻头20只，平均钻头进尺51.35米，是计划钻头进尺12.5米的4倍多。由于EBS1及СДК取心钻头效率低，岩心摩损严重，大大影响地质资料质量，技木人员和工人试验将EBS1取心筒，加三翼佛手刮刀钻头，不但钻进速度提高、岩心保护又好，使取心率高达80～95％，在当时被传为佳话，认为是一种真正意义上的创造发明。又一次证明钻井技术的进步，对油气勘探生产的重要意义。

对于石油深钻使用的千米刮刀钻头，其源头历史应追溯到1961年羊角沟1井ЗИФ－1200钻机，也不应忘记一位机长他叫王殿，他就是使用自行加工三翼佛手刮刀钻头创造月进千米纪录的。1962年该队使用深钻施工时，沿用此技术试制三翼刮刀钻头，取得理想效果。后来他们参观641厂时，发现该厂生产的钻头的长处，最大地改进在于分流盘使钻井液分流更合理，此外该厂使用的材质合金分布、热处理工艺都优于一普。王殿他们回队后，立即学习了641厂的长处。在此基础上一普又经精心研制，取得较好进展，终于成功地试制了第一只千米刮刀钻头，陈吉永的贡献在一普钻井史上留下浓墨重彩一笔。从此打开了一普钻井史上崭新的一页，使快速钻进技术成为可能、成为一普钻井的常规而成熟的技术；整体钻井技术水平跨上了一个新台阶。

四、钻井施工的技术措施

先进的钻头类型确定后，各项有关钻进的技术措施就是钻井成功的关键。这里的技术措施，指钻井从设计、安装要求、泥浆性能、钻井施工措施等。钻井措施就是指快速钻进时所必须采取的与之匹配的各项强化措施，否则实现不了快速钻进效果。按当时快速钻进的要求，钻压务必保证达到每24.5毫米1000千克转盘转数用УД型钻机二档108转/分，排量Y8-3泵双泵50公升/秒。当然要求钻井管理同步跟进，岗位职责高效而严明，辅助时间严格控制，提高纯钻进时间。在快速钻进施工中，全体岗位自始至终保持高度紧张、分秒必争的战斗状态。如3201井队台月效率达2500米，反之又如3202井队台月效率，下降至1100米/月。

第三节　中深钻无套管裸眼快速钻进技术迅速发展

　　华北盆地油气地质普查按普查科学程序，按区域展开，以面选点的思路，首先以物探、地面地质、地面浅钻（浅钻与中深钻合称为浅钻）相结合，进行选区评价、区域地质结构的整体解剖。1955-1958年期间的华北石油普查队伍都为轻型浅钻。这些浅钻除检查油气苗和为深井进行前期准备外，主要配合物探大剖面对重磁异常进行验证。据统计共钻浅井80口，进尺44350米，其中千米左右井约23口。为华北盆地初期选区评价，石油浅中深钻起到重要作用，功不可没。

　　1956年瑞典进口的B-3型钻机、前苏的ЗИФ-120A型钻机，是地质部系统石油勘查首次使用的新型中深钻机。这两种设备第一次接触，一切从头开始学习，地质部在一普、二普分别办了学习班，培养了一批骨干，中深钻的无套管裸眼快速钻进技术进步和推广，特别是一普这项技术的掌握和成熟应用，为后来华北地区油气快速突破打下了基础。

一、小口径裸眼快速钻进的由来及其迅速推广

　　二二六队建队不久的1956年，1203钻机自5月开钻至年底，耗时7个月，仅仅钻进416米，且由于该井各类责任、机械和孔内等众多事故，致使该井报废。大队对此十分重视，钻井科引以为戒，召开不同层次会议进行讨论、分析和总结。对小口径裸眼钻进技术有了进一步的认识，并将出几条成功经验，为以后小口径裸眼钻打下了基础。

▼
第一编　初展雄风，逐鹿华北

1958 年在全国大跃进形势推动下，井分队开展钻头革新后，钻井效率明显提高。随着华北地层钻探经验的积累，逐步认识到加快钻探步伐，必须对已熟知地层采取分段取心或不取心来提高钻进效率。为适应这一勘查发展的需要，增多可供选择需要的各类型钻头，是摆在井分队面前的头等大事。谁优先掌握利器，谁就夺得钻井快速的主动权。山东区队率先成功试制三翼佛手钻头，以及紧跟其后的河北区队试制的矛式钻头，冲在前创造了好成绩。由于以上两省试制的新钻头大大提高钻井进尺速度，给无套管裸眼钻进创造了利器保证。

不久，河北区队 1202 钻机于 1958 年 9 月，在盐山县盐 2 井以 100 天时间创造无套管钻进 1300.16 米好成绩。同年紧跟其后的 1201、1202 两钻机施工了 6 口井，全部实现无套管裸眼钻进，一一取得令人兴奋的效果。这年山东区队施工的钻机，有 77% 的钻井采用无套管小口径裸眼钻进技术。

一般意义上所谓小口径裸眼钻进技术，指使用 91 或 75 毫米钻头，中间不变换钻头直径，而是一径钻到终孔的钻进方法。因为井身结构得到简化，而且孔眼小，钻进效率高，井身质量好，为快速钻进提供了条件。比如 1203 钻机在 1958 年度钻不完一口井，而至翌年学习和掌握小口径裸眼快速钻进技术，接连安全施工了两口 1300 米的井。其中 1201 钻机在商河、潍坊 2 井以 89 天时间，安全顺利终孔总进尺 1890 米的好成绩，台月效率 670 米，单位成本仅 15 元（国家计划 76 元），降低 5 倍多，实现优质、高效、低成本目标。大队对此优异成果，组织钻井科和办公室深入井分队分析和总结经验，上报地质部石油局，并发出了向月进千米钻进军的号召。在大队党政组织下，掀起学超千米钻群众热潮。在此基础上，1201 钻机戒骄戒躁，在羊 1 井钻探中，创造了 20 天多一点时间完成小口径裸眼钻进的奇迹。

二、小口径裸眼快速钻进技术的总结和推广

小口径裸眼快速钻进技术，是积极贯彻党中央多、快、好、省建设社会主义总路线精神，理所当然受到各级领导的高度重视。因而一普党政要求对此经验进行多次深挖、提高和推广，在系统内和地方上影响深远。仅 1960 年一普作业的 21 口钻井中，口口实现小口径裸眼快速钻进技术，给国家节约了大量钢材和资金，增加了钻井生产时间。仅山东区队 1959 年这一年，7 台钻机全面推行小口径无套管快速钻进的统计，节约钢材 80.5 吨，按每口

井启拔套管一月计算，节约 7 个台月生产时间。

自推广小口径裸眼钻井技术以来，极大地推动了一普钻进生产的新高潮。据不完全统计，在河北各机台钻进中出现了口进百米的达 6 台，日进 50 多米的百台以上。推广了小口径裸眼钻进技术，为中深钻不下套管打下了基础。从而一普各井分队要提高钻井速度，推动钻井技术发展，一个重要环节就是创造不下或少下技术套管，并以实施不下套管钻进为荣。普遍克服了过去采取下技术套管来保证钻进安全的认识，那是一种无为而被动的钻井技术，与多快好省总路线精神相违背。因此，一普全面推行无套管小口径裸眼快速钻进技术，标志着一普中深钻的钻井技术，在系统内已发展到一个领先的新水平。

三、实施全面小口径裸眼钻进技术，必须做好大量配套管理等工作

实施小口径裸眼钻进，是一普钻井生产技术全面进步提高的一个重要方面，离不开方方面面的技术、管理与配套特种工程技术装备。建立一套完整的有关小口径裸眼快速钻进的技术措施、管理规章、岗位责任制；落实各项设备管理、维修保养、操作程序、定期检查制度，始终保持设备在钻进生产中运转正常；为确保井身质量，防斜警惕随时重视，首先抓钻机设备安装保证绝对水平，制定防斜措施，严格划眼制度。实践证明，井身质量全优，钻进速度就快，钻孔周期就短，成井率就高。此外，泥浆管理当提高到血液高度认识，认清泥浆与钻井的密切关系，健全和落实泥浆管理中各项制度，必须配专职泥浆管理人员，按地层地质情况调配泥浆牲能，并要定时检测泥浆，切实保证钻进生产顺利畅达。

三、中深钻越打越好，获地质部表扬

随着中深钻各项技术和管理工作的落实和提高，1964 年钻井生产呈现龙腾虎跃的态势，比头年又上了一个台阶。具体表现各机台上得快、跟得紧、抓得扎实；全年井分队施工的各环节，一环紧扣一环，环环衔接，使全年生产秩序始终保持紧张和斗志旺盛的特点。

全年开动钻机 6 台，施工 13 口，成功率 100%，累计进尺 15067 米；取心率 44.78%，成本 40 元/米，降低成本 23%，钻探水平又一次新的飞跃。全年的钻探形势可以概括为先进再先进，后进赶先进、超先进，一浪高一

浪，越打越好，越打越深。首先表现在钻速上，从已完钻 13 口中深钻中，除章 4 和京 1 井外，其余均实现月进千米计划。七分队在陡 3 井用 23 天首攀月进千米高峰，全大队受到极大鼓舞，纷纷赶学七分队、超七分队，你追我赶，力争上游。二分队施工灯 1 井、十分队打凤 3 井、一分队在潘 1 井，一一按规范施工，分别以 28.2 天、14 天多一点突破千米大关。值得一提是京津十分队在凤 3 井钻进中，拆、迁、安只用 9.5 天，迁距 5 千米，钻井周期压缩至 35.5 天，岩心采取率达 87.5%。实实在在地树立了多快好省的榜样，受到地质部通报表扬。通报表扬现场会后，一普所有中深钻，都实现了月进千米关。8 口井达 1200 米，7 分队滑 1 井深至 1309 米圆满终孔，创造台月效率 961 米好纪录。

随着华北石油普查向纵深发展，中深钻的钻深能力明显不适了，已远达不到油气藏埋深的地层。自 1965 年开始，千米中深钻光荣退役。

自 1956 - 1964 年 9 年间，中深钻对华北盆地的油气普查起到了重要的作用。9 年的坎坎坷坷艰辛历程，镌刻了石油钻井人从起步到发展直至提高的过程，那些日日夜夜洒下的成吨汗水，可谓有辛苦有磨难有喜悦。一普成立前，一切都陌生，队伍新、人员新、设备新，技术生疏、管理水平从头学，加之管理体制多变不稳定等因素，钻探生产水平低下、粗放，难以满足油气普查的要求。1960 年底成立一普后，在部局重视下加强领导，在注重科学基础前提下狠抓生产管理、技术管理和制度建设；依靠思想政治教育和队伍建设，生产形势一年上一个台阶，赢来部局一次次好评与嘉奖，直至 1964 年生产任务和科研计划完成盛况，双双达到了地质部系统的较高水平。

第四节　善于从总结经验中把科学钻井推上新高度

1961 年，可是一普人记忆深刻的一年，既是一普成立的重要纪念年份，也是一普钻井生产最困难的一年。由于队伍新建，任务重，管理跟不上，物资供应、运输和修配等各环节困难不少，给生产和生活带来问题。事故多、效率低、质量差，耗掉三分之二时间。在完成的 19 口井中，除道 1 井、广 1 井达到地质要求终孔外，其余 17 口未按设计要求被迫终孔。这一年中深钻开孔 12 口，平均井深 760 米，还报废一口半井，损失进尺 950 米。全年平均岩心采取率低至 16.76% 。全队因此认识到要善从总结经验中制订整改措施，把科学钻井推向新水平。

一、强化总结经验意识

二二六队及华北石油普查大队和华北各省石油队，在华北石油普查中做了大量工作，但缺乏系统地总结经验，形成一套有规律性的东西，来指导今后油气勘查中钻探生产。就是点滴经验，总结也很少，如终孔之后，未能认识总结一口井的经验的重要性，事故发生之后也未能从中找出原因，从中吸取教训。甚至有的井分队，既不愿总结自己的经验，也不愿接受人家的经验，致使同类重复事故连续发生。此外，又如原始资料的获取、分析，井内、机械事故发生原因，各工艺过程特点以及天气季节对钻探生产的影响；特别是对华北地层发育研究不够，因而不能针对规律有预见性地提出切实可行的技术措施。这是钻探生产在华北地区长期处于忙乱被动，各种事故长期不能解决的根本原因；有的虽也摸索了一些规律，提出一些措施，但贯彻力度欠缺，如对泥浆认识和管理就是如此。同时，在思想方法和工作方法上，还存在主观片面，单打一的简单工作方法。又比如对开钻前的准备工作"不打无准备的仗"的意义认识不足，等等。

钻探生产管理意识和管理制度薄弱。技术管理贯彻执行不够坚决，有章不守或无章可循的现象还严重存在，如开钻前检查，终孔后验收，会议汇报、请示报告等制度，有的规定了没有执行；有的没有规定或不尽完善，对于操作规程的贯彻执行也很不严肃；有的分队凭经验、凭感想办事，对脾气的就执行，不对脾气的就不执行，没有把操作规程当成钻探生产的法规；及时总结经验吸取教训不够，这是钻探业务水平不能迅速提高，各种事故长期不能制止的重要原因。

二、从建章立制和狠抓措施开始

首先对完成 1962 年钻探任务提出了要求，必须力争全面实现优质、高效、低成本，保证安全的目标，并最大限度地满足地质成果的需要。为了实现这一目标，重点从制度建设开始，建立健全生产技术管理制度，强调生产技术管理，是进行正常生产的根本。尤其野外地质队钻机高度分散、流动性大、机械化程度高，如果没有统一技术管理制度，就不能保证生产正常进行，必将影响钻探任务的完成。故对提高钻探质量实施五方面措施：

1）使用优质泥浆：在华北地层钻探泥浆的重要性已被普遍公认，要求此项工作必须领导亲自抓，区队要集中一些技术人员重点抓泥浆工作；在分队设专职泥浆技术员和泥浆工，大队对泥浆管理的技术措施、性能要求作全面安排。

2）努力提高岩心采取率，把岩心采取率作为钻探工作的主要任务，根据上级指示，必须全面保证满足地质要求，规定中深钻岩心采取率为35%～40%。在泥岩钻进中应掌握适当钻压，快钻，大泵量干钻少许的方法；在砂岩中应轻压、快转、小泵量干钻较多的方法；特别强调加压力求均匀，减少岩心消耗的重要性，改进钻头结构和操作方法；特别要防止岩心脱落，不断提高岩心采取率（专门制定了岩心采取措施和要求）。

3）坚决贯彻执行操作规程，必须认识到各项规章制度都是在总结前人失败和成功的经验基础上订立的。并要求各井、分队突出抓住冲孔划眼制度，严格钻具检查，根据不同井段相应地采取有效措施，坚决执行打钻三大纪律；在执行操作规程同时，和岗位责任制结合起来，做到分工明确各负其责。

4）机械设备维护保养，除严格岗位责任制和加强机械设备的维修保养规程外，要坚决执行机械设备机长负责制，中深钻主要设备双套制，做到及时轮换维修，保证顺利渡过深井关和生产的正常进行。

5）中深钻应预防原孔隐没不见的措施：在地层坍塌之后，应改变钻具结构，加长钻铤，使用矛式钻头或领眼钻头，采用轻压、中转、大泵量进行划眼；在变径井段应加导正装置，在全面钻进井段应执行打完一单根提起划眼的规定。

三、狠抓落实钻探生产中的具体措施

1963年3月，大队召开了钻井生产专业会议，讨论、研究和通过的"1962年钻井工程几个问题的总结和探讨"，对指导钻井生产很有意义。它们是：1）关于安装工程及开钻条件问题；2）关于井身结构；3）关于井段划分与相应措施；4）关于冲孔划眼；5）关于岩心采取率；6）关于钻头；7）关于钻具检查与使用；8）关于中深钻使用钻铤；9）关于使用跃进1200钻机实现千米关；10）关于KSP150X90泥浆泵连杆折断；11）关于200/40

泥浆泵使用；12）关于砾石层钻进。

关于安装工程及开钻条件问题。

关于井身结构。

关于井段划分相应措施问题。

从以上各点看三井段的划分，是随着对华北地层的认识掌握、地质勘探任务要求，生产管理、技术水平的提高而变化的。它们之间相互联系，互相制约。通过对1961年经验教训的总结，又通过1962年的实践和进一步的总结，对华北地区钻遇地层有了初步了解；对原有设备、器材的使用也积累了一些经验，生产管理、技术管理水平有所提高。因而1962年中深钻绝大多数都钻至1000～1100米。1963年中深钻井段分为：浅井段0～500米，中井段500～800米，深井段800米以下。

关于冲孔划眼。1962年冲孔划眼措施的贯彻执行，对突破深井关起到重要作用。但是仍有贯彻执行不够坚决的，这是1962年存在问题之一。冲孔划眼就是为了预防井内事故，同时也为了有利提高效率，具体说可归纳为以下几点：1）保证井壁平整、规则；2）扫通缩径和不规则、坍塌井段；3）将钻进时积在井内的岩屑大部带出；4）调整泥浆性能，保证为期不长停钻时，达到井内清洁，保持井壁坚固。

关于提高岩心采取率问题。自1962年钻井专业会议后，钻井工程要保证地质质量问题，得到了统一认识。对1962年取心问题作了研究，初步摸索了一些经验。1962年全年平均取心率44.15%，比1961年16.74%提高了163.73%；在同等的客观条件下，无论深钻还是中深钻，岩心采取率都比1961年提高了1.5～2.3倍。取得这个成效的原因，在于全体职工对取心工作有了正确的认识；另一方面是改进取心工具。

关于钻头问题。钻头的合理使用对提高效率和保证井壁平整、取心，有很重要的作用。1962年积累了一些经验，掰口钻头，效率较高，是因为钻头体掰动后造成下列条件：合金排列在不同圆周上，起到了阶梯钻头的作用；由于外掰使钻头有较大的环形空间，不易泥包；掰动后钻头外部突出部分小而短和井壁、岩心接触磨擦少等等。钻头的使用一定要根据地层情况、岩性特点、钻井的深浅合理使用好钻头。

因而，一普中深钻1962年以来钻探生产完成任务一年比一年多、好、快，地质部决定在一普召开现场会，予以通报表扬。

四、生产管理模式在总结中完善提高

一普大队 1960 年建队时以行政管理模式分三级管理，即：大队、区队和井、分队。大队部设在山东德州，设有 8 科室，2 辅助单位，3 省别区队，即：山东、河北、辽河区队，其中 4 深钻井队，12 中深钻分队，分属于各区队。1962 年区队增加有河南、安徽、京津和河北二区队，同时撤销辽河区队。1964 年队伍变化最大，中深钻机分队全部撤销，深钻井队增至 6 个，并成立 2 个试油队。区队一级管理机构的设置，经过几年的实践证明属多余层次，1962 年全部撤销，各生产单位由大队直接领导。

一普大队钻井生产管理由一位副队长分管，钻井科负责技术管理和日常生产管理。当时科室成员：科长苏仲山，主要技术人员有郑广忠、陈吉永、黄超彤、龙田良、曹和森、刘岷山、陈隆义、李琴等。钻井科在科长领导下团结和谐，科内有宽松的政治氛围、勤奋踏实的工作作风。科里的工作按专业分工落实到每个成员，人人尽心尽责去完成所担负工作。当时钻井科除完成钻井生产管理外，还担负调度工作。强调要与后勤、机械、修配、车队等部门搞好协作关系。对于井分队的管理，更多是强调发挥基层领导的作用，调动他们的积极性，增强他们的责任心。为了强调执行设计的严肃性和自觉性，做到每一口井的设计都有井队人员参加，共同制订完成任务的施工方案，最后由负责钻井生产的副大队长签发，因而强化了各井设计执行力度。

1962 年在总结去年失利基础上打了一个翻身仗。队伍又经两年磨练，一普的钻探技术进步较快，不但能打顺利仗，在艰苦环境条件复杂情况下也能打硬仗。这些成绩的取得，究其原因是多方面的，如大队、井队有一套强有力领导班子；大队有敢于管理，勇于实践的技术管理部门，更有一批吃苦耐劳甘愿为石油勘探事业奋斗终生的工人队伍等等；其中更主要得益于敢于管理，严于管理，以及善于管理的得力措施。

第五节 钻井优势技术创造业界领先纪录

一、钻井生产中的井身结构

中深钻小口径无套管裸眼钻井技术。华北油气普查阶段的中期钻探生产，根据华北地质地层特殊性，一普主要采用中深钻小口径无套管裸眼钻井技术；既是一普针对华北盆地地质特性实施一大技术特色优势，也是华北盆地油气勘查历程钻井生产技术有别于其他任何盆地的一大特色。

所谓无套管小口径裸眼钻进，即使用直径91或75毫米钻头，一径到底的钻进方法，采用此方案后，1203井队一年内打成两口井深1300米的井。至1964年多数中深钻井队，突破月进尺千米大关，最高纪录为14天20.5小时打千米，平均井深达到1159米，台效达747米/台月，成本39元/米。

简化井身结构技术。1961年对不同性质的深钻井身结构提出了简化方案，即第一次开钻使用直径349毫米钻头，钻至井深100~300米，下入273毫米表层套管二开使用直径248毫米钻头一径裸眼完钻。钻遇油气层，则下入244.5或146.1毫米油层套管。华北所施工的3000米左右深井，基本上采用了此井身结构，实践证明，此套井身程序方案是可行的。

二、研制钻头和使用技术

研制成功掰口式合金钻头，突破原有系列的硬质合金式钻头，钻井效率提高3－4倍。

研制三翼佛手式刮刀钻头。先期单只钻头进尺577米，平均时进尺27米。后经不断改进和提高，名新型三翼佛手刮刀钻头，创造单只钻头进尺900~1500米的好成绩。3205井队施工惠11井，打出单只钻头进尺1524米，创最高纪录。

三、实施初期喷射钻井技术

所谓初期喷射钻井技术，是指泵压控制在8~10兆帕，华北盆地油气普查钻井技术与配套机械装备能力，均处在较低水平。

3201井队创钻井技术指标六个高点：1964年11月~1965年1月，3201井队，由惠4井迁往惠7井，两井相距约15公里，组织"快速拆迁安"和"快速钻进"，采用"两高一大"，即高转数、高钻压，大排量钻井措施，对泥浆提出"四低"要求，即：低粘度、低密度、低失水、低切力。创造了当时地质系统最快纪录，在技术指标上出现了六个高点；1、以25天时间完成УД-59钻机的折迁安；2、用47天钻深3004.26米；3、时间利用率平均达38.61%；4、全井平均机械钻速6.83米/时；5、台效：1925.88米/台月；6、钻头平均进尺111.27米/个。

3201井队创当年钻井周期最快纪录：1965年2月14日，布在山东禹城县李百村"辛店半边构造"上的惠8井开钻，由一普3201井队使用УД-59钻机施工，设计井深3000米，仅用69天钻深3366米，创该型钻机最深的纪录。同年，该队又在山东临邑县施工惠10井，仅用45天钻达井深3103，52米，台月效率2082，90米/台月，创当时一普的钻井周期最快纪录。其主要钻井技术措施为：

1) 合理穿插巧用时间，从起完钻到组织下钻，一般不超过20分钟；2) 0~3200米井下钻一次到底；0~3400米分段中途冲孔1~2次，钻头到底后开泵井口返浆，泵压稳定后，即刻投入钻进；3) 0~3200米，坚持使用钻铤扩大器；4) 井深2500米以后，使用Y-3泵直径150毫米缸套单泵钻进，转盘尽力开高转数；5) 井深2000米以后，执行每趟钻检查一立柱钻铤扣，每2~3趟钻扣检查一次钻具丝扣；利用冬训整休时间，对钻杆进行全面检查，探伤、试压，（试压170~200大气压）；6) 井深3200米左右，直径178毫米钻铤改换为直径159毫米钻铤，长95米，钻杆结构：采用上部保持800米141.3毫米钻杆，钻铤上部保持300米141.3毫米钻杆，其余均为114.3毫米钻杆；7) 井深0~2000米以清水和低浓度（1/50）碱液处理泥浆，井深2000米以后，实施泥浆钙处理，适量加入CMC；8) 全部V2-300柴油机及发电机动力系统，使用软化水及水箱大循环等措施，保证了钻井动力需要。

3205井队创"四个第一"。1965年6~8月，3205井队使用УД-59型钻机，于山东临邑惠11井创造了当时"四个第一"即：小班进尺375米；日进尺925米；单只钻头进尺1524米（超过了前苏联1519米的纪录)；6天12小时上双千米。

四、油气勘查钻井施工中几项重要的高指标钻井技术

1）山东惠2井首次发现油砂。一普山东区队3201井队于1962年4月，在惠民凹陷商河构造惠2井，第一次使用前苏引进的新型 Уд – 59 型钻机。但泥浆循环系统及其辅助设备不配套。井队发扬自力更生，没条件创造条件的艰苦奋斗精神，采用砖砌泥浆储备罐、全部泥浆循环系统、两个泥浆池和一个80立方米的储水罐，保证了如期开钻。完井井深2518，65米，首次在有利于生油的乙组地层中，发现油砂。

2）3201井队获地质部命名为"大庆式标杆钻井队"，授予"首创3000米深井纪录"。1963年6月28日，3201井队施工惠民凹陷的惠3井完钻，井深3000米，但设计井深2500米，为地质系统第一口3000米深探井。该井在下第三系1941，80～2873.4米，共发现不同级别含油砂岩35层，总厚度59.10米，其中油砂岩21层，总厚度38.40米，同年，该队被地质部石油局命名为"大庆式标杆钻井队"。

3）总结制订"钻井三大纪律"的建立。"钻井三大纪律"，是华北盆地油气勘查钻探生产中一项重要钻井制度：起下钻时遇阻卡不得"强提硬顿"；"钻具不能在井内静待"；每"提钻五立柱定时向井内灌浆"。"钻井三大纪律"是在华北地区钻井施工中不断发展完善起来的，在安全钻井中发挥了重要技术作用，直至科学钻井的今天，仍系遵循的规律。

等等。

五、1978年全国科学大会奖。

1978年地质部第一普查勘探大队，荣获全国科学大会奖（合作完成的成果）：中华人民共和国石油地质图集；华北油气区的发现及地质特征；苏北油气区的发现及其地质构造特征；世界上最高大的恐龙化石。

全国地质勘查功勋单位奖。1991年12月，地质矿产部、人事部、国家计委、全国总工会表彰地矿部第一普查勘探大队为全国地质勘查功勋单位。

第八章　华北盆地油气勘查的回顾与思考

1955－1966 年，一普及其前身二二六队的 12 年华北盆地勘查间，前期完成中深钻 242 口，进尺 1006721 米，中后期引进石油深钻，钻探 40 口，进尺 177159.83 米，两者共完井 282 口，总进尺 279008.8 米。通过大量钻探完成实现华北盆地正如李四光部长和老一辈地质家的"可能揭露有重要经济价值的沉积物"、"华北平原为我国含油气希望很大的地区之一"的预言；完成实现济阳坳陷、黄骅坳陷、冀中坳陷和下辽河坳陷等的油气突破，为胜利、大港、辽河和冀中等油田的建成，闪烁了地质先行者不朽业绩的光辉。12 年岁月的石油地质勘查实践筚路蓝缕，历尽艰辛，备尝成功的喜悦和挫折的教训，体会堪称十分深刻；正反两方面经验，可谓宝贵和沉重。我们所以对一普及其前身的华北盆地石油普查历程，进行回顾与思考，其目的显而易见，着眼于通过回顾与思考，避免今后石油地质勘查走弯路，推动中国石油地质路子越走越宽，为中国石油工业的发展提供更多借鉴经验。

第一节　严守地质勘查科学程序，
保证快速夺取油气成果

石油地质是一门科学，它像其他任何一门学科一样，也遵循由初浅到不断提高和深入的发展过程。由于油气矿藏的埋深一般说比较深、受控因素比较复杂，因此其勘查方法和手段相应比较复杂和艰难，可以理解其耗资和耗时同样是巨额的。

因此石油地质勘查，用一个形象比喻即宝塔式勘查。首先用自然科学的研究方法，几乎都运用肉眼观察、综合分析和实验的方法。根据油气可能赋存的条件，从宏观大地构造中遴选出几个相对小的局部地区，初步确定有可能潜藏油气的沉积盆地。比如李四光 1954 年在石油管理总局做题为《从大地构造看我国石油勘探远景》的报告，明确提出了在新华夏系凹陷带找油的理论。尤其需要研究并尽快摸清第二沉降带松辽－华北－江汉－北部湾带的情况。这对战略侦察，为选定油区，迅速打开找油局面发挥了重要作用。

而属新华夏系第二沉降带一部分的华北盆地，由于茫茫的大平原均为第四纪沉积所覆盖，平原内几乎没有岩层出露和油气显示可寻；要想迅速打开局面，找到油气突破点，显然是不可能的。惟有严守石油地质勘查科学程序，方能找到有重要经济价值沉积物。1955年初地质部汲取苏联经验，决定华北盆地油气普查工作，分两阶段进行。前期1955~1959年为区域展开，后期1960~1966年为连续突破。

面对辽阔平原覆盖区，油气普查该如何下手？而且当时国内缺乏开展大规模石油地质普查工作经验，在区域普查方法及其有关具体技术方面，学习苏联经验是十分必要的。首先从区域着眼，将队伍展开，并以小比例尺重、磁、电大面积测量和物探、钻探相结合的区域大剖面以及边缘地质调查和掩盖区地质研究相结合的办法来对华北平原进行"探边摸底"、了解区域地质结构的整体解剖。这种方法在当时被称作"多兵种联合作战"，并强调"物探先行"的作用。1958年前的华北盆地石油普查曾得到苏联专家多方面的帮助。除驻地质部的物探专家歇尔斯尼尧夫、石油地质专家潘捷列也夫等的指导意见外，还有一位岩矿鉴定及6位物探工作者分别曾在华北石油普查大队实验室和中苏合作物探分队（电法、地震）中直接从事过一段时间的实际工作。为我们在较短时间内掌握和熟练石油普查工作，曾起到了良好的指导和示范作用。

由于物探与其它勘探方法相比具有一系列的优点，即勘查的"透视性"、工作的高效性和低费用。而且物探是一种大面积宏观性质的勘查手段，对地壳结构研究不是某点某线，而是着眼于相当范围的地质体，能够反映不同岩体的整体状态，且能勘查较深沉积体，这是其他勘查手段所无法比拟与取代的。它能为油气普查提供其他方法难以既快又省地获得丰富地质资料，用来指导进一步的普查工作。所以，当二二六队成立后，地质部马上从勘查规模不大的固体矿床勘查队伍中，抽调部分物探技术装备和人员来组建二二六队，也说明地质部的石油物探工作始于1955年。

因此第一位的，从区域着眼，将队伍展开，并以小比例尺重、磁、电大面积测量和物探及浅、中深钻探相结合的区域大剖面、边缘地质调查和掩盖区地质研究相结合的办法来对华北盆地进行"探边摸底"、了解区域地质结构的整体解剖；尔后则在所圈出的凹陷地域，开展较大比例尺的综合物探构造普查及适当的钻探验证，实现了对盆地开展全面的石油普查工作。从而能

— 85 —

够大致了解全盆油气赋存的基本地质条件，有全面才有比较与鉴别，才能在鉴别中挑选出油气潜藏最佳地质单元，为进一步的普查打下基础，为验证解剖指明方向。

实践证明，油气勘查的科学程序，首先是区域展开——地质指路——物探先行，尔后是钻探验征。至 1960 年，通过各项物探工作，共发现了 300 多个较有意义的局部构造，其中 15 个经地震详查证实为圈闭构造。即济阳坳陷的沙河街、胡家集、林樊家、三岔口、东营、坨家庄、胜利村、义和庄；黄骅坳陷的齐家务、羊三木；临清坳陷的堂邑南、邱县、马头；博野坳陷大辛庄；开封坳陷南坡的邸阁等。同时，也正是随后部署在以上这些重点圈闭构造的钻探，进行了验证解剖，连续取得突破的节节胜利。

比如惠 3 井发现巨厚油气层，预示着临邑地震隆起带可能是个油气富集区。于是指挥部决定，1963 年下半起一物又重返惠民凹陷，继续开展构造普查和详查，物探表明该构造带顶部被一条北东向大断裂切割，沿断层两盘发育了两排由断层封闭的半边局部构造，如上古林、沙井子、马棚口等，总面积达 280 平方千米。又如华 8 井喜获高产工业油流后，指挥部立即要求一物迅速集中两个地震队力量，进一步对该区突击普详查。物探又有新发现，同时提交了包括坨家庄、胜利村、东营西、东营、辛镇、现河庄、辛镇东等局部构造在内的整个东营构造群的构造图，等等。

如果没有物探工作提供以上准确的构造靶区，偌大华北盆地哪儿藏匿着油气，是石油钻机布井施工的油井靶子？就当代自然科学的水平，还没有一项优于前面阐述的物探所拥有的先进性技术手段。倘若违背这条石油普查的的科学程序，必然走瞎子捉麻雀或称打野猫钻的路子。其结果钻探成功概率极低，大大延误油气藏发现时间，甚至根本没有出路。

华北盆地石油勘探史总结表明：正因为华北盆地石油勘查路径，实现了这样一条勘探的科学程序，即：区域展开——地质指路——物探先行——钻探验证的环环相扣的科学规律。使这片广袤空白的华北盆地，迅速地发现和突破了一系列油气田。我们不敢想象抛开地质指路和物探先行、优选，钻探验证的科学程序，华北盆地今天会是哪种面貌呈现给世人？这里应当指出的"打野猫钻"思想，在今天仍有一定市场，他们的败北是不言而喻的，这已经被国内外业界无数严酷事实所证明。

第二节　科学民主部署，严谨技术措施

石油普查勘探是一门科学，当二二六队筹建时首先重点研究是技术人才和技术组织问题。人才从地质部和华北地质局相关部门中抽调，建立局、大队总工程师和工程师负责制，对应设总工办、专家办（1958年前）技术科、物探科、地质科、钻探科，各区队设综合研究队，全面负责局队石油地质物探钻井的技术研究、工作部署和生产技术的指导和实施工作。一普成立后组建了综合研究队、地质实验室。地质综合研究是石油普查勘探的中心环节，一普自始至终狠抓了这项工作。

首先，一普将各区队的地质综合研究力量，集中济南成立了大队综合研究队（李白、刘正增）、实验室（伍占玉、陈养俊），以统一负责全区的石油地质综合研究、工作部署。不久，将实验室合并于综合研究队，以加强其研究手段，提高综合研究队整体全面力量。在华北地区油气普查勘探的区域展开初级阶段（1955－1960年），以及重点勘探，连续突破的两个阶段；用较短时间查清了区域构造轮廓，了解了主要地质单元的基本结构；并选准了重点地区及突击点，而且在当年国家困难时期，取得连续突破的高峰成绩。与科学民主部署，严谨技术措施紧密相连，起着因果作用。

一、这里应该突出提到一点，科学民主部署，是怎样通过坚持发扬技术民主和贯彻技术责任制而达到目的。

其一、健全和认真贯彻技术责任制。首先，在健全和认真贯彻执行技术责任制基础上，充分发扬技术民主，加以集中统一的技术领导；建立正常的生产秩序、取得合乎质量的第一手资料，杜绝打野猫钻和瞎指挥的严重浪费现象出现。一普在刚成立的当年下半年，制订和贯彻了技术责任制。其核心是局长（队长）和总工程师负责制，生产技术和科研部署由总工程师分工负责，对生产技术和勘探部署、科研工作全过程全面负责，而具体的则表现在地质效果和工作质量上。

总工程师负责制明确规定：要密切联系广大技术干部，提高事业责任心；其中强调指出，注意发扬民主；对于重大技术问题决定前，一定要组织技术干部进行充分研究讨论。总工程师从各方面意见中作出判断，尔后提交队务会或党委会讨论决定。而且规定在技术问题上不允许采取少数服从多数的原则决定问题。总工程师要有高度的民主修养和发扬民主作风，要造成允许所有技术干部无拘无束地、畅所欲言地充分发表个人意见的技术民主氛围。

为充分调动技术干部的积极性，实现群策群力集思广益，一普还建立了技术委员会及其工作细则。并规定技术委员会既是发扬技术民主的固定组织形式，也是反映技术干部意见和学术性的咨询机构，为总工程师负责制起着助手作用。

其二、发扬技术民主的同时，技术责任制强调集中的组织原则，要求执行层层申报，逐级审批制度。根据技术问题的大小，分别对应那级组织集中。如勘探井位的部署、确定和设计的程序，实现逐级责任制与民主集中制的统一。一般首先来自物探或地质综合研究部门最基础的班组提出，研究部门讨论通过，报大队相关科室转总工程师。总工程师充分吸纳各方意见，集中统一后，总工程师签发，报地质部石油局审批。应该说一口勘探井位从开始进入筛选论证，到最后准予施工，可谓严谨科学、民主决策，横挑鼻子竖挑眼，精雕细刻过五关斩六将。这就为"少走弯路，经济勘探"方针，套上了几层成果安会保险钢箍。

二、严谨技术措施，精雕细刻管理，是攀登优质钻井的阶梯

一普广大职工在参与科学民主部署和坚持贯彻技术责任制基础上，较好地激发了主观能动积极性。他们以高度热情和科学严谨态度，制定了一系列严细而得力措施，使各项工作步步稳准而扎实，保证生产科研勇攀先进纪录。地质部授予先进井队的 3201 井队，为什么一次次能创造快速搬迁安和创造 3366 米超深钻的历史纪录？惠 8 井的回顾与思考，给出了最好的回答。

一是集中使用时间，压缩辅助时间，穿插巧用时间。3201 井队以 УД - 59 型钻机施工惠 8 井，最大限度压缩起下钻前的时间，0 ~ 3000 米间井深，起完钻后立即组织下钻，不超 0.2 小时；把定期保养和维修时间排在起钻前冲孔时间内；0 ~ 3200 米继续使用钻铤扩大器；根据井内安全条件及泥浆稳定状况，下钻一次到底；0 ~ 3366 米段冲孔 1 ~ 2 次，到底开泵返浆，若泵压稳定，立刻投入钻进；井深 2500 米后，改用 150 毫米缸套，单泵钻进，为

泵和动力轮换维修创造条件。

二是为降低成本，参数多变，大胆探索。根据不同地层及设备情况，灵活选用钻压、排量和转速的"三参数"配合，对提高效率降低成本起关键作用。三个参数中，"钻压 p"是最活跃最关键，应用水平直接关系钻头使用寿命、钻进效率、钻具安全。如 L 型第 11 号钻头与 10 号钻头就是例子，第 10 号钻进 10 时 20 分，进尺 60.41 米，而第 11 号却耗时 16 时 17 分，仅进尺 63.74 米。原因在于钻压使用，与地层实况不匹配。"排量 Q"的使用，自井深 2500 米以下采用 150 毫米缸套，钻进至 3366 米完井，泵压稳定，还可继续钻进。"转速 N"，大量实践认为，盲目开高档，效果并不比中档好，反会引发机械磨损迅速。一普迅速推广三参数措施，大大推动全队创先争优活动。

三是严抓钻具科学结构和合理使用管理，加强工作检查环节。利用冬训期间，对钻杆进行全面试压、探伤检查；井深 2000 米后，检查一柱钻铤丝扣及分批错扣；2~3 趟错扣检查丝扣，起下钻时，内外钳工及井架工注重检查钻具，特别在深井中下一根立柱，检查一根，不放过一个疑点。井深 3268 米后，换 178 毫米钻铤为 159 毫米长 95 米。同时维持上部 800 米的 141.3 毫米钻杆和下部 300 米同一型号钻杆外，其他全为 114.3 米钻杆。这样配置既应了深井钻压需要，也减轻了钻具悬重。实践证明，3366 米钻进中未发生一次钻具事故，这样的钻具结构是合适而科学的。

四是严抓泥浆使用管理，专职与群管相结合。惠 8 井的泵能安全运转，与泥浆管理直接关连。过去对专职与群管讲的多、做的少，自组织快速钻进来，大家对泥浆直接影响钻具安全有了深刻认识。泥浆组和各生产班组对泥浆性能特别关注，群策群力严格管控；处理时向着"低"字努力，当 0~2000 米内以清水和低浓度碱液处理；2000 米以深，开始使用钙基泥浆，深井阶段对比重、粘度、切力、PH 值要求严格控制，并适当加 CMC 抗温度影响，使性能稳定，保证起下钻无阻。3200 米井深可一次到底。而且群情对清砂工作重视，司钻亲自捞砂、管理振动筛；群专结合发挥了重要作用，保证惠 8 井各项生产措标全优。

五是合理使用动力，做好设备检查，保证安全钻进。惠 8 井从未发生大小机械事故，特别是泵房工作做得过细，0~2800 米井段，没刺坏一个拉杆、活塞，高压循环系统也未刺过一次。最主要原因除安装达标"平、正、稳、牢"外，平时加强检查保养，小问题及时处理。

六是苦练基本功，狠改"老毛病"，勇夺部系统先进经济指标。惠 8 井自制定"岗位练工内容"和"改掉老毛病"以来，3201 井队形成人人苦练功、个个改毛病，高标准严要求自己的群众性风气。方法形式多样：以师带徒，师傅做示范，师徒互学；生产中干练结合，及时总结找差距；组织班与班、岗位与岗位，相互观摩学习；到兄弟队（3205）参观学习，见长处就学；三班看二班提下钻速度快，操作稳又快、配合巧而准，全班学了过硬本领，提下钻速度赶上了先进。"改掉老毛病"在惠 8 井实行后，各岗位与过去进行了对比，以前施工一井领一次新工具，丢失现象严重。现在工具管得严、大家自律紧，乱扔、随抓现象得到较好克服。

上述一系列措施创造了先进的技术经济指标和成果：

首先、创造地质部系统先进经济指标：1）拆迁安速度 16.5 天；2）台月效率 1463.5 米/台月；3）上双千 7.5；4）上三千 46 天；5）3000 米台效 1925.9 米/月；6）时间利用 48%；7）全井平均机械进尺 4.176 米/小时；8）钻头平均进尺 91 米；9）0～3000 米占头进尺 104.17 米/个；10）钻头最高进尺 1406.18 米/个；11）0～3000 米用钻头 29 个；12）全井用钻头 37 个；13）成本 0～3000 米为 70.39 元/米，3000 米以深为 228 元/米，总平均为 87.57 元/米。

其次，通过各项地质录井，取得以下主要成果：1）建立了临邑博兴组地层层序；2）取得博兴组二段生、储油性的地质资料，该层见 8 层含油砂岩，其中油砂 1 层厚 4.4 米，油浸砂岩 3 层共厚 7.9 米，油斑砂岩 4 层厚 14.2 米，总厚 26.5 米。在钻进 2624～2624.5 米井段气测异常，全烃 1.47%、重烃 1.15%，泥浆气泡占槽面 50%～80%，为可疑气层。3）证实惠 8 井、惠 7 井间存在一大断裂。

再其次，取得油气与钻井技术双丰收：3201 井队惠 8 井仅用 69 天，打出 УД 钻机 3366 米超深井纪录。临邑背斜带的油气勘查因此获得油气成果和钻探技术进步双丰收。表明临邑背斜带是济阳坳陷内又一个重要油气富集带，也成为该坳陷第三处突破工业油流区，为这一地区提供了新的后备基地。

第三节 引进与自力更生的辩证关系

石油地质普查勘探技术装备，在新中国是一片空白，当年中苏关系友好，所需普查技术装备基本引进苏联产品，也少量引进美英等西方发达国家及东欧国家的，如瑞典、日本、捷克、波兰、罗马尼亚等。即使 20 世纪 60 年代后中苏关系生变，但石油勘查设备、仪器、石油管材及辅助设备仍以从苏联进口为主，并沿用苏联国家标准。洋设备既有水土不服问题，也不是完美无缺。如何正确理解引进、消化、吸收、运用与"自力更生，独立自主"的辩证结合；如何克服照搬硬套，创新提高为我所用，两条腿走路，实现钻井技术进步。这条辩证认识与实践的技术思路，贯穿华北盆地 12 年找油始终。

一普及其前身华北石油普查队的广大工人及技术人员，付出了大量艰辛的努力，在学习消化的基础上，不迷信不崇洋，自力更生解放思想，大胆对各种引进仪器设备中，存在这样那样的大大小小问题，特别是对钻探设备进行了大胆的技术革新和技术改造。从而，极大地促进了钻井技术的进步，较好地满足了油气普查对钻探工程技术的期待。

一、革新和改造苏制刮刀钻头

苏产刮刀钻头，每只仅能钻进 200 米左右，成本高效率低，广大职工急在心里，发奋图强自行设计，各井队革新和改制进口各类型钻头，高潮迭起。比较突出的要数千米钻头的研发、革新苏制刮刀钻头，以及取心钻头等项目，并因此推动了全大队广大职工关于正确理解引进与破除迷信、赶超和革新洋设备的独立自主的辩证建国思想。在这种坚持两条腿走路思想路线指引下，以钻井科陈吉永为首的小组，克服了种种困难，终于研制出了新型三翼刮刀钻头。经多次试验、改进，最后推出一普新型三翼刮刀钻头，创造了单只进尺 900～1400 米的新纪录。为一普 1965 年"三个减半，任务翻番"成为可能，并以此为契机推进了全队快速钻进高潮。此后又不断改进提高，3205 井队在惠 11 井施工中，打了 1524 米，创造了一普新纪录，也是全国新纪录。

由于苏产 СДК 和美产 EBSI 取心钻头，很不适合华北地层使用，岩心往往被磨掉，致使岩心收获率较低，较大地影响地质资料的收集。1962 年钻井专业会议上，向钻井工程提出要保证地质质量要求，关键在提高取心质量问题。这个问题不解决，突破华北出油关就将成一句空话。因此钻井工程肩上压力很大，钻井科和井分队钻井工程人员，努力在不断实践中破除迷信，大胆尝试将国产仿美 EBSI 取心筒改进并加三翼佛手刮刀钻头。使钻进速度明显提高，又能较好保护岩心，岩心采取率一下由原来的 30% ~40% 提高到 80% 以上，为快速突破华北各大油田作出重大贡献。

二、双扒杆巧安苏制四腿井架

安装苏制四腿井架，按苏联标准要求采用单杆扒法，建一四边形，需分两次组装其两边，效率偏低，立一井架需 58 小时。各井队经多口井拆迁安的实践，大家从中得到许多启示，认为有较多潜力可挖。1962 年始，一普探索出采用双扒杆法，即在四边形的两对角各安一个扒杆，分别负责两个边，使建架效率提高一倍；拆卸井架只需 12 ~14 小时，大大推动快速拆迁安的发展。

三、治理苏制 B2 - 300 型柴油机

该机采用水箱大循环原理，解决机油温度过高问题，来确保动力正常运转。

但在实际井场使用过程中，发现苏制这类型 B2 - 300 柴油机，依然存在机油温度偏高而影响动力正常运转的缺陷。

此外，对苏制固井设备，也是在学习消化吸收使用过程中，进行了多处技术革新和改造。如从套管头到套管鞋整个固井管串附件等等，全部由一普人在消化基础上自行研制配套完善。

第四节　油气普查勘探与行政和行业的干预关系

大地构造运动、油气矿藏等自然界现象，都有其自己的规律，不囿于人为强加而改变自身存在和生存方式。倘若人为强加，只是暂时的，或将以挫

折损失而告终。特别应该强调指出油气矿藏地质受控因素复杂，油气从生成、运移、聚集、保存直至成藏分布的综合性科学，对此人类更应不折不扣予以遵循。华北盆地油气勘查的道路，或谓勘探史以其严峻史实，给出了深刻的总结和启示。

一、油气地质勘查的地质单元与行政区划的关系

华北盆地如在前"概况"介绍的为一中、新生代以来形成，在大地构造上位于华北地台的东部。南为秦岭褶皱带，北为燕山褶皱带，西为山西隆起，东以郯庐断裂与辽东－鲁苏隆起区为界的地质构造单元统一体。1955年组建了二二六队，开展整体华北盆地油气普查。刚展开区域普查，取得初步进展才三年多，1958年初，根据苏联的经验，按专业分工，把物探普查技术力量从华北石油普查大队中分出，于河南郑州成立中原石油物探大队。同年9月22日，地质部根据中央全国体制下放的精神，发布〔1958〕地字第14号文，宣布地质部石油地质局华北石油普查大队分别组成五省，即山东、河北、河南、安徽、江苏石油地质队，分别下放各省地质局（厅）领导的决定。

按专业分工与体制下放，理论上发挥专业领导与发挥地方积极性两大优势。实践结果却是大打折扣，物探与地质钻井，都为一个找油共同目标服务，但因队伍行政隶属条块分割，需要第三方即北京出面协调，从而大大影响共同联系交流统一的时效，甚至行伍偏见而延缓共同目标高效实现。

至于体制下放的弊端，远大于所谓发挥两个积极性作用。一个拳头与五个指头的分散作用，显然不能同日而语，这是最浅显的道理。而且五个指头长短不一，能发挥的积极性作用也大相径庭。更由于油气从生成－运移－储集的整个过程，从本质上说受控于区域地质条件，不是受控于地面行政区划。地质勘探者评价一个地区、勘查一个地区必须以地质构造单元为整体解剖认识，才符合石油地质存在这一客观规律。过去地质部也曾将地质队伍按行政省区划分建制并开展工作，当然也有少数偶合的，但大多数地质单元与行政区划存在不一致事实，从而影响勘探工作有序深入。历史已经证明，这种违反科学做法的教训是深刻的。华北盆地石油地质结构特征的地质单元，同样不可能与地上行政隶属省区同一。

此外。还有许多客观因素，诸如有的地域油气地质状况较好，但对应的

第一编 初展雄风，逐鹿华北

地域行政省区却是个按西方经济学人称的"短板",毫无疑义这将使油气普查工作陷入尴尬局面;反之,则将出现英雄无用武之地。以上这类旱涝不均的局面,不仅表现在油气地质方面,同样也可在其他方面,比如人才、技术装备等等方面。

比如1960年初前,华北盆地地层没有开展划分对比研究,尚未建立地层层序。松辽现场会议后,拥有较强实力的山东石油队,组织以贾润胥为首的专业人员对济阳凹陷开展了地层划分对比研究,据此技术负责人杨兆宇首次提出济阳凹陷地层层序意见。河北石油队技术负责人蔡乾忠立即运用这套层序于黄骅凹陷,为华北找油作出了贡献。又如河南、安徽等省石油队,由于当时对华北盆地南部两省石油地质总体评价认识,低于北部山东和河北两省;两队均未配备较深钻探装备及相关技术力量,只配备有关物探队伍对其中中生代盆地开展初步的油气普查。一般限于自身技术力量,只能主要以边缘地质调查和地质剖面钻的方法,继续从事区域普查,进行选区评价。同时抽出部分力量开展华北平原外围南阳、皖南等诸小盆地工作。因此他们直至队伍撤离之前均未取得重大进展。但是河南石油队因其自身特色对区域地质的认识,比如开封、济源两地区及周口盆地的石油地质普查,也为后来即中原、河南油田的发现打下坚实基础。

此外,大港构造带的道1井发现含油砂岩,早些时候的黄1井已有油砂发现,同时区域查明该构造位于黄骅拗陷中部,一致看好油气前景,急需物探技术进一步查明予以落实。但一普没有物探专业力量,只得通过地质部石油局转物探局再转"华北石油普查勘探指挥部"大驾下令。随后,中原石油物探大队集中了较多的地震分队进行构造普详查。结果令人振奋:该构造带顶部被一条北东向大断层切割,沿断层两盘发育了由断层封闭的半边局部构造,这就是有名的上古林、沙井子、马棚口等,总面积约280平方千米。事实说明物探地质钻井分专业建制,利弊各存,可能弊大于利。

所有这种违科学的决策,反思我们主观根源,乃在于不顾客观规律形而上学的主观意志所为。1960年天津会议的历史性决定,彻底扭转了这一主观意志。从而定位天津会议具有华北盆地油气勘查的历史转折意义。

二、油气普查勘探与油气开发勘探的所谓阶段关系

油气勘查从整体理论上讲,应分为普查、勘探、开发三个阶段或分普查

与勘探两阶段。虽曾有明文规定地质部只搞石油普查或一部分勘探的分工，但这普查或勘探到底进行至何种程度，却因没有一个标准而长期存在争论。

实事求是讲，对于自然界地质体的复杂存在，而且几个所谓阶段由于认识是渐进不断趋真，又往往前后交叉，因此不易用一个简单固化的标准，去绝然清楚划分作第三或第二阶段。难以公允客观，即使有也多系人为意志所为；更由于普查交由地质部实行，开发勘探则统由石油工业部门掌控，其间的纷争可想而知。

这一"探采分离"政策出台，初始常态，有一定积极意义。随事物发展，人心不古，助长某些部门"权利与私心"作祟，驱使那种难以成立的"理由"成为国家意志的令箭——所谓"挟天子以令诸侯"！红头文件时不时令人卒不及防地压下来了。如1963年初，有关部门指示地质部"向华北平原西部铁路沿线进行侦察"、1964年批准石油部在天津南、东营北的沿海地带组织石油会战等等。明知兄弟队伍正在快速上马，进入关键突破油气节点上，事先不打招呼不商量，有了上方宝剑岂能奈何？只能坚决拥护！

"探采分离"发展至此，已渐成"探采"绊脚石；历史证实，随时间推进至二十一世纪，"绊脚石"终成桎梏，大大地扼杀了"探采"积极性。

诸如此类国家行政和行业部门的干预，导致权势畅通无阻。加之"文革"在即，一普被迫匆忙撤退，至1967年初地质部石油局镇江会议上进一步讨论一普撤消决定时，一普已仅剩两个残缺拼凑的井队（其他已先后调出），其余全调二普加强四川大三线。所剩无几的残缺队伍骨架，仍以原番号"一普"转战青海柴达木盆地。更关键是留下一普一大批技术精英，日夜呕心沥血奋战，编写华北和下辽河勘查地质成果报告，目的为工业开采者提供精准的开采路线图。可想而知，最终归属青海的一普当将面目全非，实力大大削弱，乃是个缺胳膊少腿的三级队伍。好端端的一支全国仰望的石油普查队伍，被理由充足地肢解了。

事实上一颗红心两种准备，体制内的群体，都习以为常了。

华北盆地和松辽盆地的普查历史，像孪生姐妹的逗人，均于上世纪50年代中期先后上马，也巧合于60年代中期先后撤退；更耐人寻味地又同在70年代末先后再上松辽与华北。这难道是巧合吗？不！什么完成普查勘探阶段工作啦、什么"加强三线建设"啦，理儿一大串。不允许半分犹豫，瞬间打起背包就爬车出发（1964年2月，地质部党组动员在华北的一普和一物全部力量，约4000人积参加华北石油大会战，并将所获地质、物探和钻探以及几大油田地质研究基本评价报告全部送给石油部无偿使用。不仅如此，为了给会战队伍创造好条件，又组织一批技术骨干加班加点提交《黄骅坳陷石油地质普查基本评价报告》，尽可能高姿态。）大有被扫地出门之慨！奔向寸草不长的荒漠，两眼摸黑之陌生地域。

三、油气勘查与配套装备的关系

油气矿藏的普查勘探工程是一门综合性科学，必须拥有地球物理科学和深钻、测井、录井、固井、试油等多种特殊工程作业、科学的配套手段及相应工程技术，才能达到有效取得油气成果目的。回顾地质部门在华北盆地和松辽盆地的油气勘探历史得出结论，莫不深深印下沉重教训。正是由于这些必不可少的——也是唯一的配套技术装备没有跟上，致使地质部门虽在地质认识、评价选区的技术层面上走在领先位置，但在最后关键的所谓"出水才见两腿泥"的发现油气时落在人后，或仰仗友邻部门，拿我们的金砖去敲开油气地宫的门。然后高呼"胜利啦""大庆啦"！尔后忘了敲门砖，反说"争功"哩。现实例子不胜罗列。

此外，同样由于其他多种特殊工程作业或配套手段如测井、固井、试油等相关技术和装备的短缺，也将造成不可弥补的遗憾和损失。众所周知一普在沾化、惠民凹陷及黄骅坳陷都曾最早发现油砂并试获工业油流，然而问题往往失手在这些关键的固井、测试等技术及装备的不够精良，终致不能取得理想效果，落下个不可挽救的遗憾。9 月 29 日，松辽石油普查大队对松辽扶27 井用简易自制"土派克"进行试油，获 2.5 立方米油流，比松基 3 井晚 3天原油少 12.4 立方米。倘若当年用正规试油装备和技术试油，也许历史不是今天这样。

总而言之，在沾化、惠民凹陷及黄骅坳陷，乃至松辽，我们都曾最早发现油砂甚至见到油气，但由于固井、测试等技术装备的不配套，常常不能取得最佳效果，最终导致起早赶晚集、被后来者的优势装备超越而丢了首发之冠。

前车之鉴不能忘记。油气勘查如果不能摆脱行政和行业的干预魔咒或桎梏，如果不能扫除"探采分离"的"绊脚石"，如果油气配套装备继续与油气勘查要求脱节而不能及时扭转，将严重地挫伤着油气勘探的质量与效益乃至队伍的精气神，直至被油气勘探史所遗忘。

李奔：松辽盆地出油：1959 年 9 月中旬，我和石油部余秋里部长，康世恩副部长陪同苏联专家米尔琴科一行，分乘几辆越野吉普车，由长春前往松辽盆地的扶余、安达。这时我的职务是吉林地质局副局长，负责松辽盆地石油普查工作，同时还兼任地质部、石油部松辽石油普查协调小组组长。

米尔琴科是苏联最权威的石油地质专家，任苏联石油部总工程师、副部长。这时地质部和石油部决定在安达的高台子打松基三井，钻进到800 米时，井队同志提出试油，看看结果。米尔琴科十分尊重中国同志意见，但也谈了自己的看法。他认为才打 800 米，油层也不大好，应继续钻井，不主张试油，但工区同志们希望试油。他们想得到康世恩的支持。他说："我们尊重专家意见，但是你们认为自己看法对，你们完全可以大胆地干。"

我陪米尔琴科在扶余待了几天，在他们赴安达那天，我回吉林局。大约是 9 月 18 日，我接到电报，说松基三井 9 月 17 日试油成功。日产油 13～15 立方米，我当即以吉林局和协调组名义，向地质部、黑龙江省、吉林省报了喜。

大约是 9 月 19 日晚，李四光部长在北京西山象鼻子沟寓所，设家宴为即将回国的米尔琴科饯行。作陪的有何长工、刘景范、余秋里、康世恩、唐克同志及几位中苏专家。分别在即，大家祝酒致辞。这时，送进一份电报，何长工一看，抑制不住兴奋，把电报转李四光他们传阅。大家非常高兴。米尔琴科笑问："为何这么高兴？"余秋里将电报内容告诉了他，专家也兴奋了："来，倒满酒，为中国同志找到了新油田干杯！"

9 月 20 日，我们吉林地质局、松辽协调组收到了地质和石油两部发来的贺电："祝贺你们在国庆十周年前夕于松辽盆地试油成功，这是你们向国庆十周年最大的献礼！"这份电报还发给了东北三省委及松辽各石油普查勘探单位。

这以后，松辽盆地石油普查勘探工作进入了新的时期——大庆会战。

（刊 1990 年《新生界》）

第九章 队伍体制与机构沿革

第一节 一普大队前身（1955－1960 年）

一、地质部华北地质局二二六队

地质部于 1955 年成立华北地质局二二六队，负责华北地区的石油普查工作。二二六队在 1956 年得到迅速发展，大队机关设置 15 个职能机构、3 个附属机构。生产单位：11 个钻井分队（其中 1200 米钻机 5 台、500 米钻机 5 台、150 米钻机 1 台）、5 个地质分队、13 个物探分队（重力 3 个、电法 4 个、地震 3 个、物性 1 个、磁法 1 个、测井 1 个）、1 个化探分队。大队长陈树森，后期为贺光，陈树森任副队长，副队长还有隗和有、黄绪德、孙万铨。钻井科负责人刘思明，钻井技术员马林、郑广忠、山作凯、高时中、姜元元、张本玉、陈吉永、周基蓉。

1956 年在册职工人数 565 人，其中地质勘探职工 507 人（工人 264 人、工程技术人员 132 人，职员 111 人），附属及辅助人员 38 人，政治工作人员 17 人，医务人员 3 人。工程技术人员中地质人员 70 人，工人机长 5 人、班长 27 人、副班长 28 人、钻工 172 人，其他为柴油机工、钳工、车工、电工等工种。年底全队实有女职工 36 人。

1956 年物探各野外队总人数 562 人，其中行政人员 82 人、技术人员 115 人、工人 130 人、医务人员 3 人、警卫 43 人、勤杂人员 6 人、政治人员 6 人、临时工 177 人。

各野外队编制如下：5 个地质分队，分别为地质 14 分队：行政人员王怀周，技术员李汉民、苏玉民；地质 15 分队：技术员袁捷、夏乐亭、吴瑞嶽，工人李海牛；地质 16 分队：技术员易治华、王鸿志、姬青珍、王万浩；地质 17、18 分队：技术员杨志坚、杨帮国、李景年、朱德元、郭家瑞、汤光中。

二、地质部华北石油普查大队

地质部于 1956 年 9 月成立石油地质局，将华北地质局二二六队从华北地质局划出，归属地质部石油地质局领导，更名为地质部石油地质局华北石油普查大队，驻地迁往济南。贺光任党委书记兼大队长，陈树森、隗和有任副队长，孙万铨任地质技术负责人，郭锡同任物探技术负责人。1957 年 IO 月 10 日山东省常委会议批准，山东省工业工作部通知，调孙良鹏任中共华北石油普查大队委员会书记，同时免去贺光兼任的党委书记职务。

大队机构编制设置，在二二六队基础上进行了合并和撤销而成，共设 6 个职能科室，生产单位共组建钻井分队 18 个，即 1200 米钻机分队 1201、1202、1203、1204、1205、1206、1207、1208、1209、1210、1211、1212；500 米钻机分队 501、502、503、504、505；150 米钻机分队 151。地质分队 8 个，即地质一分队、二分队、三分队、四分队、五分队、六分队、七分队、十二分队；地质专题研究队 3 个，即油苗调查队、江苏专题研究队、华北专题研究队；物探队仍保持 3 个重力队、4 个电法队、3 个地震队、1 个物性队、1 个磁法队、1 个测井队和 1 个化探队。

第二节　石油普查大队按专业和
行政地域分别建制

一、组成中原石油物探大队和华北石油普查大队

地质部石油地质局于 1958 年初下文，为便于生产管理和专业化分工勘探，决定把石油地质与地球物理勘探两专业，从 4 月起分别建制石油与物探两个大队。凡地质部物探局所属的各野外分队及相关物探力量，脱离华北石油普查大队，在郑州组成中原石油物探大队（大队长陈树森、书记宋俊德、技术负责郭锡同）；留下的原华北石油普查大队石油地质队伍力量，组成地质部石油地质局华北石油普查大队。

原华北石油普查大队分摊前实有人数为 1198 人，分到石油大队 584 人，

第
一
编
　
初
展
雄
风
，
逐
鹿
华
北

物探大队 614 人，大队机关根据工作需要进行合理的分配重组。不久，调整江苏地区队伍时，发现了该地区油苗希望很大，特别决定加强该区钻探工作，增开钻机 13 台，抽调职工 244 人，保证了勘探需要。

二、按行政地域组建华北五省石油地质队

1958 年初党中央实施全国体制下放政策。地质部在区域地质测量及石油地质工作会议上，与会代表讨论同意为更多地发挥地方的积极性，有利各省石油地质工作在各省支持下迅速开展工作，拥护石油地质队伍下放体制。地质部于 1958 年 9 月 22 日，下〔1958〕地字第 14 号文，宣布地质部石油地质局华北石油普查大队分别组成五省石油地质队的决定。将华北石油普查大队按省组建山东、河北、河南、江苏和安徽等省五个石油地质队。

组成的原则：（1）按 1958 年任务及施工队伍的大小，贯彻精简精神，分别组成各队的管理机构；（2）按现有人员分担不同的勘探业务量，尽量均有业务人员，如配备不齐全时，各省自行调整补充；（3）大队党群干部的调动由山东省委确定；（4）干部的调整和配备按照党的干部政策执行。

据此，山东省石油地质队：由王世荣负责组队，杨兆宇为技术负责人，分配地质人员 20 人；钻探技术员：高时中、陈吉永；河北石油地质队：由崔林负责组队，蔡乾忠为技术负责人，分配地质人员 16 人，钻探技术人员郑广忠；江苏石油地质队：由隗和有负责组队，孙万铨为技术负责人，分配地质人员 20 人，钻探技术员周基荣；河南石油地质队：由李金生负责组队，彭世福为技术负责人，分配地质人员 20 人，钻探技术员张本玉；安徽石油地质队：由冯玉琦负责组队，乜宇庆为技术负责人，分配地质人员 14 人。上述分配各队地质人员数，不包括在钻机上工作的地质人员，只包括技术负责人在内。遂组成山东省地质局石油普查大队、河北省地质局石油地质大队、河南省地质局石油普查队、安徽省地质局石油大队、江苏省地质局石油普查大队。

（一）山东省地质局石油普查大队。该队 1958 年 IO 月正式成立，设五个科室及党总支、工会、团委，两个钻井分队、三个地质分队。附设机构：仓库、医务所、绘图室；附属机构：修配间、汽车运输队。

1959 年后大队调整为六个科室，将地质和钻探分别成立地质科和钻井科、钻井队 3 个，1960 年又组建 3004 井队。1958 年全队开动两台 B－3 钻

机，施工分队 1202 钻机，机长张洪太，钻井技术员唐希忠；1203 钻机，机长孟和。1959 年开动钻机 3 台（两台 Ь－3 钻机、一台 ЗИФ－1200 钻机）；1201 钻机（ЗИФ－1200）分队长高洪奎，机长熊居勇，技术员王广涛；1202 钻机（Ь—3）分队长房本孝，机长张洪太；1203 钻机（Ь－3）分队长兼支书袁金声，机长孟和。年末全队实有 228 人，钻井科钻井技术人员：张启礼、蒲庆章、高双琴、高时中、陈吉永、韩喜贵、韩守海。

1960 年开动钻机 4 台，除上年 3 台钻机外，1960 年另组建 3200 井队。该队开始命名为 3201 井队，后改为 3004 井队，钻机为瑞典进口 Ь－35 钻机。队长何秉仁（大队长兼），副队长张洪宽，代理技术副队长沙增寿，钻探技术员夏华德，地质技术员邓世福。1960 年 5 月 11 日，在山东省惠民县林樊家构造上施工惠深 1 井，10 月 7 日完钻，该井队为地质部在华北地区组建并施工的第一支深钻井队。

（二）河北省地质局石油地质大队。1958 年 10 月 1 日组成，大队机关设 6 个科室，党总支、工会、团总支和 2 个附属单位；生产单位组建 2 个地质普查分队、1 个综合研究队、4 个钻探分队。1958 年全队实有人数 118 人，管理人员 12 人、工程技术人员 19 人，工人 87 人。1959 年全队实有人数 223 人，管理人员 40 人，工程技术人员（地质 31 人、钻探 8 人、机械 1 人），工人 105 人。1959 年 8 月 11 日，任命王金开为大队党总支书记。

为适应新形势的发展和工作需要，1959 年 6 月 25 日党总支决定将原各井队改名，1203 井队改为河北省地质局石油地质大队第一中队、第二中队、第三中队，原天津分队改为第四中队（后为在天津地区工作方便仍沿用原名）；原第一、第二、第三地质普查分队改为河北省地质局石油地质大队第一地质分队，第二地质分队，原综合研究队改为第三地质分队。1960 年任命寇更立为计划科科长、刘保树为财务科科长、王国樑为教育科副科长、郭永民为机械科副科长。计划、财务分设，成立计划科、财务科；机械供应科分为机械科、供应科，并设立教育科。党总支书记王金开之后依次为杨文、张志宏。

（三）河南省地质局石油普查队。该队 1958 年 10 月组建，设 7 个科室及党总支、工会、团总支，3 个附属单位及生产单位，钻井队 5 个，地质 2 个分队，1 个综合研究队。1958 年底全队人数为 222 人，工人 159 人，工程技术人员 28 人；1959 年全队人数 241 人，工人 149 人，工程技术人员 42 人；1960 年全队 320 人，工人 120 人，工程技术人员 64 人，大队机关将保卫科分为人事科和保卫科。

此外，干部调动变化较多：1959 年张明兼任办公室主任，1961 年 2 月后又兼任地质科科长。1959 年 4 月吴澄江、王绍堂任钻探分队长，林文义由分队长调任人事科科长，于云山由分队长调任供应科副科长。1960 年林文义调任工会主席，提升王绍堂为供应科副科长。1960 年 12 月 15 日张本玉调郑州地质队。1961 年任命张明兼任地质科科长，吴澄江任生产技术科副科长。1961 年 3 月 20 日任命时显廷为河南省地质局石油普查队大队长。1961 年 5 月林文义调 306 队任保卫科科长，免去工会主席职务。

（四）安徽省地质局石油大队。1958 年 10 月该队组成，驻地合肥。大队设行政科、人保科、生产技术科、机供科、计财科；生产单位有钻探分队 4 个，开动 4 台钻机（500 米钻机 3 台、1200 米钻机 1 台）生产；地质组成 3 个地质分队。1961 年 5 月 6 日，安徽省地质局石油大队改名为安徽省 328 地质队。

第三节　一普大队组建与机构设置
（1961 - 1967 年）

一、成立地质部第一普查勘探大队

地质部于 1960 年 10 月 25～31 日，在天津召开华北石油普查勘探会议，会议对前阶段石油普查作全面总结，对下阶段工作进行研究和部署；其中重要一项就是决定成立地质部第一普查勘探大队，作为承担下阶段油气勘查任务的主要队伍力量。以原山东省地质局石油普查大队、河北省地质局石油地质大队及地质部天津海洋地质队筹备处为基础，组成由地质部直接领导的地质部第一普查勘探大队（简称一普）。天津会议以后，一普于同年 11 月即在山东德州正式宣告成立。大队部设在山东德州。1961 年 1 月 1 日正式办公，大队设生产办公室、行政科、地质科、钻井科、机械供应科、计划财务科、人事保卫科等职能科室；附属单位有修配厂、天津供应站；并下设三个区队即山东区队、河北区队、辽河区队。

二、一普大队队伍建制规模与机构设置状况

队伍建制与机构设置，随油气勘探进展和国家经济发展状况，队伍和机构相应变化与调整完善。勘探生产单位中除原已成立的3004、3201、3007、3202井队外，又组建了3203、3204、3205井队，以及试油的3003井队。为加强华北石油普查勘探力量，以后又成立汽车队、仓库、安装队、固井试油队、化验室、综合研究队、农场，并将一物大队测井队调入。1962年4月撤销辽河区队，组建河北二区队。1962年7月原河南省地质局石油普查队、安徽省地质局石油大队、北京地质局京津勘探大队调入一普，分别成立河南区队、安徽区队和京津区队。此时一普队伍建制最多、规模最大。1961年已达2307人。1962年由于国家政策性人员精简（其中减少人数为1519人，调入1232人），实有总人数为2020人。人员构成：工人935人（钻工529人）、管理人员885人（工程技术人员557人）、其他人员。1963年人数为2172人，工人1071人、管理人员949人（专职工程技术人员540人，其中地质技术人员382人）。1964年人数为2020人，工人978人，管理人员859人、专职工程技术人员517人）。

1964年2月10日，大队成立政治处，下设秘书科、组织科、宣传科、干部科、保卫科、青年科，主任由大队党委副书记张志宏兼任，李桂旺为副主任。1964年6月16日改为中共一普政治处，撤销青年科。

三、勘探生产队伍规模和体制的变动调整

地质部根据国民经济发展战略部署的变化，及时作出全国地质勘查工作的转变与调整；国家三线建设战略的大规模启动拉开，作为先导的地质工作首当其冲应闻风而动走在先。1964年11月，地质部调河北二区队和一分队、二分队、七分队进四川组成岩盐普查勘探队；1965年2月将3204井队调四普、3007井队调五普（湖北江汉）、3202井队调二普（四川）。1965年3月27日，地质部［1965］地石字第15号文通知精简机构，减少层次，决定撤销区队一级管理机构：一普所属山东区队、河北一区队、河南区队、安徽区队、京津区队予以撤销。1963开始，一普进入冀中坳陷、下辽河坳陷进行石油普查勘探工作，取得了丰硕成果。1965年12月3203井队在下辽河地区完成辽4井之后调给二普（四川）。1966年组成的3209井队，在下辽河地区施

工辽 9 井之后调给二普。1967 年根据地质部的安排，3201 井队、3205 井队再调给二普（四川）。

1967 年一普大队调入青海工作。至此，一普结束了在华北地区 12 年的石油普查勘探使命。

第二编 青海高原，爬坡过坎

（1967 – 1978 年）

第一章　柴达木与西宁－民和盆地概况

第一节　一普再受命，建设三线挺进柴达木盆地

是时，正是 20 世纪 60 年代中期，党中央、国务院制定了开发和建设大三线的战略决策，把发展国民经济的重心由东向西转移，巩固国防，建设强大的社会主义国家。同时，李四光部长曾指出三线广大区域正是油气前景值得我们认真工作的地区。他的秘书段万倜回忆李四光部长时写道："对柴达木盆地特感兴趣，从大地构造分析，柴达木是属于康藏歹字型这个超巨型旋转构造体系的头部，有利于油气聚集和储存。他很想派人到盆地了解一下实际的地质情况。"

"这个人"历史地选择了一普。一普从诞生那天起就注定命运与国家紧密相连，因为她在国家石油临危关头应运而生嘛；哪怕一普人"金瓜豇豆烫肚肠"，也要挺直腰杆为"地质部长很乐观"争气，出色交出了答卷，没立半块丰碑，没留半亩"自留地"；今又受命建设三线，理当雄赳赳地背起行囊爬上西去列车，挺进柴达木盆地。

地质部从总揽全国石油战略部署谋划，认为此前对柴达木寄予了厚望，特别是632队重兵深入进行大量卓有成效的基础勘查，后因国家石油战略东移而被削弱。但地质部始终没有放弃对这块宝地的期待，一旦时机成熟，要继续重上队伍。1965 年初，地质部决定再次开展工作。由地质部第三石油普查勘探大队周焕明、石油地质综合大队西北区队李国栋等组成联合分队，于 5～10 月，对盆地东部大柴旦－格尔木公路以东地区进行石油地质调查和综合研究工作。认为德令哈地区和埃姆尼克山南麓中新生界发育齐全；盆地中部的下－中侏罗统可与盆地西部进行对比。

1966 年，地质部决定由第三石油普查大队派出陈飞鹏等组成的地质分队（303 队），继续在柴达木盆地东部边缘测制地质剖面，收集沉积、油气等方

面的第一性资料。初步划分了中新生界；确认调查区存在白垩系；肯定侏罗系是生油层之一，这些成果为进一步工作提供了依据。

1967 年 3 月，地质部石油局在江苏镇江召开了"抓革命，促生产"会议，王树德、刘毅主持会议。会议主要内容之一，是研究组织力量开展柴达木盆地油气普查工作。4 月，地质部石油地质局在山东德州召开会议，杨羽、关士聪主持。研究进入盆地开展石油普查的具体事宜。

4 月 14 日，地质部石油局以［1967］地石综字 8 号文，发出《关于组成青海、西藏普查勘探大队有关问题的通知》，指出为了加强西北、西南地区的建设，拟组建青海和西藏两个石油队，分别开展上述地区的石油普查工作。青海石油队的队伍组成，以原"一普"为基础，抽调原在华北的第一普查勘探大队试油队（3004 队）改建为一个钻井队和部分地质及行政人员；此外入青的物探队伍，由地质部从地质部第三普查勘探大队（陕西咸阳）整建制抽调 1 个编制 45 人的 321 重力队、1 个编制 11 人的 303 地质分队、1 个编制 76 人的 232 电法队；并从地质部第二物探大队（四川罗江）抽调一个编制 96 人的 243 地震队和 1 个编制 47 人的 221 重力队 Θ，共同组成青海石油普查队伍，沿用"地质部第一普查勘探大队"番号。队伍总编制 575 人。通知要求 1967 年初夏，组成新一普的队伍，尽快结束华北、陕甘宁和四川地区工作，日夜兼程西奔青海高原，为寻找三线石油基地开辟新领域。

同年 5 月，原一普综合研究队队长刘正增等与三普陈飞鹏等组成一个地质分队，在西宁做了物资及资料等方面的准备后，于 6 月初进入柴达木盆地进行踏勘性地质调查。其工作路线是德令哈－大柴旦－格尔木－都兰，于 10 月上旬返回西宁。共观察、草测中新生界剖面 9 条，收集了有关的实际资料，分析研究了盆地东部的油气地质条件等。另外，还对物探工区的地面条件进行了踏勘。为新组青海一普队伍开展油气勘查工作部署作准备。

新组青海一普所需人员、物资、设备由原"一普"抽调。决定调原"一普"3201 钻井队、3205 钻井队进四川省，归属地质部第二普查大队领导，但明确从以上两个井队中抽调部分钻井技术骨干充实新组青海石油队（新一普）。青海石油队组成后，原一普在山东德州地区留下的人员、物资、设备和一些遗留工作，原"一普"须留下专人进行安排和处理；青海石油普查队的任务是：尽快在柴达木找到石油，开辟柴达木盆地东部新工区；在过去工作的基础上，进一步拓展油气勘查工作基地新领域。

注 ⊖：地质部将隶属三普的 76 名 232 电法队和隶属二物的 47 名 221 重力队，调划给一普队伍建制，均系原地质部中原石油物探大队开展江汉盆地油气普查的原始队伍之一。

湖北江汉盆地油气勘探历程始于 1958 年 3 月。入青的物探 232 电法队、221 重力队等均系地质部中原石油物探大队下属物探分队。中原石油物探大队于 1958 年下半年成立江汉工作站并开展物探普查的试验性工作，包括北京地质学院勤工俭学队。这年底至次年春大队开办包括重力、电法、磁力、扭秤、测量、地震等物探技术培训班。1959 年春，中原石油物探大队拉开了以原华北队伍为骨干，学习班学员为基础成立了地震、重力、电法、磁力、扭秤等物探普查分队，大规模开展了江汉盆地石油普查工作。其中新组地震四队（队长书记高顺祯，技术负责朱振宇）、地震五队（队长书记魏军，技术负责魏国英）。开展江陵和潜江两个主要凹陷内的"西部重力负异常带"地震的含油气远景概查。1959 年年间，开展了 1∶100 万重力普查，1∶20 万大地电流面积普查，地震－电测深区域剖面局部地区的地震面积普查，以及部分地区 1∶20 万石油地质普查。1962 年 8 月，以中原石油物探大队在江汉平原工作的队伍为基础，成立第四物探大队。大队在当年总结中主要根据重力资料，划分了盆地次级构造单元，并初步将平原分为 3 个异常带，同时指出：西部重力负异常带最有含油远景，西部异常带的中新生代沉积厚在 3000 米以上。并指出潜江和江陵凹陷内发现了潜江、周矶（王场）、广华寺、沙市、资福寺、金家场等一批地震隆起或局部构造。并提出了井位建议。

一普队伍前后变量巨大，早期队伍虽未涉江汉油气勘探历程，但后来因原是江汉油田物探队伍的加入，故一普应具同样分享江汉油田的发现功绩。

第二节　地理地质和油气勘查概况

一、地理地质概况

（一）柴达木盆地位于青海省西北部，四周环山：西北为阿尔金山断裂带；东北为祁连山加里东褶皱带；西南及南面为昆仑山海西褶皱带。盆地轮廓呈北西西向菱形展布，东西长约 720 千米，南北宽 200 千米。面积约 12.1 万平方千米。盆地内地势由西北微微向南东顷斜，地形西北部起伏大而东南部较为平缓。平均海拔为 2700～3000 米，最高可达 3600 米。盆地内气候干燥寒冷，冬季长，夏季短，多风少雨，属典型的大陆性气候。最低温度 −28℃～−31.3℃，年平均温度为 1.2℃～2.6℃。每年 3～5 月为风季，大风天全年在 105 天以上。年均降雨量为 33 毫米，而年蒸发量达 2800 毫米。盆地中部几无植被生长，被戈壁沙漠覆盖。盆地内湖泊、河流主要分布在东部，因而水潴积形成沼泽和盐湖。一些农场分布在盆东端和南缘，盆地西部多被砂漠所覆盖。

（二）西宁–民和盆地位于青海、甘肃两省接界地带。是祁连山脉东端的一山涧间小盆地。四面环山，西邻何大有山、北侧为老爷山–马牙雪山、南抵柱脊山–雾宿山，东至黄河以西地区。西部窄狭，东部较开阔，面积 I.5 万平方千米。地势西高东低，西部海拔一般为 2000 余米，具高原特色，气候较寒冷；东部较平缓，海拔一般为 1000 余米，气候较温暖，适宜农耕，是青海省主要农业区。盆地内水系发育，主要有黄河从盆地东南缘流过，另有湟水自西向东流经盆地中部，在河口注入黄河；大通河自北西向南东穿过盆地中部，在民和与湟水汇合；庄浪河由北而南流过盆地东部，在河口汇入黄河。沿湟水、大通河、庄浪河谷地农田广布。盆地内交通尚便利。

（三）柴达木盆地油气地质基本特征。柴达木盆地是在结构复杂的基底上发育起采的大型中新生代迭加断拗盆地。沉积了一套河流、湖泊相碎屑岩建造。盆地内沉积岩的分布面积近 10 万平方千米。据前人资料，中生界白垩系是一套棕红色泥岩、暗红色含泥砾状砂岩与棕红、黄绿色粉砂岩、泥质砂岩不等厚互层，主要分布在阿尔金山和祁连山一带，呈断陷状。第三系沉积了一大套粗碎屑岩，灰、紫红、棕红砾岩、砾状砂岩、砂砾岩夹一些泥质岩和泥质粉砂岩，向上岩相逐渐变细，沉积中心向东迁移，第四系主要沉积是泥质岩夹盐岩薄层，下部泥质岩夹黑色碳质泥页岩。

盆地形成于印支运动以后，从侏罗纪到第四纪经历了形成、发展和衰亡过程，大致可分为四个演化期：侏罗——白垩纪为断陷期；古——渐新世早期为断拗过渡期；渐新世中期——上新世中期为拗陷期；上新世晚期——更新世中期为回返上升期。

盆地内局部构造的展布和形态特征及其在各区的差异，不仅受基底性质、埋藏深度和隆起形态等影响及控制，同时与阿尔金扭动断裂带的活动也有着不可分割的成因上的联系。根据中、新生代之沉积厚度和盆地不同地区油气目的层的分布为主要依据，同时考虑到断裂控制和基岩特征等不同因素，将东部划分为德令哈坳陷和达布逊坳陷。德令哈坳陷：中、新生代发育，地表构造发育，第四系较薄为特点。达布逊坳陷：基岩埋藏较深，沉积比较稳定，新生界地层巨厚，中生界主要分布在低凹处，局部构造多为潜伏构造。

（四）西宁-民和盆地，是祁连山加里东褶皱带东端的山间盆地。是印支后期发生和发展起来的中新生代沉积盆地。

中新生代地层：已知的三叠系仅为上统默勒群，而且只见于西宁盆地的边缘；下侏罗统大西沟群，分布局限，有些地段缺失，反映出当时盆地基底起伏较大；中侏罗统窑街组和享堂组分布范围广泛；上侏罗统大通河组主要分布在民和盆地；下白垩统大通河组，分布范围大于侏罗系，西宁-兰州一带均有沉积；上白垩统民和组，在民和盆地发育较好；下第三系西宁群，全盆地均有分布，发育甚好；上第三系贵德群，分布亦较广泛，西宁-民和一带发育较好。

盆地构造分区：自西向东划分为6个次一级构造单元群：西宁坳陷、小峡-晃家庄隆起、巴卅坳陷、河口隆起、中部坳陷和东部斜坡等。

生油层：已证实中侏罗统窑街组为生油层。下第三系西宁群下部为可能生油。油气显示：地面在震旦系、中-上侏罗统、下白垩统和第三系均有油气显示；井下皆有不同程度的油气显示，但主要在侏罗系中。含油气远景区：从现有资料看，巴州坳陷所处的构造位置和石油地质条件较好，虎头崖已被证实是一小型油田，故远景较好，是寻找油气较为现实的地区。

二、油气地质勘查概况

（一）20世纪30年代后，中国的地质学家才涉足柴达木盆地及相邻地区进行地质调查。他们是1938年，孙健初在青海湖周围进行了路线地质草测，并对青海湖的成因及其周围的地质发展史、地质构造特征做了论述；1946年，李树勋随青海公路勘测队沿柴达木盆地南侧进行路线踏勘。在甘森东北发现了绿色砂页岩和白色淡水灰岩，将其定为白垩系（1955年地质部西北地质局632队改划为第三系）；1947年，关佐蜀、梁文郁、周宗浚随柴达木工矿资源调查队，在盆地西部及东北部进行了路线地质调查。于盆地西部发现了油砂山构造，并在其轴部发现150米厚的油砂。关佐蜀著有《柴达木盆地西部红柳泉油田地质简报》；周宗浚撰写《青海柴达木盆地扎哈油田地质简报》。两篇"简报"均指出，油砂山系第三系组成的穹窿背斜。

（二）1955年1月20日～2月11日，地质部确定柴达木盆地是开展石油普查重点地区之一。随后组成了632石油普查队。

是年4月，632队在大队长高保中，主任地质师关佐蜀带领下从北京开拔。4月中，队伍到达青海省西宁市，受到了青海省党政领导热烈欢迎，张国声副省长亲自组织各族人民支援石油普查工作；省府特地为开发柴达木盆地成立了支援办公室；解放军派出汽车团，为石油普查队运送物资。这不仅促进了石油普查工作的展开，同时也给石油普查队员增添了信心。5月，队伍经过翻山越岭、踩沙涉水、披星戴月、风餐露宿的长途艰苦行军，陆续进入柴达木戈壁瀚海工区，拉开勘查工作。

6月，西北大学地质系石油天然气专业毕业生冯志强、史玉祥等踏上了征途。他们乘坐的大卡车从西宁出发，有幸与班禅额尔德尼·确吉坚赞大师的进藏车队同行。一路受班禅大师等人的关怀照顾。当汽车陷入沙土中时，班禅大师和随行官员一起推拉。沿途专程前来朝拜班禅大师的藏民络绎不绝。这些感人情景给刚出校门的年青地质工作者留下了极为深刻而美好的印象。

632队编有5个地质分队，其中三个分队对全盆地进行1∶100万路线地质概查，一个分队在甘森、阿迹地区做1∶20万石油普查，另一分队担任重晶石、粘土等找矿工作。同年7月，地质部普查委员会组成了以刘毅、黄汲清、吕华等工作组，深入柴达木盆地检查工作。工作组同志与地质分队队员同吃、同住、同工作。特别是黄汲清先生认真听取工作汇报，进行实地考察，指出问题。对盆地的地质构造特征发表了见解，并谆谆告诫搞科学工作丝毫不能马虎。地质队员们深受教育和鼓舞。

面对柴达木盆地艰险的自然地理条件，石油普查工作经常遭际极大困难。在那个被无限革命热情激发的火红时代，年青勘探队员高唱《勘探队员之歌》，拼搏前进，钢铁意志把一切艰难险阻踩在脚下，意气风发，一路高歌猛进。时有边行进边修路，忽又遇狂风天昏地暗，飞沙走石，只得原地俯卧避灾；以冷馒头粘盐水充饥，长期吃不到蔬菜是常事。第一次较全面地获得了柴达木盆地自然地理、区域地质构造、石油地质等方面的资料；发现百余个局部构造和众多的油气显示。对盆地的地层、构造、地质发展史、油气及其远景评价等建立了系统的认识，为进一步开展工作提供了重要依据。经典的《勘探队员之歌》，就是产生于当年柴达木盆地可歌可泣勘探激情的这个典型环境。

（三）首次突破柴达木盆地油气关与油气勘查形势逐渐趋弱。地质部为集中力量突破盆地油气流，于1956年春，抽调力量加强柴达木盆地石油普查工作。调整新疆631石油普查大队，除留部分力量继续在准噶尔盆地工作外，大部人员在朱夏率领下转战柴达木盆地。朱夏授命632石油普查大队主任地质师后，对石油普查工作部署和队伍力量进行较大调整；组织了冷湖、柴旦、德令哈3个中队共14个分队，对20个构造进行1:5万、1:2.5万详查细测。其中四分队（分队长韦恩槐）对发现并圈定冷潮构造作出重要贡献；刘胡兰女子分队（分队长杜玉霞）为查明马海构造立了功。部分力量下半年在盆地北部利用航空照片进行1:20万地质填图；并决定对鄂博梁一号构造，冷湖三号、四号、七号构造，马海、乌兰等构造进行钻探。5月，冷湖四号构造A2井于井深319米第三系中喷出了原油，油柱高达20多米，这是柴达木盆地第一口自喷井，从而发现了冷湖油田！在场的干部、技术人员、工人欣喜万分。柴达木盆地沉浸在一片欢腾之中。消息很快传到北京、传向全国。中共中央办公厅、地质部、青海省委发来贺电。四分队被青海省委命名为"共青团地质分队"。

此时，陈毅同志正率领中央代表团在拉萨参加西藏自治区筹备委员会成立庆祝活动。闻冷湖四号构造喷油喜讯后，派团中央书记罗毅等带领慰问团前来慰问。罗毅代表中央向四分队赠送了"朝气蓬勃奋勇向前"的锦旗。随慰问团前来的杂技团、京剧团日夜演出数场，勘查队员、农场职工、少数民族同胞从很远地方赶来观看演出，熙熙攘攘，一派庆功祝贺氛围。随后，相继在冷湖三号构造、鄂博梁一号构造发现了油砂层，马海构造也钻遇油气。

乘胜前进，地质部为扩大柴达木油气勘探成果，组织有关专业局支援柴达木深入勘查工作。物探局西方大队开展了地震、电法、化探等勘查工作；水文地质工程地质局进行了水文地质调查；测绘局对全盆地进行了航空测量和地面1:5万、1:2.5万地形测量。此外，部地质力学研究所与632队联合组成综合研究队，孙殿卿兼任队长。着重研究了冷湖、柴旦及德令哈三地区的第三系；研究了褶皱排列形式及形态，主要断裂的性质及其排列组合关系，新老构造关系；研究了构造形成时间和含油远景评价等问题。一时形成了柴达木盆地热。

此外，1956 年 632 队还派出了黑河中队（四个地质分队），进入青藏高原可可西里和伦坡拉盆地进行 1：100 万石油地质概查；下半年又组织两个分队对新疆库木库里盆地进 1：100 万石油地质概查。同期，青海石油勘探局投入大量地质、物探和钻探分队，先后在茫崖、油泉子、冷湖、油砂山等地勘查工作。

1957 年，地质部组织 10～12 个分队，利用航空照片开展全盆地及其周边山区的 1：20 万地质填图工作，连同去年共完成填图面积约 14 万平方千米。按国际分幅编制出 31 幅地质图、第四纪地质图、地貌图，这是柴达木盆地第一份区域地质图件；地质部物探局西方大队 205 队（技术负责冯贤钟）第一次完成了柴旦～格尔木及红柳泉～中灶火两条横贯盆地的地震、电测大剖面，对了解盆地深部构造提供了新资料；对马海构造继续钻探，在不止一次地克服了高压水层的困难后，终于钻遇多层良好的油砂层，并于 8 月第一次涌出了原油，并喷射大量天然气，日产 14 万立方米，发现了马海油田。

1958 年，632 队改名为青海省地质局石油普查大队，大队长为丛晓云，主任地质师为朱夏。是时，我国石油普查进行战略调整，地质部将青海省地质局石油普查大队部分力量调往江汉、松辽、云南等地区，加强东部地区勘查力量。

1959 年。因达赖喇嘛在西藏制造叛乱，叛乱分子四处逃窜，地质分队屡遭袭扰，勘探队伍不得不撤出。因而，1960 年初，地质部又从青海省地质局石油普查大队调出一批行政和技术人员，支援松辽盆地石油会战。此后，该队石油普查处于停滞状态。

（四）西宁 - 民和盆地油气勘查概况。落后的旧中国地质工作普遍空白，我国老一辈地质学家孙健初、候德春等于 1932 - 1935 年对本区进行了地质调查，建立了"窑街系"（为中侏罗统）；1945 年叶连俊等划分出了"炭洞沟层"（系为下 - 中侏罗统第一层）等。此外于 1945 年发现盆地东部海石湾等地的油苗。

较系统的油气勘查工作始于新中国建立之后。解放初的 1952～1960 年，燃料工业部石油总局地质队伍，曾在盆地东部—民和盆地进行地质调查、重磁力测量和综合研究等，并在虎头崖、马场垣、海石湾一带钻井 43 口。1955～1960 年，对虎头崖构造的虎 19 井等进行了试油，在中 - 上侏罗统不同层位见了油气流和油气显示。1956 年 4 月虎 19 井于井深 500 米处日产原油 3079 公升，天然气 11647 立方米。证实虎头崖为一小型油气田。此外，海石湾一带钻井 16 口，见不同程度油气显示。1960 年以后，甘肃省石油地质研究所（今中国科学院兰州地质研究所）断续做过不少工作。1966 年，地质部石油地质局综合研究队四分队邵盛茂、梅士杰等，在甘肃西部进行中小盆地分布与含油气远景的野外调查时，对民和盆地进行了工作，提交了《民和盆地石油地质总结报告》，对盆地做了进一步评价。认为盆地西部 - 西宁盆地地质工作程度低。

第三节　着眼两盆地东部，寻找油气突破口

1967 年下半年正是"文化大革命"方兴未艾，轰轰烈烈地进行热潮中，新组青海石油队各路人马各"革命造反派"都高调"抓革命，促生产"，风风火火赶到青海西宁市西川一座废墟大监狱。然而进了废狱基地，都一头雾水蒙了；满眼是穿梭着南腔北调人流、到处断墙残壁和水泥建筑材料；先遣工作仓促，忙杂不堪，大呼小叫，哪像个安置五六百人的基地。而且原一普"东方红"与"总部"两派各执一言，互相推诿责任。而新调一普各分队派系与老一普两派关系，暂时尚未接上头，在彼此磨合与互信建立派系前，迫于出工生产紧急，加之无立锥之地的不祥废狱。大家纷纷于 8 月份陆续离开西宁奔赴柴达木，寻找各自工区队部基地。有几个物探队已准备试验性开工了。

大队的普查战略部署，根据前述过去地质与石油两部门于五六十年代投入大量工作，并已发现冷湖等小油田，但前景堪忧；需进一步扩大含油区，寻找新的石油勘探后备基地。根据"一普"现有的力量和石油部十多年的工作情况，目前着眼盆地东部，寻找盆地更大油气潜藏基地：一以德令哈地区为重点工区，根据以往的地质资料，综合研究区域地层对比，构造发育与油气运移情况，选择有利构造布井；二在艾姆尼克山以南，昆仑山以北及柴旦 - 格尔木公路以东地区，进行地震、电法的概查及重力普查。

根据当年队伍的实有力量，从探区与时间上部署分为两个阶段。首先于 1967 - 1971 年，明确探区主要在柴达木盆地东部德令哈地区，分别在三个局部构造上施工三口探井。即：使用 B - 35 钻机，由 3004 井队在巴依构造上

施工德一井；使用 ZJ – 130 钻机，由 3213（3004）井队在德令哈构造上施工德二井，以及使用 ZJ – 130 钻机，由 3213 井队在全吉构造上施工全一井。总进尺 6120.96 米，平均井深 2040 米。

第二阶段 1972 – 1978 年，探区主要在青海省东部民和盆地巴州坳陷，先后使用 B – 3 钻机、B – 35 钻机、ZJ – 130 钻机、F – 200 钻机和 F – 250 钻机，分别在 9 个局部构造上钻探 9 口探井及 3 口参数井，总进尺 21216.20 米，平均井深 2185 米。

结果是所探各井，几乎口口井见油，口口井不流，哪来个突破口。

从 1967 年揭开柴达木盆地勘查，至 1978 年撤离西宁 – 民和盆地，先后历时 12 年，勘探队伍备受艰苦，始终像一匹拴槽的骐骥，无可奈何地沮丧而已。

第二章　柴达木与西宁 – 民和两盆地东部的勘探历程

第一节　柴达木盆地东部的勘查

一、柴达木盆地地质及相关勘查工作概况

在上一章里我们回顾了盆地油气地质的勘查历程，了解到盆地于 1954 年开始大规模的地质调查和物探工作。1955 年开始钻探，共完成重磁力面积详查 12 万平方千米，累计完成地震工作 29007 千米。钻井共完成 2662 口，累计进尺 2776166 米，其中探井 1796 口，进尺 2016308 米，见油气探井 545 口，获工业油流探井 498 口，产油气量不多。柴达木盆地是我国西北地区一个大型的中、新生代陆相沉积盆地，总面积 12.1 万平方千米，盆地沉积岩的分布面积近 10 万平方千米。

盆地的基底，东部主要以晚元古代结晶岩系的绿色片岩和花岗片麻岩为主；西部主要为经褶皱变质的古生代地层组成；北部为元古生代结晶岩系和经褶皱变质下古生代地层组成。基底的性质与盖层的分区，基本上一致，反映基底对盖层的控制作用，同时，基底的埋藏深度和隆起形态也对表层构造有明显的影响。盆地形成后，其上沉积了自早侏罗世开始至第四系形成巨厚的沉积，厚度1.3万~1.4万米以上。

盆地周缘及内部断裂十分发育，可分为昆北、祁连山、阿尔金三大断裂体系；其断裂性质大部为逆断层，断层倾角在30~60度之间，断距400~2600米。盆地的构造单元可划分为三大构造区、14个亚区、28个二级构造；以背斜为主的三级构造165个，已钻探的三级构造92个，如德令哈和巴依背斜；地面三级构造总面积为26984平方千米，发现油田15个、气田5个，获工业油流构造三个，气流构造一个。

根据前人勘查资料判断，整个盆地勘探程度浅层较高，深层勘探程度明显偏低，甚至尚未涉猎，西部和北部勘探程度相对较高。盆地东部和中部勘探程度很低，没有发现较为理想的目的层，因此我们着眼点立足于这个区域。在以往前人施工的钻井中，发现了不少油气水层，特别是含气水层。

因而，一普1967年入青后，首选在盆地东部北缘断块带上的德令哈坳陷局部构造，进行石油普查勘探。德令哈地区位于柴达木北缘东端，构造属德令哈凹陷，本区河流相砂岩发育。石油部曾在诺木洪地区进行钻探勘查、钻至井深一百米时，遇高压水层，流量达100立方米/时，石油部在盆地打井成功率很低，一般只有28%。

二、一普在柴达木盆地钻井勘探历程

根据一普当年的勘查实力，从战略上首选在柴达木盆地东部有利局部构造布井，进行钻探施工以求探明虚实。据前人资料认识整个盆地西部和北部研究程度较高，而东部地区研究程度较低，没有发现理想的目的层，但油气显示普遍较好。经综合对比，进青当年就选择东部德令哈坳陷巴依构造上施工了德1井、德令哈背斜带上施工了德2井；1971年于达布逊坳陷全吉构造上施工了全1井，共钻探了三口井，总进尺6120.96米，平均井深2040.32米。

（一）德1井

德1井由3004井队承钻，井队长为军代表章松坝，指导员刘景亮，钻井技术员黄超彤，地质技术员张学道。1968年9月14日，一普布在德令哈坳陷巴依构造德1井第一次开钻。该井为一口探井，位于都兰县，设计井深2500米，使用瑞典B-35钻机设备；一开使用349.25毫米钻头，钻至井深86.09米，下入324毫米表层套管80.09米。

1969年2月12日用197毫米钻头二开，钻至井深1154.54米，于井深415米处发现井漏；井深815米处钻遇涌水层，涌水层为白垩系（K），涌水量达12立方米/时，关井压力0.3~0.5兆帕，关井后涌水从井口10余米外多处涌冒。钻进中，气测仪灵敏臂中毒，水溶解气含硫化氢。但当时井场无任何压井、堵水材料和地面阻流装备；几经就地取土配制高粘、高切泥浆治理涌水，维持继续钻进。终因随井深增加，泥浆性能愈发变差，井内情况险情不断，无法继续钻进，被迫终孔。

德1井和德2井主要钻井目的，了解中、新生界地层发育情况及含油、气情况，寻找油气目的层；为评价德令哈坳陷，提供确切的地质资料。设计井深，德1井2500米，实际完井井深1154.54米，揭露地层：Q、M、N1、K2，钻至白垩系地层首次发现气异常，气测显示全烃最大1.154%，最小0.085%，重烃最大1.502%，最小0.0275%，对比系数最高4.7~3.815米以下发现多层涌水层。经用高比重、高切、高粘泥浆压井，上漏下涌，处理无效，提前终井。虽然如此，从已取得的地质成果，说明德令哈坳陷，具有油气生成、运移和聚集的过程，从而提高了对坳陷的评价，达到了钻井目的。

（二）德2井

德2井由3004井队施工，井队长李正型，指导员刘景亮，钻井技术员黄超彤，地质技术员张学道。1968年10月24日，布在德令哈坳陷德令哈构造的德2井，使用400毫米钻头一开；钻至井深92.11米，下入324毫米表层套管90.11米，表层固井水泥返至地面，固井成功。1969年6月25日用248毫米钻头二开，至7月12日，钻至井深1173.09米，因为特定原因（"派性"斗争激烈，发生武斗，甚至伤人）而停钻关井。关井后地表憋裂出水出气。至1970年5月30日使用248毫米一径裸眼继续钻进，同年8月26日，钻至井深1958.20米，由于井内严重涌水，接地质部军事代表指示，提前终孔。

德2井设计深度2800米，完井深度1958.20米，上第三系尚未钻穿。于

— 117 —

井深 600～1950 米，出现气异常、水异常不断，水中含气，气水混合，测井资料解释共有 20 层，9 层为水层和含水层，其中 5 层水层、含水层与气异常层位相吻合。结合已有资料、解释为水层含溶解气。全井共解释 15 层，总厚度 74.7 米，主要岩性为砾岩、砂砾岩。经取样分析甲烷含量 54.02%，不含乙烷，含氢气 1.08%，与气测结果吻合。涌水量层位分布于 1450～1682 米砂砾岩井段，最大涌水量 12.6 立方米/小时，推算地层压力为 29 兆帕。经青海石油管理局水样分析，水型为 NaHCO3 型，两个水样为 Cacl2：型，总矿化度为 1580～3676PPM。该井虽然取得一些水、气资料，但不能说明与油气关系，加之井内情况复杂，未完成设计任务，未达地质目的。

（三）全 1 井

本井由 3213 井队施工，井队长渠立文，指导员李正型，钻井技术员黄超彤，地质技术员张学道。1971 年 5 月 14 日，布在达布逊坳陷内的全吉潜伏构造的全一井，使用 396 毫米钻头一开，钻至井深 150 米，下入 324 毫米表层套管 147.07 米。5 月 29 日使用 248 毫米钻头二开，至 8 月 1 日，一径裸眼钻达井深 3008.22 米。建井周期 83 天，是"一普"进青后，在柴达木盆地施工最深、最快的第一口高速优质探井。设计井深 3000 米，使用 ZJ－130 钻机。

全 1 井位于全吉潜伏构造、埃姆尼克大断裂南侧霍布逊湖北东方向约 20 千米处，其钻探主要目的是了解盆地东部中、新生界含油气情况及储聚层位，建立地层层序，对全吉构造进行初步评价。本井于 1971 年 5 月 14 日用 ZJ－130 钻机，400 毫米钻头开钻，钻至 150.00 米，下入 324 毫米表层套管，管鞋深 147.07 米。1971 年 5 月 29 日二次开钻，换 248 毫米钻头，裸眼一径钻达完井井深。设计井深 3000 米，井口坐标 X：4100478，Y：1724812，H：2815.17 米。由于钻机能力所限，钻达井深 3008.22 米完井。全吉构造为地震发现的潜伏构造，轴向北西西，面积约 74 平方千米，闭合高度约 350 米。地震资料普遍获得两秒左右的纪录，第一界面深度约 1500 米，第二界面深度约 2500 米，在翼部可达 3000 米，此构造是由埃姆尼克深断裂所产生之侧压力而形成之褶皱构造，对油气聚集是有利的。

全 1 井取得了比较丰富的第一手资料，虽然上新统尚未钻穿，但已发现了较好的油气显示。通过萤光录井，发现了萤光沥青，于井深 2203.5 米以上发现油质沥青，其下为胶质沥青。其产状：2267 米以上沿层理方向分布，2267 米以下多垂直于层理方向分布；于 978 米处出现气异常，异常幅度较高，梯度变化比较明显，对比系数一般为 2～3，最大 15.6，总重烃曲线能分开，一般比值 2:1，井口气泡显示较好。解释为含气层一层，水溶解气一层。自 710 米开始发现井内漏水和涌水现象：710～725 米为漏失井段，860～865 米及 1330～1354 米为涌水井段。综合上述显示情况及该井又处于大断裂附近，说明全吉构造有过油气运移和聚集的过程。构造下部可能有较好的油气显示。

综上所述，全 1 井是一普进青后，施工于柴达木盆地的第一口最深探井，是一口施工周期短、效率高，成果好的优质井。

第二节 青海东部西宁－民和盆地的勘查

一、一普面临严峻考验与挑战

随着地质部撤销并入国家计委称国家计委地质局后，国拨地勘费明显被大幅度压缩，勘探队伍和勘探装备相应进行调整；这与柴达木大盆地对油气勘探队伍与勘探装备的大胃口需求，出现了明显的不适应矛盾，计委地质局当然要服从大局的战略部署。因此 1971 年 2 月 3 日，一普根据地质部军事代表王乐天按国家地质局"抓革命，促生产"会议精种指示和青海省革委"四五"规划要求，奉命由柴达木盆地东部，转移到青海东部民和盆地开展石油普查勘探工作。

首选民和盆地巴州坳陷民和单斜带的 9 个局部构造上，进行钻探及物探工作。民和单斜带，沿湟水至红古庙一带，油苗分布广泛，达 70 余处。从地层上看，以下白垩、侏罗系为最多、最好。从构造上看，油苗多分布在断层附近或直立地层中，有的地层倾角达 55～60 度。因此，一普面对民和盆地如此犬牙交错的各种类型断层及错综复杂的地层对手，要进行钻井施工并打出合格探井。而且，更关键要害还在于国家经济与政治形势正处于纠结状态，所造成的财政困难，必将落实到压缩国拨地勘费；加之垂直体制由部级降格至局级相应会进一步勒紧投资；第三"文革"派系的无谓矛盾直接影响，终使一普遭际在华北驰骋千里所不曾经验的恶战与艰难，这个"一普"（青海石油队）不能不说陷入了一场不能自拔的、严峻的挫伤考验。

二、西宁－民和盆地地理地质及前人油气工作

民和盆地面积约 8000 平方千米，是祁连褶皱带东端的一个山间盆地，它是在印支运动末期发生和发展起来的中新生代沉积盆地。这一区域构造背景，对民和盆地及盆地内次级构造单元的地质构造特征有重要的影响。

盆地南北以拉脊山－雾宿山一线为界，北抵马牙雪山，东至兰州－皋兰一线，西至高廊双塔沟一带。它是在前泥盆系基础上，受北西－北西西方向构造线控制发育起来的中新生代山间盆地。包括了南部－巴州坳陷、北部－黑喇嘛坳陷和中央－河口隆起三个次一级构造单元。区内沉积了 5000 多米的中新生代地层，具备一定的生油岩系和储油层，构成一完整的含油气盆地。

盆地基底由震旦纪和早古生代变质岩组成。三迭系纪末形成盆地雏型，其后接受了较厚的中新生代陆相碎屑沉积，地层发育得较好，层序齐全，据物探资料证实，巴州坳陷中心的南垣附近沉积厚达五千米。

巴州坳陷系民和盆地次级构造单元，面积约 1445 平方千米，西部受南缘拉脊山，北缘哈拉库山所夹，呈北西西向；东部由于拉脊山，哈拉库山均隐伏地下而呈北西向，形成了向东北凸出的弧形坳陷，发育很不对称，基本上为一南陡北缓、南深北浅、南厚北薄、南窄北宽，向南为拉北断裂控制的箕形坳陷。坳陷内又为一些北西向的基岩隆起复杂化。

巴州坳陷共有 4 个次一级构造单元：民和单斜带、古鄯凹陷、中坝突起、大寨子凹陷。局部构造：大庄鼻状构造、西巷鼻状构造、巴州鼻状构造、虎头崖穹隆背斜构造等。

1952－1960 年，石油部在坳陷内先后做过各种地质及地球物理工作。做过 1：5 万重磁力及地震普查，分别在虎头崖、海石湾、马场垣等地区，打过 53 口浅井和中深井，总进尺 25082 米。1956 年证实虎头崖构造为一小型油田，在虎头崖、海石湾地区采油生产；石油部门做了较多勘查工作，产层主要是白垩和侏罗系地层。但没有根本性的重大突破，

三、西宁－民和盆地勘查工作的部署

一普按国家计委地质局和青海地质局的战略新部署，于 1971 年初，从柴达木大盆向民和小盆地进行转移。从石油普查部署上看，大致分为两个

阶段：

（一）1971－1973年底。油气勘查重点着眼民和单斜带，这期间投入两台大钻及一台B3钻机。共施工4口深井及一口中深井，即民1、民深2、民深3、民深5井。民深1和民深4井均施工在虎头崖构造上。

（二）1974－1978年。这期间勘探思路进行了较大的调整。比较重视了区域地质。期间以两台大钻生产，在不同构造上打6口探井及参数井，即：民参1、民深6、民深7、民参2、民参3、民深8井。

进入民和盆地勘查的前后两期共约7年多，一普在盆地基本上保持年开动两台大钻，两个地震队，一个重力队进行钻探和物探生产。八年间共完成9口探井，3口参数井，共12口井，总进尺26，216.20米，平均井深2185米；取心进尺为804.45米，取心长度595.09米，取心率平均为73.97%，取心进尺占总进尺的3%，最深井为3923.87米，为全面评价巴州坳陷油气远景取得了宝贵的资料。

第三节　民和盆地勘查钻井的艰难曲折历程

根据国家计委地质总局（1975年9月改此名）和青海省地质局的工作部署，1971年初转战民和盆地，工区重点选择民和盆地油气显示比较集中的巴州坳陷。

一、首先选择民和享堂单斜带进行钻探（1971－1973年）

1971－1973年底，探区重点在巴州坳陷北部民和享堂单斜带上，共打6口探井，即：民深1、2、3、4、5及民1井。

其中，民深4井施工在虎头崖构造上，钻井的主要目的在于了解虎头崖构造中、新生代下部地层的含油气情况。设计井深3000米，实际仅打到1586.44米，即见到变质岩终孔。于井深1250～1510米J3下部及J1＋2地层，发现油斑砂岩级别以上含油砂岩6层，总厚45.4米，1497～1501.40米发现油浸砂岩。

（一）民深1井

民深1井系3004井队承钻，井队长郑广忠，指导员陈养俊，钻井技术员黄超彤，地质技术员刘国栋、曹永茂。该区前人曾投入许多钻探勘查力量，在民和盆地巴州坳陷虎头崖构造共钻了 30 口浅井（1000 米以上），并已获工业油气流，但被公认为本区最好的生油层系侏罗系中、下统尚未揭露。为探寻 1000 米以下的侏罗系地层含油气情况，故设计一口能代表民和盆地区域地层、构造、油气等情况的本区第一口探井，称民深一井。该井位于虎头崖构造南翼，民和县马场垣公社团结大队东约 200 米处。井口坐标 X：4024207.0，Y：18310248.7，H：1738.40 米，设计井深 2200 米。于 1971 年 12 月 12 日用 B - 35 钻机 249 毫米钻头第一次开钻，至井深 42.00 米，下 273 毫米表层套管，鞋深 39.77 米；1971 年 12 月 30 日二次开钻，换 197 毫米钻头裸眼到底，至 1972 年 8 月 31 日井深 1776.10 米完钻。

本井所钻地层顺序：Q、K1h、J3X、J1 + 2（未穿），于井深 460.8 ~ 1775.0 共钻遇 21 层含油砂岩，总厚度 138.10 米，其中 7 层油浸砂岩，厚 49.70 米，14 层油斑砂岩，厚 88.40 米。其含油岩性特征是：（1）细砂岩含油好，粉砂岩和砂砾岩含油差；（2）一般砂岩单位厚度大者含油好，反之则差；（3）胶结疏松，含灰质少者含油好，反之则差；（4）一般灰、黄灰、棕黄、浅灰绿色砂岩含油好，棕、棕褐、紫灰、灰褐色砂岩含油差；（5）白垩系下统（K1h）含油较好，而侏罗系上统（J3X）上部含油差，侏罗系中、下统（J1 + 2）有变好的趋势。

民深 1 井于井深 1113.10 米处，因井斜过大，最大井斜达 20°25′，被迫终孔，为完成地质设计目的，由原民深 1 井井位，向东将 B - 35 钻机移动 5.10 米，重新施工民深 1 井。

新民深 1 井的施工基本上比较顺利，没有发生重大的井内事故，虽然由于投资不足造成钻机年久失修，零配件供应严重欠缺等原因无奈提前终孔。但获得的地层岩性、油气等多项十分可贵资料，对虎头崖构造、地层、沉积环境、油气储集条件、构造性质，都有了进一步认识和评价。虽然中、下侏罗系地层仍尚未钻穿，但已取得的资料，对全盆有举足轻重的作用。

其他民深 2、3、4、5 和民 1 等 5 口井的钻井目的：了解单斜带上含油气远景及中、新生代地层分布。生、储、盖条件及深部含油气情况，设计井深 2900 ~ 3000 米。民深 3 井钻至井深 1976 米处，在侏罗上、中、下统发现不同级别的含油气层共 8 层。即钻遇到变质岩，因而提前终孔。

（二）民深 2 井

此井由 3213 井队施工，井队长李正型，地质技术员张学道、李德钧。

民深 2 井于 1972 年 3 月 18 日用 400 毫米 3A 钻头一开，钻达井深 77.65 米，下入 324 毫米表层套管 74.65 米；3 月 29 日用 248 毫米钻头二开，至 8 月 1 日一经裸眼钻达井深 2335 米。该井于井深 2335 米钻遇三叠系地层（?），其上的上侏罗统、中下侏罗统发现较好油气显示，于井深 1780.40～2127.20 米，共发现 12 层油气层。特别是井深 1800.24～1801.78 米取心井段，取出岩心 1.54 米，岩心采取率 98.70%，岩心具浓烈的油味。岩性为黄灰色石英细砂岩，棕黄色原油沿层面外溢，纵切面亦见油珠外渗。沥青组分析结果：饱和烃占 76.017%，芳香烃占 18.115%，含油饱和度 32.3～40.8%，含水饱和度 11.9～16.3%，孔隙度 8.99%，渗透率 0.53～0.75 千分达西。为减少对油层的污染，经上级主管部门批准，提前终孔。8 月 9 日下入 J55 和 N80 钢级 139.7 毫米 2175.48 米油层套管。8 月 IO 日用 500 号油井水泥固井，水泥面返高至 1020 米。

青海省计委地质局石油普查队首届团代会全体代表合影

本井设计井深 3000 米，全井最大井斜于井深 2300 米处为 1°15′。由于投资不足无力购买泥浆药品，只能采取当地新第三系泥岩替代来配制，终使泥浆性能太差达不到应有固井作用，其密度仅 1.30～1.35 克/立方厘米。致使全井发生三次钻具脱落事故。

但由于民深 2 井在钻进过程中，发现油气显示较好，上级决定终井试油。经测试结果因岩性致密、坚硬，物性条件较差，结果仍未获突破油气关。

民1井是一口中深井，使用B-3钻机施工，设计井深1000米，钻至井深813.24米，因井斜过大（最大10°20′），钻杆折断，无打捞工具，只得事故完井。

民深5井由3213井队承钻，井队长李正型，指导员林美琛，地质技术员张学道、徐昌学。该井设计井深1900米，但于井深1616.19米钻遇变质岩而被迫终孔。钻井目的：希望了解民深2、3井所见油气向更高部位变化，探索断层封闭油气藏。全井进行13次井壁取心。在井深1544.40～1554.60米钻遇到较好油气显示。经试油也未获突破效果。

二、转变到立足民和全盆的勘探思路（1974-1978年）

从着眼民和盆地享堂单斜带，向立足民和全盆勘探思路转变，1974-1978年间，分别在不同构造共打3口探井、3口参数井。即：民深6、7、8井及民参1、2、3井，共6口井。

（一）民参1井

民参一井由4001井队施工，队长渠立文，指导员赵元哲，钻井技术员薛承仁，地质技术员张忠先、董砚如。本井位于民和盆地巴州坳陷古鄯凹陷内，阴山台逆断层地震隆起上。设计井深3800米，完钻井深3923.87米。钻井目的：了解区域地质构造特征，以及了解古鄯凹陷内岩性、岩相、生储油性能及各组段的含油气情况。自井深3773米钻穿下白垩系，进入中、下侏罗统。从井深3340～3799.50米，共发现不同级别的含油砂岩12层，总厚14.90米。其中油浸-油斑砂岩一层，厚2.80米，油斑砂岩4层，厚14.90米，油迹砂岩7层，厚31.40米。井深3800～3841米为煤层裂隙气。井深3872.70～3876.50米为高压气层，产层为K_1、J_3、J_{1+2}，此井段泥浆严重气侵，槽面布满气泡而外溢，泥浆粘度由35秒上升到60秒，直至粘度测不出；密度由1.29克/立方厘米下降到1.12克/立方厘米，提钻时井口自溢，溢量180～240公升/小时，井内泥浆如开锅似地咕嘟咕嘟作响，并往外冒气泡。岩屑萤光分析，对比含量达3～4级，浅黄色，气测仪全烃饱和，从真空泵抽出之气体，可点燃，蓝色火焰高110厘米。关井井口压力13大气压，推算地层压力519大气压，后关井备压井材料。先后关井9天，打开防喷器（苏式）时，将井内一个单根139.7毫米钻杆冲出5～6米高。井喷10分钟左右后强行下钻，至井深3799米遇卡；后经倒扣处理，并调整循环泥浆，稳定井涌。井内尚留 1068 米钻具，井下事故恶化，因众所周知原因大队无反扣钻具及套铣工具，事故无法处理。迫于窘境不得不终孔。

民深 1 井使用 F – 200 钻机设备，钻达井深 3923.87 米，系当时全国同类型钻机钻进最深的一口探井，取得钻井工程技术较好成绩。

海石油地质局石油队工业学大庆经验交流会全体代表留念 1975.12

（二）民深 6 井

民深 6 井系 3213 井队施工，井队长刘建国，指导员金文国，钻井技术员杨长城，地质技术员徐昌学、葛志田。钻井目的，是探索民和盆地中央隆起，骆驼山构造中生代地层含油气情况，了解中、下侏罗系的沉积和含油气情况。设计井深 2500～2700 米，完钻井深 2903.41 米，共发现四个气异常井段，未钻穿下白垩统。

该井钻进过程遭遇地层倾角大的艰难险阻，井队与大队为此竭尽全力付出最大努力，加之治理手段因物质条件的困迫，效果微不足道。当钻至井深 2625 米以后，井斜急剧增大，井深 2825 米处，井斜竟高达 16°40′，终孔井斜 15°。由于井斜过大，引起井下事故接踵而至，防不胜防。全井共发生井下事故 20 余起，损失时间 2 个月 26 天，约占整个生产时间的 1/5。给一普上下留下深刻刺痛的印象。

部署民深 7 井（3213 井队施工，井队长唐忠书，钻井技术员杨长城，地质技术员徐昌学、葛志田）钻井目的，除具有区域调查意义之外，主要了解坳陷内路家堡构造的含油气性。设计井深 2500 米，钻至井深 1510.53 米，没想即钻遇变质岩而被迫终孔。钻进中未见油气显示,但验证了物探资料,达到了地质设计目的。

民深 8 井 (3213 井队施工,井队长唐忠书,指导员林美琛,钻井技术员杨长城,地质技术员徐昌学、葛志田),目的是了解五方庄鼻状构造的中新生界含油气性,并追踪民参 1 井 3872.70～3876.5 米井段的气层。设计井深 3200 米,钻至 2778.40 米因卡钻事故而终孔,未达设计目的。

(三) 民参 2 井

部署的民参 2 井 (5012 井队作业,井队长杜荣华、王守忠,指导员毛旺忠,钻井技术员金亮,地质技术员于福龙、郝庆荣) 与民参 3 井 (员欧阳、屈征),系坳陷南部的参数井。钻井目的,除完成参数井的部分任务外,分别了解大庄构造和享堂单斜带含油气性,以备扩大找油范围。民参 2 井钻至 2435.35 米时,井内发生涌水,严重破坏了泥浆性能,当时无加重材料,被迫关井长达 6 个月时间等料,创钻井史新纪录。由于井壁长期被水浸蚀,井壁疏松,通井过程中,先后发生憋泵、憋钻、遇阻、遇卡达 32 次,折断钻杆三次,井内返出大量坍塌物,达 60 余架子车。为抑制井塌,井深 1646 米时,将比重 1.794 克/立方厘米泥浆替入,可能泥浆比重过高而发生井漏,漏失泥浆 138.10 立方米。当泥浆比重恢复到 1.52 克/立方厘米时,漏失自行消失。通井至井深 1989 米时,又发生了严重的坍塌埋钻事故而事故终孔。为达地质目的,被迫前移钻机 500 米,重打新民参二井,完井井深 2455.17 米。设计井深 4600 米,下白垩系尚未钻穿,仍未完成钻井任务。

(四) 民参 3 井

4001 井队承钻,井队长张学道、谭庆兴、杨长城,指导员张学道,钻井技术员薛承仁,地质技术员员欧阳、屈征。民参 3 井白垩系下统尚未钻穿,井深 1580.50～1998.0 米,发现不同级别的含油砂岩 10 层、厚 7.88 米,526～532.50 米发现水中溶解气一层。达到部分地质目的。该井曾因井架基础断裂而被迫将钻机前移后重打。新井钻至井深 760 米时又发生卡钻而报废,后又将钻机前移重打新井,又于井深 1663 米发生井下事故。再次将钻机前移 5.20 米,重打新民参 3 井完井,井深 2941.85 米 (原设计为民深 9 井)。

第四节　民和盆地八年勘查的收获和认识

1971－1978 年的 8 年间，一普在盆地共施工了 9 口探井，其中 3 口参数井，合计 12 口，总进尺 26216.20 米，平均井深 2185 米。

一普进青工作 12 年，共投资钻井总费用 1298.47 万元，实际完成总钻井进尺 32337.20 米，单位成本 400 元/米。其中柴达木盆地钻井总费用为224.20 万元，总进尺为 6120.96 米，单位成本 366 元/米；民和盆地为1074.27 万元，进尺为 26216.24 米，单位成本为 409 元/米。

综合分析民和盆地巴州坳陷各钻井的石油地质概况，取得了丰富的第一手资料，打开了有关盆地油气地质新的认识视角，为进一步勘查提供了大量有价值的理论和实践信息。

一、盆地内地质构造及地质复杂多变

盆地内地质构造情况复杂多变，基底的起伏和埋藏深度，影响着上覆地层厚度和构造形态，形成不同性质的断裂、单斜、背斜、凹陷、凸起。这些构造受拉北断裂、吴家断层、阴山台断层及风家滩（地震）、康沟北（地震）断层的控制作用，形成了各构造单元，在断层附近强烈挤压下，造成地层破碎，地层倾角陡缓频变，软硬交错，对构造线起了强化和破坏及改造的作用。构成了与构造相配套的断层，有的地层倾角高达 62°～70°以上。在这种沉降、抬升、挤压、断裂、破碎、陡缓、倾斜等地层条件下进行钻井工程施工，所遇到的问题及难点谓之难以想象，一点不为过。

在民和盆地所钻的地层中发现砾岩较少，泥质岩单层厚度大，如民深 4井可达 130 米，从垂向剖面看，地层越老，砂质岩也越来越多，民深 4 井从白垩下统下部到上侏罗系，基本上是一套砂质岩与泥质岩互层和不等厚互层，这些砂岩多为灰质孔隙式胶结，质地较硬，可钻性差。

在民和盆地所施工的探井，将近有 1/2 的井施工在断层一盘或断层附近。单斜带的顶部，地层产状变化较大，如单斜带上的民一井，于井深 555～771.50 米，地层倾角高达 70°～62°；虎头崖构造上的民深 4 井，由于受断层的牵拉作用，断层倾角达 60°，地层倾角也随之加大，虎 12 井（青海石油管理局）下白垩统视倾角 40°～60°，上侏罗系视倾角 64°～66°。在钻井施工中加之砂、泥岩互层交错，软硬互层造成井径不规则，井斜等井下复杂问题的发生。当时曾有人说："不怕硬，不怕软，就怕软硬来回变。"

综上所述，可知地层倾角、岩性的垂向变化组合，钻孔所处的构造位置，都是影响井身质量的重要因素，甚至是决定因素。

其次，在民和地区钻井施工中，还有值得一提的问题即钻井设计深度，往往与实际深度相差甚大。如：民深 4 井，设计井深 3000 米，实际只打到 1586.44 米，即钻遇到基底变质岩，民深 3、民深 5、民深 7 都出现类似现实。造成这种现象，主要是因为民和地区地震工作受自然地理、地质条件和技术装备等原因影响，难以取得可靠的地震成果所致。

二、盆地主要生油层的分布及厚度变化

经过 8 年油气勘查，基本理出盆地主要生油层是侏罗系中统享堂组和窑街组，大部分布在坳陷的北部地域。其厚度变化情况，据民参 1 井资料推测应该北厚南薄，但不排除局部凹陷内出现较厚的现象。有机质含量高，向石油转化程度就高。如民深 4 井沥青转化系数在窑街组地层以上各组地层中也呈偏高，无疑这与虎头崖地区地层裂隙发育有关。

三、盆地油气运行的储集层及其厚度情况

根据钻探和其他手段勘查研究，侏罗系中统享堂组是生油层之上的一套油气储集层系，分布普遍，岩性组合及厚度变化不大，是一套河流相的砂泥岩互层；一般厚 300～400 米，砂岩单层厚度 5 米左右，厚者达 8～10 米，灰质胶结，致密坚硬，渗透性、孔隙度均较差。所以，有的井虽经试油（如民深 2、4、5 井），但结果不理想，没有出现大油大气的喷涌现象。除物性上差的原因外，油层含油气少，含水多，油层压力不足，试油不能自喷。所属各井几乎是口口井见油，口口井不流。这就是盆地油气运行的储集层及其厚度和产状物性系列，离油气突破尚存在较大差距的结果。

四、盆地油气圈闭和构造类型

一个地区的油气圈闭，多由构造变动而形成不同类型，巴州坳陷大部分地区被第三系覆盖；一般地表具圈闭，而地下是否圈闭，现有资料很难断

定；但是，巴州坳陷以背斜和断层遮挡为主的圈闭应为无疑。

五、青海时期油气勘探工作取得较好的相关纪录

（一）"防斜打直"钻井技术

青海民和地区，各种类型的地层断层，犬牙交错，断层倾角达60°，地层错综复杂，采取了多种形式的"防斜打直"钻井技术：（1）除所有地面设备要求安装"平、正、稳、牢"以外，严格强调"三点一线"找正偏差不超过5毫米。创造条件，实施喷射钻井技术，抓好"两头一线"即：泵头、水龙头和地面高压管线，要求F200和F250钻机（2PN－630泵和2PN－800泵）钻进时泵压保持在IO～15兆帕；ZJ－130钻机（NB1－470泵）保持在10兆帕，深井段保持泵压10兆帕。（2）打直表层开好井，下直表层套管，钻表层，钻压一律在吊打范围内。（3）二开第一只钻头使用刮刀钻头，全部钻铤出套管鞋前，中转数、轻钻压、单泵钻进，钻铤全部出套管鞋以后，高转数、双泵、轻压平稳钻进。（4）利用钟摆效应，提高切点位置，加大减斜力，井斜发生后，以此方法降斜。（5）利用偏重钻铤降斜。

以上技术措施，在地层大倾角中钻进，取得了明显防斜效果。

（二）井内涌水治理

柴达木盆地施工的德1、德2和全1井3口井，分别于井深815米、872米、860米处发生井内涌水。

德1井井内涌水量达12立方米/时，关井井口压力0.5个兆帕，直径323.8毫米表层套管下深80米，固井水泥返至地面，关井后涌水从井口以外十余米处地表往外涌冒；井队就地取土配制高粘、高切泥浆治理涌水；结果发生井内漏失"上涌下漏"，终因涌水太大，治理涌水材料又供应不上，被迫提前完钻。

德2井于井深872米处涌水，涌水量达12.6立方米/时，直径323.8毫米表层套管下深90.11米，关井后，同样从井口十余米外处地表多处涌冒；泥浆密度1.84～1，90克/立方厘米，仍压不住涌水，消耗重晶石粉达1000吨。后井队采取"边涌边打"，最高时涌水达10.08立方米/时，井队为了维持泥浆的基本性能，又无粘土供应，就地取土则挖掉井场附近半个山包。终因随井深增加，井下情况越来越复杂，钻达井深1958.20米被迫完钻。在石油钻井史上实属罕见。

（三）全1井"两高一大"优质高效

1971 年一普 3213 钻井连（队），使用 ZJ – 130 型钻机，单机远离基地（200 余公里）的柴达木盆地北缘施工全1井。同年 5 月 14 日开钻，至 8 月 1 日共用 65 天，一径裸眼钻达井深 3008.22 米完钻，（设计井深 3000 米），建井周期 83 天，台效 1386.28 米/台月，全井最大井斜 1°31′。采用"两高一大"，即：高转数、高泵压（10 兆帕），大钻压强化钻井措施，创一普入青后，快速、优质、高效深探井最高纪录，受到上级好评。

（四）民参1井创同类钻机最深好成绩

1974 年 3 月 24 日，民和盆地巴州坳陷古鄯善凹陷民参1井开钻，设计井深 3800 米，不下技术套管，一径裸眼钻达井深 3923.87 米，创当时国内使用同类型钻机打得最深的好成绩。民参1井是民和盆地油气显示最好的一口井，对评价民和盆地巴州坳陷含油气性具有相当意义。

（五）创12天块速"搬、迁、安"纪录

1976 年青海石油队 3213 井队，先后用 12 天时间完成约 8 千米运距的快速"拆、迁、安"施工。ZJ – 130 钻机设备及其物资器材，共约 700 余吨 120 个车次，实现了一普入青以来的快速"拆、迁、安"好纪录，效率比以往提高三倍，受到青海省计委地质局的表彰。

第三章　柴达木与民和盆地钻井勘探的磨难伤痛

第一节　全队上下同治"涌水"与"井斜"

在前两章曾对柴达木和民和盆地的地层特性作过概述。简言之，就是柴达木盆地钻井施工时井内的"涌水"、民和盆地钻进期间的"井斜"。"涌水"、"井斜"这两个"难点"像魔咒，时常为钻井施工制造了极大的麻烦和工艺上的困难，折磨着一普上下，大有谈虎色变之感；井队在"治水"、"防斜"工作中，付出了极大的艰苦和努力。尤其民和地区的防斜打直技术，长期困扰着一普钻探生产的人们，尽管在操作方法及钻具组合等方面，做了大量探索性工作，仍有部分井的井斜及全角变化率达不到指标要求，甚至有的井因井斜严重超标，不得不将辛辛苦苦钻探井报废。

因此一普当年主要领导对"涌水"、"井斜"等恶性钻井灾难，在向北京主管部门报告事故时曾用"人力不可抗拒"一词，表示此事故的严重极限，非一普人力作为不及所致。但主管钻井的领导对这一词既佩服用得好用得恰当，又似乎心中尚存不服的微言。仿佛这一词低估了钻井行家的作用和能力。不管怎么说，钻井恶性事故的频发，磨损了机械更磨损了人的精神气儿。

一、全队上下千方百计治理"涌水"与"井斜"

在柴达木盆地施工的德1、德2和全1井，分别于井深815米、872米、860米发生井内涌水现象。其中德1井和德2井因涌水，造成井下情况复杂，钻进困难，被迫终孔。全1井涌水未酿成后患。德1井涌水后，井队就地取土配制高粘、高切泥浆以期堵住涌水，但无济于事，关井压力3～5大气压。关井后涌水从井口旁边10余米外多处涌冒，涌水层为白垩系（K），涌量达12立方米/时。德2井涌水量达12.6立方米/时，将泥浆密度调至1.84～1.90克/立方厘米，涌水仍无力压住，消耗重晶石粉达1000余吨。

经多方研究后，决定井队采取"边涌边打"，继续就地取土维持泥浆密度1.30～1.40克/立方厘米，井内出水仍在1.50～2.0立方米/时。停止循环后，涌水增至6.30～7.20立方米/时，最高达10.08立方米/时，钻井施工极其困难，钻工们经常像落汤鸡，吃尽了苦头。此外，搅拌泥浆，加重泥浆，均由井队人力重体力劳动完成。为了维持泥浆的基本性能，又无粘土供应，井队虽在"文革"两派争斗激烈中，但都在困难面前不示弱争显革命性，双方都采取一切思想政治工作，高喊"革命加拼命"，"困难面前不低头"而拼搏前进。挖山铲土、推车拉土，手拉车穿梭，成了井队另一激烈战场；就地取土的土方量整整搬掉井旁的半个小山头。井队工人的劳动强度，谓之疲惫不堪一点不为过。

1976年5012井队承担民和盆地民参2井的施工，当钻至井深2435.35米时，井内发生涌水。但井场和大队仓库均无加重材料，经向北京总局告急以及原供货单位紧急联系，由于"文革"影响生产厂家的断货，又转向系统内外石油普查单位求援，加之交通阻塞，使民参2井被迫关井长达六个月之久。

为获通井成功，大队分管钻井生产的领导、生产科科长与技术骨干及工人，为此组成三结合通井技术专业组，负责通井全过程方案制订、方案实施以及紧急意外处理和对策。可以想象大队对通井过程中，艰难和复杂，甚至冒险乃至失败报废的重视程度；同时全大队上下，从党政到钻井直至装备仓库后勤，都高度关注民参 2 井通井的成败；做百分之百努力，争取百分之一的希望。通井过程中先后发生憋钻、憋泵、遇阻、遇卡多达 32 次，甚至遇险至折断钻杆三次仍不气馁，继续竭尽全力搏击争取胜利。

其时通井技术三结合专业组研究决定：将泥浆密度调到 1.79 克/立方厘米，结果发生井漏，漏失泥浆 138.10 立方米，恢复到 1.52 克/立方厘米时，漏失被止住。通井时井内涌出大量坍塌物，多达 60 余架子车，通井至井深 1989.55 时，发生了严重的坍塌卡钻事故。对此，三结合小组再三研究认为，就目前一普的现状和当时的国内钻井技术水平，已达到无法处理无法抗拒的极限。因而被迫决定将钻机前移 500 米，重打新民参二井。或许这就是当年那位领导在事故报告上签了"人力不可抗拒"六字结语的缘由。

民和盆地施工各井，其中有两口井因井斜超限，造成井眼报废。民深 1 井于井深 1113.60 米处井斜高达 20°25′，不得不将钻机前移 5.10 米，尔后重打新民深 1 井。民深 8 井于井深 1905 米处，井斜达 8°55′，及时纠斜效果很差，且耗时过大，只得将钻机前移 10 米后，补打新民深 8 井。

又如民深 6 井，当钻至井深 2325 米处井斜剧增至 16°40′，井队立即边报告大队边召开紧急会议研究，商讨对策；在采取纠斜、稳斜同时，又造成多次卡钻事故。处理事故非常耗时，前后长达两个月又 625 小时，事故时间占整个生产时间 20%。终孔井深 2903.41 米，井斜仍超标 15°0′；由于建井周期长，设备连续运转，造成机械事故，机械事故时间多达 290 小时。

其他各井，由于防斜、纠位、降斜、稳斜等作业耗费大量时间、人力、财力和机械磨损严重；同时延长钻井周期，严重束缚了钻井施工的"手脚"；从而使井队职工一度对井斜产生"恐惧"情绪，大有谈"斜"色变氛围，在一定程度上影响了井队职工思想稳定。

二、难忘的两次钻井机械事故

（一）MB820Bb 柴油机连杆断裂，打坏缸体致使柴油机报废。

1975年4月19日上午6时56分，4001井队在民参1井通井至600米井深，双泵循环泥浆，两台2PN-630泥浆泵缸套分别是170毫米和146毫米，泵压是90千克/平方厘米，钻具组合为141.3毫米、钻头248毫米。MB820Bb柴油机转速为1200转/分，机油压力7千克/平方厘米，水温600C，机油温度65℃，运转正常。突然猛响后立即自动停车，后用2号柴油机将钻具提出，事故现场保护完整，并立即电告大队。

当时大队领导及有关人员从西宁赶到井队，召集井队有关人员和当班柴油机司机开会，并决定拆卸，查明原因。初步解体发现柴油机连杆小端距活塞销中心线90毫米处裂断。断裂的连杆打坏缸休，造成柴油机严重损坏。

事故初步分析认为：

1）根据柴油机当时运转正常，井内和钻机负荷无任何变化，连杆的裂断因长期使用疲劳，事先曾有微细裂纹而裂断的。2）1974年9月11日发现过该车排烟大，经检查左排气缸（即断连杆的缸内）第一道活塞环断裂，断块已窜入活塞顶部，并把活塞顶部顶成凹坑。9月14日换了这个缸的活塞、活塞环缸套。换后使用了599小时。推测认为因活塞环断块造成活塞顶撞，加速缩短了连杆的寿命。

事后把事故柴油机拉回大队修配厂。断裂的连杆在青海西宁钢厂进行探伤和金相分拆。经用磁力探伤及超声波两种方法，均发现另外8根连杆都有伤痕。8根连杆有3根外伤与内伤在连杆大头根部处，其余5根均在距连杆小头中心90毫米到200毫米之间。以上探伤结果表明，MB820柴油机连杆可能普遍潜存这些质量问题。提醒大队修配厂在以后的柴油机修理中，增加这项连杆探伤工序。

（二）J-130钻机大钩滑车发生上碰天车、下轧坏转盘的重大事故

1977年3月9日，3213井队在民深8井下钻时，由大班司钻刘彦清操作，当下一、二钻铤时，防碰天车等机件尚还正常，但在下三号钻铤时，空游动滑车上升到预定高度，摘高速离合器时发现高速放气凡尔不放气，同时防碰天车的气管线脱落。刘彦清立即摘掉总离合器，双手压在刹把上，机房同时摘掉通向钻台的总离合器。但由于游动滑车与天车距离很近，绞车惯性较大，使游动滑车与天车相撞，致使钢丝绳拉断；因而整个游动系统从井架高处落下，砸中钻盘，造成重大的机械事故。事故致使游车、转盘报废。天车和转盘大樑变形，经校正焊补修复，尚可使用。幸好没有人身伤亡。

这两启恶性事故，深深地砸伤了一普广大职工的自尊心和战斗士气。

第二节　防患于未然积极探索制定防斜措施

一、防斜钻具组合探索

经过多次研究和实际演练，认为进行满眼刚性钻具结构的探索，对于井下钻进的防斜有较好的效果：

（一）Φ248 毫米钻头十 Φ203 毫米钻铤二单根（上部焊条状扶正块）+Φ178 毫米钻铤 7 单根（第一根上部，第二根下部，焊条状扶正块，第三根与第四根之间接枣核状扩大器一根）+140 毫米 API 无细扣钻杆+133.4 毫米方钻杆。

（二）钟摆降斜钻具：

Φ248 毫米钻头+Φ178 毫米钻铤一单根（上部焊条状扶正块，计算半波长度 12 米，扶正块焊在 16 米处）+2.32 米枣核形扩大器十 Φ178 毫米钻铤（下部焊条状扶正块）十 Φ178 毫米钻铤一立柱+140 毫米 API 无细扣钻杆+133.4 毫米方钻杆。

（三）偏重钻铤降斜：

Φ248 毫米钻头十 Φ203 毫米偏重钻铤一单根（焊扶正器直径 243 毫米）十 Φ178 毫米钻铤 10 单根（焊直径 243 毫米扶正器两组）+140 毫米 API 无细扣钻杆。

值得注意：偏重钻铤在 Φ203 毫米钻铤一侧钻一排盲孔，造成一边轻一边重，钻具旋转时倾向重的一侧，产生离心力，钻具每旋转一圈，就会产生一次钟摆力和离心力的重合，将会对井壁产生较大的冲击纠斜力。（盲孔规格：孔径：d：58 毫米，深：h：30 毫米，孔数：n：122 个，孔中心距：L：330 毫米，钻铤内径：D内-80 毫米。）

使用钻井参数：轻压、吊打、快转。

二、井下钻进的防斜操作

一普进入人民和盆地前，石油部门曾在该区进行勘查钻探工作，但基本都是浅井，没有可供借鉴的经验和资料。因此一普刚进该区钻探时在井斜问题上，吃了不少"苦头"，甚至出现"恐斜症"。经过从不同失控井斜中摸索总结，从不同地层地质，不同客观状况出发，决定当时当地的钻井操作方法，着重以防为主。

（一）从钻具结构上着手，钻具结构既要考虑井下安全，又要考虑效率，着重考虑"防斜"。Φ203 毫米钻铤先期只使用在一开井段，后延长使用到井深 1500 米左右，再改换 Φ178 毫米钻铤，并且在钻铤上加焊外径为 243 毫米的条状扶正块，实质为满眼式钻进。

（二）严格划眼操作。每钻进 2 米，提 4 米，划眼两次。打完一根单根，划眼两次。井深 700 以深，改为每钻进 1 米，提两米，划眼两次，复划套划。通过划眼不断修正误差，谨慎缓慢钻进，对防斜起到了一定的积极作用。

（三）钻井参数配合：轻压、快转、大排量。

钻压：一般均小于钻头的额定压力。钻压过大，容易迫使钻头在大倾角地层中，由于钻头单位面积所受的压力不均，垂直于岩石下斜或顺倾斜角下滑的倾角和钻压也随之增大，加大钻进倾角。

转数：有条件的选择，根据钻进状况及倾斜变化而随机改变。

送钻：地层由软变硬时，用原钻压的 1/2 压力，钻进一段后再给足全压，地层由硬变软时，用原钻压的 1/3 压力钻进。这样方能有效保证钻进过程垂直，避免出现倾角的可能性。

三、制定钻进的防斜措施

面对民和盆地的地质地层特性，大队和井分队共同研究，制定和采取了多种形式和方法步骤的防斜、纠斜、稳斜的措施，即：

（一）利用钟摆效应，尽力使钻头的钻进旋转控制在水平垂直方向上，要求加压、转速和井眼保持在垂直方向，以求实施垂直钻进。倘若出现了轻度井斜现象，同样以此法降斜，目的为提高切点位置，加大减斜力及其效果。

（二）尽可能地在钻头上连接直径较大，重量较重的钻铤，组成塔式"满眼"钻具，保证实现垂直正井眼钻进；以较大的保证力抵抗地层的自然造斜趋势，消除或减小增斜力。

（三）在钻铤外圆壁上加焊直条形状扶正条，这一防斜具体措施，几乎贯穿了民和地区钻井施工全过程；用以增大钻铤外径，使之支撑井壁保证垂直正向钻进。

（四）在施工过程中有些井如果已经出现或已形成键槽时（俗谓狗腿子），则要求把键槽破坏器接在某个井段位置上，进行键槽破坏，消除键槽的隐患，以利垂直钻进。

（五）要严格规定做到三点一线，达到严格扶正，偏差不大于 3 毫米。

第三节　积极做好防塌及其他钻井事故

一、积极做好井壁防塌工作

在青海地区历时 12 年的钻井施工中，遇到许多复杂地层，极易出现井壁剥落掉块，破碎坍塌、涌水、出气、漏失等事故险象。其中先后有两口井（民参 1、民参 2），因井壁塌坍埋钻造成井下恶劣事故。

井内防塌作业的关键重点，在于泥浆类型的选用上。对于民和盆地的地质地层特性的认识，在选择从细分散到粗分散，由钠基处理到钙基处理问题上，在生产实践中摸索了几年，没有及时正确掌握和运用，走了一些弯路。

经过十几年的失败与成功实践经验探讨，总结归纳对塌落地层的认识，可以梳理分为四个井段，即：

（一）开钻前的表层，未胶结和胶结差的第四系地层，厚一二十米至几十米，该段地层含有松散砂层、砾、卵石和黄土，胶结极差；这薄层段可用人工挖穿，然后下简易井口导管（可用旧油桶制成），打混凝土封固，再行一开。

（二）第一次开钻，钻过上部覆盖层，进入第三系后，选择胶结较好的层段下入表层套管；此段若遇大径砾、卵石层则用普通高粘泥浆钻穿，对泥浆性能无过高要求。

（三）白垩系地层厚达 3760 米，此系地层属于强水敏性，含有少量的高岭土，并夹有石膏层，遇水即吸水分散，造浆性强，石膏浸严重。此套地层，另一类是遇水并不膨胀，主要是组成不均一，节理面上的胶结物为硫酸钙和芒硝，极易溶解。溶解后即破坏了岩层固有的联结性，在高倾角的影响下，遇水极易像雪片一样散落，且使较大片状迅速分散成细小微粒，分散在泥浆中，因而使比重快速增加。

（四）大凡构造破碎带及构造应力地层，这类地层是疏水的，节理面上的胶结物全为碳酸钙。民参二井就是在这类地层中钻进，其密度超过钻进时的泥浆密度 0.03 克/立方厘米，立即发生有进无出的漏失；漏失后，随之又涌水。先漏后涌，这样的地层地质塌坍是迟早的，结果也必然造成埋钻事故。

综上所述，由于井塌剥落严重，井径不断扩大，险情随时可能发生。井队都会迅速采取措施保护井壁，一般先后使用低含量的钙处理泥浆、铁铬盐盐水泥浆、PAM 小量处理，但都未能收到预想的结果。

如民参一井泥浆使用分两部分：0～3265.23 米井段使用普通淡水泥浆，但性能不稳，触变性强；3265.23～3923.87 米井段使用铁铬盐盐水泥浆，性能稳定。盐水泥浆主要适应深井高温，但该泥浆易产生气泡，影响泥浆泵吸水效率，曾改用烷基苯磺酸钠粉，同时加柴油等消泡剂，以减轻气泡增加泥浆泵吸水作用。

二、钻井生产预防常见井下事故

油气地质勘查的钻井生产，钻遇不同地质地层条件，加之机械和所谓钻井血液的泥浆性能与地层的适应性问题，以及人为因素等诸原因干扰，钻井生产过程将时有井下不同事故发生。尤其民和地区复杂地层地质条件的掣肘，防范井下钻井事故，成了当年一普专业队伍的头等大事，研制出系列相关事故的预防措施。

（一）卡钻的解卡

在柴达木与民和两盆地的钻井施工中，所遭遇的多次卡钻事故，主要是地层倾角大，防斜措施工具少，出现卡钻事故。约80%发生井斜后，导致井眼出现"键槽"现象，随"键槽"程度加深，达到一定深度必发生卡钻事故。解卡的措施是：先计算出卡点深度，首先往往采取上提下放办法，来活动钻具以求解卡。当活动钻具无效后，视井内情况，一般用柴油或原油进行钻具油浴、浸蚀；通常用油量 5 ~ 10 立方米，用水泥车将油顶替到卡点进行解卡处置；钻具内留有一定余量油，以备逐次替入，一般不很严重状况时 48 小时见效解卡。如油浴措施无果，则实施酸浴浸蚀，用工业盐酸浓度 35%，稀释到 6 ~ 7.9%，加入 2% 福尔马林，通常使用 4 ~ 6 立方米能成功解卡；若酸浴浸蚀无果，则实施倒扣套铣。

（二）钻具断入井内的打捞

众所周知民和地区地层倾角大，加之地层软硬复杂交错，而且变化无序；并且严重磨损钻具，钻杆接头有时被磨薄，甚至薄到公接头钻入母接头内，使公母接头台阶错位。Φ203 毫米钻铤被磨损至 Φ195 毫米，加之苏制有细扣钻杆，细扣经常被磨刺、松扣等险象；甚至约 50% 的施工钻井，曾发生了不同程度的钻具折断乃至脱落事故。打捞方法：钻具断落主要使用 GN 和 MN 公锥，或采用 DG、QZ 母锥造扣打捞。

（三）井内落物的打捞

一普在青海时期使用的钻头，主要是罗马尼亚和苏制牙轮钻头，少量使用国产上石产牙轮钻头。罗、苏钻头质量不可靠，甚至低劣，民深 6 井使用 248 毫米钻头多达 300 只，令人吃惊。国产起步较晚，钻头质量同样不容乐观。钻井施工过程中，掉牙轮、断轴承、掉滚珠、断扣、断巴掌、磨失保径等事故时有发生。落物较小，主要采用 MΦ－3M 磁铁打捞器打捞。较大落物则先用自制平底磨鞋将落物磨碎后，再用磁铁打捞器打捞。

第四章　油气勘查钻探技术装备的发展

第一节　钻井及相关技术装备有所提高

一普进青 12 年的勘查历程，由于众所周知的原因使油气勘探工作未取得理想效果，勘探技术装备谈不上发展进步，仅仅与时俱进有所提高而已。

一、钻机技术装备

1967 年 4 月 14 日，地质部石油局关于组织青海普查勘探大队有关问题的通知指出：以地质部第一石油普查勘探大队为基础，组成青海石油普查大队，并以 3004、3003 两个试油队组建一个 B－35 钻井队随大队进青海。此外还有测井队、汽车队、修配厂和管子站的部分人员一起调入青海石油普查队。

1967 年 9 月，新组建的 3004 井队，在青海柴达木盆地德令哈坳陷巴依构造上德 1 井安装 B－35 钻机。德 1 井设计井深 2500 米，实际完成 1154.54 米终孔。1968 年地质部石油局调给一普 ZJ－130 钻机，10 月 24 日在德 2 井开钻，井队编号原为"818"井队（系冠青海造反派名）后改为 3213 井队。

1972 年 10 月，国家地质总局调给一普一套 F200－2DH 钻机。12 月 29 日青海省地质局批准一普组建 4001 井队，由赵元哲、渠立文组织部分人员赴江苏六普学习 F－200 钻机安装使用操作和管理。1973 年 4 月 4001 井队以原来的 3004 井队职工为基础正式组建，队长渠立文、书记赵元哲。初次安装在民深 4 井，设计 3000 米，实际井深 1586.44 米钻遇变质岩而提前终孔。

1976 年 4 月 4001 井队完成民参 1 井后，接新调入的 F250－3DH 钻机，称 5012 井队在民参 2 井上钻。1967－1978 年，一普在青海所使用钻机配套装备如下：

瑞典产 B－35 型 3000 米钻机 1 台；兰州产 ZJ－130 型 3200 钻机 1 台；

罗马尼亚产 F200 – 2DH 型 4000 米钻机 1 台；罗马尼亚产 F – 250 – 3DH 型 5000 米钻机 1 台；太原产 B – 3 型 1200 米钻机 1 台；日产利根型 2000 米钻机 1 台等，以及与之配套的动力和泥浆泵设备，但其中日产利根钻机动力和泥浆泵均已报废。

在青海 12 年钻探勘查中，两支井队先后使用 B – 35 – 1200 型钻机称 3004 井队，打井两口，进尺 2930.64 米；后该井队使用 F200 – 2DH 型钻机时改称 4001 井队，打井 3 口，进尺 8452.16 米。使用 ZJ – 130 钻机称 3213 井队，打井 8 口，进尺 17685.52 米；后该井队使用 F250 – 3DH 钻机时改称 5012 井队，打井 1 口，进尺 2455.17 米，报废 2415.15 米。1 台 B – 3 – 1200 型钻机，由 1201 井队打井 1 口，进尺 813.24 米。

青海一普共拥有各类石油钻机 5 台套状况：1) B – 35 – 1200 型钻机 1 台套、2) B – 35 – 3000 型钻机 1 台套、3) ZJ – 130 型钻机 1 台套、4) F200 – 2DH031#钻机 1 台套、5) F250 – 3DH5000 型钻机 1 台套。

以上各类型钻机在青海柴达木、西宁 – 民和盆地施工共计 15 口，钻进 32336.73 米。

二、固井技术装备

一普在青海的 1967 年至 1972 年油气勘查的队伍结构中，既没有固井车也未组建固井队，凡遇有固井等特殊作业，则外请青海石油管理局固井队进行作业。1972 年后国家地质总局陆续调拨一普 6 台 T138B – 400 水泥车、2 台 T148 – 700 水泥车。从此一普组建了固井队。1972 年 8 月第一次在民深 2 井进行了固井作业。

新装备的罗马尼亚水泥车，在当时属国内较先进的固井装备，多次协助井队解决卡钻的打酸、打油、憋压、送浆等作业。固井队在作业过程中不断改进工具、管线油任化，使固井作业做到迅速、安全、可靠，较好地发挥了固井技术装备的积极作用。

三、测井技术装备

一普从华北转移青海时的队伍规模里，拥有测井队。测井主要技术装备的测井仪器，一直延用苏联进口的 JT – 581 多线式测器。该仪器使用了近 20 年，配件老化，测井作业时经常出现故障，需要不时维修，测井技术质量很不稳定、误差超标时有出现；这对民和盆地复杂地质井况的勘探，是极其不适应的。

1974 年 5 月 2 日，大队针对特种车辆的使用混乱制定了管理办法。特种车辆包括：固井车、压裂车、仪器车、测井绞车、钻机车、吊车等。这些车辆都是贵重设备，应有足够的重视和爱护。为了加强管理特别制定特种车辆使用暂行管理办法：

1）特种车辆必须用于各种专用作业，所属单位不准将专用车辆擅作他用，严禁将特种车作交通车、运输车使用；2）特种车所属单位领导，要经常重视抓好特种车辆使用工作管理，非生产使用一概予以制止；3）特种车中的压裂车、固井车等贵重技术设备，除生产和经单位领导规定的"练兵"使用该设备外，任何人不得动用，特殊情况需请示批准方可使用；4）特种车辆大多数不是经常使用，凡停驶时间较长，要抓好停用时间的维护保养，经常保持完好状态；5）对运输车中的太脱拉（T138、T111）大型货车，为搬运大件所用，一般情况不动用。管理办法的出台，给基层单位领导加强管理提供了依据，防止了特种车辆的无故损坏。

1967 - 1978 年，一普在青海特种车辆情况：

测井绞车 CA10 型长春产 1 台；多线式测井仪器车 CA10 型长春产 1 台；测井绞车吉尔 157 型苏联产 1 台；测井仪器车吉斯 150 型苏联产 1 台；测井仪器车格斯 651 型苏联产 2 台；测井仪器车格斯 63 型苏联产 1 台。

此外，水泥车均为罗马尼亚产，其中 T138AC400B 型 5 台、T148CA700A 型 2 台、T148CA400 型 1 台。

第二节　钻井勘探生产配套工程与技术装备

1967 - 1978 年期间，一普未建制钻前施工队伍，各探井及参数井的钻前工程，包括修路、平井场、打基礎，井场简易住房、井架、钻机设备的拆卸、安装、卸车等等，均由井队和运修队负责完成。此外，与井队相关的工程队伍，还有井下作业队、测井队、运修队及供应物资的仓库等。

一、钻塔和钻机的安装与拆卸

井架、钻机设备的安装、拆卸及一般修理均由井队自拆、自安、自修。

3004 和 3213 两个井队，分别使用 38 米和 41 米四腿井架。井架的拆卸、安装时像一部大合唱协奏曲，是全井队集体协调的大事，必须动用全井队百余人共同参与紧张劳动。拆装井架作业，需 8 名动作熟练并有高空作业经验的钻工，分别在井架上进行拆或安；塔上有一名指挥，负责井架拆或装的全面指挥。地面则分成三个组，其中两个组分别负责四条尾绳和扒杆的四条绷绳的拽拉以及井架部件的组成和分解；另一组则用一台 C－IOO 拖拉机或 B－3 钻机的绞车做升降的动力，负责井架组件的提升或下放；地面设一名指挥，负责地面的全面协调，地面服从塔上指挥，保证塔上与地面相互配合，完成井架的安装及拆卸。拆卸一个四腿井架约两天，建四腿塔架需三天。

1972 年和 1975 年分别调入 F－200 型钻机和 F－250 型钻机各一台，组成 4001 和 5012 钻井队。两台 F 系列钻机井架均为 "A" 字形，井架需吊车配合在地面组装好后，利用钻机的自身提升系统，将井架竖起；放倒井架时也用钻机自身提升系统完成。这种井架的投入使用，大大解放和减轻了井队工人的劳动强度，安全系数也较高。

二、井下作业队（包括管子站、固井队及泥浆化验室）

1972 年以前，井队使用的钻具主要为苏制有细扣钻杆，规格有 88.9 毫米（外径）X9 毫米（厚）、114 毫米（外径）X8 毫米（厚）、141 毫米（外径）X10 毫米（厚）及 168.3 毫米（外径）X8～II 毫米（厚）等几种，钻铤有 Φ203 毫米、Φ178 毫米、Φ159 毫米、Φ146 毫米等几种。1972 年以后，陆续补充 API 无细扣钻杆，由于民和地区地层复杂倾角大，造成跳钻、憋钻及井斜普遍而严重，并使钻具容易偏磨；几乎每次提钻要撤换 2～3 个单根钻杆，并经常发生钻杆粘扣、刺扣和脱扣等钻具事故。

管子站负责对钻杆、钻铤的校直、钻杆接头烘装及丝扣的锉制加工；用磁粉及超声波探伤仪对钻具进行探伤等检查，并对各井队的钻具进行 "收旧送新"。在固井队的配合下，用手压泵对入井套管进行串联试压，并按管串设计将套管用拖挂车送往井场，为井队提供服务。

固井队：1972 年以前，井队固表层都用泥浆泵固井或请求石油部门帮助完成。1973 年初，陆续调入 6 台 T－138B/T 水泥车及两台 CA－700 型压裂车，共 8 台；固井队则依托这 8 台特种作业车，负责实施固井、酸化、压裂等工程施工。

8月21日，在民和享堂设立泥浆化验室，隶属井下作业队建制。化验室主要负责对施工各井的泥浆使用进行指导，并对泥浆类型的选用及固井作业用的水泥进行室内试验。

三、测井队

1967年，从华北转战青海，1968年成立了革命领导小组，几经变动测井队变成综合连测井班。1972年为重振测井工程作业，调整和重组测井队，队长王兆岐、副队长李宝义、技术负责刘光泽等10余人组成。经过几年恢复调整，测井工作重新走上正轨，人员逐步增至38人。由于测井仪老化配件短缺，生产受到严重影响。为摆脱困境，对51型仪器进行技术改造，将电磁铁改成永久磁铁，采用国产笔式检流计，使51型测井仪又成为生产主力设备，扭转了生产被动局面。1972年为了完成民深1井3800米的超深井测井任务，绞车使用151（编包电缆2000米型）测井绞车，电缆采用3500米电缆接至4200米，而声波测井仪、侧向测井仪由六普测井队和九普测井队支援帮助，共同完成了超深井的测井任务。

为使测井设备适应超深井生产需求，1976年在昆山召开的全国测井工作会议上，确定自力更生试制超深井自然伽玛测井仪，并得到上级有力的支持；经过刘斌、肖建平等人的努力试制成功，获得优良的自然伽玛测井资料，并培养锻炼了一批年轻技术骨干。

1976年，接上级指示，特派李宝义、赵振、肖建平三人赴地矿部华北石油局测井队，参加验收从美国德莱赛公司引进的3600数字测井仪。通过一年的学习验收，基本掌握了先进测井仪技术，为日后引进3700数控测井设备奠定了基础。

第三节　钻井井口和运输吊装机修装备

一、钻井井口装备

上世纪 70 年代，青海一普的钻井井口技术装备，一直延用在华北盆地施工的经验模式。即第一次开钻后下入表层套管 Φ324 毫米或 Φ254 毫米，在最上面井口的一根套管公扣上装防喷器底法兰；尔后安装钻井四通，四通上面装防喷器和溢流管；校正井口后用钢丝绳均匀拉紧固定。304.8 毫米防喷器工作压力 75 千克/平方厘米，可安装 114.3 毫米、141.3 毫米和 168.3 毫米闸板胶心。

四通两边接 101.6 毫米高压闸门，114.3 毫米放喷管线。

1975 年 F250－3DH 型钻机调入青海一普后，随钻机带来的 DT346 毫米 X350 液压防喷器，因缺少液控装置一直没使用。

二、运输吊装设备

1967 年一普初到青海高原，主要的运输车辆 7 台，苏联进口的 2 台玛斯拖挂、1 台玛斯吊车。玛斯动力由 2 行程发动机构组，在海拔 3000 多米的青海高原显得马力不足，冒黑烟发高烧，修理时间远远超过使用时间。1968 年石油局调拨一普一套 ZJ－130 型钻机，同时调给 11 辆东德生产的依法车。但 11 辆依法车原是已近报废的旧车，刚进青使用一两年车况不佳即行报废。为解决高原点多线长运输瓶颈，一普有关职能单位和部门想了不少办法，作出较多努力，也的确解决了不少勘探生产的燃眉之急。

1972 年使用国产黄河发动机改装在玛斯拖挂上，经西宁交通局检验后同意上路使用。并准备 10 辆玛斯车继续改装国产黄河发动机，后因方向盘太重没有解决，放弃改造。

1972 年 11 月，以 8 辆 H3A 小依法车与青岛塑料工业公司对换 5 台机床。

1973 年以一辆新黄河牌汽车对换一辆哈尔滨生产的 10 吨 XD250－IO 汽车吊车。

1972 年以后，石油局陆续调拨了捷克生产的太脱拉 T138S 车 2 辆，国产黄河车 2 辆。

1975 年又调给尼桑 RD8 载重车 1 辆，尼桑 CW50GTL 拖板车和 AC160 - T148 吊车各一辆，缓解了不少 F250 - 3DH 和 F200 - 2DH 钻机搬迁安的繁重难事。

然而，尽管以上运输吊装设备较前有所改善，但与四、五千米石油深钻超高、超宽整体大件相比，仍显捉襟见肘难以解决生产急需之困。

三、机修和机修设备概况

（一）一普从华北调往青海时，修配间随队仅调进 12 人，机修设备只带进：Q119 管子螺纹车床 1 台、C633 车床 1 台、C620 车床 2 台、B665 牛头饱床 1 台、XW62 铣床 1 台、Z32K 钻床 1 台、Z525 立钻 1 台、电焊机 2 台，钻杆校直机 1 台、夹板锤 1 台。

当年刚进青的大队修配力量较为薄弱，队伍建制为车间，称"修配间"。设在青海省海西州德令哈尕海一座劳改农场废钢厂内，该地区为戈壁滩，一切自力更生。修配间职工住帐蓬，机床也安在帐蓬内；该区为风区经常大风不断，砂土满天飞扬。1970 年秋天 B - 35 钻机在德 1 井完井以后急需检修，大队革会委会刚成立，修配间人手不够，专门成立抢修三结合领导小组。决心因陋就简，组织井队部分人员，配合修配间进行露天紧急抢修。钻机、柴油机、泥浆泵、水龙头、大钩滑车、天车都需要解体修理。天气晴好时在露天下挥汗大干，天气刮沙尘暴时，则拆下小件抬进帐蓬中修理；但帐蓬岂能密封，砂土往往无孔不入，极大地增加修理难度。大家克服困难，竭尽努力，团结奋斗历时四个月，战胜天寒地冻等种种难以设想的艰难，终于完成任务。KSP146.05 毫米 X10″泥浆泵曲轴箱轴承位严重磨损，必需补焊后加工，但没有镗床又如何加工？经过领导小组多次讨论研究，集思广益，决定加工镗杆，焊制架子找正定位，以电动机带动镗杆，用 5 天时间把轴位加工好，终于把泥浆泵按时保质安装完毕。

（二）青海地区油气勘查钻井井深设计并不深，但地层复杂，钻进时间长，使 ZJ - 130 钻机刹车鼓磨损超过使用范围。但换刹车鼓又没有配件，只有想办法自己解决。穷则思变，发愤图强，自力更生发挥人的创造性和积极性，修配间几位"臭皮匠"就拆下 C633 车床的走刀架；把它安在钻机刹车鼓前面的架子上，用中间轴带动 ZJ－130 钻机的滚筒，用手工摇动走刀架，把补焊的刹车鼓锉光；一普人自力更生土法技术就是敢啃洋设备，天不负有心人，解决了修理中的天大难题。

（三）自己动手解决物资配件的困难，保证井队生产急需。上世纪 70 年代钻井生产常用的消耗配件，经常不能满足生产需要。大队修配间自己动手加工泥浆泵拉杆、水龙头冲管，管子站补焊加工磨偏钻杆接头，井队修配组补焊、加工修复泥浆泵凡尔体、凡尔座、活塞体、水龙头冲管等等。经过修复的零配件耐磨性差，但是为了保证生产的正常进行，就得反复的去补焊、锉光。每年此类消耗配件都在千件以上。

（四）镗大 Q119 管子车床主轴孔，解决 203 毫米钻铤的修复问题。203 钻铤修复扣问题是个老大难问题，一普在华北作业时就没有解决。

为钻具加工修扣技术装备，当年一普修配间仅有一架宝贝 Q119 车床。然而 Q119 车床主轴通孔能力只有 199 毫米，无法承担修理 203 毫米钻铤重任。因而井队无奈下免强使用 178 毫米钻铤进行钻进生产。可想而知问题由此而来，不使用 203 毫米钻铤，井斜问题就更难保证不发生。这个难题一直困扰一普多少年，如今民和地区地层倾角大，严重地威胁钻进施工，摆在一普领导面前必须尽快下决心解决。经大队领导多次研究，决定由车间技术人员到现场实地测量，精心计算和研究解决办法。最终大胆决定尝试将 Q119 车床主轴通孔，从直径 199 毫米镗大至 204 毫米，以解决 203 毫米钻铤修扣问题。明知违反设备管理规程，为了保证油气勘探正常进行，必须冒着风险闯难关。在修配间和井队同志努力下，终于把 203 钻铤修复的老大难问题彻底解决了。而且事后经过多年使用，Q119 车床没有发生异常现象，实践证明这一创新大胆的思路是正确的。

（五）一普成立钻机及汽车修配厂。经过多年的努力奋斗和准备，1976年 2 月，一普成立了具备一定规模和修配技术能力的修配厂。购置了部分加工设备，人员发展到 40 多人，1978 年 10 月修配车间落成，大大提高了一普钻机与汽车的修配能力。

第五章　勘查生产组织与管理

第一节　队伍管理体制的无序和动荡

1966 年一普正要结束下辽河地区油气勘探工作，是准备转移还是留辽宁省继续勘探辽河油田，或其他沉积盆地之际，文化大革命爆发了。1967 年地质部石油局在造反派们裹挟下于江苏镇江召开了计划会议，并明确决定将一普仅留队伍骨架以原队伍番号转移青海高原。

入青的一普队伍，加之从二物、三普等进青队伍汇聚成的新一普，适值"文化大革命"初期，新一普党政人事和技术组织机构尚处涣散无序状态，形不成一个集中的权力机构。因此：

一、管理体制的涣散和动荡

刚入青时，由于队伍来自五湖四海，生疏散乱缺乏团聚力，加之西宁西川基地废墟监狱的乱糟糟状态，大大地增加了当年入青队伍各自为政、无序和混乱。大队生产管理和机构设置也比较简单，只设生产办公室，且不稳定也缺乏权威性。1969 年 12 月 23 月，大队在海西州德令哈尕海废监狱成立了革命委员会，下设生产组，师宗浩任副组长，负责钻井生产的组织和管理。

在"四人帮"企图把社会主义企业管理彻底搞乱，胡说规章制度是"管、卡、压"，使多年来在华北行之有效的技术规程不敢讲了；学技术就是"白专"，搞生产就是"唯生产力论"，全队上下处在一片革命与造反的动乱中。一个生产组岂能挡住这股逆流。"东方红"与"总部"两派各树"革命"派大旗，双方利用原有管钱、管物、管权之利器，打着"抓革命，促生产"大旗，反对或要挟对方"抓革命，促生产"；各执一词互不退让，酿成多次武斗，甚至造成人身伤害致残。"一普"的普查工作严重地受到了冲击，一些领导干部和技术骨干被迫离开岗位。长期在实践中建设和完善起来的生产管理体系被完全冲垮，生产组织及管理一度涣散、失控。

为使在动乱中迁至青海新区刚重组的一普，能够迅速开展油气勘查工作；地质部石油局决定自1968年1月1日起，一普作为独立的计划单位，由石油局直接下达年度生产任务、费用投资、劳动指标及计划拨款。然而这年12月2日，中发〔1967〕369号文规定一普的各项生产工作，均由地区即青海省革委会统一领导和管理、省军区进行军事监督。一普的体制和生产、行政管理进入了一个军代表主政的非常时期。生产工作怎能正常，生产事故怎不屡屡发生？石油普查进展速度缓慢，国家经济遭受重大损失。

二、军代表主政与体制下放的非常时期

1969年2月1日，在工、军宣队的参与下，经过群众组织协商，成立了"生产领导小组"，原"地质部第一普查勘探大队"和"地质部第一普查勘探大队生产指挥部"的职能停止运行。同年12月23日成立革命委员会，由军代表张世英任革委会主任，革委会下设生产组，师宗浩任生产组副组长，负责钻井生产管理工作。1970年根据"全国学习解放军"的指示，一普全部实行了军事编制，大队为团，井分队为连，连队编排、班。一切按军事体制模式执行，原有行之有效的行业管理体制彻底被废除。1970年9月23日，根据中央"应当更多地发挥地方的积极性，在中央统一计划下，让地方办更多的事"的指示，把一普下放给青海省地质局，生产各项工作归青海省地质局党委一元化领导管理，下设生产组，负责石油勘探生产管理。实行军事化体制管理石油勘查生产，直至1974年初才逐渐恢复油气勘探行业正常管理体制。

三、逐步排除干扰的过渡时期

1972年成立大队党委会，队党委统盘安排革命和生产，实行一元化领导，队企、事业党委全盘抓，石油地质工作中的方针、政策、勘探部署，重大技术问题，摆到党委重要议事日程上，党委定期召开"三结合"技术座谈会，（"三结合"即：由工人、领导干部、技术人员组成）。1973年2月10日，青海省计委地质局石油普查队设生产科，师宗浩任生产科长。8月21日，在民和享堂设立泥浆化验室，隶属井下作业队建制。化验室主要负责对

施工各井的泥浆使用进行指导，并对泥浆类型的选用及固井作业用的水泥进行室内试验。

1975 年为了适应钻井生产发展的需要，以及便于生产指挥调度，在民和县史纳设立了指挥所，宋志发任指挥所主任。

1976 年 8 月 24 日，按当年形势要求，大队建立了"工人检查团"，检查团由 14 人组成，任务是：工人检查团系工人参与管理的一个形式，对队企业实施全面监督、检查。同年 11 月 22 日原生产科分设"钻井科"和"地物科"，11 月 26 日党委委员刘景亮负责生产管理工作，具体负责钻井、地物、团委等工作。

一普入青后迫于当年风起云涌的革命形势要求，机构设置、人员更迭不得不多变而频繁；足见"文化大革命"期间机构设置及人员的不稳定，严重地导致生产管理松弛、无序，甚至无人管理的状况。马克思说："一切规模较大的直接社会劳动或共同劳动，都或多或少的需要有一种指挥，以协调个人的劳动。"

一普这支曾经为我国油气资源勘探和发现建立功绩，富有较好勘探经验的队伍；在"文革"期间的极端困难和逆境的情况下，无论是奉命入青，还是由青海西部转战东部，以及下放给青海省地质局；他们始终怀着对党和人民的忠诚，对油气勘查的热爱及高度的使命感和责任感；他们面对种种严峻的困难处境，没有怨天尤人，没有消极等待观望，而是顶着风浪，排除万难，主动承担压力，奋力维护队伍的团结和稳定。

他们不断恢复和完善各项生产管理制度，不断增强和提高对国家计划执行的严肃性；他们千方百计地坚持普查生产，以大庆人"三老""四严"的工作作风为榜样；他们保持着"一普"人在华北盆地敢打、敢拼，勇于开拓、甘于奉献，特别能战斗的精神和活力；他们特别能吃苦，把十足的干劲与严格的科学态度结合起来，长年累月战斗在青海广袤的、荒无人烟的戈壁，不讲条件，不计报酬，特别能忍耐地拼命工作着。

第二节　统一思想坚定信心，恢复和完善管理机制

一、统一和提高生产管理思想认识

1971 年 11 月 21 日晚 10：15 时，周恩来总理接见国家计委地质局"抓革命、促生产"会议的全体代表，李四光参加了会见。周总理强调："要发展我国的经济，发展我们的文化，全国要工业学大庆，农业学大寨，全国学解放军，地质学 909 队。"1975 年国务院批转了《全国安全生产会议纪要》，强调要严格生产组织纪律，要树正气，把各项生产管理及安全生产抓起来。

1975 年 3 月 16～29 日，国家地质总局石油地质局在西安召开"工业学大庆"石油钻井经验交流会。会议号召：尽快把我国石油地质钻井工作提高到一个新水平，把石油普查勘探搞上去。在业务技术领域，要逐步对现有钻井设备进行技术改造，逐步实现钻井、固井、试油技术装备和工艺的现代化，逐步实现钻井工具、器材配件的标准化、系列化。青海石油普查队在大会上作了发言：1）综合找构造，实行区域展开，突破地震关；2）誓在民和尽快找出大油大气；3）缩短钻井周期，提高时效，力争每台钻机两开两完；4）发扬"艰苦奋斗、自力更生"的光荣传统，让老一普焕发出新的活力。

1977 年 10 月 20 日，国家地质总局石油普查勘探科技座谈会在河南辉县召开，青海石油队有 13 人参加了这次会议。会议主要内容：学习贯彻、落实中共中央关于召开全国科学大会的通知精神，交流各种专业科技攻关、技革落实情况；交流石油普查工作经验；总结三水会议落实情况；制订石油普查勘探科技规划。所有这些通知、纪要以及会议极大的激励和鼓舞了青海石油队广大干部和职工。广大勘探职工认真学习中央和上级新的精神，统一和提高了思想认识，决心要把各项生产管理制度和操作规程、安全生产制度恢复和完善起来。不允许无政府主义思潮继续在石油普查行业泛滥。

二、发扬"三特别"过硬作风，创造条件执行规章制度

1971 年 3213 钻井连（队）单机在远离基地的柴达木北缘艾姆尼克山脚

下，用 ZJ－130 钻机施工全一井，物资装备条件和机修力量异常薄弱，坚持零下 20℃ 寒冬施工。在设备搬迁过程中，合理组织劳力，硬是用 8 辆苏联老旧玛斯运输车和一辆太拖拉 TIIIR 及一辆玛斯吊车（吊重 8 吨），安全完成了设备的搬迁。当时全大队各种运输车辆仅 25 辆，其中 18 辆是玛斯和依法车，这些车不适应高原地区运输，完好程度差，出车率很低，经常半道抛锚。运修连（队）师傅工作不计时间，不分白天黑夜"连轴转"拉运设备。井队做到随到随卸，一辆车既负责完成老井场的设备装车，又负责新井场设备的卸车及安装。此外，冬季吊车发动困难，除了一些较大部件外，大部分物资、器材和设备全靠人抬肩扛完成装卸。他们发扬"三老、四严"、"四个一样"的光荣传统，"当老实人、说老实话、办老实事"，"严格的组织、严肃的态度、严明的纪律、严格的要求"，"黑夜、白天工作一样干、好坏天气一样干、有无人检查一样干、领导在场不在场一样干"。

井队在搭建井架时，天气滴水成冰，负责塔上指挥的唐忠书冻得嘴麻木打哆嗦，噙不住指挥用的哨子，吹不出声。基础施工用料、粘土、取暖及生活用煤等，没有车运送；石料、砂子、粘土他们就地挥镐挖取；没有煤烧，井队捡拾戈壁滩上枯枝干柴取暖；没有生产用水，他们到 20 公里外的山脚下用炸药爆炸，推土机推坑，取水供水，水质浑脏并含致病矿物质。钻进中因高压水龙带憋破，没有新备件，他们就用卡瓦对接旧水龙带，坚持打钻施工；没有水泥车固表层，他们用泥浆泵固井（德一井也是用泥浆泵固表层）。行家周知，泥浆泵固井，潜藏极大风险，稍有不慎，就会酿作"灌香肠"。对此，井队事先做了充分准备，对两台泥浆泵全面做了检查和保养；备浆组、清浆组、计量组，指挥分工把关，不打无准备之仗，保证了表层固井顺利实施。

该井自 1971 年 5 月 29 日开钻，至 8 月 1 日仅用 65 天钻达井深 3008.22 米，台效 1386.28 米/台月，全井最大井斜 1°30'，建井周期 83 天，是一普进青以来钻井效率最高、质量最好的第一口优质高效探井。

全一井的优质高效终孔，以雄辩事实证明老一普锻造的特别能忍耐，特别能吃苦，特别能战斗的队伍过硬作风，又一次在新地区新时期彰显了他们拉得出，打得响，恶仗硬战上得快，指到哪里就打到哪里，胜利在那里的战无不胜的作风。

1976 年 6 月 11 日，3213 井队施工民深 8 井，发扬勇敢、顽强的工作作风，自 6 月 11 日开始打基础，至 6 月 24 日一开，打响了一场抢时间、争速度的快速拆、迁、安硬仗。3213 井队先后用 12 天时间完成了民深 7 井至民深 8 井 8 公里运距的 ZJ－130 钻机拆、迁、安的任务。他们共装卸 120 个车次 700 余吨物资、器材和设备，实现了一普入青以来的快速拆、迁、安之最，效率比以往提高 3 倍。井队副队长王守忠，技术员杨长城，白天黑夜"连轴转"，"上下班没界限"，在快速拆、迁、安的十多天时间内，没睡过一个安稳觉，没吃过一顿安稳饭，浑身油水泥浆。他们同工人一样装卸车，哪里脏累，哪里危险，他们就在哪里拼命干；大队机关的部分同志也参加了这次快速拆、迁、安，他们勤勤恳恳，把机关的好作风带到井队。目的就是统一思想坚定信心，创造条件知难而上，恢复和完善生产管理制度，尽快促使钻井生产早日实现科学钻井。

同年 3213 井队实现两搬两开，一天拆完井架，三天建完井架的好纪录，受到了上级有关部门的表彰。

第三节 加强职工队伍整体素质建设

一普在华北时期，坚持年年"冬训"不动摇制度的优良传统，较好地提高了队伍整体素质；进入青海后一由于文革的干扰，二因高寒地区探亲假制度的调整，使"冬训"优良传统受到干扰。多数职工返乡探亲，冬训计划安排往往难以认真落实。

一、坚持在生产实践中传帮带，从战争中学习战争来提高队伍素质

构成青海石油普查队职工主要来源于三个方面：一是从华北转战的少量有丰富勘探经验的建队骨干；二是学校毕业分配学生和部队转业军人；三是数量最多的从农村和城市招收的学徒工。对他们的专业技术培训办法，固然大队通过专业短期培训班，但仍离真正熟练掌握一门专业技术，还需一定时间实习。因此大队决定在生产实践从战争中学习战争，这就是由老技术工人以师带徒的方式，边教、边学、边干、边生产的传帮带，在生产工作中学习和逐步掌握技术要领。

青海地区时期，一普的钻井与物探主力军，均是从山东、青海等地方招收的农民工、插队知青以及从部队转业的军人。他们多数思想基础朴实、求

知欲望强烈，常年扎根农村，养成了肯吃苦、肯钻研，勤俭的好作风；尽管他们没有机会、条件进行石油勘探专业基础知识的系统学习和培养。但他们长期在井分队生产一线，可以有条件不断通过实践的学习和锻炼，使其生产技能和专业技术水平不断得到充实和提高。

大队人事和专业部门发文通知，要求各井分队不断注重现场实际学习外，组织他们利用业余时间：根据勘探生产的阶段性及生产过程中的关键技术和施工"难点"，请专业人员进行重点剖解讲解、专题授课或系统知识讲授，方式方法灵活多样，生动有趣有吸引力。利用"专项技术研究分析会""各类事故技术分析会""钻井工具讲解""班前后生产分析会""宣讲钻井地质物探工程任务书"等多种内容的现场实际"教学"。这类对生产各项技术分析和实施的过程，也是勘探各专业知识有效的提高过程。

同时，井分队不断利用业余时间，组织职工苦练操作"一次成功"的基本技能，如扣吊卡一次成功、打吊钳一次成功、高速提游车至二层台一次成功等操作能力。此外还经常组织井分队不同工种的操作技术观摩表演，不断提高操作水平。如：4001井队在分别接收F200和F250型罗马尼亚钻机设备时，除了派员到有关单位学习外，更重要的是在现场边干边学；对罗马尼亚F系列钻机设备的安装图纸看不懂，就在现场实际比照安装，而且安装基本上达到一次到位成功，很少返工。因此较快地掌握了钻机设备的基本性能、构造原理和操作方法及要领，使两套罗制F系列钻井设备安全顺利地投入钻井生产。

又如：3213井队在施工民深7井时，地层倾角26°，且地层软硬交互，刚钻进249米，井斜就达4°，井队一度产生了"恐惧"。后来，他们在生产实践中不断摸索总结出"防斜打直"的经验："纠斜不如在钻进中缓慢降斜、稳斜"，合理地组合了防斜钻具，采取直径178毫米和直径203毫米偏重钻铤，钟摆钻具吊打，使井斜趋势得到了有效控制，终孔井斜0°35′，全井最大井斜控制在2°。

在此之前，井队就曾不断认真总结民和地区"防斜打直"的工艺技术，积极开展新工艺、新方法、新技术的推广和应用，明确全井的施工技术重点，靠新工艺、新方法、新技术提高钻井的成功率。1972年写出了民和地区"防斜打直"的技术经验体会材料，获得国家计委地质局生产组的好评："青海省计委地质局石油普查队3213井队，在民和地区地层倾角大，地层复杂，钻井施工困难，防止和克服了井斜，保证了井身质量"。同时将经验材料转发各有关油气田勘探单位。

二、创办"七二一"工大，脱产学习专业基础理论知识

大队根据当年队伍整体生产技术结构的现实弱点：一是队伍组成的职工普遍年轻、文化素质偏低；二是由于"文革"因素，停办了大中专学校，断了油气勘探专业毕业生源；三是队伍专业基础知识薄弱等问题，较大地影响了队伍勘探技术的提高，直接拖累了油气勘探成果的突破。经过反复调查研究，并请示上级同意，于1975年创办"七二一"大学。

课程设置完全根据大队油气勘探现状，缺什么专业开办什么课程，满足井分队生产紧缺专业人才需要。课程设政治经济、数理化基础知识、钻井物探地质专业，野外实习等六门课程，学制两年半，配备专职干部和教师。生源抽自井分队生产一线职工，先后有50余名学员毕业后，再分配到生产一线专业技术岗位。他们来自一线基层了解一线，再回一线充实和提高一线专业技术力量，与从大专院校分配学生有较大潜在优势，有利于与职工思想及专业技术融合，并能在较短时间内发挥积极作用。

实践证明，"七二一"大学具有短平快特点，急用急办，依靠自己，短期解决，经济实用，有效地促进一线生产发展。

三、坚持在生产实践中建设队伍过硬思想作风

一普十几年队史的经验，就是树立为国找油无私奉献，不忘井分队打苦仗硬仗，艰苦奋斗的作风培养和提高；保持和发扬一普人高昂的斗志和严谨的科学态度。如3213井队1970年单机在远离基地的柴达木北缘艾姆尼克山脚下，战胜极端恶劣自然条件，创一普人青钻井效率最高、质量最好优质高效探井。等等。

第四节　建立健全岗位责任制为中心的
生产管理制度

一、提高建章立制重要性的认识

历经多年动乱，一普各项生产管理制度及操作规程遭到严重否定与破坏，人们的思想和操作习惯打乱了。长期在勘探生产实践中建立和完善的"旧"生产管理制度不敢执行了，生产管理制度和操作规程无人管理，甚至多头管理。要恢复和完善起来，成为自觉行动，需要做很多工作。

在总结青海初期大量经验教训中清醒了，到该建章立制，加强管理时候了。广大干部和职工，逐渐明确对人民高度负责精神，把工作热情和科学态度结合起来；不断去维护、恢复、建立、完善管理制度和操作规程。讲劳动纪律、讲管理制度、讲规程规章，不断树正气，压邪气成了一时风气；开始意识到行之有效的勘探生产管理制度和操作规程应该执行了，对需改变和充实的要持慎重态度，极力使勘探生产有序进行。

1970 年中共中央《关于加强安全生产》通知中，进一步明确指出："生产管理工作是一个必须引起各级领导十分重视的政治问题"，"要以对人民高度负责的精神，教育群众要把干劲和科学态度结合起来。" 1975 年中共中央召开了"全国安全生产会议"，强调指出："我们的企业是社会主义企业，我们的干部必须坚定执行党中央的指示，要迅速改变生产管理工作无人管理和混乱的状况。" 1977 年国家劳动总局召开了"全国安全工作"会议，同年青海省革委会计委《关于全省安全生产工作会议情况的报告》中均强调：要加强职工组织纪律性的教育，培养"三老四严"作风，要建立以岗位责任制为中心的各项规章制度，健全生产指挥系统，对生产要善于指挥、敢于管理，把生产建设事业促上去。

学习和贯彻党中央、省区及上级有关指示，结合青海地区的勘探实际，尤其是民和地区复杂地层中勘探施工的客观情况，不断加强勘探生产管理和管理制度的恢复建设，对安全生产工作实行专管与群管相结合。大队设置专职安全干部，基层生产单位设置安全员，在生产过程中不断组织单位自检，各队互检，工人检查团检查，领导检查；开展查思想、查纪律、查制度、查设备、查领导的"五查"活动，落实各项生产管理规章制度和安全生产措施的"堵漏防患"。

二、建立健全以岗位责任制为中心的生产管理制度

1972 年，青海石油普查队，分别以［1972］地普生字第 1 号和第 2 号文，对"钻井、地质生产定期报告制度"和"钻井、地质质量要求"、钻井队的生产定期报告制度、质量做出明确规定和要求："定期报告制度"包括五日报、月报、完井总结报告等四项主要报告内容。钻井地质质量包括 9 个方面的要求，着重强调了要明确以油气为中心，按规定收集油气层的全部 34 个原始数据，强调了"三冲孔"和"三不打钻"制度。

井队建立了以岗位责任制为中心的钻井生产管理 8 项制度，分别对井队 20 个不同工种的岗位作了明确定岗定责要求和规定。8 项制度包括：交接班制、巡回检查制、下达任务书制、钻井工程日报表签字制、设备定期保养制、设备分班包机制、岗位责任制及钻井技术填写"钻井史"制等。

井队不断提高遵守纪律和规章制度的自觉性，先后制订了以全井贯穿一个"好"字，突出一个"快"字为主要内容的 8 个方面安全生产制度。

1977 年 10 月，大队对钻井生产管理作出进一步明确的规定和要求，着重强调以钻井"三大纪律"以及认真执行岗位责任制，要像解放军站岗一样，不乱岗、脱岗等 12 个方面的生产技术管理规定和操作要求。

根据青海地区尤其是民和地区各井段不同地层的特点，制订出安全钻井制度。采取不同的钻进方法，浅井着重抓防斜、抓速度，深井抓井下安全，明确以油气为中心；全井抓质量、抓安全。

与此同时，制订了系列制度：

（1）各井段安全钻井制度；

（2）泥浆管理几项主要措施；

（3）提高纯钻时间四项措施；

（4）11 项钻井生产管理制度，等等。

第六章　青海地区油气勘探历程的
回顾与思考

　　一普，在青海柴达木和民和盆地进行石油普查勘探工作达 12 年，正巧与在华北盆地勘期相同；前后两个 12 年油气勘探成果乃是天壤之别；一个光耀夺目，清史秀出；后者灰头土脸，披星月吞声哭。钻探井 15 口，进行一定量物探地质普查工作。总体讲工作量少，不够深入，尤其对柴达木盆地更显得知之甚少，所得地质成果微不足道；对民和盆地相对说时间长（8 年）、工作量多了不少，总体评价，依然羞面见人。诚然众所周知原因，囿于国家非常时期思想混乱管理体制不顺，投资严重不足、装备落后而简陋，人才流失孔雀东南飞，一度出现饥荒；加之地质复杂等原因，尽管广大一普人攻坚克难吃尽苦头，依然勘探成果平平，没大起色。

　　12 年一普人走过了艰难曲折道路，尝尽酸苦咸辣味道；以高昂人生宝贵代价，换来大量发人深省的反思与经验教训。

第一节　油气勘探依靠科学而稳定的
行业管理体制

　　油气地质勘探是一门综合性的自然与理工科学。油气从生成－运移－储集的整个过程，从根本上来说受控于区域地质条件。因此，当我们评价一个地区、勘查一个地区时，都必须拥有系列符合这门科学体系的管理体制和管理思想、管理制度；而且业已经过长期实践而行之有效的。同时，还仰赖和渴望一个稳定的、有利和支持这套科学行业体系健康发展的社会大环境。唯有具备这一切所有，才符合石油地质勘查这一客观规律。

　　此外，还有其一：油气普查勘探需要拥有较为完善的特殊工程作业手段，及其配套的新工艺、新技术、新方法、新材料，才能充分发挥其整体效能。油气勘查这个行业，较其他工业，包括其他地质勘探行业有较大的特殊性，虽有其共性，但更多的是它具有其自身的个性。

其二：作为一个油气普查勘探队伍整体来说，实行以行业科学管理为主的领导体制，而且长期稳定，才能使同行的各专业间顺利而有效地开展技术交流、相互借鉴、取长补短、发挥优势。也从而能尽快提高整个行业的生产管理及专业技术水平，并能较好地发挥其整个行业的总体优势。反之，今天搞砸烂一切管理"条条框框"的无政府主义，明天又把它强制纳入与其八竿子打不着的什么工业、农业，甚至军事体系为主的管理体制桎梏就范，后天再令其实行行政区块管理为主的管理体制，凡此种种既动荡又多变莫测的管理体制状态，势必会使石油普查勘探行业的整体优势和潜能得不到充分发挥，甚至被彻底扼杀。生产和生产技术及油气地质科研，就将得不到专业垂直正确的领导和及时帮助；同行业的各单位之间相互自封、自守、闭塞和掣肘，就会严重地阻碍了专业技术水平的提高，最终导之区域油气普查勘探陷入一团死水。

其三：事实证明，当石油普查勘探队伍实行以行业（行业条条垂直）管理为主的领导体制时，才能使同行业务各单位间顺利开展技术交流，总结经验互相学习，迅速提高整个行业的技术和管理水平；其勘探生产的发展就较快，其技术水平提高也迅速，成果也比较显著，能较好地发挥整个行业的总体优势。反之，当将石油普查勘探队伍下放到地方，实行行政区块或军事化领导为主的领导体制时，尽管行政区块或军事化体制领导和主管部门，也想办更多事情，作更多提振生产的企图，尽了再大努力。然而，由于外行的生产管理基础及技术管理等种种复杂因素纠结，有意无意地导致技术水平倒退、管理混乱无奈。其结果十分严重地搞乱了石油勘查这个专业性较强的行业，这就印证了俗话"隔行如隔山"。最终以必然陷入技术和管理水平难有提高、工作进展缓慢、谈不上什么勘探成果的进退维谷的泥潭为结局。

第二节　勘探失利重在技术装备与配套设备的严重不足

在前边我们强调多次，油气地质勘探是因油气矿藏的赋存特点，决定了油气勘探和开发是一门综合性的复杂科学。它的成功必须"工欲善其事，必先利其器"。

它需要现代科学的物探侦察仪器、强大机械装备，以及紧密配套的测井、固井、试油等多种特殊工程或配套技术手段，才能较好地获取油气成果。谁违背其潜在规律，必遭惨重惩罚。

一、在科学配套技术装备面前，一切侥幸心态必遭严重教训

回顾青海时期的石油普查历史，最清楚不过地看出正是由于这些配套手段和生产技术管理没能应有跟上，以致石油勘探工作进展迟缓，未能获取较大突破。常说："物探先行，钻井验证"，在青海民和地区时"物探过不了上山关，钻井过不了井斜关"。这些精密电子仪器与工程技术上的问题，严重制约和延缓了石油勘查的进程。

大家熟知井队必用的直径 203 毫米钻铤，装备部门却满足和保证不了，一套 203 毫米钻铤几个井队交错轮流使用。由于任务所迫，井队往往等不及 203 毫米钻铤调来，就借用直径 178 毫米钻铤凑合钻进，可以预测该井的失败，不言而喻的。但凡人都有侥幸心态，死马或医成活马！如民深 8 井，因井斜及方位角变化大，键槽多次卡钻，使该井报废。尔后重新补钻新民深 8 井，当钻至井深 1905 米时，井斜竟达 80°55′。无奈下采取打悬空水泥塞纠斜，却造成井下情况诸多复杂；最终落得纠斜及处理井下复杂情况，耗时长达 71 天 19 小时 35 分钟。此后采取系列纠斜、防斜等措施，免强将井打成功。打斜了再纠，纠斜、防斜不但耗费大量时间，而且极易造成卡钻、断钻具等事故，使井内事故不断复杂化。延长了建井周期，影响勘探进度，等等。都是凑合着使用不配套技术装备惹的祸！

民深 8 井和新民深 8 井的艰难钻进历程教训，十分典型地说明了不配套技术装备其恶果事故多、成效差，教训极其深刻。第三章中对民参一井的井涌、井喷已有较细叙述。井涌后，井场一无重晶石粉，二无阻流装置，井队无任何处理技术和物资装备手段，急得热锅上蚂蚁团团转，只好就地取土，以求土法奏效慢慢平衡地层压力，颇有磕头作揖求神拜佛之可笑。结果造成井壁塌坍埋钻事故，使天然气显示很好的一口深井，未能获取油气突破，追忆一年年一件件沉重乃至伤痛的勘探失利往事，委实倍觉窝囊，甚至惨烈。

二、必不可少的物资实力保障，是决定油气勘查的成败所在

油气勘探的石油深钻机、物探仪器、汽车钻机等配套技术装备的常用泥

浆泵凡尔坐、凡尔体、拉杆及水龙头冲管、检波器，乃至各种型号汽车配件等易损件，常遇磨损后无备件可更换。井队修配间被迫用电焊补焊，而后再用车床加工锉制。由于工件屡次焊补，使材质退火变软，缩短了工件使用寿命。当再次损坏，加大了修理工作量。造成泵工作不正常，经常开动一台泵打钻，轮换修泵，谈不上喷射钻井及钻头比水马力等工艺，致钻井效率低下。

大家熟知民和地区地层复杂倾角大，钻具磨损严重，钻杆接头极易被磨薄，井队和井下作业队常以铺钨粉堆焊修复；丝扣磨尖了，就向里"改扣"，有的钻杆接头多次"改扣"，使长度明显缩短，以致不够打吊钳。

钻井施工以钻头为主，但常闹钻头使用"等米下锅"的饥荒。井场有什么型号就下什么型号，何谈优选钻头？大量消耗型号不对的钻头。民深 6 井仅 2325 米，却令人恐怖地消耗各型钻头达 300 只，创石油钻井史奇观。同样地震检波器不够，多少组合不以反射波好坏而以家底多寡而定，造成操作员抱着不合格记录连连摇头叹息。

又如井队固表层套管没有水泥车施工，却用泥浆泵固井，测井队没有仪器就自己土法试制。装备简陋落后，配套不完善，零配件及物资供不应求；施工当中技术难点处理及事故预防，常常不能取得最佳效果，就是诸如此类问题拖了后腿。

综上所述，大量勘探实践证明，油气勘探工程受控因素比较多，它需要有一套有机的连续生产过程，只有自始至终完整地进行施工才符合其固有的客观规律。特别是石油深钻的勘探，因为是一项高投入、高风险、高科技含量的工程。因此，每口探井"投产"施工，必需有不可或缺的物资和配套技术装备等系列的实力保障。

第三节　重视施工设计、难点预防和人才培养

油气勘探是一门复杂的科学，各项技术作业必先做正确而严谨的施工设计、对难点要有克服和解决的预案准备。需要训练有素的一大批专业人员去完成，一要不断吸纳人才、二要经常培训和为他们提供专业知识进修学习机会。

一、施工设计是各项勘探专业技术作业的灵魂

以油气勘探与开发的重要手段之一的钻井施工来说，钻井施工质量优劣和速度快慢，直接关系到钻井成本及地质评价，直接关系到勘探与开发的经济效益及石油工业的发展速度。钻井效益的提高，在一定程度上依靠钻井施工设计的水平，也是检验钻井技术管理和企业管理水平的一项重要措施。

特别是探井，要提供过井的"十字"地震时间剖面图，过井地质解释横剖面图，提出钻井的难度和钻井综合成本。就是这样一项等同钻井灵魂的施工设计书，在一普青海时期，没有专门的钻井施工设计部门；施工前只以下"任务通知书"，来代替施工设计书；同样缺失经地质师、钻井工程师、经济师的钻井施工审批和完井验收的程序和系统。施工单位接到"任务通知书"后，开始组织施工。基于当时的装备条件，基本上边打边看，谈不上施工预见性，大有摸着石头过河之态势。如发生事故则停钻处理，断了钻具就打捞；井涌、井喷"就地取土"压井；井漏了降比重，降了比重又井涌；民和盆地井斜防不胜防，防斜、稳斜、降斜，几乎井井如此；井队要打成一口合格井，需要付出成倍的艰苦努力，甚至有如临深渊如履薄冰。偶而虽钻出较好的井，又缺少认真总结和交流经验。

施工前没有设计，完井后无人总结，是一普在青海石油钻井的一大弊端。

二、施工难点预防和攻克的科研缺失

还是以钻井施工难点为例。在青海地区的油气勘查工作中，由于钻井工程的研究工作没有跟上，导致认识落后，钻井施工失误的情况屡见不鲜。概括讲，青海地区钻井施工中经常遭遇"低、变、斜、塌、涌、漏"等六难困扰。

所谓"低"，就是地层渗透率低，孔隙率低，往往油层显示较好，就是试不出油；"变"，就是地层起伏厚薄变化大，油层埋深不等；"涌"，就是地层涌水或是气水混涌；"漏"，就是凡压井涌，就会发生井漏，形成"先涌后漏"；"斜"，指民和地区打井极易井斜；"塌"，就是水敏性地层及应力释放地层易发生塌掉现象。其实所谓"六难"，在技术上并非都是不克之关，"防斜"、"堵漏"、"井控"等工艺技术，国内已有不少的理论和研究成果，

只不过需要有人去组织、去引进、去交流借鉴，去积极地开展科技创新和新工艺、新技术的推广应用，解决钻井生产中的各类疑难问题。但是，这方面工作显得非常薄弱。

为了提高石油钻井技术、解决钻井生产中的"六难"，青海石油队曾参加由国家地质总在泰州召开的"石油钻井技术革新经验交流会"，加入了地质部石油普查钻井工程技术情报网；1977年又派出13位钻井技术人员，参加国家总局召开的河南辉县会议，交流石油钻井各种专业技术经验，落实技术革新情况，讨论和制定石油普查勘探科技规划。同年青海石油队派员参加美中贸易全国委员会石油小组来华技术讲座，由米尔凯姆公司高级技术顾问锡德梅勒主讲"石油钻井泥浆设备和技术"；1978年大队成立科学技术委员会，然因诸多困难梗阻，无力把石油钻井生产纳入科研轨道。

通过参加上述各项专业会议和专题技术授课，开阔了眼界、激发了思维。1975年国家地质总局石油局在西安"工业学大庆"石油钻井经验交流会上，青海石油队代表做了发言："缩短钻井周期、提高时效、力争每台钻机一年两开两完"，充分体现了青海石油队钻井的科技实力和技术人员的进取心。

总体上讲，加强施工难点的预防和攻克的科研工作，一要决策层把它提上议事日程，二要真正从财力和人力上舍得投入和落实。

三、青海地区勘探时期的队伍技术力量薄弱

一普入青时钻井队伍组成的规模，如前所说初编只有一个钻井队，称3004钻井队，编制99人。井队44%人员为1966年7月在山东省德州招收的亦工亦农轮换工（共40名）。他们在井队老师傅、老工人的言传身教培养下，先后在山东省临邑及下辽河地区从事石油钻井工作，得到了锻炼。1967年随一普进入青海，1972年这批轮换工改为固定工。

1971年2月4日，一普又在青海民和、西宁、乐都、湟中等地区，先后招收150名学徒工，此外，还零星在喀什、哈密等地新招城镇知青学徒，大部分配物探分队，部分分配到井队从事钻井作业，几批学徒工年富力强，成了井分队的生力军。

1968年石油局调给一普一台 ZJ – 130 型钻机，1972年调进一台 F – 200 型钻机和一台 B3 型钻机，1975年调进一台 F – 250 型钻机，大小共计5台钻

机，先后在柴达木和民和盆地进行石油钻井作业。

由于钻机设备的不断更新，以及民和地区的地层复杂，钻井施工的难度日益增加，对钻井施工技术要求也越来越高。尽管他们没有受过石油钻井基础知识的培训，但他们在老师傅、老工人的传、帮、带的教育和影响下，在较短时间内，在实践中不断摔打磨练，基本上掌握了石油钻井的生产过程及基础知识。他们已能够独立承担一定工作，甚至一些高难操作。他们有工作热情及渴望学习技能的愿望，工作责任心也是很强的。

四、应该加强专业人才的再培养

实事求是承认青海属高寒干燥艰苦地区，加之"文革"的动乱政局，一普进青前后不少人才趁两派你争我斗机会，千方百计留内地或调出青海。因此，一普在青海时期，油气勘探专业技术或近似这方面的专业技术人才，屈指可数。可以想见这批留下不多的人才，几乎整天忙于生产和"救急"，哪有充分时间和精力去对生产中的技术问题进行某些具体研究和总体思考，更谈不上进修再提高。

从华北盆地转移到青海柴达木和民和两盆地后，地域地质客观条件发生了根本性变化，地层特征有着根本的不同差异。但是人们思想惰性往往留连既往，到了青海地区后，自觉不自觉地仍沿用着在华北盆地时的施工作业老套路。甚至可以说将华北地区的钻井措施及方式，"全盘"搬到了青海地区套用了。其结果不难预料，钻井措施针对性很差，施工中存在着盲目性，遇到问题措手不及，心中无数难以应对，眼睁睁看着事故看着辛辛苦苦打下的钻井报废了。

从一普钻井队伍的职业技术整体素质看，他们在长期的野外生产实践中积累了大量丰富的钻井经验，对于完成一般正常的钻井施工，应该说是问题不大的。但是，一旦遇到错综复杂地层以及对一些井内异常情况的判断，基本上是"打着看"，缺乏理论指导。势必在生产实践中出现"头痛医头"的被动应对局面，致使事故频频。

现代钻井生产，是科技进步的表现，钻井界有人把今天的钻井技术称之为科学钻井，而把过去的钻井统称之为经验钻井。正因为科技是发展的，做一个合格的石油钻井工人，既要有实践经验，又要有现代石油钻井理论作指导。为此，除从有限的专科学校毕业生补充井队外，更应该注重对现场工人的培养，再教育；对基础较好且有较大潜力的职工，单位应为他们创造条件，送出去进修提高和有目的培养；鼓励他们深造，造就一大批技术精湛、思想作风过硬的油气勘探技术队伍；有能力将生产实践经验从理论的高度加以总结和提高，再回去指导自己的实践，造成良性循环往复提高，使一普这支队伍为国家油气建设作出更大的贡献。

第七章　队伍体制与机构的动荡沿革

　　一普的队伍体制和管理体制，在 1967－1978 年的 12 年间，经受"文化大革命"大环境的影响，这个体现国家计划经济高度集中和集权制的石油地勘单位，其队伍体制和管理体制因此被彻底推倒。

　　大队、分队乃至班组的党委（支部、班组）、行政、工团群众组织全部陷入瘫痪状态，不能正常开展有序运转：生产机构、生产管理体系的各种组织机构职能、管理制度、规章、标准、要求等，被批作向封资修顶礼膜拜的腐朽东西，再也无力为石油普查勘探工作发挥任何生产组织管理和技术标准作用。人们处于无政府、无序的社会生活中。

　　在长达 10 年的无政府岁月中，一普经历了 5 次队伍体制和管理体制的频繁变革：一是群众组织各自为政时期，二是军事管制时期，三是群众组织联合时期，四是革委会时期，五是恢复党政队伍体制和管理体制，逐步向石油地勘单位行业体制和行业管理、健康有序正常运转时期。随着 5 次变革，队伍机构沿革和人事变动相应作如下更迭。

第一节　入青初期队伍体制、机构设置、
人员构成（1967 年）

　　1967 年 4 月 14 日，地质部石油局以［1967］地石综字第 8 号《关于组成青海、西藏普查勘探大队有关问题的通知》下文决定："为加强西南、西北地区的建设"，在青海、西藏组成两个普查勘探大队。以地质部第一普查

勘探大队为基础组成青海大队，以局综合研究队为基础组成西藏大队。一普入青人员总编制为 575 人。进青海人员编制，由一普大队生产指挥部（生产指挥部由群众组织组成）及一普大队领导干部张志宏、李桂旺、杨大友、崔林、李学林、王月明、李秉义参加制订。青海普查大队仍沿用地质部第一普查勘探大队番号（以下简称一普），大队部设立在青海省德令哈尕海。

一普入青钻井队伍，以 3004 和 3003 两个试油队为基础，组成一个使用 B－35 型钻机的 3004 钻井队，并抽调有关钻井工程技术人员，充实该井队，编制 99 人。此外入青的物探队伍，由地质部从地质部第三普查勘探大队（陕西咸阳）整建制抽调 1 个编制 45 人的 321 重力队、1 个编制 11 人的 303 地质分队、1 个编制 76 人的 232 电法队；并从地质部第二物探大队（四川罗江）抽调一个编制 96 人的 243 地震队和 1 个编制 47 人的 221 重力队；以及一普部分行政、技术、测井、后勤、运修等人员。

入青一普大队机关设：党代表、革委会常设代表、政治工作室（编制 11 人），生产办公室（编制 10 人），行政办公室（编制 11 人），后勤办公室（编制 11 人），共 45 人。

基层生产单位：3004 钻井队 99 人、221 重力队 47 人、321 重力队 45 人、232 电测深队 76 人、243 地震队 96 人、车队 27 人、仓库 7 人、修配间 13 人、地质队 40 人、化验室 25 人、测井队 40 人、机要 6 人、西宁转运站 7 人。

由于"文化大革命"派性因素，对入青队伍和人员问题存在分歧意见，地质部军事代表极为关注，曾多次下文当地革委会并一普，予以统一意见。1967 年 6 月 23 日，中国人民解放军地质部军事代表生产办公室，给青海省海西自治州革委会、州三支办公室发文，对如下问题做了重申：

（1）石油局 1967 年所发的［1967］地石办字第 2 号文、［1967］地石综字第 8 号文、第 15 号文，三个文件是符合加强内地建设精神的，这些文件是由当时局务会议决定的（包括两派各有关业务部门负责人会签的）。要求一普两派应当坚决执行这些文件。

（2）一普自 1967 年 1 月 1 日起为独立的计划单位，其人员编制暂定为 575 人。根据一普 1967 年任务需要，确定原在济南的一普综合研究队实验室和在德州的管子站进入青海工作，进青具体人数由一普提出意见，报请石油局审批后方可调入。未经批准入青的局中心修配厂、局仓库和已调二普的固井队人员，应回德州和四川二普原地工作。

（3）下半年再进一台五德钻机入青问题，确定 1967 年下半年由一普将设备运到青海工地完成配套。1967 年应全力保证 B－35 型钻机的生产任务。

第二节　革委会成立前的机构设置和
人员配置（1968－1969 年）

一、1968 年的队伍和机构人员构成

1968 年 5 月 24 日，一普生产指挥部对 1968 年的机构设置及人员编制，向地质部石油地质局提交了报告，总编人数 813 人。

队部机关设置：革委会负责人（3 人）：分设政治组、生产组两组。政治组 17 人：机要、组织、干部、宣传、保卫、工会、共青团、报务、放映员。生产组 33 人：生产技术：技术负责、地质、钻井、物探；综合计划：财务、计统、劳资；行政事务：打字、档案收发、行政管理、医生、炊事员、伙食管理；后勤：计划调拨、采购、劳保、机械、配套。

基层生产单位：Уд 井队革命委员会 11 人、3004 井队革委会 95 人、221 重力队革委会 43 人、321 重力队革委会 43 人、243 地震队革委会 94 人、232 电法队革委会 73 人、车队革委会 53 人、修配间及管子站革委会 81 人、仓库 20 人、地质分队 50 人、西宁转运站 11 人、化验室 28 人、测井队 29 人、固井队 29 人。

12 月 31 日，青海省格尔木革委会批准 243 地震队成立革委会，革委会由领导干部高庭秀、民兵代表方树阳、陈宝路，群众代表张瑞祥、王还珠等 7 人组成。

二、1969 年的队伍和机构组成状况

1969 年大队机关部门设置、生产单位及有关附属单位，与 1968 年基本一致。1969 年 2 月 10 日，在工、军宣队的参与下，经过群众组织协商，成立一普生产领导小组，原"第一普查勘探大队"和"第一普查勘探大队生产指挥部"机构停止运行。12 月 23 日，青海省革命委员会以青政发〔1969〕300 号文及〔1969〕地普革字第一号文批准，地质部第一普查勘探

大队成立革命委员会。

革命委员会军事代表：张世英、李明善、刘明录；领导干部：张志宏、李桂旺、李学林；群众代表：刘景亮、余盛海、何希云、袁玉贵、方树阳、蒋炳南、曹永茂、齐广田等 14 人组成。

军代表张世英任革委会主任；张志宏、李桂旺、刘景亮三人任副主任；张世英、张志宏、李桂旺、刘景亮、李学林、刘明录、余盛海 7 人任革委会常委。

12 月 24 日，青海省海西州革委会第 104 次常委会决定：一普 3004 井队成立革委会。革委会由章松坝（军代表）、刘景亮、崔光跃、朱广恩、徐增环 5 人组成。章松坝任主任，徐增环任副主任。

12 月 25 日，青海省革委会生产指挥部临时委员会第 20 次会议决定，成立一普核心领导小组。核心小组由张世英、李明善、李桂旺、张志宏、李学林 5 人组成。张世英任组长，李桂旺任副组长。

第三节　革委会成立后机构设置及负责人配置（1970－1978 年）

一、1970 年系地勘行业体制重大变革年

1970 年是国家地勘行业体制重大变革的一年。中共中央中发［1970］44 号文决定：原地质部并入国家计委，称国家计划委员会地质局，原地质部直属的石油、水文、物探大队、工厂等单位，由国家计委分别下放给有关省和自治区革命委员会指导和管理。这是个重大的队伍体制变革的讯号。

这年 4 月 19 日，［1970］地普青革字第 7 号文，任命师宗浩为大队革委会生产组副组长，毕占海为政工组副组长。

9 月 I0 日，根据中共青海省革委会生产指挥部临时委员会决定：一普大队革委会由张志宏任革委会主任，陈辅仓任副主任，陈辅仓、毕占海、师宗浩为委员。

9 月 23 日，根据中央"应当更多地发挥地方的积极性，在中央的统一计划下，让地方办更多的事情"的指示，国家计委决定"将国家计委地质局所

属在青海的单位下放给省"的通知指示，青海省地质局及其所属企、事业单位及一普下放给青海省，实行双重领导，以省为主领导和管理。

根据上级指示，"全国学解放军"，一普全队一律实行军事编制。大队为团，分队为连，连队内编排、班。一切按军事化体制模式运行，取代原有石油地勘单位行业管理模式。

连队及领导班子组成：3004 井队为钻井连：副指导员刘景亮，连长章松坝（军代表）；243 队为地震连：指导员高庭秀，连长方树阳；232 队为电法连：指导员袁玉贵，副连长杨荣；221 队为重力一连：指导员何希云，连长蒋录海，副连长李振魁；321 队为重力二连：指导员郭学信，副连长孔凡贵，副指导员郭荣芳；地质连：指导员陈养俊，连长孙永贵，副连长蒋炳南；机关连：指导员宋洪本，连长张福田；运修连：副指导员齐广田，连长张同彦；测井连：副指导员蔡金堂。

二、1971 年团（大队）革委会对基层各连队负责人的调整

3213 钻井连：连长李正型，副连长孙永贵、渠立文；3004 钻井连：指导员陈养俊，连长郑广忠、黄超彤；1201 钻井连：指导员刘光礼，连长赵元哲；1202 钻井连：指导员孙舫，连长张跃基；综合连：指导员于寿清，连长杨兆宇，副连长蒋炳南。

大队基层生产规模：拥有三个地震连（队）、四个钻井连（队）（两台中深钻、两台深钻）、一个重力连（队）。5 月 23 日，根据青海省革委计委地质局通知，一普更名为"青海省革命委员会计划委员会地质局石油普查队"，简称青海石油队。12 月 14 日，中共青海省革委计委地质局批复，增补王琳、李志远（军代表）、王树德、毕占海为石油普查队核心领导小组成员。次年 3 月 5 日，王树德经青海省革委政治部批复，任命为石油普查队革委会常委。

三、1972 年，中共青海省革委计委地质局对青海石油队干部的调整

1972 年 12 月 15 日，中共青海省革委计委地质局批复：石油普查队党委由李桂旺、王树德、毕占海、张同彦、彭世福、刘景亮、师宗浩、胡学组成。李桂旺任党委书记，王树德任副书记，其余六名为委员。

石油普查队决定：孙舫任井下作业连指导员，牛步清任连长，刘勤武任

副连长。石油普查队决定，由胡学、方树阳、蒋甲录组成 243 地震连党支部，胡学任支部书记，方树阳任副书记。11 月 17 日，石油普查队核心小组决定，由方世华任试油队队长，支书陈养俊，刘其用、朱云忠任副队长（试油队由 1201 井队改组）。牛步清任井下作业队党支部书记。

1972 年大队职工总数 998 人。

四、1973 年进一步调整青海省革委计委地质局石油普查队机构设置及干部

1973 年 1 月 8 日，经石油普查队党委研究决定，243 地震队党支部由毛旺忠、方树阳、蒋甲录组成，毛旺忠任支部书记；221 队党支部由蔡金堂、李玉和、李玉杰组成，蔡金堂任支部书记。

1 月 19 日，青海石油普查队对以下 10 个单位更名为：青海省计委地质局井下作业队、综合研究队、汽车队、修配间、3213 井队、3004 试油队、243 队、321 队、221 队及青海省计委地质局石油普查队，各单位均冠以"青海省计委地质局"。

政治处主任毕占海，组干科科长张平举，行政办主任胡学；工会主席刘景亮；生产科科长师宗浩，钻井技师李正型；机供科副科长高庭秀、赵元哲、宋志发；综合研究队指导员于寿清，副队长蒋炳南；井下作业队指导员牛步清，队长郑广忠，副队长刘勤武；修配间副主任羊河清、余盛海；4001 井队指导员赵元哲，队长渠立文，副队长杜荣华，钻井技术员薛成仁；综计科科长孙舫；3213 试油队指导员林美琛，队长李正型，副队长孙永贵、刘建国；3004 试油队支部书记陈养俊，队长方世华，副队长刘其用、朱云忠；仓库主任张跃基；汽车队指导员杨武臣，代队长齐广田，副队长关金柱；测井队副队长王兆岐、李宝义，技术负责刘光泽；243 队指导员毛旺忠，队长方树阳，副队长李玉杰；221 队队长蔡金堂，副指导员李玉和，副队长杨荣；321 队队长袁玉贵，副指导员郭荣芳，副队长孔凡贵；232 队队长郭学信，副队长郑福盛、李印田。

经青海省计委地质局党委常委 8 月 20 日第 32 次会议讨论，指定石油普查队张同彦、彭世福、师宗浩代理队革委会副主任，毕占海代理党委副书记，张同彦临时负责队党政全面工作。

10 月 24 日，青海石油队决定：刘建国任 3213 井队队长，唐忠书任副队

长，刘其用任 3004 井队长。

五、1974 年青海省革委计委地质局石油普查队生产单位负责人调整

任命张学道为 3213 井队副指导员、王宜民为井下作业队副队长、齐广田为汽车队队长，彭城为物探技术负责人、李彭年为综合物探研究队负责人、伍占玉全面负责综合队化验室技术工作、雷春三为 243 队技术负责、屠同聚为 221 队技术负责、魏真鑫为综合队化验室技术负责。

1974 年青海石油普查队职工总数 892 人。

六、1975 年青海省革委计委地质局石油普查队调整井分队和部门负责人

1975 年 11 月 8 日，石油普查队党委研究决定任命王守忠为 3213 井队副队长，金文国副指导员。

决定石油普查队机构设置和干部配备：政治处主任张平举、行政办主任胡学、组干科科长何希云、保卫科副科长韩振发、宣传科副科长杨慧民、工会副主席张福田、综计科科长孙舫、副科长白明钊，生产科副科长陈养俊、李正型，钻井技术员刘其用、泥浆技术员王宜民、地质技术负责陈飞鹏，机供科副科长宋志发、潘焕章、高庭秀，修配间主任羊河清，"七二一"大学校长孙舫、3213 井队副队长王守忠、唐忠书、副指导员金文国，3004 井队队长郑广忠，井下作业队队长李盼金，汽车队队长齐广田、支书杨武臣、243 队支书毛旺忠、技术负责雷春三，221 队队长李玉和、副队长郭荣芳、技术负责屠同聚，321 队指导员吕有美，民和县史纳调度室主任宋志发。

1975 年职工总数 947 人。

七、1976 年青海省革委计委地质局石油普查队成立科委机构

1976 年 4 月 5 日，青海省石油普查队成立科委，由彭世福、贾润胥、渠立文、张大权、李彭年、郑友德、李德钧、羊河清、彭诚、陈飞鹏等 10 人组成。彭世福任科委主任，贾润胥任副主任。

第四节　一普调青海地区后，钻井队伍沿革状况

一、1967 年以原"一普"3003、3004 两试油队为基础，并从 3201、3205 井队抽调部分钻井技术骨干，共同组建成 3004 钻井队（99 人），使用 B – 35 型钻机，在柴达木盆地东部德令哈地区施工第一口探井德 1 井。1968 年 9 月 14 日开钻，1969 年 2 月 12 日钻至井深 1154. 54 米完钻。"818"钻井队使用 ZJ – 130 型钻机施工德 2 井。"818"钻井队是一普后勤、固井队、机关等单位部分人员系派性因素临时组建的一个井队，借青海当年最走红造反派"八·一八"，以壮自己派性力量，师宗浩任井队长。1968 年 10 月 24 日开钻，1969 年 7 月 12 日钻至井深 1173. 09 米后，井队解散。该井 1970 年 5 月 30 日，由 3004 钻井队继续使用 ZJ – 130 型钻机施工，同年 8 月 26 日钻至井深 1958. 20 米完钻。

二、3004 钻井队施工完成德 2 井后，该队即"一分为二"分别组成 3004 和 3213 两个钻井队。1971 年 3004 钻井队由柴达木盆地东部地区转移到民和盆地，使用 B – 35 钻机，施工民和盆地第一口探井民深 1 井。1971 年 12 月 12 日开钻，1972 年 8 月 31 日钻至井深 1776. 10 米完钻。

民深 1 井完钻后，该队随即又"一分为二"，分别扩组成 3004 试油队和 4001 钻井队。3004 试油队由 1202 钻井队充实扩建后，先后分别对民深 2、4、5 等井进行试油测试施工。而 4001 钻井队 1973 年则接收 F200 – 2DH 型钻机施工民深 4 井，该井于 1973 年 4 月 16 日开钻，同年 8 月 3 日钻至井深 1586. 44 米完钻。民深 4 井完钻后，于 1973 年 3 月 24 日施工民参 1 井，1976 年 2 月 2 日钻至井深 3923. 87 米完钻，将 F200 – 2DH 钻机原地封存；4001 钻井队转而接收 F250 型钻机，井队番号改称 5012 井队。1976 年 4 月 25 日施工民参 2 井，于井深 2435. 35 米时因井内严重涌水而卡钻，该井报废。F250 型钻机设备原地存放。该队又将存放在民参 1 井的 F200 型钻机启封，恢复井队 4001 编号，施工民参 3 井。因基础断裂、卡钻、井斜等事故，先后将钻机前移三次，最后才于 1978 年 10 月 20 日钻至井深 2941. 85 米完成该井。

三、1971 年 5 月 14 日，3213 钻井队继续在柴达木盆地施工全 1 井，同年 8 月 1 日钻至井深 3008. 22 米顺利完钻。完成全 1 井后，井队由柴达木盆

地转移至民和盆地，先后分别施工民深 2、3、5、6、7、8 等井。其中民深 8 井钻至井深 1608.30 米，因井斜过大，将井报废；钻机前移 10 米后，于 1977 年 2 月 IO 日重新补打新民深 8 井，同年 IO 月 16 日钻至井深 2378.40 米完钻。

3213 井队施工完成新民深 8 井后，将 ZJ－130 钻机原地封存，而将原存放在民参 2 井的 F250 钻机启封，队号称 5012 井队。5012 井队将原民参 2 井的 F250 钻机设备前移 500 米后，施工新民参 2 井，于 1977 年 12 月 24 日开钻，1978 年 10 月 23 日钻至井深 2455.17 米顺利完钻。

李奔：您好，布洛德同志：1957 年冬，地质部作出了石油普查"战略东移"的决策，加强了松辽盆地找油工作。1958 年，松辽盆地石油普查形势很好，六七月间，我们先后在前郭县大列巴和怀德县杨家庄子等地打出了油砂。

同年 12 月，我陪同苏联石油地质专家布洛德由长春前往杨家庄子等处，察看油砂地层情况。

布洛德年近五旬，是苏联石油地质方面的第二号权威，莫斯科大学石油系主任。他为人热情，没有架子。我们来到杨家庄子村附近的山沟里踏勘，这时东北虽尚未下雪，但早已是北风凛冽，寒气袭人。布洛德在野外叫技术人员汇报情况下，牙齿禁不住打着寒战，一双长腿哆嗦着。这时，我发现他没穿毛裤，下身只有一条西装长裤。我当即叫人到村里为他买来一条绒裤让他穿上。绒裤是商店里最大号的，但布洛德身材高大，个头有一米九以上，那条绒裤穿上后还有半截小腿露在绒裤外。他高兴地对我们说："不冷了！不冷了！"并开玩笑，打着榧子："乌拉！乌拉！"

当时，有同志认为："白垩纪红层找油前景不大。"布洛德看了杨家庄子地质情况后，认为红层在一定条件下是可以还原的。后来他乘飞机航测后，坚持认为松辽有找油前景，应继续开展工作。我马上写信告诉黄汲清和谢家荣。

（刊 1990《新生界》）

第三编　挑战塔里木，攀峰树三碑

（1979 – 2016 年）

第一章　一普三授命，临危堪入世

第一节　为寻找"十来个大庆"，一普再出征

一、国家石油命运再次挑战找油人

1978 年下半年，是一个嵌入历史深痕的不平凡岁月，党的十一届三中全会正在全国紧锣密鼓、积极有序地酝酿与筹划中。

这年国家的政治和经济形势，用今天时尚的话"趋好向稳"。但石油资源后备基地命运如何？用一位老资格石油地质专家话来形容，已到了准备打扫房间，彻底查查还有被拉下点东西没有。这年国家石油地质储采比率，已降到13：1，人均占有产油量居世界第45位。这与世界产油大国储采比率高达170：1 或100：1，怎不吓出身冷汗。美国丹尼尔·耶金著《石油风云》指出，被西方人诅咒为魔鬼排泄物的石油，"是整个20世纪的主宰"，"无论在战时还是在和平时，石油将会取得缔造或纷碎国家的能力，而且在20世纪巨大的政治经济斗争中具有决定性的。"按我国国民经济快发展的需要，我国原油产量每年必须增长800 万吨，但实际每年完成国家计划指标不足300 万吨。国家面临石油后备储量不足的困境，已经迫不及待；曾经振奋中国人民的石油事业，业已濒临捉襟见肘的风险期。主政的华国锋主席，不得不提出建设"十来个大庆"的战略口号。

二、因为有"利比亚式"油田的期待

肩负为国家探明矿产资源职能的国家地质总局，牢记 1954 年 12 月，党中央、国务院决定从 1955 年起地质部要担负全国石油和天然气的普查及部分详查任务以后，尽管下大决心倾全部之力，发现了大庆、胜利、辽河、江

汉等诸多油田，曾一度保障国民经济石油资源基本自足。然而，随着社会主义经济的高速发展，油气资源基地的提供日渐凸显赶不上的窘境。为此组织能够组织的力量，在全国遴选国家油气潜藏远景区域，把目光投向有五个半多浙江省大小、但又蒙"五上五下"低迷诟病的塔里木大盆地。

因为之一，初步评价塔里木。地质部早在50年代，特别是进入70年代前后，1969年2月，李四光部长曾在一次重要谈话中希望能在盆地内褶皱构造比较平缓的古生界中找到"利比亚式"油田，两次指示组织小分队对塔里木盆地进行认真的石油地质调查和研究。1969年7月，石油地质局综合研究队派遣一个分队到塔里木盆地进行工作，沿塔里木盆地边缘进行路线和剖面地质观察，行程3000千米，即以孙万禄、孟济民、吉言鹏等的沙漠踏勘组，以60峰骆驼，克服种种困难，步行横穿沙漠到达玛扎塔格，取得了重要成果，加深了对盆地地质构造的认识。经过4个月的工作，编写了《塔里木盆地石油地质概况及今后找油意见》。

1970年5月，石油地质综合研究队再组织西北分队（负责人康玉柱、吴德源）运用地质力学方法，继续对塔里木盆地进行综合评价。所属的区域组、库车组、西南组，在1969年工作的基础上，在天山山前、昆仑山前观察地质剖面、构造、油气点，结合前人资料编写了《塔里木盆地中新生代盆地含油气远景初步认识》的报告。认为塔里木盆地是我国重要的大型含油气盆地之一，盆内大型隆起、坳陷具长期活动性质，为生、储油气创造良好条件；盆地内圈闭多、断裂发育，并多分布于坳陷边缘地带，是一个多油气藏类型的含油气盆地。

之二：1974年7~8月，新疆地质局第二地质大队三分队在叶城凹陷玉力群背斜钻探自然硫矿时，在井下首次发现下第三系油砂，岩心的小晶洞和裂缝中有油气。样品经初步分析化验为原油。新疆地质局副局长李奔这位资深石油行家，把这意外发现惊喜及时向国家计委地质局和石油部领导作了认真汇报，建议恢复中断了20多年的塔里木油气普查勘探，引起了两个部门的极大关注。

之三：1976年，新疆石油管理局在西和甫构造上施工西1井，次年5月17日井深3783米钻遇中新统砂岩发生卡钻。在处理事故的抽吸中，喷出高产工业油气流，初期日产原油1000立方米，天然气270万立方米。西和甫构造喷出高产油气流之后，自治区主席赛福鼎在视察时建议将西和甫构造改名为柯克亚构造（柯克亚原意为珍珠），西1井即改名为柯1井。此后曾开展了相当规模的勘探会战。

因此之四，1977 年 8 月，国家地质总局责成石油地质综合大队再一次组织以康玉柱为组长及周永昌等组成塔里木筹备组，奔赴塔里木盆地调查石油地质及其勘查新进展。他们实地深入调研柯克亚油田及塔西南区域地质油气前景。经过几个月的工作，编写了《塔里木盆地石油地质普查初步设计方案》。认为塔里木盆地是寻找几个"大庆式"油气田的含油气远景区，其中，以西南坳陷最好，塔东坳陷区也具有较好的找油前景。建议要快上，要全盆着眼，分区规划。

三、一缕吹绿塔里木的春风从黄浦江面升起

1978 年 1 月，国家地质总局在上海锦江饭店召开了国家地质总局局长会议，康玉柱向大会作了《塔里木盆地石油地质普查初步设计方案》汇报，提出盆地开展油气普查工作的具体部署意见。孙大光、张同钰和塞风与大会代表共商了"方案"细节内容，尤其与专家们进一步讨论了 56 万平方千米塔里木盆地沉积厚、生油层发育、油气蕴藏乐观等一系列问题后，批准了方案的实施意见。

然而，与会代表在对盆地油气前景乐观的同时，较多地热议了盆地中央 33 万平方千米的塔克拉玛干大沙漠的覆盖，要准确认识和价评盆地的石油地质面貌，乃至夺取油气重大成果，翻开盆地油气勘探的崭新一页，谈何容易！亟待派遣一支精良队伍进军塔里木！

大家扳着指头数着当年几大全国石油普查队伍，几乎异口同声想到说到了一支队伍。那就是眼下窝在青海高原屈憋 12 年、也曾 12 年叱咤风云高扬胜利、辽河、大港等油田发现大旗的一普。今天应该首当其冲去塔里木担当寻找"20 世纪的主宰"侦察兵，好好地去打扫 56 万平方千米的塔里木大房子，弄巧了抱个金娃娃算他们立新功。

黄浦江面升起一缕吹绿塔里木的春风。

第二节　塔里木盆地地理地质概况

一、盆地地理概况

中国特大型内陆盆地——塔里木盆地，位于新疆维吾尔自治区南部，四周被我国著名巨大山脉环绕，北为天山山系，西接帕米尔高原和昆仑山西段，南邻昆仑山和喀喇昆仑山及阿尔金山脉，东为北山低山丘陵和库姆塔格沙山。盆地东西长 1400 千米，南北宽 520 千米，面积约 56 万平方千米，呈橄榄型状。盆地总地势西高东低，海拔 800～1400 米。塔里木河两岸保存中国面积最大的原始胡杨林。

①昆仑山褶皱系；②阿尔金山隆起；③北民丰断隆；④唐古巴斯坳陷；
⑤卡塔克隆起(塔中1井)；⑥顺托果勒隆起；⑦满加尔坳陷(满参1井)；
⑧沙雅隆起(库南2井)；⑨阳霞凹陷；⑩南天山褶皱带

塔里木盆地构造分区及横剖面图

盆地中心系世界第二大流动沙漠——塔克拉玛干大沙漠，面积 33.76 平方千米，占全盆地总面积的 60.2%，被称"死亡之海"，沙丘连绵起伏，浩瀚无垠；沙丘、沙垄、沙链、沙山，有一半以上为大沙丘的复合体；千姿百态，有新月形沙丘、有复合形沙链、有金字塔沙山、有鱼鳞状沙丘群、穹状沙丘等等。由于气候极端干旱，沙漠内植被稀至绝无仅有；风力作用下，沙丘形态和位置不断变化和移动。流动性沙丘大面积分布，大致在和田河以东，以北北东向展布的复合型沙垄为主，沙垄延伸一般 9～20 千米，比高一般 50～80 米，最高可达 100～150 米。因此被诅咒为"只差一块墓碑"的"死亡之海"沙海王国，严酷地威胁着石油勘探工作。

盆地自然景观呈环状结构，边缘为连接山地的砾石戈壁，边缘与沙漠间为冲积扇和冲积平原，有绿洲分布。该盆地降水极少，干燥多风，日照时间长，年温差和日温差大，是典型的大陆性气候。盆地一般年降水量为 40～50 毫米，沙漠腹地和盆地东南缘年平均降水只有 10～15 毫米；全年平均气温 14.5℃，而冬夏温差在 30℃以上，极值最低气温 -30℃，极值最高气温达 55℃；每年 3～8 月为风季，最大风力 10～12 级。盆地的河流均为内陆河，最大河流为塔里木河。河流在环形戈壁浇灌出块块"绿洲"，这是南疆的主要农业区。在绿洲中居住着维吾尔族以及蒙古、汉、回、柯尔克孜、塔吉克等 36 个民族，约 520 万人。行政区划包括巴音郭楞蒙古自治州、阿克苏地区、克孜勒苏柯尔克孜自治州、喀什地区、和田地区等五个地州及其所辖的 42 个县（市）。

二、盆地地质和勘探简况及其复杂性

塔里木盆地由于多次构造运动和多旋回沉积过程形成的多层系叠合沉积岩，平均厚度在 6000 米以上，有的地区达到 16000 多米；有巨厚的古生界、中生界、新生界沉积地层，具有十分有利的油气生成和储集条件。在盆地周边山前褶皱带的地层露头区，出露地表的油苗，很早就被当地人民发现和利用。早在唐代李延寿著的《北史·西域列传》中，就有关于古代人民在龟兹（今库车）西北山中发现石油并用之为药的记载。

因此，很早就引起了国内外的极大关注。1876 年，K·佛特列尔在明尧勒背斜进行过路线地质调查。1903 年，r·盖依捷尔和 Π·格列别尔在南天山卡拉铁克一带划分出泥盆系和石炭系。1928－1931 年，中国瑞典科学考察团 E·诺林等在柯坪塔格和库鲁克塔格等天山南部支脉做过地质调查，所划分的震旦系至今尚在沿用。1935－1936 年，H·A·别良耶夫斯基等在拜城地区进行地质调查，编制了 1∶20 万地质图；1937 年在昆仑山、喀喇昆仑山作地质调查，编制了 1∶50 万地质图。1940－1943 年，B·M·西尼村，H·A·别良耶夫斯基在天山南麓进行地质工作，首次对寒武－奥陶系进行划分；在盆地西南缘皮山－康西瓦－大红柳滩及喀什英吉沙、阿克苏一带进行路线地质调查。于 1944－1946 年分别编写了"南天山及塔里木盆地西北部地质"和"西昆仑山喀喇昆仑山及塔里木盆地和其邻区地质"，并附有 1∶100 万地质略图，对塔里木盆地的形成、发展及构造特征等作了阐述。

1935 年，国民政府资源委员会派地质学家谢家荣到塔里木盆地阿克苏区域进行石油地质考察。1942 - 1943 年又派地质学家黄汲清等来塔里木盆地的库车、温宿等地进行石油地质调研，首次发现基里石油苗。1945 年地质学家关士聪考察乌恰地区。

1942 年，黄汲清、程裕淇、翁文波、杨钟健、卞美年、周宗浚到库车等地进行石油地质调查，1947 年发表了"新疆油田地质调查报告"。

1945 年，黄汲清发表《中国主要地质构造单位》，将天山、昆仑山划为"华力西轮回的地槽褶皱"，并称基底褶皱在喜马拉雅轮回中均有所发展；将塔里木划分为前寒武纪地块。中外地质专家，在塔里木盆地进行了大量的石油地质普查工作，虽未取得重大突破，但留下的宝贵记载和资料，给新中国的石油勘探工作提供了有益借鉴。

新中国对这块神秘的土地投入了大量的人财物，期待得到丰厚的回报。1950 年中苏石油公司成立、1956 年新疆石油管理局成立，特别是 1957 ~ 1958 年组织以夏公君为首的两个重磁队，经历 4 个月塔克拉玛干历险，圆满完成穿越"死海"的勘探任务。翌年该局乘胜前进，组织规模宏大的物探和地质队伍，共穿越盆地南北勘测 26 次，取得了丰富的地面重力、磁力、地质、水文、气候、地貌和生态环境等前所未有的第一手资料。首次揭开了塔克拉玛干大沙漠的地质基底为："三隆二坳一斜坡"的奥秘。

1955 年，地质部 13 大队，新疆地质局区域地质调查大队对盆地边缘地区开展了不同比例尺的地质测量。1956 年新疆地质局 753 队（队长戴景明、工程师王文彬）下属 9 个分队，对塔里木盆地周边区域进行了不同比例尺地质测量。地质工作者杨兆宇、吴德元等首次穿越盆地中部大沙漠区的玛扎塔克山。1957 - 1958 年地质部航测大队 904 队完成盆地 1∶100 航空磁测。

尽管地质和石油两部做了一定工作，1958 年发现依奇克里克小油田和 1977 年在柯克亚打出一口高产油气井。但几十年来未获取重大突破，处于五上五下的低迷困境。地质界普遍意识到对塔里木盆地地下地质结构复杂认识不够，远没有进入自由王国。有专家认为，塔里木盆地曾经四度为海，陆海交替，变化无常；并且在泥盆纪到早二迭纪的大约 1.2 亿年间塔里木地块曾发生过大幅度的位移——顺时针旋转了 40 度。这样，先形成的石油在后来的地层变化过程中又遭到破坏，重新聚集非常困难，甚至根本不可能。其结果，就为现今的石油勘探开发埋下了诸多困难，出现许多人们难以预料的情况。如，我们对依奇克里克和柯克亚两个油田的认识就反映出这种特点。

依奇克里克油田位于库车县城东北约 100 千米处，是苏联航测大队 1952 年在航测中发现的，1958 年开始勘探开发；由于此地早在宋代以前就曾有石油从地下溢出，所以不少人估计这里可能会发现大油田，当年 10 月打成的第一口井日喷原油 140 立方米。接着，即进行开发，到 1975 年底全油田共打油井 196 口，但希望令人堪忧。又如 1977 年 5 月 17 日柯参 1 井的大井喷，曾轰动了全国和世界。据当时初步测定，该井日喷原油 1647 吨，天然气 276 万立方米，不料至 1979 年 12 月自动停喷。此后盆地再无重大突破，不能不使地质石油界业内确确实实感到塔里木盆地地质结构的复杂性。

三、盆地的人文魅力

然而大自然总是十分有趣逗弄人类的，她的桀骜不驯那狰狞嘴脸的内心，却蕴孕着充满神秘而炽热富足的聚宝盆。她的"塔克拉玛干"名字就像潘多拉盒子般神奇，令人遐想无限：维语意为"进去出不来"，又说是"死亡之海"，还说正确解释应是"过去的家园"。还有说"塔克拉玛干"这地名，由塔尔克玛干演变的，"塔尔克"是"过去的""被抛弃的"意思；中心词"玛干"在波斯语是"家园""住宿地""处所"之意。正因塔克拉玛干的风沙埋没了许多村庄、城镇和田园，如众所周知的楼兰、米兰、瓦石峡、鄯善、且末、精绝尼雅等古代都城。还有玛扎塔克、吐火罗、阿克斯皮勒和热瓦克等古堡、楼阁等历史遗迹。

传说多少年前，大漠里来了三位远方客人，骑着毛驴找金子。走啊走，走了七七四十九天，竟然来到了一座富丽堂皇的宫殿面前。殿外高楼错落，灯火通明，人来人往，笑声不绝；周围丰收在望，牛肥马壮，仓满囤满。殿里林林总总摆满金子、银子、珠宝、绫罗绸缎。三位客人心花怒放，既然找到了，一古脑儿就往自己袋里装，大袋小袋满满当当。正要推门往外走时，城门立即"嘭!"声紧闭啦，风沙暴起，一片漆黑，霎临大难当头。三位客人恐惧地放下财宝，好怪哩城门自动开启啦。老人笑着说"塔克拉玛干"有两种解释，都一点不错哩："本是人居的地方""进去出不来"，可有针对性意义哩，瞧你安的啥心眼！老人讲毕，预祝他们一路平安，就一阵风不见了。

历史记载有趣得很，还抛出一幅令人浮想联翩的甚么"丝绸之路"，在偌大盆地就独占了南路和中路。近代人掀起了一股"丝绸之路热"，许多中外著名的历史学家、考古工作者、作家、诗人和电视影界、新闻出版界人士，对这几条两千年前开拓的世界上最长的古老商路，倾注着前所未有的热情。这条道路在哪里？与塔克拉玛干有啥缘分，在历史上的作用和贡献是什么？说什么占世界陆地总面积三分之一的欧亚大陆，古代各族人民的联系，正是依靠这一条以美丽的丝绸命名而通过塔克拉玛干的"丝绸古道"——曾经把古老的黄河流域、恒河流域文化，以及著名的古希腊文化和波斯文化联系起来，又是佛教传播的"接力站"哩。然而在与漫长的残酷风沙抗衡岁月中，大部繁华和昌盛的"过去的家园"渐渐被风沙吞没了。

然而，塔里木盆地尤其塔克拉玛干的神秘、恐惧和无穷财富，千百年来就像魔鬼天堂的炙热火焰，照亮着人们的向往和追逐天性。近代人们怀着丰富联想寄托对盆地种种华丽的财富憧憬，或许海湾国家的科威特和沙特阿拉伯的布尔甘和加瓦尔的巨型油田，哪一个早上从咱们沙海中升起说不准哩。

第三节　新中国 30 多年艰苦曲折的勘探历程

一、"一上一下塔里木"

1950 年 9 月，中苏石油股份公司成立，翌年派出野外队在塔里木进行地质调查。1952 年，中苏石油股份公司先后在喀什建立地质调查处喀什站、第三建筑处和钻井处，即为"一上"塔里木油气勘探。1953 年，中央指示，在铁路未修到乌鲁木齐以前，新疆石油勘探"以地质勘探、培养干部为主，并将勘探重点放在北疆（南疆只作个别勘探）"。1954 年 9 月，撤销了喀什钻井处，地调野外队全部调出。1954 年底，中苏石油股份公司关闭，塔里木盆地的地质普查和钻探工作全部停止，为"一下"塔里木。

这期间以第三系为找油气的主要目的层。1952 年，П·и·乌瓦洛夫领导的地质详查队对喀什背斜进行了 1:25 万地质填图。1953 年，Г·К·聂夫斯基领导的地质队对明尧勒背斜进行了地质填图。从局部构造着眼，选择了库车坳陷的喀桑托开背斜、喀什坳陷的克拉托背斜和喀什背斜进行钻探。除在克拉托发现少量油气显示外，大部分钻井因工程事故未钻达目的层。

二、"二上二下塔里木"

1958 年 7 月，新疆石油管理局提出"大闹塔里木"口号，8 月 18 日，在阿克苏成立塔里木矿务局，展开对塔里木全盆地边缘的勘探，九次穿越塔克拉玛干大沙漠，进行重力、磁力勘探。有 8 个野外地质队和 16 个钻井队，职工 4500 名。以雍天寿为队长的 102/57 队部署的依 1 井于 1958 年 9 月 23 日发现依奇克里克侏罗纪油田。初产原油 120～140m³/d，随之建成依奇克里克炼油厂。1959 年，因受"大跃进"不良后果影响，塔里木盆地勘探急剧收缩，塔里木矿务局撤销，改建为塔里木地质勘探处，职工 1050 名，勘探处先驻库车，后迁往依奇克里克油田，主要任务由勘探转向油田开发。

1958 年新疆石油管理局 505、506 重磁力队再进大沙漠，完成和田河以东重磁力概查，1959 年又完成了罗布泊地区概查。1957－1958 年共完成穿沙漠测线 26 条，并编绘了全盆地 1：100 万重力异常图。

（一）期间区域地质调查工作迅速发展，区域地质调查为盆地油气勘查提供了必要的基础地质资料。自 1955 年起，地质部第十三地质大队、新疆地质局区调大队，在 3 年多中，按照国家的统一部署，系统地进行了正规的 1：20 万（部分为 1：100 万）区域地质调查工作，基本扫除了盆地周缘及山区的地质空白区。在区调成果的基础上，从 1962 年起，陆续对全疆的地层、岩石、构造等进行了大量的专题研究，编制了新疆 1：100 万地质图等系统图件及图册。这些工作为研究塔里木盆地的形成与发展、构造特征及石油地质条件等提供了基础地质资料。

（二）1956 年 1 月，地质部召开了第二次石油普查工作会议，决定在塔里木盆地南缘进行石油地质调查工作。新疆地质局 753 队（队长戴景明、工程师王文彬）承担上述任务，下属的 9 个分队分别在莎车－叶城－皮山进行油气普查；在策勒－于田、马扎塔格－柯坪塔格、叶尼雅东－库尔勒南进行石油地质路线调查；在阿图什构造中段进行 1：25000 细测；在于田－且末进行 1：20 万－1：100 万区域地质调查。通过一年的工作，获得了不少地质成果，为进一步开展油气勘查提供了一定基础资料：1）发现 16 个地面背斜构造，其中尤为重要的是西和甫构造（李学惠等发现），现已建成为柯克亚油气田；2）发现有重要意义的油气显示两处，其中有和什拉甫石炭纪油苗；3）以简陋的装备横穿大沙漠，对玛扎塔格石炭系－二叠系进行了踏勘（杨兆宇、吴德源等）；等等。

1957年2月，在地质部召开的石油地质专业会议上，黄汲清作了"对我国含油气远景分区的初步意见"报告，认为塔里木盆地可能是经济价值很大的含油气地区，并建议在库车、阿克苏山前凹地寻找中生代、早第三纪油气；在南部大凹和西部寻找白垩－第三纪油气；东部寻找石炭－二叠纪油气，同时还指出"应以物探工作为主……为了准备第二个五年计划，在这里做工作是必要的"。

（三）1957年冬到1958年春，地质部航测大队904队完成了盆地的1：100万航空磁测。在"新疆维吾尔自治区塔里木盆地 ΔTa 航空磁测总报告"中认为，盆地具有一个较稳定的地台型基底，将其划分为中央横向隆起、西南斜坡、东塔里木坳陷三个次级构造单元。并认为塔里木北缘存在一个潜伏隆起带，即塔北长垣隆起带，把该坳陷与库车坳陷分开。几个坳陷区都是可能的含油气远景区，特别是对塔北长垣隆起带和岳普湖长垣隆起带含油气远景给予了较高评价。此项成果对认识盆地的基底、构造单元的划分、重磁异常的评价和进一步部署地质、物探工作都起着重要的作用，至今仍有较高的参考价值。

三、"三上三下塔里木"

1964年12月，新疆石油管理局在库车成立塔里木勘探会战指挥部（后改称南疆石油勘探会战指挥部），恢复对塔里木的油气勘探，按照"一手抓山前，一手抓地台"的勘探思路，加强库车坳陷和盆地北部一些地区的钻探工作，职工3200余名。这次勘探会战很快被"文革"冲击打乱。1970年，指挥部勘探队伍进入塔西南地区，展开以克拉托为重点的小型勘探。

1974年7~8月，新疆地质局第二地质大队三分队（队长焦群兴、技术负责马世鹏）在叶城坳陷玉力群背斜钻探自然硫矿时，首次发现老第三纪油砂，样品经初步分析化验为原油。引起了国家地质、石油两个部门的极大关注。推动1976年，新疆石油管理局在西和甫构造部署西1井，喷出高产工业油气流，从而拉开了石油工业部在南疆石油会战序幕。此后该局曾开展了相当规模的勘探会战。

四、"四上四下塔里木"

1975年，在石油部直接领导下，组织以叶城凹陷为重点的勘探会战，12

月，指挥部机关迁驻叶城。1978 年勘探会战达到高潮，勘探区域从塔北库车坳陷、巴楚隆起西部，到西南的喀什、叶城、皮山、和田一带，呈马蹄形展开。使用 23 个钻井队、22 个地震队、3 个重磁力队，会战职工达 14800 名。1979 年 7 月，泽普石油基地建设正式破土动工，指挥部机关迁往基地。但会战以失望告终，1980 年后，会战下马。

五、"五上五下塔里木"

1986 年 12 月 2 日，南疆石油勘探指挥部更名为泽普石油天然气开发公司，职工 6360 名，公司的工作重点由油气勘探转向建设泽普石化厂和开发柯克亚油气田。1987 年底起，泽普石化厂的炼油、液化气、化肥等装置相继建成投产。石化厂建成投产后，为石化厂寻找后备资源的工作成为公司的工作重点，勘探工作又开始恢复。

六、"六上塔里木"

1992 年，新疆石油管理局提出"主攻准噶尔，重上塔西南，开创新疆石油工业新局面"口号，塔西南的油气勘探重新全面展开。当年，投入 5 个地震队、1 个重力队、1 个电法队在塔西南 4 个区域展开勘探，日本石油公团投资 80 亿日元在塔西南进行地震勘探。1992 - 1995 年，公司钻勘分布在柯克亚油气田、琼库恰克构造、康塔库木背斜和玉代力克断块。然而成果令人难以乐观。

第二章　勇挑险重任，初试塔西南

第一节　完成千人队伍从青海向塔里木
勘区的转移

一、一普正式被国家点将战略转移，再出征

1978 年 5 月 8 日，国家地质总局决定成立新疆石油普查勘探指挥部（李奔为指挥长），由新疆地质局抽调部分干部进行组建工作，但无油气勘探技术队伍。为抓紧时间迅速开展塔里木油气勘查工作，总局于同年 8 月暂调地质总局第四物探大队 442、443 地震队及第六物探大队 644 地震队，首先进入喀什地区的喀什凹陷明尧勒、木什地表构造，进行地震技术方法试验和地震勘探试生产。

国家地质总局经过多次调查研究、多方协商筹备，于当年 11 月 4 日，以地油〔1978〕1067 号《关于青海省地质局石油队调入新疆参加石油普查勘探会战的通知》："青海省地质局：为有效地落实英明领袖华主席要'创建十来个大庆'的号召，把有限的力量集中到几个重点上，采取分期分批打歼灭战的办法，以加强石油普查勘探步伐，尽快找到一批新的石油勘探开发后备基地，经商得青海省革委同意，决定将青海省地质局石油队成建制调入新疆参加石油普查勘探会战。"

文件还要求队伍力争在 1979 年 3 月底前，将队伍调进新疆。并指出"在民和盆地的野外生产即可停下来，并立即进行队伍的整顿、设备维修和组织发运。对民和盆地的地质资料，该队要负责进行整理，编写阶段小结。"

这支原叫"一普"的队伍，就像一度遭冷遇的骁将忽被国家点将，何等兴奋激越，恨不能马上飞登骏马扑向炮火连天战场，杀个酣畅夺回昔日的

二、为快进疆进好疆，秣马厉兵

党委一班人闻风而动，紧急召开专题会，认真讨论转战新区重大意义，提升到国家能源重大战略决策高度上认识；同时充分认识千人队伍几千公里大转移的复杂性、艰巨性和细致性，因此要作周密和详尽而具体的部署。向职工大会进行动员，统一思想统一步调；先党内后党外，先干部后群众，大队分队层层动员；大讲会战意义，摆明暂时困难和不利因素，如实地向群众

1980 年 10 月，地质部长孙大光深入塔北考察

讲清。号召广大职工识大体，顾大局，把参加南疆会战，当作落实新时期总任务创建十个大油田的具体行动，自觉服从国家需要。

成立搬迁领导小组，对快进疆、进好疆，早日投产，进行搬迁细节作具体安排。分头把口，职责明确。搬迁组、先遣组、留守组，立即展开工作。翌日（11 月 4 日）即派出首批先遣人员，二三批进疆人员和时间亦提前明确；为切实抓好搬迁工作，党委决定在西部和东部地区成立两个搬迁领导小组，分别负责东、西两地区的搬迁领导工作；并下设机械设备修理组，物资清点包装组、发运组，另在兰州设一转运接待站。

正因领导重视、组织坚强、措施落实，全队广大职工迅速稳准，紧张而热烈拉开千人勘探队伍大转移战幕；人人以大局为重，克服严寒、路遥、任务重、时间短，以及个人种种困难，服从组织调动。几天内完成拆卸、包装、托运；按期探亲，妥善处置家庭，解决后顾之忧，轻装进疆。首批先遣人员进疆，并与以后进疆同志开展喀什先遣驻地选择、住房修建、锅灶安置、工区踏勘、生产准备、搬卸物资等工作。他们本着有条件要上，没有条件创造条件也要上的精神，在住房、生活、物资、交通工具等非常困难条件下，千方百计克服，努力工作。他们在搞好安家同时，不失时机的抓紧生产施工。他们不顾天寒地冻，荒无人烟的戈壁，元旦深夜完成喀 1 井基础施

工；4002 井队先遣同志放弃元旦休息，冒风寒直奔麦参 1 井工地；物探地震两个分队，住地刚开始安顿，就拉开仪器性能试验。队伍进疆一月份进入高潮，三月初基本到全；九百多名职工陆续抵达驻地，上万吨设备、物资、个人行李源源进入工地。搬迁与先遣工作按计划进行，按计划完成。

第二节　筚路又蓝缕，扎营塔西南

一、"民以食为天"

1978 年新疆经济、政治和边境形势堪忧：文革遗留问题重重地压抑着这块多民族的疆土尚未喘过气，工农业仍处瘫痪境况，中苏边境形势剑拔弩张，陈兵百万，一触即发；百姓纷纷疏散，挤满东去列车，经济严重萧条，温饱挑衅着百姓。有民谣传王震开荒、王恩茂种粮、某某某吃光。马肉都只能在宾馆里看到，什么牛羊肉、猪肉、食糖、青油、白面、大米等供应异常紧张。但自治区党政对进疆勘探石油工作十分重视，专发计委计财字 [1978] 63 号文，主送喀什地区革委会、自治区商业局、粮食局、供销社《关于安排塔里木盆地石油普查勘探队伍生活供应问题的通知》。

然而，由于勘区喀什地方政府在疆内属贫穷地州，各职能部门囊中羞涩亦在情理中；巧妇难为无米之炊，故在执行时不得不大打折扣。因此落到勘探队伍手中的，不是拦腰砍一半问题，而是人月仅供细粮 30%、清油 200 克、肉 500 克、糖 200 克。为稳定队伍提振士气，早日拉开勘探帷幕，大队要求各井分队立足自力更生。队伍进疆前抓紧准备：一立马下农村找猪源，准备 30 吨冻猪肉、5 吨清油和一吨糖及 10 吨白面；二要求各进疆队伍，尽可能多带自备粮油肉，至少保证自己人马前半月粮油不求人，以免临渴掘井挨饿受苦；三多带棉帐篷，保证不挨冻难眠。

二、马不停蹄边进疆安家、边准备勘探生产

1978 年 10 月 20 日，青海省地质局党委宣布石油队全建制调新疆，参加塔里木盆地石油会战。此前，国家地质总局石油组副组长石俊业，抵青海省西宁与省革委会商同青海地质局，调该局石油队（即一普）进疆，并亲赴座

落西宁市西川一普队伍基地"监狱"大院，向广大职工进行思想动员。石俊业面对席地而坐黑鸦鸦翘首以盼的石油战士，心中涌起一股热流，老一普战华北、下辽河那种"特别能忍耐、特别能吃苦、特别能战斗"的过硬作风，叱咤风云气势依然不减当年啊！他心头一阵惊喜，此趟西宁之行信心满满，只要一声令下，指到哪打到哪，战之必胜。因此他想向这样的部下强调"参加塔里木油气勘探重大战略意义，就是贯彻落实华国锋同志提出寻找'十来个大庆'的伟大战略部署"的必要性不是那么重要了。因而他转而以拉家常语气，聊谈国内油气勘探情况，喜忧掺半令人揪心的一些事儿，听众立时掀起一股颇似投笔从戎的激情。

11月4日，国家地质总局正式下文调青海石油普查队进疆勘探文件。石油队党委高度重视雷厉风行，立即层层动员，做好思想工作；成立搬迁小组，着手组织队伍进行大搬迁的拆、装、运的具体工作，同时派出先遣人员进疆。11月6日，第一批5名先遣人员离青进疆；13日又派出10名同志，分别到乌鲁木齐、喀什等地开展队伍基地筹备事宜；第三批14名同志于20日启程；第四批当月30日离青。统一要求大部分职工于明年1月份陆续抵达勘探工地，3月份全面开工勘探生产。

随着队伍迅速集结向塔西南地区，建立接纳进疆队伍的基地就是进疆一普各大队面临的急迫窘境。刚成立的新疆石油普查勘探指挥部准备的喀什"骑三团"专为进疆队伍选室安家基地，可实际上是个断墙残壁废弃几十年了的兵营，抢修和重建需要时日，而且远远容纳不下一普千人队伍。这边"骑三团"夜以继日地抢修废兵营，那边各大队积极自谋出路，四处寻找基地；都为一个共同目标早日开工生产，心往一处想劲往一处使，没吃没住艰苦奋斗赶工作。在南疆各地党政军迎接石油大军的宣传教育下，对千里迢迢风尘卜卜的找油人热情有加。他们在自己极度困难中，调剂粮食、肉类等副食和生活日用品，并腾出最好住房安排勘探队员，宁可自己一家挤在一个土坑上。曾被毛泽东称誉的喀什市帕克太克里乡领导和群众，像迎接和关怀子弟兵一样款待远道而来勘探儿女。物探、地质、井下作业等大队先后在喀什、阿克苏找到了落脚基地。

三、"帐篷趴地人站直！"

井分队长到达骑三团最早的，要数5012井队长杜荣华，他的人马集结得最多最快。他们施工的喀一井，位于疏附县西北百多公里的喀什葛尔河畔戈壁滩上，没有路，没有居民点，没有明显标志，没有今天的 GPS，凭着十万分之一地图找到井位，比之于大海捞针一点不为过。但是杜荣华他们把它找到了，标定了井位，撑起了第一顶帐篷、第二顶帐篷、第三顶帐篷……整整搭起 15 顶帐篷，尚有 3 顶没加盖、2 顶没穿裙子。他们艰难地进行基础施工，把喀什葛尔河水引过来，安装上发电机，进行钻机基墩挖掘施工，不喘气地干到年底的 30 日深夜。没想触怒了苍天怎么的，狂风呼啸，沙暴突袭，帐篷摇晃，呼吸困难，"咔嚓咔嚓"篷架响声，把酣睡的钻工们惊醒了。大家来不及穿衣起床，就有 7 顶帐篷揭顶、5 顶趴地，其余上梁不正下梁歪，在摇摇欲坠中。

这时，正是 1979 年元旦凌晨 5 点多。

食堂帐篷里的食品、锅灶、案板、盆碗，盖了一层厚厚砂土，足有一公分厚度，"不能吃了！"但副队长王守忠说："不吃怎么办？扔了太可惜，青海带来的'八一粉'啊！"杜队长接上话茬说把盖面砂土掸掉，宁可多花点时间。

"对，就这么定。咱们喝盐水糊糊吧，那家伙真不错，不用牙齿，闭住眼睛往下咽吧！"王守忠接上说。

"帐篷趴地，人站直嘛！这就是咱 5012 的骨架。"杜荣华队长对全队职工这样说。

物探大队技术骨干抓时部署勘探工作

这支队伍，又一次经受史无先例的长距离搬迁考验。他们仅用 40 天时间，完成 9800 多吨钻机等巨型设备机械、物探仪器装备、行政办公用具，以及千人队伍家属大搬迁任务。战胜了北疆千里冰封和南疆无垠荒漠的挑战，把边境战争威胁置之脑后，乐把缺粮挨饿穴居野处当意志磨砺，安全到达了喀什地区各施工勘区；撑起帐篷，安营扎寨，凿开冻土，旋转钻头，拼搏创业。

第三节　首战塔西南坳陷喀什——麦盖地地区

根据 1978 年上半年石油地质综合大队塔里木队突破一块－西南坳陷区，从喀什坳陷入手，对区内斜坡上的隆起、构造深入研究，开展地震工作发现和落实圈闭，力争找到大油气田的建议。国家地质总局石油局指示新疆石油普查勘探指挥部首先以突破喀什凹陷为目标。

当年 8 月，首先抽调第四物探大队 442、443、第六物探大队 644 队在明尧勒、木什地表构造上进行地震技术方法试验及试生产；1978－1979 年总局第 904 航测大队在和田河以西进行 1:20 万航空磁测，并对全盆地进行了航空遥感地质。1979 年，新疆石油普查勘探指挥部第一物探大队对喀什凹陷进行 1:10 万重力普查。为了解喀什凹陷－麦盖提斜坡至巴楚隆起的区域地质结构，沿叶尔羌河部署地震区域剖面，并在喀什地区进行地震概查，完成地震剖面 430 千米。通过上述工作，对喀什凹陷的形成、发展以及地层、构造都有了进一步了解。

1979 年初，经反复研究确定和部署了两口深钻：一是明遥路地表构造因被友邻井队抢占而搬至河对岸目什地表构造，命名为喀 1 井，设计井深 5000 米，于 1979 年 4 月开钻。钻至 3016.66 米终孔，地层为 N1。提前终孔主要原因在井深 2900 多米取芯，岩芯破碎，视倾角达 90 度。分析可能钻入断裂层，5000 米揭示不到目的层，加之井斜超标，卡钻频繁，部石油局同意提前终孔。二是麦盖提斜坡上部署麦参 1 井，由一普 4001 井队施工。麦参一井于 1980 年 7 月在上石炭统灰岩中首次取得 4.2 米裂隙含油岩心。测井资料解释可能含油层有 10 层，在 4242～4150 米井段上部射孔 1 米后测试，日产气 500 立方米，从而证实石炭系碳酸盐岩是盆地的重要生储油岩之一。

时值 1980 年 10 月孙大光部长抵现场视察工作，一普总工刘国栋汇报时强调在海相石炭系取出含油岩心，证明石炭系具有油气生成、运移和聚集条件，大光给予了充分肯定，要求搞好测试工作。这个时期"新指"共钻井 4 口，进尺 16120 米。但油气勘探工作遇到了很多难题，其中最为突出是：

首先，巨厚的第三系"黄被子"，即坳陷内缺乏生油条件的新第三系厚度一般在 4000～5000 米，某些地段厚达 7000 米，基底埋深超过 12000 米。一物大队技术负责彭城组织相关技术力量，对地震仪记录超深技术进行改装，以期解决模拟地震仪记录长度不够的缺陷问题。经过努力他们找到了解决的办法，改装仪器有关技术，使磁鼓旋转一圈半加大至两圈，来完成超深地震波的录制，达到获取深层反射波纪录要求。从而实现了为进一步了解坳陷的地质、构造情况提供准确依据。然而即使了解到了深层油气地质，但主要含油气层系埋藏过深，而当代钻探能力尤其自己队伍的一普更是可望不可即。

其次，局部构造的上、下不吻合。如明尧勒背斜、木什背斜、喀什背斜等构造都如此，给石油勘探工作造成极大困难。地震浅层反射层与深层反射层的构造形态和位置有较大差异，并且中层难以得到可靠反射地震资料，而钻探资料证实该层破碎严重，产状甚陡，过去青海民和地层倾角大的惨痛教训记忆犹深，不难预料喀什凹陷区勘查工作必将难以顺利进行。

第三、喀什西南坳陷地区，石油部门正组织勘探大会战，投入大量人财物；地矿队伍的有限力量没有必要在其中进行穿插重复。

面对塔西南坳陷的地质特征现实，指挥部组织力量进行反复研究，最终形成统一意见，认为该区只能暂时忍痛割爱。按地矿队伍巧用精兵原则传统，确定主攻战场，精选靶区势在必行；决定于翌年起陆续酝酿"工区转移"，开展选择具有潜力雄厚的油气勘探新领域。

第四节　积极探索潜力基地，
寻找战略转移勘区

一、在阿克苏召开盆地地质工作会议

面对塔西南坳陷喀什－麦盖地新出现的地质特性认识，新疆石油普查勘探指挥部（下简称"新指"）李奔指挥长，于1979年9月12日至17日，在阿克苏召开被称"诸葛会"（盆地新资料成果交流会）的地质工作会议。会议邀请国家地质总局石油局总工程师、石油地质综合大队、新疆地质局、新疆石油管理局、总局航测队等资深专家，并特邀石油工业部领导参加了会议，对盆地油气地质前景进行论证。期待为下步战略转移目标靶区进行把脉。

会上关士聪做了学术报告，康玉柱受石油地质综合大队塔里木队委托作了《塔里木盆地石油地质特征及找油方向》的汇报，在分区评价盆地含油气远景时指出，塔东坳陷区有比塔西南更好的找油前景；新疆地质局副总工程师张良臣把塔东坳陷比作"小塔里木"，还强调了要重视寒武－奥陶系生油岩，对盆地整体油气生、储、盖产状前景认为：

中为李奔指挥长、右为吕华副指挥长

（1）塔里木盆地具有统一的前震旦系结晶变质基底、广泛的古生界基础和巨厚的中新生界盖层；该盆地是多构造体系控制的复合型盆地（纬向系、西域系、河西系、帕米尔歹字型及阿尔金构造带），但对盆地起主导控制作用的是纬向系和西域系；具有多旋回、多成油组合特征，油质丰富，储集条件好，是形成大油气田的物质基础；油气显示丰富多彩、圈闭类型多种，找油领域广泛。所以，塔里木盆地是寻找大油气田的地区，是我国重要的含油区。（2）在对盆地生、储油条件分析中，首次提出寒武－奥陶系的碳酸盐岩生、储问题也应重视。认真研究各时代（包括下古生界）碳酸盐岩储集性及变化规律有实际意义。注意在中央隆起寻找古生界的古潜山型油气藏。（3）部署建议：着眼全盆、分区规划、加快普查、择优突破。

二、会议提出勘区转向塔北

对油气勘探区域的具体战略部署上，建议把油气勘探重点转向塔北沙雅斜坡地区。为什么向这个地区转移呢？以著名地质学家李四光地质力学理论方法研究认为，沙雅隆起在早古生代时可能西与柯坪隆起，东与库鲁克塔格隆起形成一个东西向沉降带，航磁资料表明这是一个东西向展布的平静负磁场区，晚古生代形成隆起带，但沙雅隆起开始沉降接受沉积。其东段——库鲁克塔格隆起由太古宇、元古宇和下古生界组成；加里东末期运动使其褶皱上升。大部分地区缺失上古生界及其以上地层。其中段——为库尔勒鼻状隆起，是库鲁克塔格隆起向西倾覆部分。钻井和地震资料表明，鼻隆轴部为奥陶系，而上古生界和侏罗系仅分布在南北侧，第三系不整合于其上；在加里东期其与库鲁克塔格相连,只是在海西期被西域系改造而分割开来。西段——柯坪隆起早古生代时与库鲁克塔格十分相似。另外,柯坪隆起与柯吐尔、雅克拉潜伏隆起是同一东西带上性质类似的地质体。本段晚古生代海水侵漫,沉积了石炭系、二叠系。

沙雅隆起上的柯吐尔、雅克拉、轮台隆起上的基岩埋深 3～4 千米,中生代仍处于隆起状态,新生代形成北倾斜坡。所以该隆起带上不但有古生界,也应有中、新生界。我们认为,在沙雅隆起上注意寻找古生界、古潜山型油气田是适宜的。基于上述理论认识,认为沙雅隆起油气前景好,目的层埋藏浅。因此,在大会上提出向这一地区转移的意见。会后又向国家地质局石油局领导作了汇报。

晚古生代形成隆起带,但沙雅隆起开始沉降接受沉积。

第三章　战略大转移,塔北成主题

第一节　战略转塔北,天地齐发力,
强攻井位堡垒

一、转移问题的提出

巨厚的上第三系使得目的层埋藏过深,且局都构造较复杂,物探和钻井资料探索证明地下地质不容乐观;加上周围地区是石油工业部组织会战的重要地区,已投入大批力量,"新石指"没有必要进行穿插、重复工作。因此,在 1979 年中,"新石指"广大技术人员就开始酝酿"工区转移"问题。同时,李奔根据地质、物探人员的建议,几度萌想在新疆石油管理局 1958 年发现的跃进一号重力高上开展工作。他将其比做松辽的大同重力高。大同重力高经地震工作证实为长垣并发现举世闻名的大庆油田。1979 年 6 月,李奔

与石油部李敬副部长在喀什谈话时曾谈及这一想法,得到李敬的赞同和支持。

更重要的关键,在于 1979 年 9 月的阿克苏"诸葛会"上,初步形成塔东北比塔西南具更好油气前景认识,加之交通远优塔西南地区,这一观点得到了孙大光同志的首肯,坚定了"新指"战略东移决心。

二、部署的指导思想和原则

1979 年 10 月,地质总局在长沙召开的石油普查工作部署座谈会上,把塔里木盆地油气勘查工作列为地质总局"六块一片"战略普查区之一。提出了"塔里木盆地主要是先进行战略侦察。要着眼全盆地,侧重塔北和麦盖提斜坡,继续在喀什坳陷进行工作,注意塔东坳陷区和巴楚隆起带的探索。要海陆相并举,油气并重,新老地层并重。要充分利用物探手段,在一些重要部位打井。结合系统扎实的周边地面地质工作,加强综合研究,基本搞清大的构造格局、地层层序和生储盖组合;划分远景区,选准主攻方向,确定主攻战场。同时,要积极为上大钻做准备"。对"三指"1980 年油气勘查部署提出了意见,即:"在着眼全盆的前提下,以塔北和塔东坳陷区为侧重点,在西起喀什、东到孔雀河,北起柯坪塔格,南以跃进一号重力高为南界的广大地区开展工作。"

具体任务是:

地震:开展区域大剖面。了解库车坳陷 – 沙雅斜坡 – 中央隆起之间的关系,各套地层的厚度、分布,为解决区域构造格局和盆地的远景评价提供资料。

重力:在跃进一号重力高西高点进行 1∶20 万普查,查明西高点的位置和形态,为地震和钻井工作提供依据。

钻探:跃参一井,井深 5000 米,预计可钻达上古生界。主要了解地层剖面,各层组储油性能、岩石物性、生油指标和地层古生物资料,为分析塔北构造性质和评价该区含油气远景提供资料。

1980 年 9 月 6 日~10 日,"新石指"在乌鲁木齐召开塔里木盆地规划部署论证会,总局派苏云山副局长到会指导,李奔、徐生道主持了会议。会议经过反复论证,专家一致认为,塔里木油气勘查将塔北作为主攻战场的部署是最佳方案。

三、跃参一井井位空投标石及谨慎勘定

塔东北地区远景评价逐步提高，但缺乏详细物探资料，特别是未充分掌握地下圈闭构造。因而决定开展地震工作同时，在跃进一号重力高上部署参数井很有必要。1979 年 11 月，李奔主持 1980 年石油普查勘探工作部署会议，决定跃进一号重力高西高点为跃参一井井位。跃进一号重力高位于"死海"北部，地面连绵沙海、沙丘，没有明显的地物标志，在地面上标定井位是极为艰难的。为了准确而快速勘定井位，决定从飞机投标，尔后地面寻标，卫星定位仪确定井位坐标。以陆青、马哲、何希云、张文献、刘光泽、赵衍环、葛志田等十七人组成踏勘小组，于 12 月 5 日出发。

安 2 小型飞机飞过塔里木河，在 50 米的低空飞行，投标人员缺乏经验。开始时飞机直线飞行，气流不稳，颠簸厉害。待飞抵工区时，飞机飞行高度由 50 米降到了 30 米。盘旋飞行，使刚才谈笑风生的人们开始晕眩难耐、呕吐不止。但当飞机到达预定投标点时，他们立即强打精神，从半休克状态中清醒过来。舱门打开了，水泥标吊出了舱门。"投标！"机长一声令下，5 个人同时松开手中的绳子。4 只 60 公斤重的三角形标石摇晃着、翻滚着落到了地面，溅起的灰沙如一股黄色的烟雾直冲而起……

次日，探险队一行 14 人由陆青带领向投标方位进发。他们渡过塔里木河，穿过原始胡杨林，遭遇沙漠、沙丘、塔里木古河床磨难，几十公里的路程，却耗费了近 10 天之久。估计应到四号标区的范围了，大家下了车，拖着酸麻僵硬的双腿，分头寻找标石。一小时，两小时过去了，未见标石踪影。连他们自己也感到要在沙海中找到它们，就像在大海捞针一样困难。大家带着沮丧的心情又上了车，继续前进，苦苦地望眼欲穿，极目寻找所投标石，依然无影无踪。携带的生活用水所剩无几，电台又与指挥部失去了联系，探险队如断线风筝面临灭顶之灾。

12 月 12 日下午，饥渴交加、躺在沙丘上的人们，相互鼓励着站起来，又向一座沙丘爬去。大家焦急渴念中，突然，张文献眼睛一亮：呵，井位标记——一面随风飘扬的红旗在正前方陡现！他们忘情地爬过去，紧紧抱住标记红旗，人们欢呼、跳跃，欣喜若狂。决定在此设营地，架天线、支帐篷、架锅做饭，并把这一好消息通过电台传向乌鲁木齐。

历尽艰辛，经过半个月的拼搏强攻，吃尽苦头，圆满完成投标和寻标任

— 195 —

务，为正确布置井位做出了努力。由于所选定的井位（空投4号标）交通条件堪称恶劣，设备和物资运输以当年装备条件难以实现，迫使井位不得不北移。1980年5月30日，李奔、徐生道、康玉柱、毕占海、刘淮声等三指最高决策者齐集塔河南岸，经反复谨慎研究，重新勘定了跃参一井井位。

"卷席筒" 与黎启

正：上世纪七八十年代，西北石油局第一物探大队141地震分队，因当年国拨地勘费仅实际费用的三分之一。争做以献身地

质事业为荣精神深入人心，穷则思变，办法比困难多。

　　野外地震工作，沿测线采集资料，每天要搬家一次。黎启正副队长扳指头计算，一天十几辆大小车辆，往返工地与驻地路程，几十乃至百几十公里；车辆耗油和机械磨损费用，不算一笔糊涂账，一算吓出一身汗，往少说年投资三分之一。他管生产后勤，压力在他肩上，开动脑筋想：每天只小搬家出工，食堂只捎行军锅、面板、主副食和煤水等，省去辎重帐篷和行李铺卷搬运。职工随身携筒单被褥，入夜往沙漠戈壁一甩，身子放横一卷，眨眼数星星就呼呼做梦啦，不就省下三分之一嘛。那时适值电影河南戏《卷席筒》热放，找油人不约而同自诩为"卷席筒"。卷席筒提高了生产效率，节约了大量油材料和车辆设备，它是攻克难关的法宝。从此"卷席筒"一发不可收，备受上级赞美和各分队效法。但也是病魔的温床。

　　由于"卷席筒"只备粗陋炊具，就地挖坑做饭，谈不上饭菜质量。限量生活用水，管喝不管用。如此艰苦"卷席筒"十天半月下来，加之重体力劳动和夜间难有充分休息，钢打铁汉也得瘦下几圈。干旱多风的塔里木，使女孩子一头秀发，顿作千万根吓人钢针，活脱脱成个野人。有记者叹为"非人生活！"

　　一个夏夜暴雨袭来，"席卷筒"的衣被泡作浆糊。一姑娘有了难事，在雨水里哆嗦，黎启正疼在心里，急中生智。他以自己高挑身躯与钻杆及油布，搭就了雨棚。黎启正心里装着国家、同志，就是没有自家。姑

娘们避雨打盹了，他却一夜不能合眼，与钻杆一样挺立风雨中。他已因吃苦涩含镁脏水拉肚三天，这又是一个通宵。

多少人遇难了，黎队长累垮了；脸儿干瘦黑黄，双腿肿浮发亮。他走不动就趴床上指挥生产，睡不着就大把吃安定，稍好些就下地帮厨房师傅干活。大队通知他去外地休养治疗，他说我好好的养什么！大家劝他住院治疗，他说"我没事""我没事"。不久，他的病情更糟，全身浮肿，大口大口吐血。同志们疼在心里，他硬是被大伙抱上车，催着离开沙漠工地的。

无情的病魔把他卷进了医院，他患双肾功能衰竭症，肾功能已损坏 90% 以上。主治医生埋怨他不该拖至今天，他还坚持"没那么严重，我没事！" 1986 年 10 月 15 日，由妻子执笔，他吃力地口述给在沙漠里"卷席筒"的伙伴

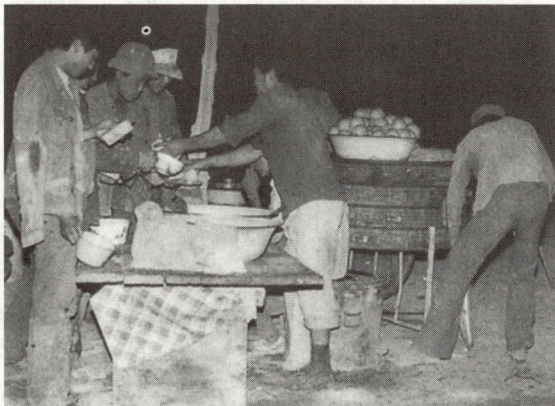
野外出收工早晚不见阳光，摸黑就餐

们，写信："有没有淡水，能否吃上蔬菜，炊事班要想法搞好伙食……请副指导员代我交党费……我好些就回，我没事……"三天后，这位总说"我没事"的 33 岁小伙，为塔里木早出油耗尽最后一滴血的黎启正，在他妻子怀里永远睡着了。

这天，塔里木刮了一天大风，呜呜呜，在祭祀一个英灵；塔里木河水流干了，哭不出声。但都感受了这支队伍不倒的精神，将会锻造出辉煌的丰碑。

第二节　跃参一井地质成果的重大意义

由一普 5012 井队施工的跃参一井，于 1980 年 7 月 28 日开钻，1981 年 7 月 9 日进尺至 4747.18 米，钻遇二叠系发生严重井漏，正值塔里木河汛期，

运输中断，粘土粉及油料告罄，被迫停机终孔。

该井首次在塔北揭示了厚约700米的三叠-侏罗系泥质岩（据孢粉和轮藻化石鉴定），其中暗色泥岩厚325米，根据有机质丰度、烃类转化系数、成熟度、干酪根等确定为中等生油岩。毫无疑问，该井有着重要意义：

（1）证实了在塔东坳陷区三叠-侏罗系有较广泛的分布，并非为前人所推测的局限在中生代断陷内。从而增加了寻找中生界油气田的信心，迎来了地质部在该区集中优势力量进行油气勘查的决心。

（2）证实了塔东北坳陷区三叠-侏罗系具有生油远景。

（3）首次揭示了一定厚度的二叠系，其岩性为碎屑岩、火山岩、灰岩。证实和田以东仍有二叠系分布而且火山岩并不局限于和田河以西。

（4）井中发现第三系角度不整合在三叠系之上，故为了解燕山运动对该区影响提供了依据。

跃参一井所取得的成果，是转移塔北后的首次成功，为进一步认识塔里木盆地东北部的地质构造特征，开展油气勘查，提供了十分宝贵的依据。同时，地震还圈出了三个圈闭构造。地质家余伯良、孟尔威等老总千里迢迢从北京赶到工地看岩心岩屑，这就大大提高了这一区域的找油气前景。

因此地质家们把跃参一井，誉为塔东北一颗耀眼的晨星。

同时，坚定了石油部1981年在塔里木引进外国地震技术力量，开展塔中大沙漠区的地震勘探。并编制了《塔里木盆地地震普查总体设计》，设计了区域大剖面9条，准备大搞一番塔克拉玛干大沙漠的油气普查工作。

第三节　塔北重点形成，迎来首个勘探高潮

跃参一井的重要地质成果，为塔北油气勘查工作带来了曙光，迎来了油气勘查的第一个高潮，地质部决定加强塔北勘探力量。首先组织物探会战和部署参数井钻探工作，同时加强地质综合研究工作。

一、部署参数钻井

为进一步了解该地区中、新生界，特别是中生界沉积发育和含油气情况，于1981年9月布置了沙参一井（一普6008井队施工）；1982年7月又

布置了阿参一井（一普 6009 队施工）。两口井各揭示三叠－侏罗系生油层 227 米和 188 米。分别钻达石炭系、二叠系完钻。

二、开展物探会战

1981 年 11 月地质部在韶山召开的石油普查工作会议上，"三石指"康玉柱汇报了地质成果和部署，会议和石油局进一步明确："塔里木盆地是我国陆地部分可以发现大油气田的地区。但工作程度低，施工也有困难，近期应积极准备，以争取尽快形成主战场"，并要求'三石指'在着眼全盆的前提下，近期以塔北地区的沙雅隆起、阿瓦提断陷区及满加尔坳陷北部为重点，进行区域地震剖面和重点详查，在重点部位适当打些井，结合周边地质、进行综合研究，基本搞清大的格局，地层沉积和一批

技术负责康玉柱在部署战略转移

可供钻探的圈闭，进一步探索巴楚隆起和麦盖提斜坡上古生界的含油气远景"。并建议从内地抽调物探队伍，加强塔里木的油气勘查。孙大光部长在 1982 年 1 月 3 日全国地质局长会议上的报告中要求："加快塔里本盆地的地震和重力勘探步伐"。部石油局在权衡全国部署的基础上，决定从第五普查勘探指挥部第五物探大队抽调 3 个地震队，从广东十二普抽调 2 个地震队（1983 年又增加 1 个队），并与地质部物探局联合下文，抽调地质部第一综合物探大队一个重力队（3 个台组）、新疆地质局一个重力队到塔北与地质部第一物探大队进行物探会战。

"三石指"成立物探会战指挥部（负责人张文献），领导开展石油物探会战（11 个地震队和 4 个重力队）。在沙参二井突破前，已基本上完成了塔北 1：20 万重力普查（45780 平方千米）和区域地震勘测，发现了一批构造隆起；部分地区加密普查测网，初步圈出了雅克拉、二八台等构造。物探所取得的大量成果，为了解沙雅隆起的形成、次级构造单元的划分、各时代地

层的展布，以及断层、局部构造等提供了丰富信息。初步明确了沙雅隆起与满加尔巨型古生代坳陷的关系，为部署钻探工作提供了依据。重力勘探会战于 1983 年底结束，地震勘探会战继续进行。

三、谨慎选区，缜严部署，精雕细刻，民主决策，坚持优良传统作风。

塔里木盆地勘探程度低，钻井平均每平方千米不及 0.3 米，要找到"利比亚式的油田"，国拨地勘费捉襟见肘。穷使人聪明和理智，穷逼人花钱谨慎，花一分要收二分钱的效益。

为此，1982 年 9 月，副部长塞风领衔率部石油工作调研组关士聪、杨朴、吕华、韩新民、孙肇才、郭正吾、杨兆宇、万有林、陈沪生、阎秀刚等 11 位专家云集"三石指"调研。他们听取了康玉柱、贾润胥关于地质成果和部署的汇报之后，深入塔北勘区实地考察。认为一物大队对"超调"资料，采取的严谨科学态度，是可信和客观的；赞赏采用不同仪器、不同队伍，以及改变仪器因素和缴发能量等不同科学手段，对"超调"进行反复验证。145 和 143 两队，先后进行两年勘探施工，161 综合研究队及时准确拿出三个不同层位的构造图和大量相关资料：特别是雅克拉地区第一张反映古生界残存形态构造图，并定义为"雅克拉断隆"的发现，客观而真实地再现了地下构造特征。

调研组认为这支队伍严细扎实的作风几十年如一日，体现了地质行业传统的精于地质资料研究的可靠性、科学性特点；传承和发扬着当年提供大庆松基 3 井构造图及井位的精雕细刻、优中选优的优良作风。

调研组认为对塔北地区中生界、古生界地层展布状况的新认识，以及雅克拉构造的发现，是塔北探区早期物探工作第一和第二的重大贡献。塞风说："我们要立足于找，不要立足于否"。杨朴补充道："上塔里木是对的，悲观和否定的观点是无根据的"。苏云山副局长在另一次会上肯定说："有褶皱，有构造，有各种各样的封闭，大有搞头。塔北是个理想勘区，你们选区优化得最好。"塔北科学选区，至此基本完成。勘区确定后，争取重点突破，上下为之翘首期盼。

此外，调研组肯定了上塔里本是对的，近期要从塔北入手。三年的油气地质工作，取得了丰富的地质成果，但沙参 1 井完井未见油气显示，未能实现油气突破。少数同志产生疑虑和动摇，怀疑沙雅隆起的油气前景，甚至认为上塔里木可能是"失误"，在部署上举棋不定，在力量有限的情况下有另辟孔雀河等新工区念头。

第四章　沙参二井历史性的重大突破

第一节　雅克拉构造轰响第一声春雷

1980 年初，春寒料峭，塔北依然朔风嗖嗖。第一物探大队奉命从喀什地区转移到塔里木北部，物探工作拉开战幕。根据战略侦察的原则，从区域工作入手，在阿瓦提坳陷、沙雅隆起布置了地震区域测线。TB－80—302 线北起亚 2 井，南至塔里木河，穿过雅克拉重力高西高点。由 143 队（队长赵奎德）以模拟地震仪开展多次叠加技术施工。

一、地震 302 测线的"超调"惊人现象

该测线在施工中，经过重力高异常范围内，发现模拟记录在浅、中、深层出现严重"超调"现象，即使改用少炸药量（300 克）仍然存在"超调"（在该区域外，一般需用 5 ~ 20 千克才够取得各层反射）。赵奎德立即向大队汇报了这一情况，大队组织了检核，在否定了可能由于仪器故障原因之后，数次组织有关技术人员分析、认识这一现象。大多数人认为该现象是地质因素引起的，且可能与油气有关。这种看法，虽然有待证实，但令人满怀希望。

该测线获得极丰富的反射波信息，初步解释为 $T_1 - T_5$ 五个反射波组，这是前人用光点地震仪无法得到的。为认识沙雅隆起的形成，发展和各构造层的特征，提供了重要依据。

该剖面反映了海西晚期古隆起（T_5 反射组）高部位南、北两侧为断层

所夹持，中生界（T_4 反射组）超覆披盖于其上，新生界（T_1 – T_3 反射组）总的是北倾单斜。其它区域测线资料也有类似现象，说明这可能是一个由轮台凸起、雅克拉凸起、拱塔克凸起组成的隆起；并可能与其东部的库鲁克塔格隆起、西部的柯坪隆起共同组成近东西向的隆起带，而中段则表现为潜伏隆起。

李奔、徐生道在听取了张文献（一物副大队长）的汇报之后，极为重视，年底派陆青、陈飞鹏到一物研究参数井井位问题。并在 1981 年指挥部总体设计中提出在雅克拉构造上打沙参 2 井的意见。

为塔里木盆地早出油：一物 145 队 1982 年初，深入"死亡之海"北端塔河南岸勘探；如何破解极端缺水打井难题，队长张泽祥陷入欲罢不能进退维谷境地。经过几番努力，找到"大跃进"时代老乡挖的一口干井。该井已坍塌多年，后经他们掏井清洗，但渗水量有限，不能机抽。张队长想有比没有强，古人云涓滴之水汇大海。我们何不 24 小时连续提水，解我燃眉之急。

办法有了，人累苦啦。为了塔里木找油，偏向苦海行。野外晚上收工后，水罐车全停在井口周围。四人一组，八人轮流打水。夜间要提五六罐水车约 25 至 30 吨水，白天再提满二罐，免强满足钻井用水。

井下水面离井口约 8 米深，没有吊车，没有任何现代装备；他们用最原始的杠杆办法，放下水桶一桶桶往上提。井下水量有限，一次打不满一桶，须井下蹲人帮助装水。井打干了，不能性急，慢慢渗够了再盛，一车水少说得三个多小时；夜间打水，井下凉爽，倒成了蚊子小咬的乐园；人身上露肉地方落满蚊蚋小虫，拍一掌死一片，血肉模糊惨不忍睹。一个晚班下来身上没一块好皮肉，不是红点血污伤疤，就是块块点点的红疹疙瘩，密密麻麻，甚至红疹上叠落血污血痂……白天井口同志，被烈日烤得唇裂鼻淌血，双手提桶抓绳，蹭破皮肉渗血和干裂冒血，也是一伸手一片血污斑斑，而井下同志的手更是皮破肉腔……五吨水罐，要提 400 至 500 桶水，一天钻井需六七车水，他们就得提水 3300 多桶水。随着生产的推进，又找到二号、三号、四号水井。经过三个多月的拼搏，145 队就靠人工井下打水满足了钻井用水，完成 50 千米地震勘探的打井任务。145 队同志这年到底提了多少桶水，没有人统计过。今天塔里木源源不断外输的石油，谁说得清其中有多少找油人的血和汗？

1982 年 6 月份，西北石油地质局书记徐生道，曾深入打水现场慰问过工人。他被同志们的艰苦奋斗、拼搏精神深深地感动了。他在局机关职工大会上介绍时，泪水抑不住地涌出了眼眶。他说："一天 3300 多桶水，什么概念？以每桶半米直径计，能排成近 1 万 6 千 5 百米长啊！如果以完成 50 千米地震测线核算，又该排多少千米长？我们全局都学 145 队精神，塔里木就能早出油出大油！"

二、上钻沙参二井呼声与不懈严谨井位一路走高

陆青、陈飞鹏深入一物，与张文献等有关同志研究资料，交换意见。共同认为构造大（估计 500 平方千米），而工作量太少，需要在 1981 年补充必要工作，达到精准圈闭构造。最好能上数字地震仪，便于特殊处理，以研究"超调"。他们向李奔、徐生道作了汇报，得到首肯支持。

然而，1981 年因区域工作和普查阿拉尔构造的需要，雅克拉只能安排 143 队一个队工作。当时的生产装备不适于塔北的地表条件，虽历尽艰辛，进展缓慢，两年内仅完成三条测线，但仍表明构造圈闭良好。一物综合研究队（161 队）提出以现沙参二井井位部署为主的井位建议。12 月中旬，徐生道、陆青、赵洪智、张大权至一物研究参数井位。与会者多数人认为建议井位较好，在牵引构造高点，既可多打一套地层，又在"超调"范围内。但由于工作量过少，未能勾绘出完整构造图，只是提出趋向性的井位意见。

1982 年初起，塔北拉开了 10 个地震队勘查会战，安排 2 个地震队勘查雅克拉（145 ～ 143 队），落实构造，为确定井位提供科学依据。

1982 年夏，赵洪生等首次着手利用三年内（1980 ～ 1982 年）取碍的 10 条测线的资料进行对比解释，接着与王还珠等制作了构造草图，提出井位，吕华（副指挥）组织审查。年底在部召开的石油工作会议期间，向石油局进行专题汇报。

三、精雕细刻原始资料，不弄清地质真面貌不罢休

一物大队经过审慎研究，决定对原始地震数字资料，充分利用当代前沿科学技术，有必要进行特殊处理、解释，尽可能追踪到地下地质真面貌。1983 年 1 月，张文献、潘炳铨、张南硕携带 TB － 82 － 1I 线野外采集资料，

赴上海海洋地质调查指挥部第一海洋地质大队计算站进行特殊处理。该站林中柏、潘乃德等同志给予大力支持和帮助，立即进行了亮点和碳烃检测处理。剖面上 T_3、T_4、T_5 反射层显示了极好的异常信息，他们认为可能是烃类的反映。

2 月上旬，一物同志找到正在北京出差的华北石油勘探指挥部物探副总工万有林，向他请教了该线特殊处理剖面的解释。万总仔细分析了剖面特征之后，指出 T_3 组的"亮点"具有区域性，可能与岩性有关；而中层 T_4 和深层 T_5 可能与油气有关，应特别注意。一物将处理结果向部石油局做了汇报，上述资料为最终确定井位起到重要作用。

四、沙参二井井位的审批一波三折

1983 年初，赵洪生等制作了构造图，虽经西北局反复研究后确定了井位，由刘鹏生、黄有元专程赴北京汇报。石油局于 3 月 5 日批准井位，8 月 12 日由一替 6008 井队施工沙参 2 井。中间犹豫近半年之久。

沙参二井来之不易。一普大队总工刘国栋亲历了这段历史，他说：

首先，沙参二井从孔位论证到钻井工程、钻井地质设计和审批，经过一波三折不懈明辩；不同意见针锋相对，最终九九归一。

其一，有人认为把三叠 – 侏罗作主攻目的层心中无底。因为前人在喀什地区发现侏罗油苗，但跃参 1 井、沙参 1 井和阿参 1 井，为何均未见有价值油气显示？故担心沙参二井设计的地质依据不足。争论之二，地震发现的"亮点"、"超调"反射信息，与油气富集到底有多大关系？缺乏令人信服的理论和实践依据。之三，沙参二井北的石油部牙肯 2 井发现膏盐和盐泥层，影响井眼稳定，潜藏事故风险，何况一普钻井技术和地勘投资两者不容乐观，怎敢如此冒险上钻？争论之四，该井设计井深 5800 米，然据当时地震层速计算，难以钻穿三叠 – 侏罗。倘再加深钻机能力不允，没有金刚钻怎揽瓷器货？肯定与否定双方唇枪舌剑，谁都不服谁；惟待上级拍板。

为此，西北石油地质局组织力量，对所获重力、地震和地质、钻井等第一手资料，包括两次请上级专家帮助会诊，进行条分缕析，探颐索隐，去伪存真，坚持追求符合实际的地质科学认识。同时三次组织规模较大的讨论，充分发扬技术民主，认真听取不同声音，最后在各方认识大体融合前提下，吕华副指挥长下决心同意上报审批。

第二，设计审批同样慎之又慎，如履薄冰。石油局领导两次听了西北石油地质局专题汇报，依然举棋不定难下决心。又于 1983 年 7 月中旬，指令一普熟悉工区地质、钻井、泥浆技术干部去京汇报。刘国栋刘其用王宜民三人进京进行两次汇报及答辩，石油局领导基本同意上钻，但何时上钻尚须斟酌。刘国栋等三人焦急了，会下他们分头找相关老领导老技术同事说服争取，指出沙参二井的部署是贯彻石油局落实"四新"精神的；还特别就钻井工程疑点、难点采取系列相应技术措施，表示决心克服困难，严格管理，精心施工打好这口井。最后杨朴总工和许宝文局长再经过研究，终于原则而严谨地同意沙参二井地质和工程设计，并一再强调进一步继续收集相关资料的意义，加强膏盐岩层和盐泥层预测及应对措施，不打持久战。

由此可知，沙参二井上钻部署争论焦点之多，精雕细琢之程度，审批时间之长前所未有。

第二节　关键性决策险使沙参二井夭折

1984 年 5 月下旬，沙参 2 井钻至 3873 ~ 3877 米遇中新统吉迪克组（地震 T_3 波组），见到含油岩屑，测井曲线解释为可能油层，综合解释为油浸－油砂，遗憾的是，泥浆比重偏大（1.3 ~ 1.31），未能见到更活跃的油气显示，致使未及时进行中测。但普遍认为，下部还可能有更好的含油层。

8 月 21 日，井深达 5383.47 米，在 T_{50} 风化面下约 18 米粒屑亮晶白云岩井段泥浆比重 1.45 发生井漏，继续钻进到 5387 米，泥浆漏失量达到 1 立方米/5 分钟。井队把泥浆比重降到 1.15，井漏现象仍然存在。井队把泥浆比重恢复到 1.45，粘度提高到 120 秒，钻具提升到技术套管内，停钻等待西北局决策。

当晚，西北局党委书记徐生道、副局长骞振斌召集了紧急会议听取了一普领导关于沙参二井情况汇报并进行研究，康玉柱、贾润胥、蒋炳南、张文献、曹永茂等一致认为：该井吉迪克组见到的油气显示，可能是从下面运移上来的。古风化壳有油气，根据我国东部的经验，一般在风化面下一定深度，应当继续钻进。在钻进前，还应注意可能存在上部地层压力高而下部地层压力低的特点，需要打水泥塞下尾管，封住上部的高压层，继而用轻比重泥浆施工，特要注意防喷。徐生道、骞振斌支持上述意见，决定下 7"尾管到 5335 米，继续钻进；注意防喷，泥浆比重以"压而不死，活而不喷"为度，并通知井队执行。9 月 4 日，井队按局决定打水泥塞及下尾管工作，并继续钻进。

在第三次塔里木盆地油气资源座谈会后，杨朴召集了参加座谈会的地矿部系统专家，对该区找油前景及沙参二井下步工作进行研讨，他基本倾向不应该因为钻遇困难而放弃钻进。康玉柱详细介绍了勘查近况，也主张沙参二井应继续钻进。西北石油地质局的其他同志都坚持继续钻进意见，西南石油地质局王金琪认为沙雅隆起结构可以，可作为探索对象值得深入研究。因此石油局、西北局领导当即一致决定继续进尺 200 米。

然而，一普总工刘国栋提供资料："沙参二井在完钻前关键时刻，险些夭折半途而废。当钻至 5363.5 米揭穿三叠—侏罗风化面后，于井深 5387.25 米发生了严重井漏。泥浆只进不出，井下情况异常复杂，又处超深井段可谓岌岌可危。因此要求停钻呼声甚高，乃至局机关亦有所感染而动摇。1984 年 9 月 2 日，刘国栋在乌市准备参加'第三次塔里木座谈会'时，有局权威通知他（在局原招待所大门台阶下水泥地面上）说：'过去指挥部某些生产指令直接下到井队，你们有意见，现在请你通知 6008 井队沙参二井提前终孔'。当时在场的还有解修孝和于富龙二同志。"

刘国栋提供的资料还说："根据一普钻井地质规范，设计变更应由设计审批单位批准，提前终孔应由地质部石海局下文。"一普总工又提出"地质大队化验室复查了井深 5365 至 5382 米白云石晶族具荧光显示，有 1～3 级荧光。这同于原生沥清，而是在储集岩中，它意义非同一般，不可轻视，怎能提前终孔？经验表明不能简单地利用荧光级别大小评论油层，最重要的是要综合储层物性、油质、钻井泥浆性能、泥浆浸泡时间、凉晒时间，综合其他资料进行综合评价。也不能用砂岩标准来评价碳酸盐岩油层。总之十分重要，不可忽视。一普大队建议先下7"尾管，保住井，然后进行第四次开钻，完井测试。因此有了今天的沙参二井，这是值得庆幸和载入史册的大事。要吸收一普1962年在山东胜利义和庄构造封死奥陶系漏失层，丢掉了古潜山油藏，仅获得上第三系中新统的油气突破，教训深刻。沙参2井因此没有停钻，这是值得庆幸的。"

"沙参2井发现奥陶系白云石晶簇有荧光显示，当时惟有西北局徐生道书记、骞振斌副局长了解此事。因事关重大，征得他们同意，先不外传，对外单位严加保密，即使在'三学会'上也一字不漏。这一历史过程知道的人并不多，甚至被人误解。"

沙参二井是本大书，来之不易，意蕴丰富而具深邃哲理。一而再，再而三的曲折和磨难，并非坏事，昭示成功与胜利；细节决定成败，关键贵在坚持；沙参二井的辉煌，是多少个细节与坚持的凝聚。

第三节　沙参二井突破的重大历史意义

沙参2井在井深5391.18米奥陶系灰岩中喷出高产工业油气流，日产原油1000多方，天然气200万方，首次实现了下古生界海相碳酸盐岩的重大突破。"沙参二井"以其重大贡献，在塔里木盆地油气勘查史上浇铸了不朽的丰碑，彪炳于我国油气勘查史册，并迎来了地矿部和石油天然气总公司大规模的找油会战形势。

一、1955年国务院要求地质部参与全国石油普查工作。按李四光部长等老一辈地质学家们的理论指导，先后发现了大庆、华北、江汉、下辽河、南海、东海、苏北等几十个油气田，解决了中国贫油

的大问题。70 年代地质部根据全国石油工业发展的战略需要，在继续扩大发展东部油田的同时，积极开展中国西部各大盆地的侦察、研究，以准备新的后备基地。提出在全国范围内开展第二轮油气普查方针："向新地区、新领域、新类型、新深度进军"。在这个方针指导下，1978 我们拉开塔里木盆地油气勘查工作。经过五六年的艰苦努力，终于在塔北沙参二井实现了重大突破，堪与 1959 年大庆油田发现井"松基 3 井"相媲美。所以，它是我国第二轮油气普查向"四新"进军在陆地上的首次重大突破，是我国石油天然气工业大发展的新里程碑。

二、塔里木盆地油气勘探从 1952 年至 1984 年，经历了六上五下的坎坷历程；1984 年沙参 2 井的突破，标志塔里木走出"死亡之海"，是塔里木盆地油气勘探的转折点；引来了兄弟单位大会战的热潮，为国家石油工业制定"稳定东部，发展西部"的战略决策，提供了重要的科学依据。

三、沙参 2 井突破以前，我国发现的 100 多个油田，无不是中、新生代陆相的，唯独沙参 2 井是我国第一口古生代海相油田的发现井。这是我国找油新领域的突破，它具有重要的现实意义和崭新的找油理论意义。

正因为此，国家领导人和新疆自治区、地矿部领导都给予了很高的评价。胡耀邦、万里、康世恩以及王恩茂、宋汉良、孙大光、朱训等，或欣然命笔题词赞扬或撰文评说。万里说："很好！中国人自己搞出来的，很了不起，是一个大贡献！"

第四节　沙参二井抢险保井的生死决战

一、沙参二井发生井喷失控失火

1984 年 9 月 22 日凌晨 2 时 30 分，当班司钻卫怀忠使用 6 寸磨鞋下入 7" 套管（悬挂）里进行修井，磨鞋未到井底至 5390.85 米的磨进过程中，发现井内有上顶现象，提钻 70 厘米，只能放下 40 厘米。提钻卸完 4335 米钻杆时，发现井口泥浆上溢，井队长王守忠闻讯赶到现场立即采取措施：准备变丝接头和回压凡尔、指挥抢接 5" 方钻杆、关闭防喷器。因防喷器闸板失灵，关闭失败，故采取防火措施：全部柴油机停车，发电机停机，人员撤离现场。是时凌晨 3 点半，由于油气压力超强，井口和两侧放喷管线均随一声巨响开始敞喷。两条 5 寸放喷管线及防喷闸门和 3 寸半钻杆的间隙处同时放喷。响声震天，喷势猛烈；夜间 50 千米可见火光，10 千米以外耳闻其声。

三股强大油气流汹涌而出，越过二层平台，直冲塔尖而上。转瞬因油气流夹带的砂石与管壁撞击、磨擦产生火星，失火时有发生。油气火势猛烈，甚至高达十多米。强大火炬离机台仅仅 60 来米，严重威胁井场的安全。一旦火势漫延，将吞噬钻机、毁灭井场，后果不堪设想。火光就是命令，王守忠立即带领 10 多名职工奋勇扑灭。在现场的部石油地质综合大队王云龙主动抢救钻井地质资料。

二、组织沙参 2 井声势浩大的抢险保井战斗

一普大队长赵元哲率机关干部 23 日深夜，及时赶到现场参加抢险保井工作。

22 日上午，西北局领导收到井队 4 个字"井喷起火"的急电。召开紧急会议，决定：一、副局长骞振斌、副总工程师康玉柱、汪开荣、一普大队长赵元哲、局技安负责李万恩及报务员等带一部电台立即奔赴井场；二、党委书记徐生道、副总工程师贾润胥、一普大队长赵元哲、局地质处主任工程师蒋炳南、钻井主任工程师渠立文等向自治区党委、人民政府副主席宋汉良等领导汇报情况；三、总调度副主任李德成用电话向地矿部、石油局汇报；四、有关部门立即着手进行物资准备。同时，徐生道书记、骞振斌副局长和已退二线的李奔紧急商议，作出决断：1，组织局机关和一普有关人员立即奔赴井场；2，保证局与井队通讯联系昼夜畅通；3，搞清情况及时向地矿部和自治区领导汇报。

自治区副主席宋汉良得到报告后，给予了极大的关注热情，当即签发下令巴音郭楞蒙古自治州、阿克苏行署的特急电报，并电告泽普南疆石油指挥部副指挥陆铭宝和二钻领导，急速组织人力、物力，全力支援 6008 井队抢险保井工作。一定给予人力、物力的大力支援。

　　沙参 2 井的抢险保井战斗，在新疆维吾尔自治区政府副主席宋汉良和地矿部夏国治副部长的强有力领导指挥下，成立以宋汉良和夏国治为正副领导小组长的"沙参 2 井前线抢险保井领导小组"，全面负责抢险保井战斗的部署和指挥。在领导小组强有力的精心组织和全国一盘棋的社会主义大协作精神鼓舞下，全面抢险保井工作有序推进、扎实执行、雷厉风行，与熊熊油火展开生死决战。沙参 2 井多次自燃起火，大小计 27 次，以 4 次大火尤为险恶；烈焰腾空，遮天蔽日，火海施虐达一平方千米方圆。领导小组动员四千多人次、运输五千八百吨物资、出动一百多辆汽车、18 辆消防车、19 台压裂车、14 辆水罐车、8 台推土机、40 吨吊车 2 辆、两架直升飞机；运输 4000 多吨重晶石粉、50 吨粘土、150 吨水泥等等巨大财物，以强大后勤力量保障抢险保井战斗。6008 井队职工、青年突击队、人民解放军、消防战士、一普其他井分队职工、战士，一次次扑灭烈火，保卫油田视死如归，争先恐后冲向火海，最后制服井喷保住油井油田。无一重大伤亡，夺取了全面胜利。

　　1984 年 9 月 27 日 15 时，燃起的那场大火是最凶险的一次。水火无情，火神在风神的裹挟下，杀气腾腾向井场扑面而来。火焰高达 40 多米，浓烟滚滚冲天，形成金黑两色的巨龙，足有 200 多米高，酷似原子弹的蘑菇云。

　　王守忠、卫怀忠率领的敢死队员首先冲上去，一普各井队职工、中国人民解放军 36106 部队官兵、来自全疆消防战士们都冲着燃烧的大火，明知火烧人，偏向火海扑上去。他们围着大火圈挖掘隔火坑、构筑火墙，迅速形成了两道防线。然而，哗哗剥剥的烈火穷凶极恶，向井场、钻塔、敢死队员狰狞地张开血盆大口虎视眈眈。沙参 2 井正面临最严峻的考验，它的辉煌与毁灭就在此一瞬间。王守忠手持铁锹，站在最前列，炽焰灼伤他皮肉，强忍着不吭一声。他是这场血与火厮拼的敢死队长啊！他把铁锹举起，把左手也举起。是命令他们敢死队向最险恶的火焰中心冲刺，灭掉主力着火点。

　　王守忠扑到了钻塔南侧的贮油池。他来不及思考和说话，只向他的敢死队员一个前冲的手势，自己则先纵身跃进燃烧的油池。敢死队员、人民解放军、全体灭火队员，无不跟着舍生忘死跳进火海。他们身上的衣服、帽子着火了，他们的头发、眉毛着火了。身上烧起火泡，胶鞋烫得变了形。烧焦的皮肉遇上燃烧的油水，痛得绞心的难熬；滚烫油污灌进脖子里，烧到身上，那种痛苦难以用语言表达。但是没有人哼嘿，没有人胆怯，万死不辞用铁锹扑火、灭火，挖起油下污泥压火、用浑身烂泥滚地灭火等等。在消防水枪四面八方射过的强大水柱高压的配合下，灭火大军趁机前进，一鼓作气苦战、恶战、硬战了一个多小时，彻底地扑灭了这场罕见的油火。战斗中有 26 人被烧伤、熏昏，抬下了火线。雷涛被救醒后就大喊："冲啊，大火还在烧哪……"

敢死队员在抢险前，请记者为他们合影留念时说："如果我们在抢险中回不来，请把我们相片寄回家中，告诉我们的亲人，我们为国找油，死得光荣!"铁的誓言与火的炙烧，又一次把找油人价值推上天平。

三、治理沙参二井失控的斗智斗勇

1984 年 9 月 22 日下午 3 时 30 分，骞振斌、康玉柱、汪开荣等从乌鲁木齐出发，日夜兼程飞驰 705 公里，于次日深夜到达现场。

9 月 23 日，组成骞振斌、王建安、赵元哲抢险保井领导小组，并组成抢险保井青年突击队，打响了抢险保井战斗。地方驻军及各路支援抢险工作人马陆续到达现场。一曲共产主义大协作的战歌拉开帷幕。

25 日下午，宋汉良副主席亲临现场指挥抢险保井战斗。他决定防喷管线加长 200 米，在管线口与机台间垒筑防火堤坝，要求大部分设备转移到安全地带。

30 日，地矿部副部长夏国治、石油局副局长苏云山、王建安、杨长城等赶到现场。

宋汉良、夏国治与专家研究确定："切割方钻杆、打开上防喷器，重装新井口；测试采油，然后炼制"的总方案。

10 月 9 日上午，卫怀忠顺利用石英砂水喷射切断方钻杆，打开上防喷器。但下防喷器全封闭闸板未能关住，以致不能实现原方案重装新井口、达到控放喷目标。方案失利。沙参 2 井抢险保井第一阶段结束。

11 月 5 日，地矿部以 10 万美元邀请美国失控井控公司（包登公司）的包登三人到达现场咨询。包登认为井口喷势虽大，但防喷器仍可以修复；当井口压力过大时，泵入高比重泥浆，实现压井达到井控。但实践结果并不理想，虽于 12 日换好防喷闸板，井口压力低时注入高比重泥浆，暂时压住了井喷。但井口压力尚未稳定，又慢慢上升，至深夜高达 240 千克时，仍被迫必须放喷。

11 月 22 日，在原防喷器上再加装一个防喷器和两条 4″防喷管线，再

— 211 —

次实施包登的重泥浆压井方案。基本达到沙参 2 井有控目的。至此，沙二井抢险保井工作暂告一段落，但仍未彻底解决井口失控问题，而耗资已达 600 多万元之巨。

此后，地矿部门又多次组织研究解决办法，直到 1987 年 11 月 6 日，在地矿部石海局副总工王子源的主持下，西北局和地矿部钻探研究所共同努力采用压井、换井口装置的办法，终于完成沙参二井的二次治理，失控井喷得到了控制。

扑灭油火制止井喷是众志成城的结果，为南疆防止井喷灭火取得了新的经验。沙参二井来之不易。

沙参二井抢险保井青年突击队：1984 年 9 月 23 日下午 5 时成立（又名"敢死队"），王守忠兼队长。队员：闫德宝、杨红山、尹辉江、鲁断跃、李建名、李山海、曹常辉、李刚、戴洪华、李振有、陈涛、李中华、雷涛、卫怀忠等 14 人。后期卫怀忠任队长。

第五章　只争朝夕，六龙找油

第一节　联合勘探，集中优势

沙参二井的特大喜报，无疑给西北石油地质局上下擂响了战鼓，乘风破浪，再创佳绩；地矿部、石油局更有一鼓作气，时不待我，各自研究了下步的大干塔里木的战略部署，取得共识。认为沙雅隆起是前景可观的油气富集带；建议调整全国油气勘探部署以塔里木为重点，搞联合勘探，集大兵团作战；勘探部署意见：扩大雅克拉，向东西展开，争取更大突破，实现快速拿下大油田的目标。

夏国治，苏云山于 1984 年 10 月 3 日（沙参二井突破后 10 天）致函地矿部党组，在《关于塔里木油气勘查部署问题初步建议》中，认为沙雅隆起及盆地腹地前景乐观，"如能尽早再打出二、三口高产油气发现井，必有大型油气田无疑，将形成大庆规模的油气基地"，建议将塔里木作为地矿部两大重点之一，"从速调整部署并能加快步伐……"。朱训部长将该建议批转石油局研究实施。1984 年底，部石油地质局在北京召开"塔

夏国治在塔北井场

里木盆地工作部署论证会"，由总工程师杨朴主持，朱大绶、黄绪德、王庭斌、韩景行、杨兆宇、宋秀珍、林华根、冯福凯等出席会议。杨朴在总结中指出：总的目标是扩大成果，在加强物探、地质工作的基础上选好几个井位，取得重大油气成果。与此同时，地矿部 1985 年计划会议上明确塔北列为两大重点之一。

此前，1984 年 10 月 2 日部党组以地油［1984］522 号文，致函新疆自治区人民政府，决定调集西南石油地质局两个钻井队、两个地震队，华北石油地质局一至三个钻井队、二至四个地震队、一个试油队，华东石油地质局三个物探队、一至二个试油队，中南石油地质局三个地震队、一个钻井队以及广州海洋地质调查局三个地震队等六龙精兵强将约 6000 人，加强塔北勘探力量，尽快探明塔里木油气资源。

为加强联合勘探的领导，1985 年 5 月组织塔北联合勘探指挥所，赵元哲任主任，各参加单位派人参加领导。1986 年 3 月 10 日改组了"地质矿产部塔北油气勘查联合指挥所"，主任岳振恒、副主任骞振斌，成员有赵复兴、钱志奇、杨振华（阿克苏地区副专员）、木沙克里木（巴音郭楞蒙古族自治州副州长）、康玉柱。后几经变动，增至 20 多人。（1989 年改"所"为"部"，夏国治副部长兼任指挥长）。

1987 年春，塔北联指成员在库车某师召开油气勘查部署会议

1985 年以来塔北投入 14 个地震队、2 个重力队、6 个钻井队等，共约 6000 余人，（此后队伍常有变动）其规模之大在地矿部是空前的。

"联指"是指挥、协调整个塔北联合勘探各单位，心往一处想，劲往一处使；力图通过联合，在局部形成优势，为早日拿下大油田制订战略决策，以及部署具体战役。联合造成各单位要自强、自立，在竞争中求生存的局面；联合造成出效益、出成果、出人才的新气象。一句话，联合造成你追我赶的竞赛热潮。正如朱训部长肯定的，联合勘探，就是集中全国精锐力量搞百团会战，是地矿部结合自身特点的优选法，迅速扩大战果，夺取更大胜利。

第二节　搞大兵团作战，塔里木沸腾了

一时之间，地矿部上下支援新疆，到塔里木去，搞大兵团作战，找大油田成了热门话题，成了众望所归。

一、决策层的厉兵秣马

几乎与沙参二井灭火抢险战斗同时展开的另一条战线，那就是国庆假期里进行着另一场悄悄的战争。苏云山、徐生道、康玉柱、赵衍环、刘国栋、徐昌学等 6 人，在夏国治副部长的领导下，在"二钻"招待所里，关着门轻

言细语地研究扩大雅克拉成果和区域展开的大事。他们这儿一个又一个通宵，定了沙4、沙6、沙7井井位，以及为区域展开定了轮台沙3井和沙雅西1号构造沙11井井位。北京部石油局杨朴总工挑灯夜战一周熬红了眼，于10月19日、20日、26日、31日相继下达西北石油地质局钻

朱训部长听取刘国栋等技术干部地质情况介绍

井任务书，同时向一个地区如此高频次下达这么多钻井任务书，是破天荒的。

申社田的北京212吉普车，像冲向惊涛骇浪的扁舟，把康玉柱、刘国栋和徐昌学，颠簸得五脏六腑都要倒出胸腔。为把图件上的井位，准确地移到毫无标志的荒漠、戈壁和盐碱滩上，轮胎不磨损两圈、脑袋不撞出几个疙瘩、肚里不吃下半斤八两沙土、骨架子不散掉又聚拢，聚拢又散它千次百次，如何能取到"真经"！

他们最能理解北京老总们的焦急。因为从华北、西南调进大钻机和几百上千号人的队伍，这边厢10月上中旬若定不下井位，北京又如何下手写任务书？那么各进疆队伍又怎能及早准备？设备运往何处？远离塔里木四五千千米的华北和西南、广东等，要把一台几十个车皮装载的钻机、100多号职工运到没有道路的塔里木，绝不是手提经理包去边陲观光那般逍遥。长途搬运的准备工作，各家务必在当年11月底前就要兵马未动、粮草先行。西北石油局的地质家们说，若是延误此项军机，明春空前规模的会战程式，就会鸡飞蛋打。刘国栋说，我足足瘦了6斤体重。

二、一片丹心在玉壶

之一，汗水没有白流，家住河南新乡的华北石油地质局，负责沙4井施工的6012井队长朱业雪，接到部里命令时，他还在京广车上熬夜呢。他临时组织21个小伙，第三天登车日夜兼程，1984年10月27日赶到沙参2井，

创大兵团作战之首。他们在 6008 井队帮助下，在只有一个木橛子的沙 4 井荒漠上，撑起两只单帐篷，靠红柳根烧钢精锅、辣椒面拌揪片子过日子，进行钻机基墩挖土、运石料、打水泥基础、盖干打垒土房、修路。他说："晃了这些年，眼下逮了大的，不豁出命干，心里过不去！"

1985 年 1 月 22 日，他们把 6000 米大钻的 40 多米高的钻塔，徐徐拉起。那啪啪叫唤的塔尖红旗，仿佛与沙参 2 井挥手招呼，美滋滋的。沙参 2 井有了姐妹，不再孤立了。一幅举世瞩目的儿孙满堂的沸腾图景即将展现。

之二，祖国南大门的羊城，把早春的核裂变能量，通过窄窄的京广——陇海——兰新的管道，冲过玉门关，把南海地质调查指挥部的三个地震队热力，投入塔北沙海。

之三，六代金粉的金陵，华东石油地质局的队伍，捎着扬子潮的温煦登上西去列车；巴山蜀水的 2 个深井井队，急急告别了蓉城，不问火车汽车，争着挤着从人缝中往上爬；还有被洞庭潇湘烟雨淋个透湿的湘资沅澧的水上人家……

之四，消息飞进驻四川彭县 6004、6007 两井队，职工激动得泪花飞涌，纷纷请缨进疆参战。队领导看着这人心所向趋势，搞出个"四不准"绝招来挡驾。什么身患慢病、有身孕、年过半百、孩子无人带者不进疆。然而迸发起来的热潮，几条写在纸上的招术，岂能生效。53 岁的周双定，拥有本行业 27 年工龄，他创造了软磨硬泡的新技术，感动得领导不但给他开绿灯，还准他 3 个孩子一道进塔里木。老石油们有如此热血心肠，年轻人的心更是熊熊燃烧。他们不恋燕雀窝，他们提出："人生能有几回搏，哪儿能比塔里木？" 6007 井队 12 名青年，春节前后刚结婚，放弃甜醉蜜月，毅然捎一瓣温馨的婚爱，去看"六月天山雪"。

特别有趣的还在这里呢，广东南海海洋地质调查指挥部的队伍，一听要到塔里木搞会战，报名应征的竟超出几倍。领导忽生一计。广东人有每天冲澡习惯，借此话题，想吓一吓大家。说塔里木好是好，就是空中不飞鸟，地上不长草，风吹石头跑，三年不洗澡。把缺水的困难极端夸大。然而，一位年轻物探工说："："我臭人臭，大家在一块闻着就香！"噎得领导想发火又憋不住想笑。

浩浩荡荡的五湖四海人流。他们都把心里攒着的早春韵味，为献身石油地质事业，争先恐后地撒进荒凉的塔里木；撤换"瀚海阑干百丈冰"的冷凝心肠，期盼那儿萌生四季如春的"希望之海"。

塔里木像一块宝、一个谜、一朵鲜花、一块磁铁，以其无比强大的凝聚力、吸引力，魅力无穷地吸引着神州处处儿女。

　　塔里木一下拥挤了、沸腾了。近 30 个物探、钻井、地质和科研队伍，会师在塔北 18 万多平方千米的广袤荒漠中，展开了她脱胎于母体以来最光辉、最壮伟的篇章。

第三节　联合出竞赛，你追我赶比精彩

　　在沙参 2 井的突破希望之光照耀下，来自华北、华东、西南、中南、广东和西北等六个大区级的六千多精干队伍，进一步激发起寻找大油田，缓解祖国石油储采比严重失调的使命感和责任心。

1988 年 3 月 4 日~7 日，局召开 1988 年工作会议。图为会议代表合影

一、"猛虎队"乘虎年雄风

　　华北石油局 6012 井队可急坏了，他们下手最早，苦头吃得最多，却至今不能开钻。根本原因，是钻井设计书没到手，没下设计书不能开钻，这是法规。坐镇督战的五普大队领导王志军，说啥坐不住了："咱们起大早，可不能赶晚集。"他走上乌喀公路，像老牧民，举手咧嘴向飞驰车辆求救。进了乌鲁木齐，已经子夜 2 点多。已花甲的王副队长带着一小伙，二话没说向近 20 千米外的西北石油局走去。冰肌雪肤，使老汉不知跌了几跤，走走歇歇，歇歇走走。他心里记着："只准打好，不准丢丑，发扬五普猛虎队精神的光荣传统。"到达目的地，东方透白了。西北局书记徐生道，握住老人打

颤的手；两位同龄人的泪水，禁不住潸然而下。徐书记又敬佩又埋怨："万一把老哥累垮了，我可怎么向部里交待啊？"转而无限感慨道："老哥，从你身上我看到了希望，看到了联合勘探的优势！"王志军回答道："咱是立了军令状的：'打好沙4井，创建文明队，虎年振虎威，会战再夺魁。'""全队职工乘虎年雄风，把自己置身在竞争之中。"塔北勘区出现了自发的、你追我赶的、不甘落后的竞赛热潮。

二、出水芙蓉自有妙招

西南石油地质局十一普6004、6007两井队进疆后，沉着干练、一步一个脚印的大队长孙铭文，一边组织人手走访一普和五普，虚心取经，自己这边暗暗商议使劲。先是组织力量订出赶超兄弟队的技术指标，次是在实际工作中，主动争取外援，搞出"深""高""难"关键井段的井口防喷和井下安全等一系列措施，悄悄与各井队摽上劲儿。开钻没几天，他们就显出威力，井场、机房、泥浆使用、地质捞砂等工作都井然有序。入夏不久，他们就有收获，喜获油气流。

南海海洋地质调查指挥部十二普和中南石油地质局五物，都是在沙参2井出油前就已进疆开展勘探工作的。他们积累了许多生产经验，又有较强的克服困难意志。他们充分发挥这个优势，较好地解决了质量与数量的对立统一关系。他们始终重视野外第一性资料采集的质量，如五物大队三个地震队开展"百炮无哑炮""百炮无故障"的双百竞赛活动，使他们三年三连冠，夺得地震资料采集质量"优秀"的评语。

三、有压力才有好形势

东道主西北石油地质局副书记骞振斌幽默地说："咱西北人傻乎乎，慢吞吞，就要笨鸟先飞，闷着头一个劲不歇气地干。"一普大队作为老单位，不提当年横枪立马，战功赫赫，今日在塔里木会战岂能示弱。自联合勘探以来，有魄力、点子多的一普大队长刘金，心情很复杂。部局长三番五次讲话，开头说几句表扬话，接着就来个180度转弯的"但是"，什么三个转变啦，实际是对前边拜年话的釜底抽薪，对我一普刘金和大队的批评嘛！开了鲜花还挨板子？哪能想得通。说心里话，他有些不服气，就个人素质，固然没有诱人的金色文凭，但从其队长自身的能力与联合勘探的各对手比，他完全能够一对一地较量一番，他决心要露一手，要搞标准化队伍建设。

刘队长首先在狠抓各项规章制度健全的基础上，彻底扭转穿高跟鞋上岗和井场混乱的现象。高跟皮鞋代替翻毛皮鞋，是近年开放进来的一种歪风，且有愈演愈烈的趋势。刘队长抓住这一点，很得人心，为建标准化队伍建设迈出了步伐。总工刘国栋，是素有人缘好技术棒的技术干部，但他在众多尖子包围争胜中，为不漏失油气显示，一改过去风范，提出许多铁面无私的相应制度，使这支队伍井下地质录井质量一跃为尖子之尖。

一物大队首届党代会代表合影

1986年春，刘金队长组成钻前准备工作领导小组，行动上积极做好沙3和沙6井防喷器、阻流管汇的安装及水刹车抢修等准备工作。3月6日试车运转，19日顺利通过四个局组成的验收组的验收，争来了这年塔北勘区第一个开钻的好势头。出现了塔北春来早、马蹄疾的好形势。

四、真诚协作互通有无是金

"远亲不如近邻"。会战中真诚协作、互通有无、团结友爱的风尚，叫作服务。

　　一物大队长程关林，对兄弟队求助的要求做到：本队有的，一定解决；本队紧俏物资，先人后己；本队没有，帮助联系，介绍解决途径。原一物大队长张泽祥，得知四物工区测量三角控制点资料不足，当即决定一物171队卫星定位控制队暂停本队建点工作，优先为兄弟队服务。张副局长还一再强调不讲金钱、讲团结、讲风格，颇受四物同志好评。华北局6012井队劳动模范、电焊工王永昌，得知西南局6007井队电焊工出差，他带着肾结石尿血的病痛，主动上门服务。6012井队在沙4井施工中，钻头常因远水不解渴出现停待现象，一普刘金队长忍痛割爱支援他们24个，占该井使用钻头总数93%。

　　试油工作是复杂的系统工程，需要钻井、测井、地质、试油和物资供应的密切协作。1986年4月8、9两日的沙4井试油工作，在塔北联指的统一指挥和调整下，唱出了联合出竞赛、服务见精神的凯歌。试油前，各大局做了大量准备工作，西北局在资金紧缺的情况下，为各井队准备了美国防喷器管汇配套件、美国防喷器全封闸板，以及地面和井下的油管线。华北局负责三套防喷器验收，并通知各局自负加工连接法兰的尺码规格，以及要求按时运到现场。西北局收到美国油气水加热分离器，经验收合格后，报告各局该分离器进出口联接口径，各自负责加工。这一系列工作，一环扣一环，某个局部出现卡壳，整个运转就会中断。这项综合性的系统工程，不是在某个车间或工厂进行，却远在万水千山间遥控指挥；要保证组装工程分毫不差、时间准确，其科学管理的严密性以及相互真诚合作的自觉性，都达到了无懈可击的地步。

　　4月5、6、7三天72小时，各参战作业组和工程技术人员，咬定严细作风、热情服务、拼命争先的精神不松劲。华东局测试中心小蒋，在这场战斗中起到轴心的作用。几天日夜奔忙，眼眼布满血丝，但没压住他的旺盛精力和认真不苟作风。其他各参战友军，都为着塔北油气再次突破，通力协作，听从指挥。

五、都为大油田凝心聚力

　　在这个节骨眼上，地矿部长朱训到了塔里木。他在6007井队施工的沙7井井场荒地上，向中央电视台记者发表了生动而精彩的讲话。他说沙参2井像一朵鲜艳的牡丹，招引了无数蜜蜂，引来了联合勘探的决战场面。他又说地矿部囊中羞涩，想拿出大投资招兵买马是可望不可即。我们的最佳方案，像大战役搞调兵遣将，集中全国精锐力量搞百团会战，乘胜前进，夺取更大胜利。这是地矿部结合自身特点的优选法。为此，我们迈出了两步：

成立塔北油气联合勘探指挥所（部），指挥、协调整个塔北参加联合勘探各单位，心往一处想，劲往一处使；力图通过联合，在局部形成优势，为早日拿下大油田作好战略决策，以及部署具体战役。

随着西北石油地质局徐生道书记的离休，调整和加强局领导班子力量，是他此次新疆之行的另一重要课题。从华北石油地质局调来岳振恒同志，任西北石油地质局局长兼塔北联指主任，提拔一物和一普两大队年富力强的张泽祥和陈云华为副局长。为精兵简政，减少层次，朱部长宣布联指和西北局两块牌子一套班子，两副担子一肩挑。

部长所到之处，反复强调来自五湖四海的队伍，生活习惯、工作方法、管理水平、技术素质、思维方式等都有差异，为了一个共同目标，彼此来一个大转变。封闭的要向开放的转变，经验型的要向科学型的转变，传统的则向科学化转变。把塔北七千多的勘探儿女思想统一到找大油田目标上。一场夺油会战的擂台拉开了，相互支援、彼此团结、共同进步，提倡友谊、信任的你追我赶的竞赛活动悄然兴起。"只准干好，不准丢丑！"成为各单位异口同声的口号。因此，联合造成了春来早、马蹄疾的形势；局与局，队与队的竞赛，在默契中暗使劲。这种耐人寻味的竞赛特点，在于使命感责任心的潜在力，大大加快了找油速度的不断增长。

第六章　联合显神威，油气连突破

第一节　坚持"一个中心、两个作风、三个措施"

一、正确认识油气前景，及时调整勘探部署

沙参 2 井的突破具有战略意义，夏国治、苏云山经过调研，向原地矿部提出《关于塔里木油气勘查部署问题初步建议》，认为沙雅隆起及盆地腹部前景乐观，建议将塔里木作为地矿部两大重点之一。经 1984 年底，石油地质局在北京召开塔里木盆地工作部署论证会，预测沙雅隆起及塔里木盆地腹地古生界海相沉积广厚，成油条件优异，油（气）源丰盛，可获多种类型油气田；不仅要重视古生界，对中生界、新生界应予以充分注意；油气田部位深浅不一，取得统一认识：前景可观。如能再有二三口高产油气发现井，建成大型油气田无疑。

因而紧紧围绕沙雅隆起，以沙参二井为中心，在雅克拉圈闭上为扩大成果部署了沙 4、沙 6、沙 7、沙 8 井，及轮台构造的沙 3、沙 12 井为第一批井，均在 1985 年陆续开钻，钻井进度和质量比较理想。为了新的广泛的突破，开始施工第二批钻井——雅克拉的沙 5 井、沙雅西的沙 11、沙 13 井、阿克库木的沙 9 井、阿克库勒的沙 14 井，以及兰尕的沙 10 井。这批井从 1986 年 9 月至 1987 年 9 月又陆续开工，1988 年阿克库勒的沙 17、沙 18 井又相续开钻。联指组织第一批钻井获得的油气成果：

沙 3 井（一普 6009 井队施工，井队长王善亮，地质组长王良俊）：1986 年 4 月 14 日完钻，在前震旦系千枚岩和白垩系卡普沙良群砂岩中试获少量天然气。

沙 4 井（华北石油局五普 6012 井队施工，井队长朱业雪，地质组长韩

守鹏）：1986 年 4 月 9 日在震旦 – 寒武系白云岩中试获日产原油 13.3 立方米，天然气 12 万立方米。

沙 7 井（西南石油局十一普 6007 井队施工，井队长尹应龙、地质组长袁开放）：1986 年 4 月 14 日在寒武系白云岩中试获日产原油 76 立方米，天然气 13.8 万立方米。

沙 6 井（一普 6015 井队施工，井队长卫怀忠，地质组长王小平）：1986 年 10 月 20 日完钻，钻获 14 层油气显示，于寒武系白云岩中试获少量天然气。

二、确立新布局和"七五"国家重点项目

以塔里木北部为重点，优选勘查沙雅隆起，1985 – 1986 年继续完成 3 万平方千米区域地震，再发现一批圈闭；打成 20 ~ 30 口井，控制 2 ~ 3 块含油气面积，提交相应地质储量；以沙参 2 井为中心，在雅克拉圈闭的 4 个高点上，布置 4 ~ 5 口探井，评估地质储量；逐步向沙雅隆起外围扩大成果。

国家高度重视和支持塔里木盆地的油气勘查，1986 年国家计委将"塔里木盆地北部地区油气普查勘探及主要油气田评价"列为国家重点科研项目。1986 年 8 月 21 日，国家经委批准"塔里木盆地东北地区控油地质条件和盆地远景评价"（54 – 03 项目）列为国家重点科研项目，该科研课题共有 6 个一级专题、30 个二级专题、25 个三级专题，包括院校、科研、地勘等 26 个单位约 500 人参加研究。

三、"一个中心、两个作风、三个措施"

"联指"面对来自五湖四海的勘探队伍，生活习惯、工作方法、管理水平、技术素质、思维方式等都存在明显差异。为了一个共同目标，要求彼此都要来一个大转变。封闭的要向开放的转变，经验型的要向科学型的转变。

"联指"从高速度找大油大气战略出发，提出各联合勘探队伍的指导思想："一个中心是：以尽快拿下大油田为中心。两个作风：一发扬'以献身地质事业为荣，以艰苦奋斗为荣，以找矿立功为荣'的'三光荣'、'三特别'作风；二是发扬科学求实依靠科技进步作风，逐步形成联合勘探职工的凝聚力和向心力。三个措施：即一在业务上强调'坚持以新的油气突破为中心，以测试工作为重点，重视科技攻关，强化综合研究，严格按设计施工，

确保每年有 1～2 口发现井实现'；二在油气战略部署上，按照'扩大雅克拉、展开东西两翼，扩大油气成果的方针'的部署措施；三在生产工作管理上，一方面抓项目管理，建立健全纵横交错的经济责任网络，实现子项目和工程作业委托承包和指标承包，另一方面抓科技攻关。同时始终坚持两个文明一起抓，经常交流各联合勘探单位的经验，把联合勘探不断推向新的高潮。"

"一个中心、两个作风、三个措施"，在沙参 2 井突破的希望之光照耀下，进一步激发起联合勘探 6000 多名职工找大油大气使命感和责任心。以争先恐后参加塔里木会战为荣，为热门话题。正确的油气勘探指导思想，得力的勘探业务措施和勘探职工的凝聚力、向心力，使勘探前线高潮迭起。

第二节　扩大外围，突破沙西、
阿克库木的部署

早于 1982 年一物曾提出了轮台断裂南可能有 2～3 排北东向的构造带，将是继新和－轮台断隆之后新的有利油气聚集带。部、局领导对沙雅西和阿克库木这两处新发现的目标极为重视，并反复落实了部署。

1985 年 11 月，一物综合研究队韩振华等首次对兰尕－阿克库木地区下石炭统进行了地震地层学分析，认为该地区下石炭统在阿克库勒有生物礁带，兰尕有滨海砂体，预测为石炭统找油的有利部位。1986 年 5 月，地震地层组提交了初步报告。四物魏学增也认为兰尕地震特殊反射结构应予以重视，并受命负责 TB－136 线资料特殊处理和解释，发现在特殊处理综合参数剖面中有 4 段与油气有关的好信息。北京计算中心杨文采用速度成像技术对该线资料进行了处理，所得到的低速异常区基本上与特殊处理资料一致。

此外，通过 TB－E78 线等区域地震测线，进一步证实了深埋于腹地的满

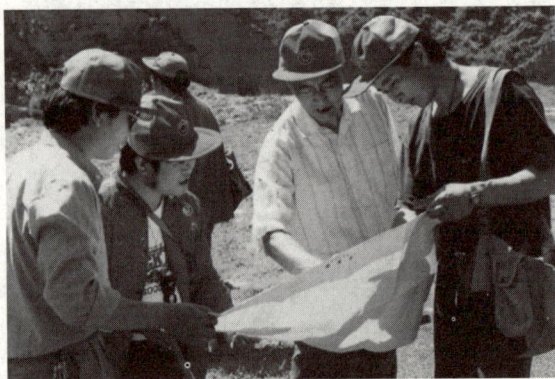

加尔古生代大型坳陷的存在，并初步解释出碳酸盐台地、台地边缘、斜坡盆地等相序位置，保存完好的大型海相古生代坳陷沉积，这在我国实属罕见。大大提高了塔里木盆地油气远景评价。1985 年 8 月 12 日，苏云山副局长在西北局就部署工作提出了意见，归纳为六句：拿下雅克拉，发现东西厢，争取更高产，突破较浅层，评价两个带，区域展三方。

1986 年向东西两侧展开，进一步了解沙雅隆起含油气规模，在注意深层的同时，也注意中、浅层油气的发现。地震 14 个队在兰尕～阿克库木和拱塔

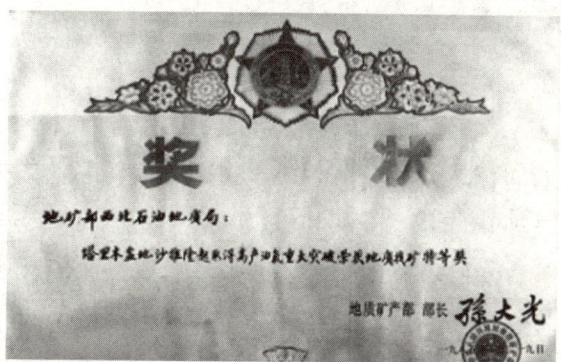

克～沙雅西广大地区进行加密普查测网及构造的详查工作。钻探在沙雅西布置了沙 11、沙 13 井、沙 16 井、沙 21 井、沙 26 井；在兰尕～阿克库木地区布置了沙 9、沙 10、沙 14 井、沙 17 井、沙 18 井、沙 22 井、沙 23 井。为追踪雅克拉构造西翼油气情况，布置了沙 5 井。

然而，1985－1987 三年部署的钻井，除雅克拉构造的沙 4、沙 7 井在 1986 年见到了油气流，其它几口井仅见一般的油气显示外，但测试结果均不佳，未能取得较大进展。1987－1988 年上半年曾一度出现疑虑和焦急情绪，各方面的压力很大。

第三节　强化测试技术攻关，
突破中生界和阿克库勒

纵观沙 4 井 1986 年 4 月 9 日在震旦－寒武系白云岩中试获日产原油 13.3 立方米，天然气 12 万立方米；沙 6 井 1986 年 10 月 20 日完钻，钻获 14 层油气显示，于寒武系白云岩中试获少量天然气；沙 7 井 1986 年 4 月 14 日在寒武系白云岩中试获日产原油 76 立方米，天然气 13.8 万立方米等，均在中生界井段见油气，但未能取得预期效果。

经综合分析，认为由于测试力量薄弱，加之对中生界油气层的重要性认

识尚不充分，只进行了各井 T_{50} 风化面下的测试，而未能及时对中生界进行测试。1987 年新开的钻井在中、新生界同样见到良好的油气显示（沙 10、沙 11 井中新统；沙 5、9、10 井下白垩统卡普沙良群，沙 5 井侏罗～三叠系见稠油、沥青；沙 9 井三叠系有几段气异常和油气显示）。为了尽早在中生界实现油气突破，1987 年初西北石油地质局又下达年内完成沙 4、沙 7 井中生界试油的任务，但仍未能突破。

北京、乌鲁木齐决策层坐不住了。于 1988 年 1 月 10 日～15 日，地矿部石油局在乌鲁木齐召开新疆油气地质成果及部署汇报会（参加会议的有总工程师张瑞翔、朱大绶等），确定了 1988 年塔北油气勘查总体部署新的指导思想："以新的油气突破为中心，以测试工作为重点，重视科技攻关，强化综合研究工作，严格按设计施工，确保 1～2 口发现井的实现。"

为提升测试工作，1988 年 4 月 15 日－21 日，石油局总工程师朱大绶在北京主持召开了测井资料解释专业会议，特邀王笑连、曹国栋、陈中原、吴岳仙、卞乃千、李宝华等对塔北测井资料中、新生界井段进行复查。专家们一致同意西北石油地质局测井站的 1986 年解释结果和西北石油地质局下达的测试层。在测试力量方面，石油局决定抽调其他队伍予以加强。1988 年初指令华东石油地质局井下作业队赴塔北参加测试工作，1989 年初又增加西南石油地质局井下作业队、华北石油地质局井下作业队。在设备方面，引进了地层测试器与利用哈利伯顿泵气举联合使用，以提高效率。同时采用过油管、钻杆射孔，裸眼跨隔中测等新工艺，为实现连续突破创造了条件。终于在 1988 年下半年连续取得重大突破。

1988 年 7 月 28 日，阿克库勒构造上由十一普 6004 井队（井队长张玉麟，地质组长刘正中）施工的沙 14 井，在奥陶系灰岩中途测试获高产油气流，日初喷原油 191 立方米，天然气 10000 立方米，发现了阿克库勒油气藏。是该区新层位首获高产工业油气流。

8 月 28 日，雅克拉构造上的沙 7 井，由西北石油地质局井下作业队试油队在侏罗系砂岩中首次试获高产油气流，日初喷原油 82 立方米，天然气 57 万立方米。塔北侏罗系首获工业油气流。

9 月 17 日，雅克拉构造上的沙 4 井，由华东石油地质局试油队在侏罗系砂岩中试获高产油气流，日初喷原油 140 立方米，天然气 26 万立方米。塔北震旦系首获工业油气流。

11 月 11 日，雅克拉构造上由五普 9001 井队（井队长龚泽民，地质组长刘俊民）施工的沙5井，由西北石油地质局井下作业队试油队在下白垩统卡普沙良群中试获高产油气流，日初喷原油500立方米，天然气300万立方米（后经正规测试），日稳产原油105.6立方米米，气50万立方米的首次重大突破。这是在塔里木盆地下白垩统内的首次重大突破。塔北白垩系首获高产工业油气流。

中央领导对塔里木盆地沙14、沙7、沙4井油气连续高产突破成果十分关注，李鹏总理于10月10日在地矿部"关于塔北油气勘探连获突破的情况汇报"上批示："很好，请继续努力。"国务委员邹家华的批示："两支力量组织起来，开发这个塔里木大油田。"

11月24日，自治区党委、人民政府发电祝贺："欣悉西北石油地质局的塔北沙5井于11月11日喷出高产油气流，自治区党委、自治区人民政府向你们表示祝贺，并向战斗在一线的广大职工表示亲切慰问。"地矿部也致电祝贺："希望再接再厉，发扬连续作战精神，精心搞好各井各层位的测试工作，为早日拿下雅克拉油气田，为塔北油气勘探开发工作做出更大成绩。"

第四节　新生界、上古与达里亚－桑塔木及塔西南的突破

一、新生界油气流的突破

部署在轮台构造前震旦系上的沙3井，于1986年10月完井后，对其前震旦纪千枚岩顶部进行了测试，见到少量天然气，未获工业油气流。但据1988年，沙4井侏罗系砂岩、沙5井下白垩统砂岩的重大油气成果，说明中生界具有良好的含油气性。西北局要求测井站复查各井测井资料，范政军对沙3井资料重新计算整理，提出库木格列木群5407～5062米井段第三系为可能含油水层，西北石油地质局组织技术会议进行讨论，决定对该井段进行测试。1989年8月17日，终于取得了预期突破，日产天然气30万立方米，凝析油130立方米，又实现了新构造、新层位上的重大突破。

二、上古生界油气双高的重大突破

1986年部署在阿克库勒构造的沙18井，由一普6015井队（井队长卫怀

忠，地质组长张万广）施工，由西北石油地质局井下作业队试油队于 1989 年 8 月 16 日在石炭系砂岩中试获工业油气流，日产凝析油（无色）1400 立方米，天然气 420 万立方米，共折合原油 5300 吨，创国内初喷油气最高纪录。这是继塔北沙参 2 井、沙 5 井之后第三口双千吨的高产井，也是塔里木盆地石炭系首次重大突破。它又打开了一个寻找油气的新领域。8 月 22 日，国务委员邹家华和有关部门的领导亲临现场，视察参观了雄伟壮观的放喷场面，十分高兴地向广大职工表示祝贺，并高度赞扬了地矿职工为国找油的艰苦奋斗精神及重大贡献。

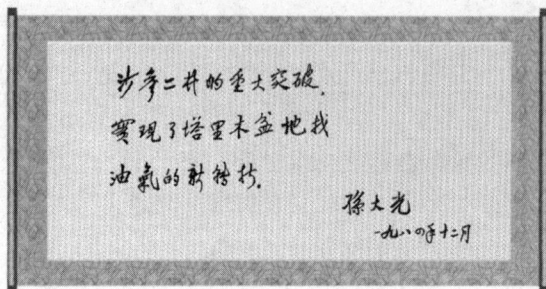

三、达里亚 – 桑塔木构造的突破

达里亚 – 桑塔木构造是沙雅隆起最南端的构造，从 1985 年初二维地震工作在沙雅隆起上全面展开，1987 年完成达里亚 – 桑塔木地区地震普查，次年发现和圈定了沙雅隆起最南部的这两个构造。1988 年勘定了达里亚上第一口普查井——沙 22 井。1989 年 6 月底开钻，先后在三叠系、石炭系、奥陶系中发现了油砂。1990 年 11 月 16 日，于三叠系砂岩中试获高产油气流，日初产原油 1000 立方米，天然气 24.6 万立方米，成为我国三叠系日产量最高的油气井。为了迅速扩大战果，于当年 11 月底在达里亚构造东西两个高点又布了一批探井：沙 29、沙 36。

沙 29 井于 1991 年 8 月完钻，录井中发现三层油显示，而测井各项资料在中油组为低电阻，反映为水层特征。经过反复思考，决定对中油组进行测试。1991 年 9 月 3 日在井深 4508 ~ 4511.5 米试获工业油气流，产原油 40 立方米，天然气 9.8 万立方米。这一新突破，适值向地矿部在塔北召开局长会议暨沙参 2 井重大突破纪念碑揭幕献了厚礼。

布在东达里亚构造上沙 32 井，系联合国开发署资助的 058 项目第一口标准井，1992 年 2 月完钻。对奥陶系至石炭系凡有油气显示层位一一进行了测试，最后对显示较好的三叠系也进行了测试，均未见油气，井队和测试队报告局称系干层。经局研究分析录井资料，认为不可能为干层。果敢下令重新测试。于 1992 年 3 月 18 日再射孔测试，喜获高产油气流，日产原油 227.4 立方米，天然气 10 万立方米。再次实现塔北新构造、新层位的重大突破。

四、麦盖提斜坡、巴楚隆起的突破

自 1988 年在塔北沙雅隆起新地区、新构造、新层位连获重大突破后，在扩大战果，区域展开的勘探指导思想下，从 1989 年开始在塔西南巴楚－麦盖提地区，布置重力和地震普查工作。1990 年又增加工作量，1990 年底确定在麦盖提斜坡的巴什托构造上布麦 3 井。从已有资料分析，认为这口井出油希望很大。该井于 1992 年 10 月 12 日在井深 4295 米石炭纪灰岩中试获高产油气流，日产天然气 80 万立方米，凝析油 16 立方米，从而实现了导向性重大突破。1995 年 9 月 17 日，布在巴楚隆起亚松迪构造的巴参 1 井，经测试获日产原油 61 立方米。又为国家找到一个新的油气勘探开发基地。

自沙参 2 井突破后 16 年，创造的硕果一个接一个。圈定 120 多个局部构造，有 24 口井喷油、8 口井获高产，钻井命中率高逾 60%；而且首先在 8 个层系（震旦、寒武、奥陶、石炭、侏罗、白垩、第三系）实现突破，发现了雅克拉、阿克库勒、阿克库木、轮台、艾协克、达里亚、桑塔木、阿克莫奇、巴什托、亚松迪等 11 个油气田（藏），共获油气地质储量 1.0 亿吨。然而国家地勘费投资累计仅 8.2 亿元。这样的高速度、高效益、高水平，得益于联合勘探，科技进步和"三光荣"精神支柱威力。

《新疆日报》1989 年 8 月 12 日头版新闻报道

新疆日报

塔北油气地质勘查工作实现重大突破庆功表彰大会昨日举行

27 个贡献突出单位受到表彰

七届全国人大常委会七次

原则通过人大

万里在讲话中希望七届振奋精神增强信心的

热烈的祝贺 殷切的希望
献给塔北油气地质勘探工作实现重大突破庆功表彰大会

第三编 挑战塔里木，攀峰树三碑

五、塔里木盆地油气勘查进入新阶段

按照 1985 年扩大雅克拉、东西展开的战略部署思路，于 1986 - 1990 年分别在新地区、新构造、新层位上频频实现重大突破。发现了雅克拉等 6 个油气田藏及构造，并验证了寒武奥陶系、石炭系、三叠系、侏罗系、白垩系、第三系等多时代，多层系油气储层，证实沙雅隆起是一个大型油气富集带。油气勘探形势越来越好，堪受媒体关注，新的"大庆"式油气田轮廓已清晰地显现出来；进而迎来了拿面积、拿储量、拿大油气田的新阶段。为国家统一规划塔里木油田勘探开发方案提供了科学依据：提出系列盆地具有多时代生油、多时代储油、多油气藏类型、多成油期、多成藏模式的新理论。1989 年，国务院决定成立塔里木盆地石油天然气勘探开发领导小组，由国家计委、能源部、地矿部、铁道部及中石油总公司等主要领导组成，统一规划、协调盆地油气勘探开发工作。

中央和新疆自治区领导，对西北石油地质局油气勘探接连取得新的重大突破成果极为满意，予以高度评价。新疆维吾尔自治区人民政府和地矿部，于 1989 年 3 月 11 日在乌鲁木齐联合召开塔北油气勘查工作实现重大突破庆功表彰大会。

新疆人民政府、地质矿产部联合召开塔北油气勘探重大突破庆功表彰大会： 1989 年 3 月 11 日，新疆人民政府和地质矿产部联合召开"塔北油气地质勘查工作实现重大突破庆功表彰大会"，对 27 个在塔北油气地质勘查工作实现重大突破作出突出贡献的单位予以表彰。

自治区副主席黄宝璋主持庆功大会，地矿部副部长夏国治宣布了表彰决定，宋汉良、铁木尔·达瓦买提、孙大光、朱训、周永康等自治区、地矿部和中国石油天然气总公司的领导出席大会，并给记特等功的一普沙参2井抢险保井青年突击队、6个一等功单位、8个二等功单位、10个三等功单位授旗、颁奖。塔北联指主任岳振恒在会上汇报了塔北油气普查勘探实现重大突破的情况，自治区党委书记宋汉良、自治区主席铁木尔·达瓦买提、地矿部长朱训先后在会上讲了话。

　　宋汉良书记和铁木尔·达瓦买提主席代表自治区党委和政府以及全疆各族人民，向在塔北勘探区取得油气连续重大突破的地矿部西北石油局和塔北联指的广大石油勘探战士表示衷心感谢和亲切慰问。他们说，你们为开发塔里木油气资源，为新疆的四化建设立下了功绩，我们新疆人民永远不会忘记你们。他们并表示，要动员新疆各族人民都来支援塔里木油气勘探会战，重新全面部署和加强支援油气勘探工作，要求各油气田勘探所在地的地、州建立和健全支援油气勘探建设开发的领导班子和办事机构，为油气勘探单位排忧解难。同时，继续减免地矿、石油部门车辆公路养护费。

　　朱训部长说，塔北油气勘探的重大突破进一步证明我国石油地质队伍是一支能艰苦创业、吃苦耐劳、能打硬仗的队伍，要求全国地质战线的职工向他们学习。朱训还说，塔北油气勘探之所以能够获得连续的重要突破，是党中央、国务院的正确领导，自治区各级党政机关的关心和支持、石油工业部门的协作，是西北石油地质局、塔北联指和各石油地质单位共同努力，发挥联合优势的结果；是依靠科学技术进步，加强综合研究，合理部署，重视队伍双文明建设和民族团结的结晶。

　　出席大会还有自治区党委副书记张思学、人民政府副主席托乎提·沙比尔、金云辉，自治区纪委书记石庚等领导同志。全国政协副主席、自治区顾问委员会主任王恩茂在会前接见了参加会议的地矿部领导及部分代表。参加会议的领导及代表340位。

第七章　新疆地区其他盆地的油气普查

西北石油地质局对新疆的准噶尔盆地、柴窝堡凹陷、吐－哈盆地、三塘湖盆地、伊宁盆地、博乐盆地、焉耆盆地等，进行了油气地质概查、样品采集、资料收集、地震和重力的物探普查，有的进行了详查。其中对柴窝堡凹陷、吐一哈盆地、博乐盆地和焉耆盆地进行布井钻探，在少数地区如柴窝堡凹陷发现油气流。编写了以上各盆地的地质报告、油气远景评价和资源预测，以及各盆地的地层沉积、构造、生储盖条件等特征的报告。

第一节　东疆柴窝堡凹陷油气普查

一、柴窝堡凹陷

柴窝堡凹陷属于准噶尔盆地南缘坳陷，盲肠状插入北天山之中，具山间断陷盆地性质，面积约 3780 平方千米。基岩最大埋深达 8000 米。

（1）初步勘查阶段（1951－1958），略。

（2）第二轮油气勘查阶段（1983－1988 年冬）。

1981－1982 年地矿部第三石油普查勘探指挥部组织康玉柱等三次开展柴窝堡凹陷石油地质调研，在向石油地质海洋地质局汇报中认为该区石炭－二叠系沉积与博格达山地区、准噶尔盆地南缘基本可比，上石炭统－上二叠统有一套良好生油岩系，并有侏罗－三叠系的生油岩存在，认为该凹陷油气前景较好，应进一步开展油气普查勘探工作。1982 年 9 月曾向地矿部石油地质海洋地质局提出开展油气普查工作的建议。

1983 年组建东疆分队，由地质大队何向阳等人组成。首先开展了野外踏勘、资料收集、部署论证等工作，对其成油地质条件进行了分析研究。同年夏季进行实地踏勘调查后，决定地质、重力、地震、航磁、卫片解释等工作方法一起上，立即进行了准备和安排。

1984 年开始实施油气普查勘探设计。为尽快找到石油新基地，地矿部调集各专业队伍，有西北石油地质局地质大队、一物重力队、华北石油地质局第四物探大队 444、445 地震队、西北石油地质局一普 6015 钻井队、地矿部石油地质综合大队、中国科学院兰州地质研究所。

1983－1989 年，东疆分队何向阳、翟晓先、祖炳仁等先后对柴窝堡凹陷进行地面地质调查和综合研究，测制祈家沟、红雁池、妖魔山、锅底坑等地的石炭系－侏罗系地层、岩相、地化剖面，调查油气苗点和油源研究等工作。首先编写了东疆地区石炭－二叠系和中生界含油气远景评价报告。划分了油气远景区，指出了找油方向，在综合研究基础上提出了新的认识看法。

1）基本搞清了盆地结构、发展演化、构造特征。柴窝堡凹陷是一个复杂而破碎的断块，由次一级一凸两凹组成，即东为柴窝堡次凹陷，西为永丰次凹陷，两凹陷间为三葛庄次凸起。

2）凹陷主要由石炭－二叠系组成，次为三叠－侏罗系。中石炭统－二叠系、三叠系－侏罗系两套生油岩系发育，以前者为主要找油目的层。

3）在锅底坑、乌拉泊、妖魔山等地二叠系中发现很多油苗、沥青。

4）认为永丰、柴窝堡、雷泉沟等局部构造是有利油气聚集的构造，提出了钻井井位建议，总之认为柴窝堡小盆地成油远景最好，有发现小油田的希望。

5）1983－1984、1984－1986 年地矿部石油地质综合大队、中国科学院兰州地质研究所与西北石油地质局地质大队东疆分队合作，对本区油气、生油岩及油源对比工作进行了专题研究，认为二叠系生油潜力很大，是主要目的层。油源时代为石炭－二叠系。

6）1984 年西北石油地质局一物 121 重力队作 1∶20 万重力普查，发现一批重力异常，基本上查明了构造一隆两凹的格局，西部凹陷向南向西加深很明显，可与乌鲁木齐山林前拗陷沟通。

— 233 —

7）1984－1989年地矿部华北石油地质局445震源队做地震普查工作，发现了西山、柴窝堡、上雷家沟、下雷家沟、盐湖、东沟等局部构造，提出了柴参1井井位建议。

8）1988年新疆地矿局昌吉物化探大队化物分队在西山和柴窝堡湖东做物化探测量工作，发现异常显示。

9）1988年12月15日，地矿部石油地质综合大队熊永旭等人对柴窝堡凹陷再次进行调研，编写了《柴窝堡盆地油气勘查部署建议》，建议在东风凹陷，东风公社东8～10千米断鼻构造上布井。

（3）首次实现初步突破

根据华北石油地质局第四物探大队井位建议，经西北石油地质局反复研究，确定在柴窝堡构造上布柴参1井。1988年4月6日由张泽祥、李奔、康玉柱及地质大队、四物445队等多人参加，现场勘定了井位。

柴参1井于1988年8月27日，由西北石油地质局一普6015井队施工。

1989年9月20日，柴参1井钻至井深3030米上二叠统砂岩发现井漏，完井后经西北石油地质局井下作业队测试，获日产天然气13000方，实现柴窝堡凹陷首次突破。

第二节　吐—哈盆地油气普查

吐－哈盆地是在北天山褶皱基础上，经历海西晚期年轻地台阶段和中新生代继续发展起来的山间盆地，面积约5万平方千米，是新疆第三大沉积盆地。

吐－哈盆地自1982年4－5月，西北石油地质局组成康玉柱、刘鹏生等吐－哈盆地石油地质调查组，编写了《吐鲁番－哈密盆地石油地质概况》报告。1983－1989西北石油地质局地质大队东疆分队作了地面地质调查、地层－岩相－地化综合剖面测制、油气点检查和综合研究工作，着重于石炭－二叠系和三叠－侏罗系的研究。

1984－1985年西北石油地质局一物121、122重力队、新疆地矿局昌吉物探大队重力队、地质部第一综合物探大队在吐－哈盆地内作1：20万重力普查，发现了一批重力异常，了解了区域重力布格场的分布特征和盆地总体构造面貌，与原来石油部重力勘探成果基本一致。

1984－1989年地矿部华北石油地质局四物444、445地震队使用数字仪和可控震源作地震普查工作，已发现雁木西、肯德克、盐山等一批局部构造，对盆地深部地质构造、地层发育情况都有了解。截止1990年底，做了大量地质、重力、地震工作，并施工了一口参数井，共完成地震剖面2972千米；西部大部分地区已完成2×4千米测网，重要的局部构造上已达详查，验证和新发现了一批局部构造。

北部凹陷（含火焰山背斜带）是吐－哈盆地中最大的一个生油凹陷，生油面积1465平方千米，沉积盖层发育齐全，厚度大。生储油层发育。局部构造发育。共有局部构造40个（含火焰山凸起在内），其中柯柯亚－红旗坎背斜带为凹中隆，它和火焰山背斜带均为有利的油气聚集带。

此外，还有托克逊凹陷、五堡凹陷等。

第三节　三塘湖盆地油气普查

三塘湖盆地呈北西走向分布，处于北塔山构造带东延部分，受北西向三塘湖深断裂带的控制，发育石炭－二叠系及中新生界。盆地狭长，面积16122.5平方千米，有效区面积仅有9702.5平方千米，基岩最大埋深约3000－3500米。该盆地油气普查勘探程度很低。

1983年西北石油地质局组建地质大队东疆分队，分队长何向阳。1984年在三塘湖盆地中部和东部地区进行了石油地质路线调查，简测和踏勘了几条剖面，重点了解调查石炭－二叠系和部分侏罗系发育分布情况及生油岩系发育情况，采集了生油岩地化分析样品，对成油条件作了初步分析研究。初步认为三塘湖盆地断裂构造、侵入岩和火山岩很发育，地质情况复杂。石炭－二叠系虽有油苗和油页岩分布，生油的暗色层泥页岩和灰岩不发育，有机碳多不达标。侏罗系生油岩系不成熟，因此，生油物质基础不够充沛，根据成油条件与吐－哈盆地相比较，三塘湖盆地含油远景较为逊色。

1985－1989年，西北石油地质局一物121、122重力队先后于1985年、1988年在三塘湖盆地做1：20万重力普查、发现一批局部重力异常，查明了盆地基本构造骨架，划分了构造单元。提出盆地中间拗陷是由3－4个次级凹陷组成的，西侧为构造斜坡或褶皱隆起，北西向深断裂带发育，控制了三塘湖盆地的形成发展。拗陷从西向东逐渐变浅，局部异常多集中分布于中西部拗陷南侧，可能西部比东部构造环境要好。

《百里风库鸣奏曲》：一物大队重力队和地矿部 102 重力队，上世纪 80 年初闯入名震天下的"火云满山凝未开，飞鸟千里不敢来"的火州和洪荒赤地的"百里风区"，参加西起吐鲁番，东至哈密的重力勘探会战。每逢夏秋之季，"无风是三级，三天倒有两天风，八级不算风"，风暴来临，揭地三尺，卷挟数以亿吨的砂石直扬苍穹。队伍进入硝儿湖，用 8 号铁丝、直径 3 厘米的缆绳，将帐篷五花大绑，二尺多长的桩钉打入戈壁滩上。

1984 年 4 月 24 日，天蓝地阔，万籁俱寂。特接气象急报"风力 10～12 级，风速 37～39 米/秒，气温下降 10～20 度。"紧跟巨大的气浪不可一世地直冲南下。如天庭大乱，山崩地裂，四下充满恐怖，整个空间尘砂弥漫，碎石横飞，伸手不见五指，对面不闻呼号，眼前只有卵石相撞的火星迷离闪烁……

1990年3月20日～21日，塔北联指、西北石油地质局召开精神文明建设第二次表彰会，图为获奖代表与局领导合影

出人意料，风头已到。大家跑出帐篷，拼命进行加固。但帐篷扭摆和跳跃，铁丝和缆绳嘣嘣断开，桩钉拔出地面，砂石打得脸生痛，七窍灌满了黄砂。组长抢出电台，老杨把资料装进板箱，又将经纬仪放进驾驶室，转身再抢天文年历表。帐篷被狂风鼓上天空，像降落伞飞到百米外的一个坎上落下。另一顶像轿子被暴风抬起，降在一辆卡车的后厢板上，另外三顶就地趴下。随着帐篷起飞和倒塌，撕落的塑料碎片，衣服和被单像燕子四处飞翔。大家没有顾到这些，只一个心眼地扑向那里的仪器、资料和生产物资，必须使国家财产的损失减少到最小最小。

9 点过后，风暴更大，气温剧降。毫无遮挡和躲避的勘探队员，裸露在戈壁上任飓风挟砂砾吹打、挨冻，冷得直打哆嗦。幸运地抓住一条被子抱头卧倒，有的索性钻进倒地的帐篷布下，一个个精壮小伙像山鸡顾头不顾尾地拱着……

　　子夜时分，被风暴挟持的砂石，疯狂地袭击着人体和帐篷。几位同志只盖一条被子，顾左顾不了右，冻的一个劲地牙碰牙。小张比较体质多点脂肪，他把被子给另两位裹裹严实，自己朝汽车爬去，想钻驾驶室。他用力拉开被风强顶着的车门，发现后窗已被飞石打碎玻璃，瘦小的吕师傅正在里头筛糠般抖着。他又摸回去，找到一捆未开仓的帐篷布。在天地颤抖、鬼神抽泣、伸手不见指的夜里，他解开捆绑的绳子，又牵着绳头再爬回驾驶室，像拉网似的把一块帐篷布拽进车内挡寒。

　　次日上午 10 点，风暴戛然而止。大家饿了一天半直奔食堂，可开花如石榴的干馍，饿惨了张嘴一口咯牙痛得直叫，没法吃。谁想风暴陡然又起，大家仍旧空手而归各就各位，继续抱头拱地挨饿忍渴。

　　时近正午，风力减弱。大家清点公私财物，被褥、手表、照相机、收音机之类私有财产失踪、损坏不少；公家的仪器、资料、生产物资一一俱在、大都无损。特有汽车车身，全部烤漆被打磨得一丝不剩，让人无不惊叹痛心。

　　当 27 日一早，受自治区宋副主席和西北石油地质局领导委托营救的第八航校派飞机莅临时，一个个土铸似的勘探队员禁不住泪如泉涌。他们紧紧握住亲人的手，刚烈的男子汉，在撕肝裂肺的风暴前，都是顶天立地的英雄汉；此时此地在亲人面前，说啥都控制不住如潮的感情潮水，哗哗哗落在无情戈壁上！

　　　　　　　　　　　　　　　　　　　　　　（节选自《痴情音符》）

第四节　伊宁盆地油气普查

　　伊犁盆地系指北西西走向科古琴山，博罗霍洛山以南，哈里克套山、那拉提山以北，东到那拉提，西到中俄国界，呈一东窄西宽、向西开口的三角地带。其中包括北部伊宁盆地和南部昭苏－特克斯盆地，面积为 28800 平方千米。行政区划属新疆维吾尔自治区伊犁哈萨克自治州，构造上属天山东西向构造带内的山间地块。

　　1982 年 5 月，地矿部第三石油普查勘探指挥部组成康玉柱和刘鹏生等的石油地质调研组，对盆地进行油气地质调查研究工作。认为盆地上石炭统和上二叠统具有较好的生油岩。尤其上二叠统暗色泥页岩厚达700多米，并在多处发现沥青脉，说明有过油气生成和运移的过程，故认为伊宁盆地油气前景较好，有进一步开展油气地质工作的必要。向地矿部石油地质海洋地质局建议，进一步开展油气勘查工作。

1988年西北石油地质局对伊宁盆地进行立项，用两个重力队开展8000平方千米面积的1:20万重力普查，发现伊宁盆地为"地堑"式坳陷。坳陷内有三个凹陷，三个凹陷之间有两个鞍部，共发现13个局部构造异常，可能为潜伏隆起。与此同时用一个地质分队进行含油气综合研究，实测了三条石炭－二叠系剖面，认为下石炭统和上二叠统是最好的生油层，生油岩厚达千米，残余有机炭含量0.3~1.1%，生储盖组合配套。并在昭苏北阿克沙克下石炭系及伊宁县东南赛布拉克附近上二叠统发现古油藏残体。诸多资料预示伊宁盆地和昭苏特克斯盆地广大覆盖区可能有良好的生油地质条件。

1991年4月，地矿部副部长宋瑞祥参观西北石油地质局陈列馆

第八章　勘探开发并重、油气并举

第一节　"八五""九五"勘探开发双丰收

"八五"在"七五"成果的基础上，按照地矿部"当好先行，扩大开发"的指导思想，西北石油地质局除继续在沙雅隆起勘探开发扩大成果外，加强盆地西部巴楚－麦盖提地区的勘探。"八五"期间在勘探突破、发现和

油气开发方面都取得丰硕成果，总体可归纳为"三二一一"。

一、发现 3 个油气田：

即阿克莫奇构造（1991 年 6 月）、桑塔木构造（1991 年 9 月）、东达里亚构造（1992 年 3 月）。另外还发现 3 个含油气构造。

二、两个重大突破：

1）1991 年 8 月在麦盖提斜坡（面积 5.3 万平方千米）上的巴什托构造率先布麦 3 井。该井于 1992 年 9 月钻至 4300 米石炭系灰岩时获高产油气流，日产天然气 18 万方，凝析油 16 方，从而首次实现了麦盖提斜坡具有导向性的重大突破。2）1993 年在巴楚隆起（面积 4.7 万平方千米）上二维地震，发现和圈定了亚松迪构造。1994 年 10 月设计了巴参 1 井，1995 年 9 月在井深 2360～2640 米的泥岩、炭岩中试获工业油气流，日初产油 61 方，从而证实古隆起聚油的理论，为国家寻找了一个新的勘探地区。

三、获取各类储量 1 亿吨：

在"七五"和"八五"工作的基础上，西北石油地质局评价了雅克拉凝折气田、达里亚油气田、阿克库勒油气田和轮台油气田，获油气地质储量 1.05 亿吨（当量）。其中探明储量 4341.4 万吨，控制储量 6115.6 万吨。

四、从测试转入开发，累计生产原油 100 万吨：

西北石油地质局测试式的试采，开始于雅克拉凝析气田的沙参 2 井。"八五"以来按照地矿部"当好先行、扩大开发"方针，为了解决地勘事业费的严重不足，增强自我发展的能力，为新疆和国家作出更大贡献，明确了坚定不移走勘探开发一体化的道路。1991 年年产油 5 万吨，1992 年产油 10 万吨，

1993 年产油 18 万吨，1994 年产油 24 万吨，1995 年产油 32 万吨。1995 年原油产量是 1991 年的 6 倍多，达到全员人均 100 吨以上。五年累计产油 100.65 万吨，为国家和新疆经济建设作出了贡献。

第二节　站稳开发，探采结合来之不易

20 世纪 80 年代，国家对地勘的财政拨款逐年减少，加之只搞勘探不搞开发的政策，使地勘事业单位的活力日渐衰落。80 年代中期，地矿部不得不被迫提出部分地质工作成果商品化、部分地勘单位企业化、地质队伍社会化，建立充满生机和活力的社会主义地质工作新体制。西北石油局自 1984 年沙参 2 井出油后即开始进行测试，以后相继出油的如沙 4、沙 7、沙 5、沙 15 井等等，都经历了较长时间的测试式试采阶段。直至 1992 年邓小平南方讲话及党的十四大会议精神贯彻，推动了地质队伍新体制的加速运转。

1993 年西北石油地质局才正式获准实施探采结合的发展战略。上级才收回"要纠正"的指令。由于此，西北石油地质局游离在"采"与"不采"之间的时间长达 10 年，使一些油气井的测试式试采时间也长达 10 年。西北石油地质局探采结合的发展战略来之不易。换言之，西北石油地质局油气开发产业，发端于勘探油气井发现后为进一步研究油气藏地质特征，以及油气特质所需的各类参数而必须进行的测试式试采。随着发现井和油气田的增多，致使测试式试采的网点和规模不断增多和扩大。应了俗话"生米煮成熟饭啦"，不准开发也得无奈地认可开发。

1993 年新任西北石油地质局长兼书记的郭仁炳，和他的战友们顺应民心，顺应潮流，及时提出"抓住勘探，站稳开发，放开经营，加快发展"的总体构想，决心冲破旧体制束缚，抓住开发才是根本出路，走探采结合的发展道路。开始正式编制阿克库勒油气田、西达里亚油气田、桑塔木油气田、大涝坝二号疑析气田、丘里油气田、亚松迪油气田、巴什托油气田等油气田的开发方案。

同时实施深化改革，调整结构，实现五个转变。即由依赖国家旱涝保收，向扩大服务领域、走向市场、发展自我转变；由单一从事油气勘查向"一业为主，多种经营"转变；从事业型地勘单位向企业型转变；从不论贡献大小吃"大锅饭"，向责权利统一观念转变；从单一的上下级行政隶属关

系，向行政、经济双重关系转变。在部署上，一方面利用地勘费，向东西两翼新区展开打探井，寻找新的突破口：同时将三维地震工作量由雅克拉－轮台一带调至桑塔木－艾协克地区，大力增强在该地区寻找油田开发后备基地的勘探力度和勘探精度；另一方面，自筹资金，进一步加快在西达里亚和阿克库勒两个油田的打井、上产步伐。

这一解放思想，探采结合，滚动勘探的正确方针，使憋足开发劲头的地质职工，鼓足了前进的风帆，决心在勘查、开发上大干一番。一普大队广大职工焕发出高度积极性，1993年完成钻探进尺22588.1米，平均台月效率达1993.68米，机械效率为6.5米/小时，事故台时比上年下降25％，承担的4口自筹资金开发井，多快好省，钻井合格率达100％，创塔北钻井生产新纪录。在西达里亚油田自筹资金施工的5口开发井命中率100％。其间，最高队年进尺为一普6009钻井队于1995年施工DK11、DK12、沙28井时所创造的13760米，这也是塔北首次实现三开三完，队年进尺超万米；最高台效6009钻井队施工DK9井时所达到的3243米/台月。同时，在系列科研课题转化生产力上也取得重大成果。如物探地震多次波识别、速度研究、正演成图技术、地震薄层调频分析技术、原油破乳脱水工艺攻关等一大批成果，在提高生力中发挥了重要作用。原油开采1991年起步为5.1万吨，1992年12.3万吨，1993年23万吨，1994年27万吨……年以30％以上速度快速发展。西北石油地质局生存发展的活力获得了生机。

实践证明，无论从事地质勘查，还是油气开发，只要遵循解放思想、依靠科学、艰苦奋斗，摆脱等靠要旧信条束缚，拥有油气勘探优势的地质职工，同样也会在油气开发事业上作出贡献。应该说事至此，"探采结合"初步探出了一条新路。然而真要甩开膀子大干的话，现实颇有叶公好龙的讽刺意味。

作为一个油气探采结合的积极倡导者和实践者的郭仁炳局长，他是用心用力，克服了诸多困难，冲破一个个外部环境和内部传统体制的困扰，破解了困扰地质队伍多年的难题，正以百倍信心夺取新成果。当1990年11月16日，沙22井试获高产油气流，他兴奋之情难以言表，认为塔北实行探采结合的条件业已具备，奋笔直书建议上级抓住良机，尽快实施探采结合会战，力争大见成效。然而上级看重东部地区的地缘优势，忽视塔北的资源优势而决定会战解体、队伍外撤。

面对外部环境彼强我弱时，他主张在竞争双方，特别是弱方要选的上策，应是"有所为有所不为"、"有所舍才能有所取"。他再次建议，趁对方"占大放小"的强欲，尽快在西达里亚和阿克库勒带状油田部署一批钻井，扩大油气产量，以争得立锥之地。然而又因上级的种种因素而落空。

在东西达里亚的争夺中，他希望能在对方已全部占据西达里亚油田情况下，下决心选择这个小而肥的油田，作为探采结合的突破口和起点。以见缝插针多打井办法，抗争对方在西达里亚与我局"平起平坐"，而无法挤走西北局开发队伍。在实施"抗争"过程中，西北石油地质局的地质家们和一普队伍，十分争气。部署的开发井口口不落空，施工的一普井队实现了二开二完、三开三完，队年进尺超万米，一再刷新纪录，为探采结合打出一个个漂亮仗，全局上下为之振奋。

与此相反也出现些许杂音：什么探采结合求发展战略，不符合地质找矿方针；什么自筹资金打井，风险大，更不赚钱，等等。更严重的是上级顶层领导电话，指出不"以地质找矿为中心"的方针，责令必须"要纠正"。也许上级囿于国家的体制使其左右为难。

郭仁炳局长说，西北石油地质局走探采结合路，已是箭在弦上。如果因为某些"干预"而就此止步，就将重蹈华北局无立锥之地的覆辙，西北石油地质局面临生存困境。然而关键时刻，邓小平南方讲话给了他极大的勇气，坚持走探采结合为主体的发展战略不动摇。他说："到了当年 1993 年底，原油产量 22 万吨，超产 6 万吨，接近对方 20 余口井的原油产量。同时，按三年合同及两点口头协议，局自有资金和效益工资大幅增长，探采结合初见成效，人们对探采结合的认识也比较一致了。"

随着社会主义市场经济改革的深化和探采结合经济理论认识的逐步提高和深入，直至 1993 年西北石油局才正式获准实施探采结合的发展战略。上级才收回"要纠正"的指令。由于此，西北石油局游离在"采"与"不采"之间的时间达 10 年之久，使一些油气井的测试式试采时间也长至 10 年。1993 年后，西北石油局开始正式编制阿克库勒油气田、西达里油气田等油气

的开发方案。西北石油局探采结合的发展战略来之不易。郭局长自叹"接任不久搞探采，酸甜苦辣跟着来。上面责令要纠正，下面有人不理解。三个大个围着挤，苦苦支撑难支开。若非个小骨头硬，必为强势压垮台。"郭仁炳局长在《接任明志》里曾抒发道：

"接班岁已五十七，老马识途更奋蹄。破旧出新行探采，瞻前顾后铸阶梯。

风华正茂拼三载，奋力开拓创业绩。信念催人齐奋起，官民共济紧相依。"

原注释："接任"系指笔者于1993年春接任西北石油局局长和党委书记职务。"破旧出新"意指破除只探不采的旧体制，成立既探又采的华疆矿产资源勘探开发总公司。"铸阶梯"意指两方面，一是积极培养和大胆使用年轻干部，以备接班；二是努力寻找和落实后备油田。"拼三载"意指严格遵守干部任用制度，干到年满六十岁即卸任交班。

沙参二井纪念碑在塔里木落成：1991年9月3日，唤醒塔里木盆地沉睡油龙的第一口油气井——沙参二井纪念碑在荒漠中耸起，地质矿产部和新疆自治区人民政府在塔里木联合举行了纪念碑落成仪式。

沙参二井是地质矿产部西北石油地质局6008井队，在塔北雅克拉构造上施工的，1984年9月22日凌晨，当钻进到5391.18米的奥陶系白云岩时，喜获高产油气流，日产原油1000余立方米、天然气200多万立方米。这一举世瞩目的发现，实现了我国古生代海相油气的首次重大突破，为我国找油气向新地区、新领域、新类型、新深度进军开辟了道路。

地矿部副部长宋瑞祥、张文岳、自治区副主席毛德华等参加了纪念碑落成典礼。

纪念碑高1.9米，宽3米，碑体为钢筋水泥结构，镶嵌黑色花岗岩大理石，正面金色的碑文是："献给塔里木盆地石油天然气资源的开拓者。"

沙参2井纪念碑文：1984年9月22日，沙参2井钻进到深度5391.18米时见油气层，日产原油一千多立方米，天然气200多万立方米。油气产出层位是奥陶系碳酸盐岩，在塔里木盆地乃至全国均属首次。

沙参 2 井钻获高产工业油气流成为我国最大沉积盆地——塔里木盆地油气勘查的重要里程碑，以其科学发现和重大突破载入我国油气史册，为国内外所瞩目。

塔里木盆地勘查的这一重大成果，是地质矿产部西北石油地质局广大职工在以往地矿、石油等多部门多年工作的基础上，尊重科学、勇于探索、无私奉献的卓越成果。

1989 年新疆维吾尔自治区人民政府和地质矿产部对担任该井施工和抢险保井的 6008 钻井队及其他有功单位给予了表彰。

塔里木盆地油气勘查的各项工作受到当地党、政、军、各族人民和石油工业部门的热情关怀和大力支持。

向塔里木盆地石油天然气资源的开拓者们致敬！

中华人民共和国地质矿产部

新疆维吾尔自治区人民政府

1991 年 9 月立

第三节　依靠科技进步，发现塔河油田

（一）塔河油田地理位置及勘探概况。

塔河油田位于 314 国道南约 50 千米，塔里木河以北、库车县与轮台县交界地区，属干旱沙漠边缘环境，沙漠公路通过油田东部，北邻阿克库勒油田（解放渠东油田）和轮南油田。

西北石油局自 1980 年始，在这一地区开展了大量的勘探研究工作。1989～1990 年先后在艾协克构造和桑塔木构造分别上钻沙 23、29 井，前者见到良好油气显示，后者试获工业油气流。1995 年，西北石油局取得了该地区 1700 平方千米工业勘探许可证。由于区块来得不易，西北石油局抓紧时间加大该区勘探力度，下决心以自筹资金部署三维地震勘查及相关综合研究。并完成以上两地区 220 平方千米的三维地震勘探，据此成果迅速部署了沙 46 井、沙 47 和沙 48 井及评价井。1996 年艾协克南构造上的沙 56 井实现了新构造上的突破，获工业油气流；艾协克 1 号构造的沙 46 井，1996 年 8 月在三叠系、石炭系获工业油气，1997 年又在下奥陶统获高产油气流；1997 年 10 月艾协克 2 号构造的沙 48 井又在下奥陶统再获高产油气流，因日产原

油 570 立方米，而被誉为王牌井倍受业界人士关注。由此，奠定了塔河油田的雏形。1996 年 5 月 18 日，中共中央政治局候补委员、中央书记处书记温家宝考察一普 6009 井队，给予高度评价和厚望。1998 年 10 月 15 日，《人民日报》和中央电视台报道了西北石油局在塔北发现并初步查明一个超亿吨级大油田的新闻。这是继 1984 年沙参 2 井重大突破后，又一个重大勘探和开发成果。

（二）依靠科学技术进步与坚持"严谨重过细、精雕贵细刻"的科学精神；狠抓"不达地质真面貌决不罢休，扭住地质真知不松手"的过硬作风，发现了塔河油田。

沙参 2 井的重大发现，推动国家计委将"塔里木盆地北部地区油气普查勘探及主要油气田评价"列为国家"七五"重点勘探项目，国家经委批准"塔里木盆地东北区控油地质条件和盆地远景评价"为国家"七五"重点科研项目。从盆地的形成与演化、地层沉积建造、构造发育特征、生油岩层分布及演化、油气储集保存特征，到油气成藏机理、成藏模式、成藏规律都做了系统的的研究，取得重大科学成果。同时，科技攻关也给塔里木油气勘探引进了先进的技术方法。圈闭发现与评价技术、深井钻井技术、油气层测试工艺技术、油气田评价技术等都有了长足的进展，新技术新方法的应用，解决了盆地油气勘探、评价各环节中的技术难题，也加快了油气田的发现、评价和油气产能建设的步伐，基本形成了深部油气藏勘探评价技术系列。

随着勘探程度的不断深入，地质研究需要新的，更细致、更精确的资料，来验证对油气地质规律的认识，这就对勘探技术方法提出了更高的要求，而"七五""八五"两期科技攻关正顺应了这一需要，无论是地质研究方法还是工程勘查技术方法都有了长足的进步，并迅速转化为生产力。技术方法的进步大大提高了勘探精度和勘探能力，促使对盆地石油地质特征有了新的认识，形成了新的找油思路。勘探实践与科技攻关则对盆地油气富集规律有了更进一步更全面的总结，盆地模拟分析、含油气系统理论分析、烃源

1996 年地矿部副部长陈洲其（中）、中国新星石油公司书记张耀仓（左）研究勘探部署

岩对比分析等一系列新理论、新技术的应用，提高了对塔里木油气成藏规律的认识：针对塔里木盆地石油地质特点建立并应用了一整套适用的勘查技术方法系列，包括圈闭预测评价与储层描述、深井钻井、油气层保护和高压油气层测试与分析等，大大提高了勘探效率，深化了油藏的认识。

诸如沙 29 井于 1991 年在桑塔木构造三叠系突破后，地震资料解释认为主要井位于构造东高点，比西高点要低，且幅度大、范围都也小于西高点。为验证又当年 11 月在西高点上钻沙 40 井。没想 1992 年该井完钻后发现三叠系构造竟比沙 29 井更低，虽也获得工业油气流，但寿命很短。围绕桑塔木构造高点到底在哪里这一问题，进行了一系列二维地震资料精细处理解释工作，动用了部内最先进的计算机，最先进的技术方法，同时还开发研制了薄层调谐地震资料分析技术（该技术还申报了国家专利）。经严谨过细的综合评价，认为构造高点在沙 29 井东偏北方向。这一阶段，西北石油局正处于国家拨款锐减，开发又刚刚起步的困难时期，地质家们依然扭住地质真知不松手。

1994 年在该构造部署的两条共 57 千米高分辨二维地震，仍未得出确切结论，下半年再部署了 100 平方千米三维地震，由于仪器问题，至 1995 年 6 月才完成采集工作。因地震速度无法落实构造，后运用 VSP 测井资料，研究发现构造主体部位在沙 29 井西南，遂部署沙 51 井取得了新进展，塔河 1 号三叠系油气藏得以迅速评价探明。随后根据三维地震研究成果部署的沙 46、沙 47、沙 48 等井先后在奥陶系碳酸盐岩地层中取得了重大突破，塔河油田才显山露水。

从 20 世纪 80 年代后半期至 90 年代前半期，地矿部西北石油局与中石油塔指在以上地区都部署了地震和钻了数口探井。中石油共完钻 12 口，因油气成果不够理想而放弃。西北石油地质局认真研究中石油完钻的 12 口井，刘国栋曾一针见血指出为什么大油田从部分专家手中眼皮下漏掉？他说原因甚多。例如工作作风上，坚持地质认识严谨研究，具体部署细致雕琢；反复跟踪步步逼近，不盲从轻率，相信真理亲近真诚的汗水。刘国栋他们提出了自有一套不同他人地质观点的新认识，认为这块地区大有希望，只是当时还未廓清地质面貌而已。提出以严谨过细、精益求真地追求客观地质真知的科学态度，一次又一次构架细琢构造图。

如塔河油区一区块攻坚啃硬，至第四次精雕桑塔木三叠系构造图，奠定了油藏开发价值和信心。但他们仍感未抓住地质真面貌不撒手，直至第五次过细精编桑塔木三叠系构造图，所追踪的地质实况，才最终揭示地下地质存在的真实形态。使桑塔木三叠系油气藏探明地质储量增加四成多。这是塔河一区块从发现到确认，不断去伪存真，逐步雕琢一次又一次超越自己的真实过程。逐渐认识到："培育大型油气田，要查明主力烃源岩，以大型古隆起古斜坡为勘探方向，近油源找构造、占高点、靠断层、描准储集层、重视不整合、抓住异常体和尖灭带、在扭应力集中部位上钻"。按着这一思路部署勘探，发现了塔河大油田。这就是认识辩证法，从模糊到逐步清晰。

又1997年4月5日，利用细刻精绘的艾协克三维构造图，集体讨论确定沙48井。当晚加班，在物研所电脑上利用沙23、沙46、Ln15井等钻井地质和对应的平均速度、VSP测井资料；又在三维地震剖面上对各目的层进行了认真细致的标定，最后将沙48井部署在三维地震66线与526道的高点处。他们次日一早去野外勘定井位坐标，马不停蹄连轴转。10月上旬沙48井终获日产原油570立方米、天然气1.5万立方米，实现了塔河油田的重大发现。这一重要成果在国内外引起了强烈反响。

（三）功勋井沙48井的钻探历程

1997年4月5日，集体讨论确定沙48井，翌日去野外勘定井位，定桩在三维地震66线与526道的高点上。此为艾协克2号构造高点第一口探井，位于沙46井283度方位，平距4.9千米处，X坐标4582221.36米，Y坐标15245019.85米，海拔935.41米。该井设计井深5600米。目的层为石炭系和下奥陶统。

该井由一普6015井队用F-320-4DH型6000米钻机施工。1997年6月1日用直径444.5毫米钻头第一次开钻，钻至井深601米，下入直径340毫米表层套管于井深598.72米，并固井，水泥返至地面；随后用直径311.15毫米钻头第二次开钻，钻至井深3900米，下入直径244.5毫米技术套管于井深3895.4米，并固井；随后用直径216毫米钻头第三次开钻，钻至井深5362.03米，下入直径177.8毫米尾管于井深3742.88-5357.44米，并固井，固并质量较差。随后用直径149.2毫米钻头第四次开钻，钻至井深5370米，于1997年10月17日裸眼完井。

该井取心进尺44.59米，占全井进尺的0.83%；取心长度41.11米，收获率92.2%。钻遇地层及底界深度为：第四系和库车组1810米、康村组2785米、吉迪克组3341米、苏维依组3437.5米、库姆格列木群4134米、卡普沙良群4469.5米、下侏罗统4531米、三叠系4951米、石炭系5363米，揭示下奥陶统灰岩7米。该井进入下奥陶统灰岩后，于井深5364.26米出现

漏失，随之出现放空，放空高度达 1.5 米，泥浆有进无出，漏失总量达
2809.8 立方米。完井后，对 5357.44－5370 米裸眼段进行测试，获得日产原
油 570 立方米、天然气 1.5 万立方米，发现了以大型岩溶缝洞储油为特征的
艾协克 2 号油田。此后，该井一直保持高产稳产，年产量超过 10 万吨，引
起了各方面的极大关注，并正式将艾协克－桑塔木地带的油气田命名为塔河
油田，同时将艾协克 2 号划为第四区块。

沙 48 井出油之后，西北局在艾协克 2 号构造内外布了两口探井，八口
评价井。

塔河油田构造特征：通过对塔河油田艾协克、牧场北等 5 块三维地震资
料的联片处理资料，用合成地震记录以及 VSP 测井资料的标定、解释，塔河
油田经历了多次构造运动。以海西早期、海西晚期形成的两个大不整合面
（T60、T50）为界，纵向上形成构造特征不同的三层结构，下部为奥陶系潜
山，总体为北东－南西倾没的鼻状构造特征，其上按照构造走向可划分为塔
河 3 区、4 区、6 区局部残丘群。石炭系下部巴楚组顶面的构造特征与奥陶
系潜山的构造特征基本相似，反映了石炭系的构造形态受奥陶系鼻状构造凸
起的控制，同时后期的挤压变形又改造了奥陶系的局部残丘。三叠系为总体
北倾单斜构造背景之上局部发育低幅度披覆加挤压背斜，三叠系之上为北倾
单斜。

已退休的郭仁炳局长闻之拍案直抒胸意作《三年智取》：

天南地北找石油，历尽艰辛志未酬。塔北挥师敌劲旅，荒原布阵展
机谋。

三年智取疑难地，四井深追缝洞油。莫道家穷兵将少，心齐照御万
军侯。

原注释："三年智"取乃指 1994 年至 1996 年，坚持在另一方评价
不高的艾桑地带做高分辨和三维地震勘探，进而查明了难度很大的低幅
构造面貌。"四井深追"是指 1996 年和 1997 年部署在艾桑地带的沙 46、
沙 47、沙 48、沙 53 这 4 口井，均在深部的下古生界灰岩缝洞和三叠系
砂岩中获得高产油气，从而发现了规模巨大的塔河油田。诗的第三句系
指塔北油气勘探竞争激烈。艾桑地带位于阿克库勒凸起西南部地区，即
塔河北岸。

第九章　创新体制，向油分公司转轨

西北石油地质局的建局历史，与我国改革开放新时期同步，改革实践贯穿局史始终。改革深化过程大体分为三步走，以工程作业承包为中心的经济责任制、向油气分公司转轨改制和重组上市改制。1984 年，开始准备以承包为中心的经济责任制改革；1985 年，制定《关于简政放权，搞活地质队的若干规定》实施意见；1986 年提出以地质工作项目管理、工程作业承包为中心的经济责任制改革意见及 10 大改革措施。"七五"后三年，全面试行工程作业项目承包；进一步完善内部经济责任制。局向决策经营型转变，队向生产（服务）经营型转变，专业施工（服务）队伍向标准化转变。最终实现五个转变：由依赖国家向市场发展转变；由单一油气勘探，向"一业为主，多种经营"转变；由事业型向企业转变；从吃"大锅饭"，向责权利统一转变；由上下级隶属关系，向行政、经济双重关系转变。最终目标：把局和大队建设成为自我改造、自我发展、自我控制、自我积累和具有竞争能力的经济实体，实现企业化。

第一节　工程作业承包与联合勘探新管理体制

一、工程作业承包管理体制的产生背景

地勘事业单位的投资来源，一直完全依靠国家预算拨款，对国家依赖性极大，国家给多少钱干多少地勘活，钱多多干，钱少少干，缺乏自我积累和自我发展的机制。地勘费预算拨款和年度结算，都是以列入计划的地勘实物工作量为依据，并不与找矿成果好坏挂钩，而且严格受国家计划控制。既不能少完成工作量，也不能多做工作，因为多完成工作量，多发现油田，也不能多给钱；节约了地勘费，与职工利益无关。因而从 1979 年至 1984 年，西北石油地质局的主要勘探手段钻探、物探、地质、井下作业的地勘费越来越

感到资金吃紧，困难重重。四个勘探单位中仅个别单位留用资金状况稍好，其余单位留用资金所余无几，甚至有的单位出现赤字，发不出微不足道的奖金。由于受地勘会计制度和地勘费不足所限，一个井队的钻井工作量由两个井队分着干，又因野外队实行冬休制，全部勘查井必是跨年度的结转井，终造成计入钻井总台时的时间不及年的三分之一。一普生产效益的严峻现实，来源于"地矿经济"指令性计划经济的桎梏。改革这一长期束缚地勘单位的管理体制，已是迫在眉睫的事。

二、联合勘探管理体制推动工程作业承包应运而生

联合勘探新体制，带来了勘探的大好形势，原有的"地矿经济"的指令性管理体制和模式已极不适合发展的需要。地矿部石油局在调查研究的基础上，及时提出塔北项目实施项目管理和工程作业承包形式，运用以经济手段为主，实行任务条件包干的经济责任制网络。因此，塔北工程承包的产生是生产力形势的发展和深化改革的需要，是实行塔北扩大油气项目管理的必然产物和重要手段。

工程作业承包的指导原则、基本做法、步骤和形式：即工程作业承包的对象主要以手段——工作量为主，但必须始终突出以地质找油气为中心，以提高符合质量报告为落脚点。以经济手段为主的承包，一定以提高经济和社会效益为前提，国家、单位、个人利益相结合，责、权、利相结合。统一设计、统一指挥、统一定额、统一质量。承包的形式根据专业特点与具体条件，分别采取招投标、委托和任务经费包干三种形式。签定经济合同。对地震、钻探以招投标形式分别进行承发包；与供应站、机关服务中心以任务经费包干形式进行承包；其余各项工作以委托方式承包。建立健全、不断改进完善的各项制度。先后出台的制度办法：《塔北工程作业承包办法》《工程作业招标、投标承包办法》《钻探工程、物探工作质量验收及奖罚细则》，以及工程作业承包结算办法、服务配套改革制度和基地有关补充规定一系列规章制度，使承包工作、监控验收、结算各项工作有章可循，奖罚有据。

三、引入竞争机制，发展横向联合，促进观念意识转变，提高了管理水平。

承包工作以模拟市场形式，引进了竞争机制较为明显，尤其对西北石油

局原有独家经营的模式带来有力的冲击，打破长期封闭的生产管理。从兄弟队伍的优势，找到了自己的差距。由压力变动力，促进相互学习：增强抢时间争速度，提高引进科技，聘用人才的积极性。"七五"期间全局招聘专业人才40余人，与兄弟单位签订技术咨询技术服务合同近10份，较大地改变了历史面貌。联合引入竞争，竞争又促进联合，由地矿部石油局系统扩展到地矿部系统的联合，并有进一步发展为国际之间的联合之势。"联合出成果，出人才，出效益"已为事实所证实。

承包首先是任务的承包，经费随任务而定。从而打破了大锅饭。过去争钱争投资，现在首先是争任务；争任务就得具备自身条件，人才、技术、经济观念普遍受重视，管理科学、经济核标、经济人才引起了各级领导的关注。通过几年的承包管理体制的实践，至1988年西北石油局的经济管理已初步实现转变。计划管理由以行政手段为主的行政干预转变为以经济手段为主的间接管理，指令性的下达计划任务被经济合同代替；任务管理由以往供给式的拨款转变为按工程承包进度结算和按合同预付，合同外的借款、欠款为内部资金融通和贷款所代替；物资管理实行供管分开，依照商品流通建立了供需合同，实行内部企业管理制度，按分管目录保证供求，提货付款两同时，滞纳欠款计利息；劳动管理按定员控制工资总额，按工程单价结算，对节劳超员工资由承包单位自我消化。各项管理工作随着工程承包变化而变化，逐步向科学化方向迈进。

第二节　发展多种经营与起步内部地质市场

一、"一业为主"发展多种经营

随着党的十四大社会主义市场经济理论和建设有中国特色社会主义理论的确立，地矿部提出"一业为主，多种经营"的勘探方针，以及1993年5月8日，新疆华疆矿产资源勘查开发总公司成立开业，并保留地矿部西北石油地质局番号。从体制上打破"只搞勘探，不搞开发"旧框框，走"一业为主"发展多种经营之路。但"一业为主"仍是西北石油地质局主攻对象。

1993年西北石油地质局提出16字总体构想："抓住勘探，站稳开发，放

开经营，加快发展"。广大
职工激发出从未有过的多
种经营热情。

多种经营从零起步，
但发展速度迅猛，经营网
点雨后春笋般冒出勘探者
手中，至 1994 年企业达 33
家，经营网点计 54 个，固
定资产近 1 亿元，经营范围
涉及原油生产、天然气利用、油建工程、交通运输、机修、炼化、食品加
工、边贸、养殖、印刷、金融服务、餐饮宾馆、旅游服务、新技术开发、基
桩工程、计算机服务等 20 几个门类。经营方式多元化，有承包经营、租赁
经营、股份制经营、联合经营等。资金来源由原单一依靠国家投资变为负
债、集资、自筹、合资相结合等多种模式。以多种经营为特点的信德实业公
司，真抓实干，小步快跑，发展第三产业，在实现稳产路上迈出了新步伐。
1993 年利税在头年基础上实现翻番。

然而，以油气勘探为优势的勘探职工，在向市场经济转变过程中，由于
缺乏经验，管理分散，监控不力，多数企业处于亏损状态，不可避免地付出
了学费。在下海热过后，出现迷惑的低谷，亏损企业（网点）一个个浮出出
水面。局及时清理整顿了一些盲目上马，无盈利能力的企业，提出了"调整
结构，加强管理，突出重点，稳步发展"的经营方针。1996 年至 1998 年期
间，在西北石油局向油分公司转轨改制过程中，经过抓大放小，调整改造重
组的阵痛。1998 年 5 月 13 日，新疆新星实业（集团）有限责任公司成立，
标志西北石油地质局多种经营发展跨上了一个台阶。统一经营管理局属多经
企业，并控股和收购了塔里木石油化工厂。通过采取抓大放小、扶优扶强、
清理整顿、加强管理、拓展市场、技术改造等措施，逐步纳入现代企业制
度、市场规律运作轨道。逐步形成了以下游炼制为主导产业，集油田服务、
旅游和餐饮为一体的中型企业。

新星集团公司成立后，当年完成产值 1.32 亿元，亏损 2246 万元，2000
年完成产值 3.67 亿元，实现利润 4444 万元；就业人员 656 人，其中西北局
正式职工 213 人。同时，西北石油局对多种经营发展思路和方向的认识有了
较大提高、市场观念和竞争意识增强、具备一定的生存和发展能力。

二、起步内部地质市场

沙参2井突破后，地矿部在塔北实现联合勘探。地矿部委托塔北联指和西北局对各参战的联合单位，实行项目管理和工程作业承包。工程承包形式运用以经济手段为主、实行任务条件包干的经济责任制网络。工程承包的成效：模拟市场形式，引入竞争机制；发展横向联合，使队伍出现了生机和活力；打破长期封闭的生产管理，从兄弟队伍之长中，找出自己的差距，变压力为动力。应该说，联合勘探期间实行的项目管理和工程承包机制，从1985年至联合勘探解体的1991年底，在生产实践中不断探索、完善、提高，为西北石油局开辟内部地质市场打下良好的基础，起到内部地质市场的雏形作用。

三、油气资源的优势决定地质市场的快速发展

20世纪90年代初，西北石油地质局发挥油气资源优势，坚持探采结合，油气产量和自筹资金迅速增大，局内勘探和开发力量日显不足，为内部工程作业提供越来越多的内部地质市场。为此，西北石油地质局不断完善和规范了内部地质市场。"八五"后三年，西北石油地质局从一口沙参2井起家，探采结合，滚动发展，向地要油，以油变钱，自筹资金

由1992年的1500万元，增至1995的7330万元，年均增长129.3%；三年共筹集1.48亿元，钻探开发井10口，产油82.1万吨，为同期国拨地勘费的2.5倍。从而使西北石油地质局的内部地质市场在坚实基础上，有了良好的开端。外雇队伍规模和工种不断扩大，从钻井队到修井、试油、油田建设、输电线路建设、道路、油气集输、通讯等等。

随着油气资源的明显优势的提升，西北石油地质局迅速崛起。从"九五"头年起，地矿部又加大塔北油气勘探开发的投入，钻探、物探、测井、固井、试油、修井等实物工作量大幅增加，至"九五"前两年，以钻井为例，钻井进尺的内部地质市场规模扩大了5.5倍。

应该坚定地说，西北石油地质局的内部地质市场的建立，既是坚持改革，走勘查开发科研一体化道路的产物，也是西北石油地质局由联合勘探的工程作业承包、到外雇调节、外雇为主的内部地质市场向逐步市场化运作的过程。同时，由于内部地质市场的迅速扩大，为进一步调整队伍结构，建立油公司，并为工程作业实行全方位开放和市场运作管理创造了条件。

第三节　实施向油分公司转轨改制的改革

一、转轨改制的前期准备

1994 年 4 月 3 日，国务院印发《关于研究石油工业管理体制有关问题的会议纪要》，明确地矿部用 2－3 年时间，组建规范油公司，与地矿部脱钩。翌年初，西北石油地质局成立改革办公室，专职为西北石油地质局转轨改制有关工作进行准备，起草向油分公司转轨改制的实施方案。提出改革指导思想、基本任务，向油分公司过渡的体制模式，经济运行机制、结构调整、油公司制度建设等。1996 年 10 月 31 日－11 月 10 日，局召开 80 多人干部会议，进行改革与发展研讨，并形成六易其稿的《地矿部西北石油地质局转轨建制的总体实施方案》。1996 年 12 月 7 日，国务院批准正式成立中国新星石油公司。至此，西北石油地质局向油分公司改制的准备条件基本成熟。

二、完成向西北油气分公司转轨改制

1997 年 11 月 19 日，中国新星石油公司任命张爱东为西北石油局局长（总经理）兼书记。他率领新班子贯彻执行 1997 年 11 月 20 日，中国新星石油公司印发《关于印发对西北石油局进行油气分公司体制改革试点方案的通知》，要求"把这项事关西北石油局调整结构、理顺体制、建立新的运行机制和经营机制的重大改革作为大事来抓"。

关于西北石油局的定位和改革框架。重新定位西北石油局为中国新星石油公司在西北地区的分支机构，属分公司性质，不具独立法人资格，经公司授权自主处理有关生产经营及地方协调事宜；实行单独核算，按经济责任制要求计算内部效益，企业利润统一纳入新星公司计算，由新星统一缴纳所得税；西北石油局实行以油气勘探开发为主，加工利用及配套服务为辅的经营政策，行政、生产、经营、服务、管理等职能。

改革的基本思路：大体分四大块，即"油公司高度集中，专业公司相对独立，基地服务逐步剥离，多种经营企业自主经营自负盈亏。"

改革的基本目标：1、产业结构调整，强化油公司勘探、开发和下游加工的主业，减弱工程等产业和多经；2、队伍结构调整，调整人力、素质，达到加强主业队伍素质目的；3、资金和物资调整，达到资源优化配置、强化主业。最终实现 4 个加强：管理力量、综合研究力量、工程监理力量、采油生产力量。工作的关键，着重在全局的人、财、物进行全面重组，重组的中心任务在原地矿部第一普查勘探大队和第一物探大队撤销后的人财物重组。改革的结果，使西北石油局真正适应塔北大发展、大场面的需要；真正代表中国新星公司当好甲方、组织好塔北地区的新型会战。

队伍结构改组的方案实施。西北石油局按专业功能的隶属关系、单位性质，划分为四大块：油气分公司及直属单位，西北石油局代行出资权管理的多经集团（子公司）和专业公司（子公司），目前暂由西北石油局代管的中国新星石油公司直属单位。

1、油气分公司的机构和直属单位，（1）分公司总部，设 13 个处室及机构；

（2）规划设计研究院；（3）工程监理中心；（4）采油大队；（5）工程服务大队；（6）物资供应中心；（7）基地服务中心。

2、西北石油局代行出资权管理的单位：（1）多种经营集团；（2）工程作业大队。以上两单位与西北油气分公司为甲、乙方关系。

3、暂由西北石油局代管的中国新星石油公司直属单位：（1）销售公司；（2）装物公司（后撤销）。

1998年5月18日，完成国家功勋地质队地矿部第一普查勘探大队和第一物探大队的整建制撤销和人、财、物分流工作，全面完成西北石油局油气分公司试点的转轨改制工作。西北石油局油气分公司的改制，为西北石油局适应塔里木油气大场面打下完善体制的基础。

三、全面推行和完成油气分公司重组改制工作

1998年，西北石油局已进行一次全面而深入的重组和油气分公司的改制试点工作，为此次重组改制中国新星石油公司西北油气分公司打下了良好的基础。

2000年国务院实施全国石油大重组，将中国新星石油公司整体并入中国石化集团公司。刚完成中国新星石油公司西北油气分公司的重组改制，又将面临中石化集团公司的重组改制。

中国石化集团于2001年要求西北石油局在1998年改制基础上，进一步重组改制为上市油气分公司。2001年2月21日，局召开重组改制动员大会。重组改制的目标是，通过"三分"（主业与辅业分离、优良资产与不良资产分离、社会职能与企业职能分离），"三走"（人随资产走，工资总额随人走，社保费用缴纳随工资总额走）和"五重组"（业务重组、资产重组、债权债务重组、机构重组、人员重组），把西北石油局油气主业的优良资产及相应队伍改制后整体注入分公司，成立中国石化股份公司新星石油西北分公司（即上市部分）。西北石油局其余部分（即存续部分）仍保留"中国石

化新星公司西北石油局"原名称，隶属于中国石化集团新星石油公司，并按照"四化"（专业化、市场化、社会化、现代化）的方向，进行多种方式的改组改造，在自主的基础上逐步做盈做富。上市部分，加快建立现代企业制度步伐，经济运行和管理制度与国际接轨，加快发展速度，从而带动存续部分实现新的发展机遇和生存空间。两者之间通过规范的关联交易实现市场和经济利益的互补、共兴。

成立重组改制领导小组、改制现场协调组，分成 6 个专业组共 42 人，开展资产评估、审计、调查等各项工作。制定了重组改制实施方案。第一步队伍结构调整，第二步进行重组改制。2001 年 3 月 20 日全面完成具体实施改制工作，由中石化新星石油公司西北石油局改为中石化股份有限公司西北分公司。

从而按油公司要求，通过队伍进一步重组和内控挖潜，加强了油田管理和工程技术、工艺研究，真正建立起符合现代企业制度和上市公司所要求的新的内部运行机制和经营机制。使进入油公司的是真正要从事勘探开发决策、油田管理、油田直接生产和工程工艺研究。总体原则是强化决策、科研、控制、监督和协调职能。撤销采油大队，组建塔河作业区和雅克拉作业区；撤销工程作业大队和测井站，组建油田工程技术研究中心；撤销工程服务大队，组建油田维护中心；撤销局油田保卫处，组建油田治安保卫消防中心。

地矿部第一普查勘探大队简况：1978 年 11 月，青海石油队应国家地质总局调令，整建制调进新疆开展石油普查勘探工作，职工 967 人，大队部驻喀什市。1979 年 2 月 12 日，新疆石油普查勘探指挥部将青海石油队按专业分别组成钻井大队、物探大队、地质大队、井下作业大队。同年 7 月，钻井大队与井下作业大队合并，恢复原名称国家地质总局第一普查勘探大队。

1982 年年底，队部由喀什迁至米泉县。1983 年 7 月，更名为地矿部第一普查勘探大队。第一任大队长师宗浩，副书记蹇振斌兼副大队长，副大队长赵元哲。机关设办公室、劳人、计财、设备供应、政治处、工会、保卫、生产、地质。下属勘探生产单位：6009 井队、5012 井队、汽车队、修配厂、固井队、管子站、试油队。1984 年，大队长赵元哲，副大队长刘金、陈云华、谭庆兴、尹善、徐昌学、刘其用，副书记赵元哲、杨惠民。机关科室与生产单位同上。

1986 年 6 月，副书记窦汝玉，大队长刘金，副大队长谭庆兴、徐昌学，总工程师刘国栋，工会主席张福田。机关设办公室、劳人、计财、设备供应、钻井、地质、审计、政治处、基建、保卫、团委、工会、指挥所。下属生产单位有 6008 井队、6009 井队、5012 井队、汽车队。1987 年，书记魏开谈，大队长刘金，副大队长谭庆兴，总工程师刘国栋，工会主席窦汝玉。机关设队办、党办、纪委、宣传、多经、安全、基地管理科。增加 6015 井队、钻前施工队。1989 年 7 月 12 日，副书记窦汝玉，班子其他成员同上，机关和生产单位不变。

1993 年 7 月 2 日，大队长董顺，副大队长谭庆兴、张占民，书记童明华，机关和生产的机构队伍稳定。1995 年增加 550 修井队，1996 年增加 650 修井队。1996 年，书记童明华，副队长张哲、卫怀忠。1998 年初，领导班子同上。机关设队办、党办、工会、劳人、计财、物供、设备、宣传、团委、钻井、调度、保卫、安全、基地管理、纪检、地质、基建等科室。生产单位：6008、6009、6015、5012 等 4 个井队，550 和 650 修井队、钻前施工队、管子站、指挥所。

1998 年 5 月 18 日，一普大队按中国新星石油公司对西北石油局进行油气分公司转轨改制要求，撤销队伍建制，人、财、物分流重组到全局各单位。

地矿部西北石油地质局第一物探大队简况：1979 年 2 月 12 日，国家地质总局将青海石油队调进新疆的物探队伍单独组建成物探大队，1979 年 7 月名称为新疆石油普查勘探指挥部物探大队。第一任党委负责人孙舫、行政负责人何希云、技术负责人彭诚。固定职工 372 人，下属 2 个地震分队、1 个重力队、1 个物探研究队和大队部。1980 年，固定职工 703 人，下属 141、142、143、144、145 地震队，121、122 重力队，1 个物探研究队，1 个修配间，大队部。

1981 年，党委负责人何希云，副队长何希云、张文献、李玉合。下属单位不变。1984 年 1 月 13 日，西北石油地质局党委批准第一物探大队党政领导班子：副书记王立邦、潘炳铨，大队长张泽祥，副大队长蔡达成、程关林，总工程师赵奎德，副总工程师李彭年，工会主席李玉合。固定职工 793 人，下属勘探生产单位不变，增加汽车队、子校。

1986 年 12 月 13 日，西北石油地质局对一物大队领导班子进行调整，书记潘炳铨，大队长程关林，副大队长李玉合、范如松，总工程师赵奎德，工会主席林美琛。年末固定职工 828 人，临时工 295 人，下属勘探生产单位新组建 171 队、181 队、T32 站、4381 计算站、劳动服务公司。1987 年增组 131 电法队。

1991 年 7 月 24 日，书记李玉合，队长范如松，副队长潘炳铨、胡晓林，总工赵奎德，工会主席林美琛，纪委书记王敏富。下属勘探生产单位：141、142、144、145 地震队，121、122 重力队，131 电法队，171 卫控队，161 物研队，T32 计算站，运修厂，食品厂，子校，队部机关。年末职工 806 人，临时工 86 人。1994 年 2 月 15 日，队长张文献，副书记蒋建利，副队长于哲、刘建民、杨永信，工会主席胡晓林，总工赵奎德。下属勘探生产队伍新组建采油队、鸿运公司、新技术公司、幼儿园、医务室等 5 个单位。职工 1053 人，临时工 208 人。

1995 年 -1997 年底，副队长于哲、刘建民、杨永信，副书记蒋建利，总工和工会主席、纪委书记不变。勘探生产队伍不变，新组建生活服务中心。1996 年勘探队伍作较大调整：除 141 队、144 队、145 队外，把 121、131、171 队合并为综合方法队，另成立仪器工作站。并按局要求，把 161 综合研究队（含 4381 计算站）合并地质大队，组建西北石油局规划设计研究院。截至 1997 年底，队属勘探生产职工 472 人，临时工 710 人。

1998 年 5 月 18 日，一物大队按中国新星石油公司油气分公司转轨建制试点改革方案要求，撤销队伍建制，人、财、物分流重组到全局其他各单位。

第十章　超常高速发展，跻身全国大油田

第一节　"九五"油田开发建设步入正规化、规模化

油气开发在"九五"期间取得了长足进展，原油产量在"九五"后期实现了连年翻番。从"九五"初期年产 30 万吨原油，增长到"九五"末期的 193.7 万吨，增长了 6.4 倍，原油产能达到 211 万吨。"九五"计划生产原油 272 万吨，实际完成 435 万吨，为计划产量的 160%。建成了以塔河油田为主体的原油生产基地，实现了原油生产的战略接替。油气开发技术水平也发生了质的变化，从原来单一的直井开发和采油工艺，到针对不同类型的油藏，采用针对性开发工艺和采油技术措施，实施了水平井开发、酸化压裂、电潜泵和螺杆泵等工艺技术，积极进行产能建设，保持了产量和产能的快速增长。

"九五"期间，重点建设了塔河油田、亚松迪油田，建设了塔河油田 200 万吨联合站、6 座计量接转站，以及集供水、供电、道路、通讯、轻烃回收和原油储运为一体的地面配套工程，油田开发步入规范化、规模化建设阶段，同时积极进行天然气开发和试采。截止 2000 年底，投入开发和试采评价的油田及气田各 3 个，其中塔河油田占总产量的 90% 以上。动用含油面积 180 平方千米，动用储量 1.4 亿吨，共有各类油气井 93 口，平均单井日产量由

45 吨上升到 80 吨，采出程度由 8.7% 下降到 3.8%。百万吨产能建设投资、吨油综合成本、操作成本均低于全国同行业平均水平，实现了油气产量和经济效益同步增长的良好局面。

因此"九五"后两年，实现了"两个一"和"两个二"目标。

"九五"后两年，西北石油局在发现塔河大油田物质基础上，加之优越管理体制保证和创新技术支撑下，坚持"以经济效益为中心，以探明油气地质储量为目标"，本着甩开勘探、寻找更大场面的新思路，提出实现"两个一"和"两个二"的总体发展目标。即在塔河油区探明油气地质储量 1 亿和 2 亿吨油当量，原油产量达 100 万吨和 200 万吨，实现两年翻两番的跳跃式超常发展目标。

从 1997 年 2 月塔河地区沙 46 井获得重大突破，开拓了塔里木盆地古生界碳酸盐岩寻找大型油气田的新思路和新领域。仅用了 3 年时间发现并探明了塔河超亿吨级油田。截止 2000 年底，塔河地区共获探明储量 15999 万吨油当量，控制储量 2212.7 万吨油当量，预测储量 15571.5 万吨油当量。勘探和研究表明，塔河地区是以奥陶系为主，兼有石炭系和三叠系的三套含油层迭合连片的特大型油气田，目前钻井控制的奥陶系含油气面积达 700 平方千米，预计经过进一步勘探评价，塔河油田地质储量将超过 5 亿吨。截止到 2000 年底，完钻测试勘探井 51 口，其中 36 口获工业油气流，勘探成功率高达 70.59%。

第二节　勘探和外扩塔河碳酸盐岩油气田

塔河油田主体探明，实现"两个一"和"两个二"目标阶段（1998 – 2001 年）。

围绕"两个一"和"两个二"目标，一是加大了三维地震勘探、高分辨二维、三维联片处理工作；二是针对塔河油区外扩部署了一批评价井均获油气成果，甩开部署的大批探井也获重大发现，证明了奥陶系油气分布不受潜山或残丘高点控制，而受碳酸盐岩孔、洞、缝发育程度控制。沙 64、沙 65 井于奥陶系下统试获高产工业油气流，扩大了塔河油田 4 区的面积，新增塔河油田 4 区探明含油面积 42.7 平方千米。油气地质储量 3587 万吨油当量。沙 66、沙 67 井于奥陶系下统获高产工业油气流，发现了塔河油田 6 区奥陶系油藏，奠定了塔河油田奥陶系下统油藏为大油田的基础。

在勘探实践中，进一步明确了塔河地区奥陶系大型不整合－古岩溶型圈闭叠合连片含油、不均匀富集的油藏特征。新发现并探明塔河油田3区石碳系、奥陶系油气藏；塔河油田4、6、7区奥陶系油气藏，含油面积达630.6平方千米，三级储量3.24亿吨油当量，其中探明储量1.55亿吨，基本探明塔河大油田的主体部分。这一时期是塔河油田储量快速增长的时期，也带动了原油产量的快速增长。

同时，加大了本区综合研究及新技术引进力度，在三维联片处理与解释、碳酸盐岩储层预测技术、压裂酸化定井技术、成像测井技术、5″尾管固井技术等方面取得了长足进步。1999年，塔河油田外围新发现塔河5号、6号油田，奥陶系含油面积扩大至700平方千米，原油产量达108.4万吨，比1998年增长190.8%，新增探明储量14191万吨油当量，新建产能142.6万吨，每亿元投资新增油气产量9.22万吨，比国家计划投资节约17亿元。2000年塔河油田面积进一步扩大至720平方千米，原油产量达193.7万吨，新建产能212万吨。"九五"期间发现井21口，新增探明油气地质储量8218.9万吨油当量。2000年末，探明地质储量15527.2万吨，控制油气地质储量2212.7万吨，预测油气地质储量12160万吨油当量，建立了塔河地区三级储量序列。

塔河油田的发现并部分探明，是我国海相碳酸盐岩超深勘探领域一大成就。其独创的油气勘探理论、确定满加尔生烃凹陷巨量外供油源认识的飞跃，始终把综合研究与科技攻关以及行之有效的勘探工艺、技术系列放在首位。不仅指导塔里木盆地古克拉通古隆起、古斜坡控制油气的运移、聚集与成藏的油气勘探，且对中国古生代海相油气领域的勘探具有借鉴作用。塔河油田探明储量的成本为 7.02 元/吨，探明可采地质储量成本 40.27 元/吨，折 0.67 美元/桶，明显低于国际油公司水平。又一次显示了西北石油局所走低成本、高速度、高效益为国找油之路的魅力。

三、塔河油田外围扩展及主体勘探，增储上产跻身全国大油田阶段（2001－2005 年）。

"十五"期间，依靠科技创新，突出勘探开发，以"整体评价塔河，培育天山南大气田，保持储量持续快速增长"为指导思想。西北分公司总经理徐向荣、总工程师翟晓先面对探区丰富的油气资源现状，加快步伐向外围甩开部署。基本探明了塔河探区主体部位，同时对油区东、北、南部等地区进行外扩勘查；目前圈定的圈闭面积，已形成了 6000 平方千米的复式油藏立体勘探开发的格局。使塔河油田平面井控含油面积达 2500 平方千米，三级储量计 15.2 亿吨。并且在多层系、多领域获得突破与发现，进一步拓展了塔河油田纵横向油气勘探空间，表明塔河油田具有巨大的勘探潜力。根据塔河油田多层系、多领域主体含油的勘探局面，提出了主体勘探、整体评价塔河油田的勘探思路。

2001 年，在塔河油田 3、4、6 区探明储量区以南至石炭系盐体尖灭线以北（奥陶系南平台）约 200 平方千米，实施探井 2 口、评价井 8 口。打出 4 口发现井：1、进一步扩大塔河奥陶系油藏规模。沙 72 井于石炭系下统卡拉沙依组 1 油组试获高产油气流，新发现石炭系低幅度背斜圈闭油气藏。沙 86 井于奥陶系下统一间房组，获稳定日产 312 吨、天然气 1.4 万立方米，油质好，新发现塔河 8 区奥陶系一间房组孔隙型灰岩储层层状油气藏，提交预测油气地质储量 3102 万吨，含油面积 96.9 平方千米。沙 90 井于奥陶系下统鹰山组裂缝段，获日产原油 216 立方米、天然气 1.5 万立方米高产工业油气流，发现塔河 5 区奥陶系缝－洞型油气藏。2、塔河油田南扩取得重大进展。其中 T615、T444、T607 井获高产油气流，提交了 7 区奥陶系油气地质储量 4180.1 万吨，含油面积 39.7 平方千米。T443 井、沙 79 井、T436 井获高产工业油气流，提交了沙 79～87 井区奥陶系油气藏控制储量 3386.7 万立方米，含油面积 75.4 平方千米。

2002 年，坚持"主体勘探塔河油田，加大整体评价，解剖塔河奥陶系大型地层不整合－古岩溶圈闭的力度，加快奥陶系一间房组颗粒灰岩储集体的评价，提交经济可采储量"。塔河油田滚动勘探稳步发展，完成发现井 8

口。在塔河油区东、西、南、北部署探井10口。取得一个重要发现，发现塔河油田9区凝析气藏，改善了油田的资源结构。三个重要进展：一是新发现中上奥陶统良里塔格组灰岩溶蚀孔缝型储产层。井控含油面积650平方千米，是重要的勘探新领域，有望形成较大储量规模。二是下奥陶统一间房组的勘探评价取得重要进展，向南扩大了塔河油田勘探范围。三是从纵向上加深了塔河油田勘探深度。塔河油田含油层系已形成"楼房式"结构，坚定了立体勘探塔河油田的信心。其中沙101井、沙96井、沙95井和T453井，为以上成果作出了重要贡献。从而完成了8口具有开拓和导向意义的发现井；完成三级地质储量77087万吨油当量；完成原油产量257.2万吨、天然气产量5.53亿立方米。

2003年目标继续"扩大塔河，主体勘探，增加经济可采储量"，主攻塔河油田南部，多层系、多领域立体评价塔河；开拓塔河油田西、北部，提交新的开发区块。取得一个重大突破，塔河油区南部沙106井盐下开拓了新的领域，坚定了盐下奥陶系勘探信心，盐下可供勘探面积1500平方千米，预测储量约5亿吨以上。这一年还取得四大重要进展：白垩系钻遇油气显示纵向上增加了新的勘探层系；三叠系低幅度等圈闭油气潜力较大；塔河西南部上古生界碎屑岩发现油气层；奥陶系四个层位的勘探评价，进一步扩大塔河含油气面积。2003年共提交三级地质储量4.65亿吨油当量，其中探明储量石油8235万吨、天然气126.6亿立方米。完成计划储量的171%。生产原油300.9万吨，产能建设110万吨。

2004年展现了良好的勘探势头，一个重大突破、重大发现、重大认识和五个新进展：塔河登记区最南部的沙112井，在奥陶系中统一间房组储层获日产原油239立方米、天然气3.5万立方米。实现甩开勘探的重大突破。验

证了塔河特大型规模的油气田已经实现；证明了加里东期古岩溶作用的存在，并提供了主体油区外围储集体横向展布规律；进一步证明塔河奥陶系多期次成藏、后期高成熟油气充注改造定型的特点。位于塔河于奇地区的 YQ4 井，在三叠系上油组，二开测试获日产原油 132 立方米、天然气 5.7 万立方米；三开测试日产原油 83.1 立方米、天然气 3.4 万立方米，取得新地区油气重大发现，开拓了新的增储上产领域。

通过九联片地震资料处理以及大面积储层预测，实现了碳酸盐岩缝洞型油藏成藏理论的重大认识。五个新进展是："整体控制盐下"、泥盆系东河沙岩勘探评价、志留系碎屑岩勘探获得新发现、三叠系勘探评价、塔河油田碳酸盐岩超深层储层改造技术等取得重要新进展。2004 年提交三级储量石油和凝析油 5.92 亿吨、天然气和溶解气 777.1 亿立方米，合计油当量 6.69 亿吨。生产原油 358.2 万吨、天然气 4,9 亿立方米。

2005 年从整体评价盐下奥陶系油藏，扩大塔河含油气面积，加快探明优质储量，积极务实地开展深层领域的探索和实践。

（一）塔河盐下、碎屑岩评价勘探取得重要发现。在塔河南盐下地区部署的沙 116-2 井，获得日产原油 228 立方米、天然气 2.9 万立方米，首次在盐下奥陶系上统良里塔格组获高产工业油气流重大发现，证实该层位潜力巨大。同时取得四个重要进展：一是盐下奥陶系油气勘探取得重要进展，在 22 口完钻探井中获工业油气流井占 31.8%；二是通过对老井的复查、测试，TK629、808 井获工业油气流，在阿克库勒凸起西部开拓了构造岩性复合圈闭增储上产领域，石岩系卡拉沙依组薄层砂岩取得重要进展；三是 TP1 井稳产近一年，证实东河砂岩层位具有一定勘探潜力；四是 THN1、AT1 井获高产油气流，证实三叠系碎屑岩圈闭识别取得长足进步，为塔河油田主体找油奠定基础。

采油大队2000年工作会暨首届职代会三次会议

（二）加大碎屑岩勘探，取得工程在中生界和古生界碎屑岩领域的两个重大突破。一是石炭系巴楚组油气勘探获重大突破。沙112－2井在石炭系获日产原油105吨高产，实观了"突破古生界碎屑岩"的勘探目标，具有较大增储潜力，约在3000万吨以上；二是三叠系非背斜油气藏勘探取得重大突破，在盐下相继发现塔河7、8、9号岩性圈闭和阿克亚苏1号、2号构造部署加THN1井获日产原油56.5立方米、天然气4.6万立方米高产油气流，AT1井获日产原油76.8立方米、天然气16.4万立方米，控制储量约5000万吨油当量，展现出三叠系勘探的新场面。

（三）塔河深层寒武系勘探工程进展顺利。为实现"塔河之下找塔河"战略目标，探索阿克库勒凸起东缘寒武系储层特征和含油气性，针对深层寒武系台缘碳酸盐岩建隆勘探目标，论证部署了超深探井塔深1井。设计井深8000米，2005年4月6日开钻，至12月13日已钻达井深6800米，已揭示鹰山组含油储集体。

（四）塔河地区石油地质储量保持快速增长，夯实了加快发展的资源基础，2005年新增探明石油和凝析油储量0.97亿吨，完成探明储量1.17亿吨油当量，完成控制0.5亿吨油当量，预测石油储量1.96亿吨油当量，三级储量3.63亿吨油当量。2005年生产原油420万吨、天然气6.36亿立方米，建成产能161万吨，增强了可持续发展的后劲。

至"十五"末西北分公司已拥有塔河三级石油地质储量15.54亿吨油当量，其中探明石油储量6.41亿吨、天然气探明储量572.7亿立方米。至此，西北分公司发现和勘探了塔河世界上迄今最大的整装古生代海相碳酸盐岩大油田。

"十五"期间，探明油气地质储量50717.51万吨油当量，实施探井136

口，进尺 780186 米；勘探投入 46.56 亿元人民币，成本约 9.18 元/吨，平均每口探井探明储量 372.92 万吨油当量，每米进尺探明储量 650.07 吨，探明 1 亿吨油当量储量需探井约 27 口，需进尺约 15 万米。从以上指标明显标明，塔河在"十五"期间各项勘探指标、综合勘探效益均处先进水平，具有较好的经济效益，跻身全国大油田。

第三节 塔河油田开发实践

塔河油田开发实践经历了三个阶段：评价试采阶段（1996 - 1998 年）、开发规模不断扩大的探索阶段（1999 - 2002 年）以及缝洞型碳酸盐岩油藏开发技术不断创新成熟阶段（2003 - 2005 年）三个阶段。

评价试采阶段：一般认为以沙 48 井突破开始评价，连续在阿克库勒凸起主体区（3、4、6 区）的局部构造高点部署了 11 口井和评价井，均获高产井试采，平均单井日产油 260 吨，实现了塔河油田的不断外扩和突破。通过试采和评价开始对储层形成了初步的概念模型，尤其是少数开发井的建产，对储层的复杂性有了初步认识。同时开始尝试各种储层预测方法的应用及研究。

第二阶段即开发规模不断扩大的探索阶段。主要是加强油藏地质和油藏特征的基础研究，编制开发方案，在扩边评价的同时，迅速投入开发。1999 年开始首次编制塔河缝洞型碳酸盐岩油藏 3、4 区块的开发可行性研究及开发方案，并逐步部署开发井。当年完成各类钻井 15 口，投产 12 口，最高日产 3600 吨，单井平均产量 280 吨/日左右，年产油 59 万吨。2000 年 4 区投入 17 口井生产，日产油 3689 吨，年产 122 万吨，含水 7%。同年塔河 6 区投入试采，试采井 7 口，年产油 18 万吨，当年奥陶系油藏共产油 160 万吨，建成年产油 200 万吨的生产能力，实现了储量、产量的快速增长。

后两年完成 3、4 区基础井网部署，并编制 6、7 区开发方案，至 2002

年，生产井达 132 口，奥陶系碳酸盐岩油藏年产油达 220 万吨。该阶段开始对缝洞型灰岩油藏的储层地质特征和油藏动态规律进行研究；初步形成缝洞型碳酸盐岩储层的描述方法；以振幅变化为代表的储层预测方法技术系列。在储层预测精度提高的基础上，应用水平井、短半径侧钻水平井技术取得突破。

第三阶段：是塔河油田开发区块扩大到阿克库勒凸起的边部，开发规模不断继续扩大，连续探明了 8、10、11 三个区块 3.38 亿吨原油储量，总生产井数达 373 口，日产水平达 13000 吨，2005 年产原油 420 万吨。在该阶段通过深入研究、不断开拓创新和大胆试验，开发技术日趋成熟，开发水平不断提高。新区建产率不断提高达 86%，老区递减率控制在 23% 以下，年含水上升率控制在 2% 以内。创建了缝洞单元的概念，建立了以缝洞单元为中心的油藏方法，开展单井注水潜油试验取得很好效果，同时利用地震技术发现了一批砂岩油藏，开发区域不断扩大。

1997 - 2006 年的短短 10 年，西北油田分公司队伍还是原有二、三千名职工，然而分公司却亲历了翻天覆地的变化。1996 年经济总收入由 6.67 亿元，增加至 2006 年的 125 多亿元，增长近 18 倍；原油产量由 35.37 万吨，增加至 472 万吨，增长 14 倍；勘探开发投资由 3.9 亿元，增加至 53.4 亿元，增加 18 倍；人均利润由 8.9 万元，增加至 246 万元多，增加近 28 倍。西北油田分公司直线腾飞的根本原因，得益于五大经济措施的狠抓落实，特别是西北油田分公司体制的彻底革命：一从国家地勘事业单位向油分公司企业变革，二从国营小企业向国营大企业重组，保证了西北油田分公司雄厚投资实力，增强了抵御风险的能力。

归根到底，印证了马克思主义的一个经典理论——上层建筑反作用于经济基础的反作用力，当其先进而适应生产力时，其反作用力之大是出人意料的，不以人们意志为转移。

塔里木盆地塔河油田勘探经济效益分析表

年度	探明油气地质储量（万吨）	探井工作量		发现井（口）	勘探井成功率（%）	勘探投入（亿元）	探明储量成本（元/吨）	勘探经济效益			
		探井数（口）	进尺（万米）					每口探井探明储量（万吨/口）	每米进尺探明储量（吨/米）	探明亿吨储量需探井数（口）	探明亿吨储量需进尺（万米）
"九五"合计	14378.9	51	27.5847	21	75.60	10.90	7.58	281.94	521.26	35.41	19.18
2001	3955	23	12.99882	5	63.64	6.50	16.43	171.96	304.26	58.15	32.87
2002	5536	23	11.07	8	65.22	6.25	11.29	240.70	500.09	41.55	20.00
2003	7791	23	13.9	3	60.00	9.96	12.78	338.74	560.50	29.52	17.84
2004	23532.9	33	18.9798	4	51.60	10.13	4.3	713.12	1239.89	14.02	8.07
2005	9902.61	34	21.07	3	44.44	13.72	13.86	291.25	469.99	34.33	21.28
"十五"合计	50717.51	136	78.0186	55	58.90	46.56	9.18	372.92	650.07	26.82	15.38

第四节　加快炼化，抓重点抓技改

西北石油局的炼化源于利用试采资源，部分解决自用动力燃料，从零起步，由小到大，逐步发展，遂成规模。

（一）初创时期的炼化

1. 雅克拉炼油厂。1986年建成试炼，土法上马设备简陋，加工能力4700吨/年。1988年停产。1992年，经过技改的炼油厂又恢复生产。1997年又对雅克拉炼油厂进行10～15万吨/年扩建改造。

2. 塔里木石油化工有限公司（简称塔化）。1996年，购买了阿克苏地区的天山油气化工有限公司55%股权，经过几期扩建改造，公司炼化能力扩至15万吨，基本形成了独立的炼油工艺装置，具备了小型炼油厂的基本格局。

3. 联合液化气厂。1988年，西北石油局与西南石油局各出资50%，成立雅克拉液化气厂。1992 年竣工投产，1994 年高低压液化气厂合并。1997 年对分馏系统进行技改，增产 40% 以上。

4. 新疆塔北联营炭黑厂。1993 年，西北石油局与阿克苏天河化工厂各出资 50%，筹建新疆塔北联营炭黑厂。1996 年进行试生产。由于诸多因素，处于半停产状态。

以上四大炼化生产企业，存在土法上马，设备落后，规模偏小，经济效益较差，生产管理粗放等问题，亟待解决。

（二）抓重点抓技改，逐步上规模。

1998 年西北石油局向油气分公司转制，将已有的油气加工利用和非油气经营企业集中起来，经过加强、调整和重组，成立了新疆新星实业（集团）有限责任公司（简称新星集团公司），统一规划和发展下游产业。

抓住塔化重点技改，把龙头企业做强。首先，将其安全生产和发展前景扭住不放，对要害部件装置和设备进行检测和评估，对生产流程及产品结构等进行考查分析，探讨进一步改造和发展途径。其次，1998 年收购塔化公司其他股东的股份，将雅克拉炼油厂与塔化合并，使塔化公司的资产和资源优化配置，企业结构更趋合理。第三，2000 年，对塔化的催化脱蜡装置、异构化装置等进行大规模改造，使其年创经济效益达 3000 万元；进行塔化沥青技改，提高生产能力达 50 ~ 70 万吨/年。

重视有发展前景的企业，把技改项目做优。2000 年新星（集团）公司决定对液化气厂轻烃回收装置、对天然气化工有限公司 LTQ – 10400 型天然气分离设备投资进行技改。企业产品质量、生产规模、经济效益都有了大幅度地提高，实现扭亏为盈。

坚持多元化经营模式。一些暂时扭亏无望的企业，坚持多元化经营模式，通过租赁、兼并或破产方式，改变经营方向和产权结构。

实践证明，碳黑厂的亏损状况，已明显好转。新星（集团）公司坚持以石油炼化和天然气利用为龙头的发展思路，使炼化企业初具规模，成为西北石油局开发、炼化两大利润产业支柱。

第十一章　勇于探索，科技攻关，加快转化

　　西北分公司及其前身的职能，从其成立时就定位为油气地质勘探研究型队伍。这支拥有优势的油气基础地质研究、物理勘探和物理测井研究的专业队伍进入新疆后，如何突破塔里木盆地六上五下的低迷阴影，探索出一条发挥自己优势的成功之路？他们发扬艰苦奋斗精神，依靠传统科技研究优势，着力迎着困难创新，埋头钻研勘探开发实践中多学科、多功能综合门类课题的攻关研究。自沙参 2 井后继而不间断地进行国家和部局科技攻关课题的研究。

　　他们得益于坚守"坚持科学严谨态度，精雕细刻抓勘探"的职业道德。

第一节　"坚持科学严谨态度，精雕细刻抓勘探"

一、贯彻技术责任制和发扬技术民主

　　在 20 世纪 60 年代初，一普大队就制定和贯彻了技术责任制。其核心是队长（局长）和总工程师负责制，要对生产技术和勘探部署、科研工作全过程全面负责。总工程师负责制明确规定：要密切联系广大技术干部，努力完成任务。其中特别强调提出，注意发扬技术民主；对于重大技术问题，决定

前一定要组织技术干部充分研究讨论；总工程师从各方面意见中做出判断，尔后提交队务会或党委会讨论决定。而且规定，在技术问题上不允许采取少数服从多数的原则决定问题；总工程师要有高度的民主修养和民主作风，要营造允许所有技术干部无拘无束、畅所欲言地发表个人意见的技术民主氛围。

为充分调动技术干部的积极性，实施群策群力集思广益，局、队建立了技术委员会及其工作细则，并把技术委员会作为发扬技术民主的固定组织。这是在技术工作上发扬民主，贯彻群众路线的一种可行的组织形式，也是一个反映技术干部各方面意见和学术性的咨询机构，是总工程师负责制的有力助手。

在健全和认真贯彻执行技术责任制、发扬技术民主的同时，还强调加强集中统一的技术领导，杜绝打"野猫钻"和瞎指挥的严重浪费现象。为此专门分别技术问题的大小，明确规定应由哪一级组织集中。如明确了勘探井位的部署、确定和设计的程序，实现逐级责任制与民主集中制的统一。初步方案一般首先来自物探或地质综合研究部门，最基础的内容由综合研究部门的班组提出，研究部门技术人员讨论通过，报大队有关科室转总工程师；总工程师充分吸纳各方意见，集中统一后上报地区石油局审阅；地区石油局总工程师再次组织相关技术骨干进行认真论证，通过后再上报地质部石油局审批。应该说，一口勘探井位从开始进入筛选论证，到最后准予施工，可谓"过五关斩六将"，是十分严谨和苛刻的，为"少走弯路、经济勘探"提供了多层安全保障。

二、实行技术民主与技术责任制的统一

在塔里木盆地油气勘探的低潮时期，西北石油局所以能够坚定信心，顽强奋战，主要在于得到了地质新认识理论的支撑。而这一认识结果则是通过实现技术责任制与发扬技术民主而获得的。如20世纪80年代初期部署沙参2井的决策，从孔位论证到钻井工程、地质设计审批，在技术责任制和民主传统下先后经历了4次争论，最后经两级技术民主进行集中统一；还请来上级专家帮助把脉，后来又派两位专家进京专题汇报。最后，才决定上报北京审批。地矿部的审批也很慎重，先要求西北石油局熟悉勘探区域地质、钻井、钻井液的主要技术骨干进京汇报。经3位专家两次赴京汇报与答辩，由

北京最高一级技术权威进行集中，最后才由部局领导签发同意沙参2井钻井工程、钻井地质设计的批复。这个过程反映了发扬技术民主之广度和深度，也说明逐级技术责任制得到认真落实，达到了高度技术民主与高度技术责任制的统一，也是逐级集体领导与分工负责制的统一。

三、坚持严谨科学态度

沙参2井突破以后，西北石油局比较系统地总结了塔里木盆地海相碳酸盐岩油气田成藏的基本规律和分布规律。在以后每个勘探工作的部署和实践时，始终不懈地坚持严谨到底的科学态度。塔河油田1区块攻坚啃硬，五次精准编制构造图，就是一个坚持科学态度的典型实例。

中石化副总张耀仓（左）祝贺康玉柱当选工程院士

塔河油田1区桑塔木是一个低幅度背斜构造。1990年首次编绘背斜构造图，但经沙40井、沙29井钻井，验证等深度图不够准确，且经济效益不明显。为进一步落实桑塔木三叠系构造，依据钻井新资料第二次修编了等深度图。但经研究，反而对桑塔木构造含油气前景产生怀疑态度，因而第三次编绘桑塔木低幅度构造图。为此对该区又进行三维地震并编图，发现三叠系中下油组顶面等深度图上有7个局部构造。据此钻沙41井进行验证，实测证明第三次编绘的构造图仍与实际不够一致。因此，1996年又利用地震宽带反演技术第四次重编以上三维构造图，并于1997年安排沙51井进行验证，结果钻获高产油气流，日产原油133.7立方米、天然气1.1万立方米。接着又锲而不舍进行第五次修编构造图，最终揭示了地下真实地质的存在形态，确认了三叠系构造形态和油气藏的工业经济价值，提高了探明地质储量，树立了勘探开发桑塔木油气田的信心。

上述塔河油田1区块从发现到确认，坚持不断去伪存真、逐步雕琢的真实过程，说明在使用先进科学手段获得准确资料的同时，还要依赖最直接的钻井实践，才能获得真正客观、准确的认识。倘若缺乏这种严谨的科学态度和精雕细刻抓勘探的精神，塔河油田的发现将不知推后多少年。

第二节　奋力科技攻关，加大科研资金保障

在华北和青海时期，勘探与科研的任务和投资，列入年度计划捆绑一起下达。1978 年移师新疆后，科技推动生产力成为人们的共识，开始意识到投资要向科技倾斜，逐步形成"加大科研资金投入、加强科研步伐和加快科技成果转化"的决策思想。实行油公司体制改制、特别是并入中国石油化工集团后，这种决策思想转化为实际行动，有力地促进了西北油田分公司的快速发展。

一、千方百计加大科研资金保障

"七五"计划时期，西北石油局承担了国家计委批准的"塔里木盆地北部地区油气普查勘探及主要油气田评价"，以及国家经委批准的"塔里木盆地东北地区控油地质条件和盆地远景评价"两个国家重点科研项目，共有 6 个一级专题、30 个二级专题、25 个三级专题。虽然有全国其他单位参加，但主要课题任务落在西北石油局身上。当时西北石油局勘探生产任务较重，但仍抽出主要技术骨干和偏紧的投资，为完成国家重点科研项目齐心协力、艰苦奋斗。经过 5 年努力，取得的成果获很高评价。从此，地矿部也适时调整了"捆绑式"下达任务投资的旧模式，出台了单列科研经费并建立科研三项基金等新举措。

从 1985 - 1996 年，单列科研经费并建立科研三项基金两项相加，西北石油局年均科研经费约占国拨地勘费总盘子的 0.6%。显然这个数据令科研工作举步维艰。为了保证重点科研，西北石油局领导与

原总会计师刘宝增（左）审查科研经费部署计划

计划部门研究，决定从油气试采和开发中筹措资金予以加强。1993 年前，油气试采产量十分有限，但在区区小数中每年也挤出 10% 以上；1993 年后，增加至 15%。随着自筹资金总量的增加，自筹资金的补贴往往超过国拨科研投资 75% 以上。用这些自筹资金支持了许多科研课题的开展，为"九五"计划时期加快发展奠定了较好基础。

二、中国石油化工集团进一步加大科研资金投入

新星石油公司进入中国石油化工集团后，西北石油局每年科技研究资金的投入额度高出以往时期 2.5 倍或更多。同时，根据重点科研课题的实际资金需求，计划财务部门主动与科技部门联系，从其他项目中统筹调剂资金用于科研开发，为油田勘探提供了强有力的技术支撑。

近几年，西北油田分公司按照"科技先行，创新跨越"的科技工作理念，大打科技进攻仗，逐渐形成了具有中国特色的古生界海相碳酸盐岩油气成藏理论、缝洞型油藏开发理论，创立了"以缝洞单元研究为核心，以全过程评价、层次化开发、逐渐深化为基本开发程序，以差异化开发为基本模式，以单井注水潜油、多井单元注水开发为主要能量补充方式"的碳酸盐岩缝洞型油藏开发理论；创新了 6 项碳酸盐岩缝洞油藏开发关键技术，配套形成了缝洞型油藏储层预测技术、油藏描述技术、油藏储层改造技术、超深井技术、超深井稠油采油工程技术以及重质油处理集输技术。

特别值得留史：2011 年 1 月 14 日，中共中央、国务院在北京召开国家科学技术奖励大会，党和国家领导人胡锦涛、温家宝、李长春、习近平、李克强出席大会并为获奖代表颁奖。西北油田分公司"塔河奥陶系碳酸盐岩特大型油气田勘探与开发"项目获国家科技进步一等奖。

这些理论和技术成果，有效地指导了目前国内最大的整装古生界海相碳酸盐岩岩溶缝洞型油气田——塔河油田的高效勘探开发和快速发展，对推动我国碳酸盐岩沉积区的油气勘探开发具有重大意义。

三、形成塔河特色的稠油降黏新技术

塔河油田的稠油油藏一般都在 5400 米以下，密度达到 0.95、0.97 左右，基本没有流动性，将近 40% 的稠油井无法实现自喷及抽油机抽油，严重制约着塔河油田的快速发展和经济效益。西北油田分公司迎难而上，采取

"边室内研究、边现场试验、边总结完善、边推广应用"的探索创新模式，采取多种合作形式，不断加快稠油工艺技术的攻关研究。从 2001 年开始，西北油田分公司就开展了稠油开采工艺的调研，在 102 口井进行了掺稀降黏开采工艺的应用实践，使稠油日产能力达到 2463 吨，增加动用地质储量 6500 万吨。2004 年以来，又先后引进过泵加热及螺杆、抽稠泵掺化学剂机械抽油新工艺，有效降低了稠油的黏度。期间还进行化学降黏剂现场试验，为稠油开采提供了新的研究方向。最后形成具有塔河油田特色的稠油开采系列新技术，实现了高速高效开采超稠油的目的。

第三节　强化科技攻关战略，迅速转化经济效益

一、"七五"科技成果突出迅速转化

沙参 2 井突破后，国家计委将"塔里木盆地北部地区油气普查勘探及主要油气田评价"列为"七五"国家重点勘探项目，国家经委批准"塔里木盆地东北地区控油地质条件和盆地远景评价"为国家"七五"重点科研项目。该项目分为 6 个一级专题、30 个二级专题、25 个三级专题；包括全国 26 个主要地质院校、科研及生产单位约 500 人参加攻关研究。获得丰硕而重大的科研成果。1. 在战略选区上起了指路作用。2. 在战役选择单井突破上起了重要作用。3. 在提高勘探经济效益方面收到显著效果。

化探直接找油气，非地震物化探方法联合勘探获得更多的地质、物探资料，对缩小勘探靶区，提高钻井命中率和了解深部区域构造格架等均有积极作用。

科学打井，加快了钻井速度，缩短了钻井周期，降低了钻井成本，提高了井身结构和油气命中率。

在专题攻关期间，塔东北地区钻了 8 口深探井。技术经济指标与 1986 年比较，钻达风化面的时间平均从 148.54 天减少到 86.83 天，减少 41.54%；平均钻头使用量由 41.2 只减少到 21.8 只，减少 47.09%；平均日进尺由 36.37 米/天，提高到 60.3 米/天，提高 65.34%；平均钻头进尺由 128.83 米/只提高到 227.66 米/只，提高 77.33%；平均机械效率由 2.90 米/

时提高到 5.73 米/时，提高 97.58%，直接钻头成本降低 47.6%。据不完全统计，8 口井节约投资 1600 万元，8 口井均达到了设计标准。

正因为科技攻关新成果不断地被勘探部门所采纳，有效地指导了勘探生产，才使塔北勘探连获重大油气成果。突破 3 个构造带，即雅克拉断隆带、阿克库勒鼻凸、沙西构造群；找到 4 个油气（田）藏，即雅克拉、轮台、阿克库勒、沙西 II 号南高点；形成 3 块工业区带勘探，即雅克拉－轮台、阿克库勒、沙西 X 号南高点；提高钻井命中率，实现了 8 个地质层位的重大突破。

二、"八五"科技成果转化成效显著

（1）地震勘探新技术。首次成功地完成地震纵波、横波联合勘探，结合测井及三分量 VSP 资料，综合应用纵波、横波、转换波信息，研究了储层描述技术，把储层描述提高到一个新水平。同时，应用其动力学特征，提高了对储集层内流体判断的准确性。（2）深井测井新技术。塔里木盆地测井三大难题即：砂岩泥岩薄交互储层、碳酸盐岩裂缝储层和低电阻油气层的识别，研究了一套适用的方法技术，把测井解释准确度提高了一大步。建立了改进的双孔隙模型，求得储层参数，应用人工神经网络反演孔隙度、渗管率和含水饱和度，在塔北雅克拉、达里亚、桑塔木等构造 8 口井的资料重新解释中取得好效果，符合率达 95%。（3）计算机技术。建立了"圈闭含油气性综合评价系统"、"储层描述和油气田（藏）评价系统"及"测井资料辅助解释系统"等三套计算机工作站系统。（4）地震速度的研究有长足的进展。（5）提高了塔北深井钻井及完井的整体水平。深部古生代地层开展了优化钻井、近平衡压力钻井，平均机械钻速由 1.38 米/时提高到 2.13 米/时，提高了 54.3%；钻井事故率大幅度下降，大大缩短了钻井周期。

研制的 YSF－6 型取心工具，平均取心率为 85.45%，YSF－8 型取心工具，取心率为 97%；成功地实践了中深部膏盐层的钻扩和小井眼的扩孔，为测试、固井、完井创造了良好的条件；优选了深探井（及开发井）完井方法，实现了射孔工艺参数优化。由此，西北石油局在塔北乃至塔里木的深探井钻探工艺水平整体得到了大幅度的提高。（6）高压油气层测试技术及试井分析技术方法系列。（7）井中化探技术。攻克了在沙漠气候和井场工棚条件下仪器的稳定性等技术难关。研究和建立了现场快速分析测试技术方法和工

— 277 —

作流程。创造了 2 小时内提供解释评价结果的新纪录，使其在实时性方面取得了实质性进展。钻录井、快速分析测试、油气层预测与评价中获得了成功。（8）科技成果转化及经济、社会效益。科技攻关项目紧密结合生产，生产勘探部门不断采纳科技新成果，在新地区、新构造上发现 5 个油气田藏，有 15 口井获工业油气流，5 口井钻遇油气显示；新增获探明储量：石油2019.4 万吨，天然气 234 亿立方米，年产原油 32 万吨。

三、"九五"科技成果转化令人鼓舞

科技攻关获得显著成果，直接指导塔里木盆地油气勘探工作，为近期和中长期勘探部署提供了科学依据。应用前景和效益较好。（1）获重大油气成果。1997 年 8 月在塔河地区 4 号构造钻获一口王牌井 – 沙 48 井。计算单井控制储量大于 1000 万吨。（2）基本查明一个超亿吨级大油气田 – 塔河油田。（3）初步查明一个大型气田 – 雅克拉大气田。（4）评价了 7 个油气田。（5）初步形成碳酸盐岩油气勘探开发 9 大技术系列。即：相干体技术、振幅提取技术、波阻抗反演技术、神经网络与模式识别方法、高分辨率地震勘探技术、负压钻井技术、水平井钻井技术、完井和固井工艺技术以及碳酸盐岩储层酸压改造技术。

四、"十五"科技成果累累

"十五"期间，是分公司科技攻关面临困难和矛盾较多的 5 年，也是分公司科技创新硕果累累的 5 年。（1）进一步丰富和完善了具有塔里木盆地特色的古生界海相碳酸盐岩油气成藏理论，使塔河油田的勘探开发工作不断向新的领域拓展；（2）碳酸盐岩储层识别与预测技术水平不断提高，识别与预测精度达到 85% 以上；（3）提出的以缝洞单元划分为基础的油藏描述方法，在碳酸盐岩缝洞型油藏描述技术理论上找到了一个新的突破口，由感性认识向理性认识跨出了关键一步；（4）增产工艺技术措施系列在实践中不断得到丰富，为老区稳产及采收率的提高作出了积极贡献；（5）采油工艺技术在探索中不断有新的突破，初步形成了适合于塔河油田碳酸盐岩不同类型油藏的采油工艺技术系列，尤其是近期试验取得良好效果的注水吞吐对提高采收率、实现再造一个塔河的目标发挥了积极作用；（6）钻井工程技术在引进、消化、吸收的基础上，通过适应性改造，始终保持着国内领先水平，尤其是简化井身结构钻井技术及超深井钻井工艺技术取得长足进展；（7）超深层碳酸盐岩酸化压裂技术得到了进一步发展，仅 2004 年该项技术就实现了年增油近 35 万吨的佳绩。碳酸盐岩酸化压裂技术在碳酸盐岩油藏占有非常重要的地位，塔河油田 81% 的油井都要通过酸化压裂才能投产，只有 19% 的油井可以自然投产，塔河油田至去年年底累计产油 1665 万吨，仅酸压一项增产 650 万吨，增产 40%，效果很好，该项技术下一步要向复合酸压发展。

第四节　潜心研究古岩溶作用，突破塔河大油田

塔里木盆地奥陶系碳酸盐岩的油气勘探，经历了马鞍型的发展过程。由于奥陶系碳酸盐岩储层的非均质性特强，在高产井旁 2 ~ 3 千米钻探即是干井，抑或高产亦很不稳定。鉴于此，塔里木盆地油气勘探重点转移向石炭系及中生代地层，奥陶系碳酸盐岩的油气勘探处于低潮。然而，随着地质认识研究的不断深化和提高，碳酸盐岩的油气勘探出现柳暗花明的重大突破。

2008 年 10 月 11 日，中国石化股份公司高级顾问牟书令（左1）在西北油田分公司经理焦方正（左2）、分公司副经理甘振维（左3）陪同下在巴什托油区调研。

一、突破塔里木克拉通盆地油气地质特征新认识

随着油气勘探实践的不断深入和研究资料的逐步积累，认识到盆地油气地质条件有复杂的一面：主力烃原岩与好储层在时空分布上总体不配套；大构造与好储层在圈闭组合上基本不配套；主要油气成藏期与区域构造运动不配套。基于塔里木盆地克拉通区域油气地质的有利件与复杂性并存的特征，认为下古生界碳酸盐岩是大型油气田的主要目标之一。明确指明塔北地区寻找大油气田的主要方面是沙雅隆起上的下古生界碳酸盐岩古岩溶储集体；其

特点是圈闭面积大，储层厚度大，但非均质性强，主要受岩溶发育强度和古地貌的控制。成藏期主要为海西晚期至喜马拉雅期，阿克库勒凸起是寻找这种类型大型油田的最有利地区。道理也很显而易见，上古生界和中生界储层再好，没有好烃原岩和大型圈闭，是很难找到大油气田的，只能找到次生中、小型油气田。下古生界有好烃源岩，有大型圈闭，就有可能形成大型油气田；尽管其储集条件相对较差，但也不是"铁板一块"，如有的井放空1~2米，有的井漏失泥浆几千立方米等。可见碳酸盐岩中确有好储层。现在的问题是，通过什么样的好手段，寻找碳酸盐岩中的好储层。

二、基本掌握碳酸盐岩储层特征及储层分布规律

通过研究，认为奥陶系碳酸盐岩储层的基本特征是：一是碳酸盐岩岩块的孔隙度、渗透性极差，难以构成有效的储集空间；二是次生溶蚀孔洞和裂缝是碳酸盐岩储层的主要有效储集空间，次生缝、孔洞的发育是形成良好储层，获得高产、稳产的关键；次生溶蚀孔洞的发育主要受与不整合面有关的古岩溶作用的控制。三是碳酸盐岩储层在纵向上和横向上的非均质性极强。因而所形成的溶蚀孔洞及裂缝的分布极不均一，造成其严重非均质性。

由此可见，古岩溶作用是控制碳酸盐岩储层发育最为重要的因素。研究表明，古岩溶储集体是塔北地区主要的碳酸盐岩储集体。对古岩溶的识别标志，古岩溶发育期次，古岩溶地貌，古岩溶的垂向剖面结构以及古岩溶储集体的特征等，提出古岩溶斜坡及岩溶高地，特别是两者间的过度地区是古岩溶储集体发育的有利地区。总之，自"七五"以来，古岩溶研究取得了显著成果，这就为寻找奥陶系碳酸盐岩大油田奠定了地质认识上的坚实基础。

三、古岩溶作用碳酸盐岩储层油气突破口的选择

上述两个问题有了初步认识后，突破口的选择便是奥陶系碳酸盐岩勘探的首要问题。经认真研究，选择阿克库勒凸起西南部的艾协克（后称艾协克1号），艾协克西（后称艾协克2号）作为奥陶系碳酸盐岩大油气田勘探的突破口，部署了沙46、48井。部署这两口井作为寻找奥陶系碳酸盐岩大型油气田的突破口的主要依据是：一是据"八五"期间古岩溶研究成果，上述两口井位于岩溶斜坡与岩溶高地的过度地区（其后进一步研究表明，该区处于岩溶斜坡上的岩溶残丘），是古岩溶储集体发育最有利的地区。二是上有

石碳系、三叠系两套真烃源岩，下有寒武奥陶系烃源岩，使目光更为开阔。三是其上为下石炭统下泥岩段泥质岩，封盖条件优越。四是该区已完成三维地震，奥陶系下统碳酸盐岩古浸蚀面总体结构和面貌可靠。

位于艾协克构造上的沙46井和艾协克西的沙48井均于1997年获高产油气流，实观了该构造奥陶系油气重大突破，特别是沙48井的重大发现，对重新评价奥陶系下统碳酸盐岩勘探领域具有重大意义。自1984年塔北沙参2井实现奥陶系首次重大突破后，又一次实现了古生代海相碳酸盐岩油气勘探的重大胜利。

●2001年5月23日，新老班子成员合影。前排，自左二：陈云华、艾尔肯·吐尼牙孜、张耀仓、张爱东、蒋炳南、左兴凯　后排，自左：孟伟、詹麟、孟德成、徐向荣、张泽祥、苏来依曼·阿不都、董顺、宗铁、瞿晓先

第五节　碳酸盐岩勘探开发理论和技术创新的重大经济效益

一、酸盐岩勘探开发理论在塔河油田实践中得到进一步完善和深化

在"八五"总结古生代海相聚油成藏规律基础上，经过塔河油田长期的勘探开发实践，攻关研究，进一步完善并逐步建立起有特色的古生界碳酸盐岩油气勘探开发理论。

一是丰富和完善了碳酸盐岩成油理论。二是发展了复式油气藏成藏理论。塔河油田紧邻阿－满生油坳陷，是一个由奥陶系裂缝－溶蚀孔洞型储集体多领域含油的典型复式油气藏。在复式油气藏成藏理论的指导下，西北分公司"十五"以来勘探工作突飞猛进，在多个领域获得突破与发现，进一步拓宽了塔河油田纵横向油气勘探空间，形成了多层系、多领域含油的立体勘探格局，表明塔河油田立体勘探具有巨大的潜力。

三是初步创立了碳酸盐岩岩溶缝洞油藏成藏理论。塔河地区奥陶系碳酸盐岩岩溶缝洞型油气藏埋藏深度大，储层非均质性极强，油气藏特征、形成机理和控制因素复杂，对这种复杂油气藏的勘探是一个世界性的难题，需要全新的理论、研究思路和勘探方法。分公司在这一油藏成藏理论的指导下，塔河勘探井成功率达到75%，世界同类型油藏勘探的领先水平。塔河奥陶系岩溶缝洞型油藏含油面积由630平方千米扩大到2500平方千米，取得了显著经济效益。这一理论的进一步完善，是我国油气勘探里程中的又一次重大胜利。四是丰富了叠合盆地多期成藏理论。在叠合盆地多期成藏理论的指引下，西北分公司形成了"逼近主力烃源岩，以大型古隆起、古斜坡为勘探目标，靠近大型断裂、大型不整合面寻找大型油气田"的勘探思路，发现和探明了塔河油田。同时，在库车前陆盆地南缘斜坡发现和落实了一批圈闭和圈闭线索，坚定了中石化在前陆盆地前缘天然气勘探的信心，对我国"稳定东部，发展西部"资源战略的实现具有重要意义。

二、成功探索塔河碳酸盐岩开发主体技术，大幅度提高油田开发经济效益。

从1997年塔河油田碳酸盐岩缝洞型油藏发现以来，经过9年的开发实践，尤其是"十五"期间，西北分公司针对这种复杂的油藏类型，开展一系列的攻关研究；取得了大量的成果，配套了开发技术，为塔河油田的快速发展提供技术支持，目前已基本形成了比较具有塔河自身特色的八个方面的主体技术。

一是建立了以三维地震技术为主的缝洞型油藏描述技术。主要是应用振幅变化、相干体，结合构造分析、断裂等确定溶洞的发育，是西北分公司开发的主体技术、关键技术，已基本成熟。近几年的开发井部署主要依靠这套技术；利用这项技术识别缝洞的成功率达93%以上。

二是建立了适合碳酸盐岩缝洞型油藏实际的测井技术。"十五"期间，摸索出一套比较完善的测井系列和处理解释手段。在缝洞储集体的判别和参数解释方面，可以达到定性－半定量化的水平。

三是形成了适合碳酸盐岩油藏的超深井钻井技术、侧钻水平井技术。超深井钻井技术已经非常成熟，不穿盐的井完井周期以前三个多月缩短到现在的两个多月，穿盐的井已掌握了穿盐技术。侧钻水平井技术，已非常成熟，共侧钻44井次，有效井36井次，有效率高达81.8%，共增产原油70.11万吨，占总增油比例的74.5%。侧钻井技术发展迅速，侧钻水平段长达500米以上。为提高塔河油田的采收率提供了有力的手段和保证。

四是形成了以酸压为主的碳酸盐岩缝洞型油藏完井技术。针对塔河油田奥陶系碳酸盐岩油藏特征，建立并完善了酸压选井选层标准；研究出了具有缓速性能好、穿透距离远的7套酸液体系；确立了高泵压、大排量、大规模的酸压原则和酸压工艺。截至2006年10月1日共实施367口井638井次，施工成功率97.1%，平均工艺有效率75.4%，酸压增产原油859万吨，创产值124.7亿元。酸压储层改造，已经成为碳酸盐岩油藏完井的主要方式，效果非常好。而且形成5套酸压工作体系，11套酸压工作液的配方等等，已经成为碳酸盐岩油藏完井的主体技术。

五是形成了塔河油田稠油油藏深井举升技术。塔河油田部分区块井深、油稠，通过几年的实践，在举升方面形成了配套高效的掺稀技术，有效率达90%以上，保证了稠油井的正常生产。

六是控水方面初步形成了缩嘴、压锥技术。

七是形成了以缝洞单元为主的油藏管理和治理技术。缝洞单元的概念确定对认识这类油藏是一个飞跃，通过早期控制，使油井含水下降5.6%。

八是初步形成了缝洞单元的注水替油提高采收率技术。注水替油已经实施45井次，累计增油9.87万吨，取得了明显的效果。

从以上这八个技术的形成和产量快速增长的事实，说明这类油藏的认识虽然非常困难，但是只要坚持不断探索、艰苦实践，通过理论创新，多学科综合攻关研究，在世界级难题的海相碳酸盐岩油田开发领域就能有所作为，就能取得开发前沿的领先水平。

第六节　狠抓技术改造，优化井身结构降本增效

大力开展技术改造攻关，不但为西北石油局渡过地勘费偏紧时期发挥了

重要作用，而且在中石化资金较强条件下，大量实践证明，开展技术改造的意义依然不可替代。

一、开发井四级井身结构与提高开发经济效益的矛盾

从 1999 年 2 月 1 日完钻塔河油田奥陶系第一口开发井开始，截止 2000 年底，所钻的 33 口直井均采用探井井身结构。采用 4 级井身结构，开孔井眼尺寸大，井身结构层次多，施工过程存在复杂问题：国产大尺寸钻头可选型号较少，系列不全，不能满足优选需要；大尺寸钻头相对机械破岩能量不足，随井深增加，易引跳钻故障；跳钻将引起钻头提前损坏，且造成井下复杂情况产生；并使钻具弯曲不确定性增加，井斜控制难度加大；钻头水马力降低，水力破岩的优势得不到发挥。凡此种种，使得原井身结构严重影响了机械钻速和施工周期等各项钻井指标的提高。另外，套管层序每增加一级，增加开次所增加的电测、下套管、固井、装井口等花费时间至少耗时 8 天。这无疑使得开发井投资进一步增加，更重要的是延误油田开发速度。如 2000 年底前钻开发井平均井深 5604.44 米，钻井周期达 111.06 天。如何提高钻井效率？亟待解决。

二、为加快塔河油田开发步伐，大胆创新三级井身理念

实钻显示，塔河油田奥陶系以上地层相对稳定，无大的漏失层和异常压力层系，具备井身结构优化的地质条件。为加快塔河油田开发步伐，从 2001 年起，塔河油田全面开展了简化井身结构实践。通过对前勘探生产过程中地层性质、三个压力剖面与实钻井况的分析，从理论与实践两个层面上进一步加深了塔河油田工程问题与

2003 年 7 月，在塔河油田 TK731 井施工中使用 9½PDC 钻头，创造单只钻头一次入井钻进尺 4 185.80 米的世界纪录。图为 2004 年 7 月 8 日哈里伯顿国际公司副总裁詹姆斯向西北分公司副经理宗铁（右）授碑。

钻井工艺的认识。确认井身结构方案如下：一开直径 444.5 毫米钻头钻至库车组中下部井深 1200.0 米，下直径 339.7 毫米套管，水泥返至地面；二开由于塔河油田奥陶系风化壳与上部地层属不同压力系统，下直径 177.8 毫米套管；三开直径 149.2 毫米钻头钻至完钻井深，视情况下入直径 127 毫米尾管。从 2002 年开始，塔河油田大力推广简化井身结构，2002 年当年完钻的奥陶系直井 20 口，简化井身结构的井 16 口，平均钻井周期 69.88 天，相对 2001 年前完钻的井身结构井周期缩短了 33%，为当年的产量任务做出了贡献。截至 2005 年，塔河油田奥陶系开发井共完成 186 口简化井身结构井，其中 TK731、TK225 井平均钻井周期仅为 44 天。

三、四次刷新单只钻头世界纪录，创新不止节约巨额投资

井身结构的优化离不开配套技术的支撑，比如在破岩工具方面，使用直径 241 毫米 PDC 钻头在 5000 米以上井段机械钻速较前提高了 19.93%，5000 米以下井段机械钻速提高了 8.3%；单只钻头平均进尺达 3329.96 米，平均机械钻速为 13.72 米/时。实钻过程中，2003 年进尺 4185.80 米的指标刷新了单只直径 241 毫米 PDC 钻头的世界纪录。为此，2004 年 DBS 公司亚太区总裁专程向西北分公司颁发《单只钻头进尺破世界纪录奖》，2006 年 3 月，又以 4452 米的指标第四次刷新世界纪录。

历经择井实验、技术方案调整与完善、推广与提高三个阶段，目前井身结构优化与配套工艺方案已成为塔河油田开发井方案，技术指标达国内先进水平。该方案相对提高机械效率 40% 以上，相对缩短钻井周期 30% 以上。简化井身结构的实施取得了以下成果：相对原井身结构方案少下一层 9 5/8″ 套管，相对 13 3/8″套管深下 700 米，相对少投入约 190 吨套管；相对原井身结构方案少一个钻井开次（12 1/4″）就少一个开次所需的特殊作业时间。直径 214 毫米钻头及新技术使用大大提高了机械钻速，提高了钻井效率，进而大大缩短钻井周期，使建井——投产周期大幅缩短；钻井效率提高进而缩短了地层受钻井液冲刷、浸泡时间，有利井身质量的保证，有利于油气层保护。原 8 1/2″钻头改成 9 1/2″钻头，7″套管间隙由 19.05 毫米增至 31.75 毫米，可改善 7″套管封固质量，为采油、全井酸压创造有利条件；全井可采用 3 1/2″油管，可不下封隔器进行酸压作业；对稠油开采有利。

截止 2005 年，塔河油田奥陶系碳酸盐岩油藏共完钻简化井身结构井 228

口。由于采用优化井身结构，单井可节约投资 300 万，截至 2005 年共计节约投资约 6.84 亿元人民币。且该方案为后续的采油、全井酸压都创造了有利的条件。

第十二章　奋战"三个塔河"，高扬"塔河精神"

2004 年 6 月 18 日，中石化任命焦方正、陈云华为首组成西北石油局、西北油田分公司新领导班子。新领导班子响亮地提出勘探上要实现"塔河之下找塔河、塔河之外找塔河"，开发上要实现"提高采收率再造一个塔河"的发展目标。企业文化建设，提炼和创建了以"敢为人先、创新不止"为主要内容的与时俱进的"塔河精神"。到 2010 年，原油探明储量累计达 10 亿吨，天然气储量 2500 亿方；累计新增动用储量 5.09 亿吨，累计新建原油产能 1138 万吨；期末原油产量 800 万吨，天然气产量 20 亿方，实现 1000 万吨油气当量发展目标。

第一节　全面推进"三个塔河"战略实施

2005 年是西北分公司历史上投资最多、产能建设重点工程量最大、原油产量增幅较高的一年。按照"储量、产量、投资、效益"相统一的原则，以开展保持共产党员先进性教育活动为契机，以"塔河精神"为动力，带领全体干部职工开展了火热的增储上产劳动竞赛活动。

一、深层勘探取得重要进展

积极务实地开展深层领域的探索和实践工作，塔河盐下、碎屑岩评价勘探取得重要进展。在塔河南盐下地区部署的 S116 - 2 井，获得日产 228 立方米原油和 2.9 万立方米天然气，首次在盐下奥陶系上统良里塔格组获高产工业油气流，证实了该层位具有较大油气勘探潜力。使盐下井控含油气面积进一步扩大。此外，三叠系碎屑岩圈闭识别取得重要进展，部署的 THNl 井、ATl 井均获高产工业油气流，为塔河油田碎屑岩油气勘探、立体找油奠定了坚实基础。

图为新一届西北石油局局党委成员。左起：翟晓先、苏来曼·阿布都、陈云华、焦方正、宗铁、甘振维（刘宝增因公出差在外）。

加大碎屑岩勘探，在中生界和古生界碎屑岩领域取得两个重大突破。一是石炭系巴楚组油气勘探取得重大突破。S112—2 井在石炭系获得日产 105 吨的高产工业油气流，实现了"突破古生界碎屑岩"的勘探目标，进一步证明巴楚组底部砂岩储层具有较大的增储潜力，初步估计该领域油气储量在 3000 万吨以上。二是三叠系非背斜油气藏勘探取得重大突破。控制储量约 5000 万吨油当量，展现出了三叠系勘探的新场面。

塔河深层寒武系勘探工程进展顺利。为实现"塔河之下找塔河"战略目标，探索阿克库勒凸起东缘寒武系储层特征和含油气性，针对深层寒武系台缘碳酸盐岩建隆勘探目标，论证部署了超深探井塔深 1 井，设计井深 8000 米，自 2005 年 4 月 6 日开钻到年底已钻达井深 6800 米。在已揭示的层位中，鹰山组发现了新的含油储集体。在施工过程中，中国石化选派专家组进驻现场协助施工作业，西北分公司各部门密切配合，与施工方共同攻关，解决了地层漏失、深层固井等各种复杂问题，保证了施工的正常进行。

二、加大上产力度，加强油藏基础研究

加强储量评价，加快储量动用速度，加大建产力度，全年建成产能 161 万吨。加大了碳酸盐岩老区和碎屑岩的建产力度，碎屑岩油井由年初的 13 口调整为 30 口，产能由 26.7 万吨调整为 63 万吨。由于分公司增强了应对复杂局面的能力，及时调整工作部署，确保了新区产能建设任务的完成和原油产量的增长。

积极开展以控水稳油为重点的油藏管理工作，油田开发水平不断提高，开发指标进一步改善。在加强缝洞型油藏研究的基础上，采取了以缝洞单元为主的油藏开发管理方法，各采油厂根据不同的缝洞单元，逐井分析研究对策，积极实施了以缩嘴压锥、关井压锥、优化工作制度等为主的控水稳油措施，使 4 区、6 区等主力产区油田自然递减率、含水上升率得到有力控制，老油田开发状况明显改善。

三、大力开展技术创新，加快成果转化的步伐。

科技工作紧紧围绕"三个塔河"战略目标，强化"规范管理、创新跨越"的科技工作理念。取得一系列新发现和重要进展。

一是以三维地震振幅属性直接识别油气的综合技术取得重要进展，在三叠系勘探应用取得一系列新发现。创造性地建立了以三维地震绝对平均振幅为核心，包括综合标定技术、精细构造解释技术、精细断裂解释技术、三维可视化技术等在内的三叠系碎屑岩油藏直接识别与评价技术系列。先后发现一系列低幅度构造和非构造圈闭。部署的 S41－1 井、THNI 井、ATI 井等相继在三叠系目的层钻获工业油气流，并很快投入开发。落实和扩大了塔河油田 9 区西部含油气面积并投入开发，在 T903 井区部署的 TK931H、TK932H 等开发井取得良好开发效果，拓展了三叠系勘探领域，为三叠系的增储上产提供了技术保障。

二是塔河缝洞型油藏注水替油技术试验成功，在缝洞型油藏提高采收率技术上取得重大突破。针对定容缝洞型油藏产量、压力下降快以及产液能力不足等特性，分公司在塔河油田首次进行了注水替油开采方法的试验，取得成功。自 2005 年 3 月在 TK741 井成功实施以来，塔河油田共有 41 口井进行了 124 个注采周期的注水替油开采，其中 27 口井取得良好效果，单井累计

增油500吨以上，累计注水96.5万立方米，累计增油11.87万吨，初步测算提高Ⅲ类缝洞单元油藏采收率2%左右。

三是缝洞型油藏描述技术取得重要进展。以缝洞单元为主的研究工作不断深化，初步建立了缝洞单元的划分标准和依据；二建立了动态和静态相结合的缝洞单元划分系列，创新地开展了缝洞单元的空间展布研究，并取得重大进展，为定量化描述缝洞体积奠定了基础，在定量化评价缝洞型油藏上迈出了十分重要的一步。

第二节　勘探领域不断拓展，
"十一五"跨上新台阶

"十一五"以来，面对塔里木盆地特殊的碳酸盐岩缝洞型油气藏勘探开发世界级难题，西北油田分公司的广大职工发扬"敢为人先、创新不止"的"塔河精神"，通过艰苦的工作，基本按"三个塔河"发展目标，资源基础得到加强，取得塔里木盆地油气勘探开发的重大成果。

2006年，突破河油田西南部T759井在中生界白垩系储层获日产油70.8立方米、天然气6.9万立方米的高产油气流，在塔河主体实现了新层系、新领域的重大油气突破。进一步外扩塔河主体油田。一是发现塔河主体西部部署的TP7井、TP8井在一间房组测试获高产油气流，发现了新的高产岩溶带。表明在塔河油田西部面积约750平方千米、6500米以下的深部仍存在储集条件优越、油气富集的奥陶系岩溶缝洞体；二是在塔河主体区南部，针对三叠系河道部署的YT2井获得高产工业油气流，发现了三叠系中油组多个河道砂体控制的油藏群。

此外，一天山南缘通过三维地震勘探，落实了轮台构造，发现了拉依苏5号、轮台北1号地层圈闭及星火1号、星火2号等一大批闭合面积和幅度较大、油气成藏条件较好的圈闭。二加快了天山南区块的勘探部署进程，实现了当年物探采集、当年部署钻探的目标。S3-1井在白垩系5025.5-5061米钻遇35米厚的油气层，测试获得日产油72立方米、天然气13万立方米的高产油气流。三中石化已同意将草湖等四个勘探区块划归西北分公司统一管理，分公司的矿权面积由1.2万平方千米增加到2.8万平方千米。

2007年，突破塔河油田西北部的艾丁地区奥陶系勘探。该区完钻的AD4

第三编　挑战塔里木，攀峰树三碑

— 289 —

曾培炎、王乐泉慰问西北分公司劳动模范和标兵。

井、AD7 井、AD5 井和 S94 -1 井等相继在中奥陶统一间房组获得工业油气流，4 月 11 日 AD4 井采用 16 毫米油嘴生产，日产原油 1048 吨，成为塔河油田第一口日产量超千吨的油井，显示出艾丁地区巨大的勘探开发前景。

　　同时，一是在塔河油田西南部的托甫台南部地区奥陶系取得重要进展，发现了高产油气缝洞带。部署的 TP12CX 井测试获日产油 331.97 方、气 17944 方，TP3CH 井测试获高产工业油气流，日产油 180 方、气约 10000 方，表明托甫台地区具有良好的勘探前景；二是在塔河东南部奥陶系取得重要进展，发现了新的天然气条带，为塔河油田外扩勘探奠定了坚实的基础。部署在塔河油田东南部的 AT5 井在良里塔格组 6442 - 6449 米井段见到良好的油气显示，测试日产原油 75.4 方、天然气 12.9 万方，进一步扩大了塔河油田南部奥陶系含油气面积。在于奇东地区的 YQ8 井在一间房组见到好的油气显示，初步测试折算日产天然气近万方，显示出于奇东及草湖地区奥陶系具有较好的油气成藏条件；三是塔河中新生界碎屑岩勘探取得重要进展，探明一批小型油气藏。AT7、YT5、AT2 - IH 井在三叠系中油组，测试获工业油气流。进一步表明该地区三叠系中、下油组低幅度构造和岩性圈闭成藏条件优越，是相对有利的油气富集区。

　　2008 年，按照"强化塔河主体，培育天山南缘，主攻塔中巴麦，滚动勘探准中，突破准北上古，研究评价外围"的勘探工作思路，油气勘探取得了一系列可喜的成果。塔河油田于奇西地区部署的于奇 5 井、于奇 9 井，在奥陶系碳酸盐岩先后获高产工业油气流，实现了该区油气勘探的重大突破，证实了于奇西区块奥陶系有较好油气勘探潜力，扩大了塔河油田奥陶系含油气面积，为分公司增储上产增加了新的阵地。

　　此外：一是艾丁北奥陶系碳酸盐岩岩溶缝洞油气藏外扩勘探取得重要进展。艾丁 14 井、15 井等一批探评井和开发准备井，在奥陶系获高产工业油气流。二是塔河西南部托甫台地区奥陶系碳酸盐岩岩溶缝洞油气藏外扩勘探取得重要进展。托普 16 井在奥陶系一间房组喜获工业油气流，充分展示了托甫台地区奥陶系中统一间房组发育有高产缝洞带。三是塔河三叠系和白垩系低幅度构造油气勘探取得新的进展。位于塔河东南部的阿探 11 井、阿探 12 井，在三叠系中统阿克库勒组相继获得工业油气流，进一步扩大了三叠系中小油藏的规模。四是塔河油田石炭系勘探取得较好进展。位于塔河南 1 号构造阿探 10 井，在石炭系下统卡拉沙依组发现 4 层良好油气显示，测试获得高产工业油气流，拓展了古生界碎屑岩油气勘探领域。

　　2009 年，以"立足两大盆地、深化老区勘探、加大预测力度；主攻新区突破，全力打开西部勘探工作新局面"为指导思想，实现对托甫台地区奥陶系整体控制，探明 1 个亿吨级轻质油藏，有效改善了储量油品结构。2008 年下半年至 2009 年部署一批勘探评价井（TP14 井、TP20 井、TP21 井、TP19X 井、TP15X 井、TP16 - 1 井、TP23 井、TP24 井）均获工业油气流，实现对托甫台地区中部油藏的整体探明，2009 年新增探明石油地质储量近亿吨。托甫台地区原油密度平均在 0.85 ~ 087 克/立方厘米，有效改善塔河油田 2006 - 2007 以来油品结构不均衡局面。同时，TP20 井进一步向西、TP14 井进一步向东、P19X 井进一步向南扩大了托甫台地区奥陶系油气勘探含油面积。TP20 井、TP14 井、TP19X 井与 TP15X 井、TP16 - 1 井、TP21 井等的控制面积（探明 + 控制）约 500 平方千米，整体控制了托甫台地区奥陶系含油气范围。

2014 年 9 月 22 日，沙参 2 井企业文化教育基地落成，原地矿部部长宋瑞祥（前左 1），原中国石化高级副总裁牟书令（前左 2），中国石化副总经理焦方正（前左 3）等领导莅临参观

　　同时，在巴什托 - 先巴扎构造带泥盆系勘探取得重大突破，提升了巴楚

-麦盖提地区古生界碎屑岩领域勘探地位,预示着古生界碎屑岩领域具有良好勘探潜力。另外,TP22 井在古近系库姆格列木群发现良好油气显示,表明塔河油田浅层岩性勘探领域值得重视。准噶尔盆地准中地区取得新发现,基本落实一个千万吨级规模岩性油气藏。通过对准中侏罗系砂体成因与分布研究发现,征 1 井区侏罗系三工河组油藏可能是岩性圈闭油藏,并落实评价广岩性圈闭的具体要素。

2010 年,按照"深化老区勘探,强化区带评价,加大预探力度,主攻新区突破"的勘探思路,重点抓好 4 个突破工程,着力加快新区勘探步伐,取得 1 个突破、5 个发现、1 个重要进展、2 项进步的可喜油气勘探成果。

1 个突破:部署在和田地区墨玉县境内的玉北 1 井,于奥陶系测试获工业油气流,首次实现了麦盖提斜坡奥陶系碳酸盐岩领域导向性油气突破,有望开辟了新油气资源接替阵地。

部署在阿克苏地区库车县境内的桥古 1 井,在白垩系和前中生界碳酸盐岩潜山钻遇多层良好油气显示,有望开启天山南地区低幅度构造和潜山领域勘探的新战场。部署在阿克苏地区沙雅县境内的顺 7 井,在奥陶系良里塔格组和鹰山组钻遇良好油气显示,展示了顺西地区良好的勘探前景。部署在喀什地区巴楚县境内的巴探 5 井、6 井,在石炭系小海子组获新发现,拓展了小海子组的勘探范围和领域。部署在阿克苏地区库县境内的大古 2 井,在库车坳陷南斜坡中新生界大型地层超覆带钻遇良好油气显示,表明库车坳陷南缘中新生代地层岩性圈闭领域勘探前景广阔。部署在喀什地区伽师县的玉 2 井,在石炭系巴楚组生屑灰岩段发现良好油气显示,展示了巴什托以北地区上古生界良好的勘探前景。

"十一五",西北油田分公司创新发展了碳酸盐岩缝洞型油藏成藏理论,探明了塔河 10 亿吨级特大型油田;创新建立了碳酸盐岩缝洞型油藏高效开发理论与技术,产能建设规模不断扩大、质量显著提高,缝洞型油藏的开发水平不断提升,实现了原油产量的快速增长,原油产量由 2005 年的 420 万吨大幅度上升到 2010 年的 700 万吨;取得了玉北地区奥陶系勘探的重大突破,展现了增储的新阵地;2010 年"塔河奥陶系碳酸盐岩特大型油气田勘探与开发"项目获国家科技进步一等奖。"十一五"塔河油田新增探明储量5.25 亿吨,产量快速增长,探明石油地质储量年均增加 1.1 亿吨,年均增油60 万吨,为中国石化的持续发展作出重要贡献。

第三节　创新技术科学开发，搏击自然递减率魔咒

从 2005 年依靠新区大规模开展产能建设开始，到 2010 年原油产量达到 725 万吨，年均产量增长 50 万吨，实现了快速上产。"十二五"后，外围新区勘探突破一时尚不明朗，面对快速递减的缝洞型油藏能否稳产，成为摆在西北石油人面前的一个重大课题。他们通过技术创新、管理创新，把一直徘徊在 24% 以上的自然递减率逐年下降，至 2013 年控制在 18.3%，实现了产量稳中有升。创造了令人惊叹的塔里木油气开发的新奇迹。

一、创新技术，挑战世界级开发难题

面对"世界级"超深、超稠、高温、高盐、高含硫化氢等开发难题，使西北石油人每一步迈得都十分艰难。2012 年，注水替油技术逐渐失效，油田注水替油井达 445 口，占总井数 52.6%，年产小于 200 吨的失效井达 148 口，并呈逐步增多的趋势。

创新技术，掌握神兵利器应对挑战；创新提出了"开发无禁区，工艺无极限，管理无止境"的理念，不畏艰难，勇于实践，攻克了一个又一个开发上的关键性难题。

创新缝洞型碳酸盐岩油藏大规模注气采油技术。经过多井次实践，形成了一套有效的注气替油潜力井优选方法，优选注气井有效率达 93.3%。2013 年，实施注气替油 102 井次，累计增油 9 万吨，增效 1.35 亿元，2014 年，计划实现增油 20 万吨。实施五大技术，取得重大经济效益。

一是转换开发方式，注气提高采收率技术取得突破性进展。扩大单井注气规模，单元注气试验在 T402 井获得成功；积极开展气水交替注入技术、超稠油油藏注蒸汽辅助催化裂解可行性研究，加快推进注二氧化碳、天然气、泡沫等新技术先导性试验，这一技术将为油田未来 10 至 15 年持续稳产上产提供重要保障。

二是注水潜油技术实现了新的创新，扩展为分段精细注水、非对称不稳定注水、周期注水、注水压锥等系列注水技术，累计水驱覆盖储量 2.71 亿吨，增油 421.7 万吨，注水提高采收率 3 个百分点。

三是打破传统地质认识，开辟难动用储量新领域。评价认识由"标准串珠"向"弱小串珠"，甚至"没有串珠"进军，攻坚"红波谷"、"蓝海洋"、"弱反射"、"小缝洞"等领域，发现新类型、拓展新领域，评价动用地质储量 6.1 亿吨，建产能 1100 万吨，储量动用率提高了 17 个百分点。

2013 年 1 月 17 日，中国石化集团公司董事长，党组书记傅成玉（右）为西北油田分公司颁发特别贡献奖，领奖者为西北油田分公司总经理刘中云

四是提出"优选控油深大断裂、兼顾次级断裂组合、结合地震特征、判别构造组合样式"的碳酸盐岩井位部署新思路，首创"断溶体、古河道"油藏识别技术，部署开发井 104 口，投产 54 口，建产率达到 87%，单井均日产 38.2 吨。

五是面对塔河 9 区超深、高含硫化氢、开发难度大难题，创新高深钻完井技术，实现该区块的高效开发，逐步建成了年产 3 亿方天然气、10 万吨凝析油的整装规模的油气田，成为西北油田重要的天然气接替阵地。

二、综合技术开发，降递减硬稳产。

碳酸盐岩缝洞型油气藏上产快，但是递减率也非常高，有时候一个日产200 吨的油井一夜之间就不出油了。油田平均递减率为 23 − 25%，相当于每年要吞噬掉 160 万吨的产量，不说增产，就是稳产，也很难保证。西北分公司提出"六新促三率"的开发理念，即以新认识、新技术提高储量动用率，以新思路、新手段降低自然递减率，以新理论、新方法提高油田采收率，指出向技术创新要产量，向管理创新要产量。新区新井少了，那就向老区老井要产量，向管理要产量。

T813（K）井是一口功勋井，累产原油已达万多吨。2013 年初，该井出现含水上升苗头加快。通过对该井产层剖面分析，认为其主力产层石炭系采出程度已达理论极限，再上措施，效果不会理想。依据这一认识，将该井主力生产层位由原来的石炭系转移到奥陶系，日产量由原来的 1.5 吨上升到 10 吨以上，成为了立体开发的典型井。

一是立体开发，层间原油实现"走门串户"。挖掘油藏层间潜力，成为了技术人员最先想到的增油点。但是油井生产层段逐年变短，依靠动用新层段为主的上返酸压等措施实施难度大，潜力小，效果不佳。技术人员开拓新思路，对油井储层进行"点、线、面"的精细对比分析，形成了有效致密段测井划分标准，将塔河六七区奥陶系油藏向上划分为两套致密层、三套储层，提出了以下返酸压为主的层间挖潜治理手段。取得了很好的效果。

二是构建模型，层内挖潜实现有"章"可循。良好的挖潜离不开对地质模型的精心研究。根据注水参数特征将储集体类型划分为溶洞型、裂缝型和复合型三种类型。通过对注水指示曲线常见的 4 大类 7 亚类特征进行了 8 种地质意义的解读，归结为通道、井筒等 5 大节点，并针对性地制定了酸化、深抽、水力扩容等 8 种挖潜治理手段，形成了低效井治理标准模型矩阵。四年间依据地质模型对 17 口井治理 39 井次，增油量达到 12.1 万吨，效益明显。

三是做实优化，提高油田发展质量和效益。通过做好精细描述、精细研究，精细挖潜、精细管理四篇文章，加快由追求产量向追求产量和效益的转变。2013 年 2 月，TP209CH 井日产仅 6 吨，油藏技术人员对该井的动态特征进行系统分析，预测实施酸化后有效期能达 90 天，日增油达 10 吨。进行效益评价，该井措施盈亏平衡点为 366.1 吨。实际酸化措施后，该井产量稳定，累计增产 6000 多吨，收益远超出预期。

西北油田全面推进"经济可采储量、产量、投资、成本、效益"五位一体的目标管理体系建设，以新井建产率、措施有效率、区块稳升率、探井成功率等数据作为各项工作质量效益的重要标准，无论新井部署还是老井措施，不仅要进行工艺可行性研究，而且还要细算增产的经济账，有效益才能干。在新井实施上抓好工艺"四个优化"：即井点、井型优化，钻井设计优化，酸压工艺优化，地面设计优化，节约投资，提高效益。

四是井间分析，措施一井多井受益。塔河六七区构造轴部储集体连片性发育，连通基础较好，西部斜坡储集体相对孤立，冲蚀沟谷泥质充填严重，区域连通程度差。分公司要求对区域地质特征建立动静相结合的连通性分析法，对连通性进行综合评价。以建立、完善注采井网，优化注采参数等方式挖掘井间增油潜力，累计对 8 个多井单元 22 口井实施单元注水，储量覆盖率达到 27.4％，累增油 8.1 万吨。

西北油田分公司，从快速上产到大幅度降低自然递减，10 年的发展，西北油田已经走在了中石化上游板块的前列，盈利水平最高，吨油利润达到了油田板块平均水平的 1.8 倍。

2008 年 11 月 27 日，西北油田分公司副经理胡广杰（右 2）在油田特种工程管理中心检查指导工作

然而西北分公司并不满足既有成绩，2014 年面对塔里木盆地开发的一系列新挑战，首次提出"三增三优"发展主题，在新井部署和措施筛选上，"先优化方案再实施方案，先算成本账后组织实施"的制度更加完善，执行更加规范和严格。同时加快推进机制体制创新，继 2013 年 6 月成立油气勘探中心，2014 年 3 月又成立了开发中心，从而实现投资、成本、产量、利润一体化的优化。全力打造一流油公司，推动西北油田实现从"高产"向"高效"的跨越。

进入"十二五"时，西北油田新区尚未实现突破前，老区的稳产就面临着严峻挑战。经历全局上下千方百计的开发努力，搏击创新技术、精细开发，极大地遏制住自然递减率的魔咒。塔河油田六七区自然递减率、综合递减率由 33.3／％、24.8％下降至 2013 年底的 −0.7％、−7.7％，区块采收率由 16％上升至 19.4％，创造了区块原油产量四年硬稳定，累计产量突破 1000 万吨的开发新纪录。

据统计，10 年来，分公司共有数百项技术创新成果应用于生产实践，其中获国家专利 50 余项，获得授权 8 项，分公司及省部级科技成果奖 110 项，产生了巨大的经济效益。总而言之，科技创新直接影响到了西北油田每一口井和每一个生产环节。

20 多年的油气开发历程中，西北分公司油气开发队伍，从无到有、从弱到强，不仅形成了一整套先进的开发理念和日臻成熟完善的开发技术，而且磨砺了一支敢打硬仗、科学管理、不断创新攀高的开发队伍，是建设千万吨级大油气田的开发铁军。

第十三章　突破顺北油气田，喜创第三里程碑

第一节　"十二五"从塔河转向"走出塔河"
老油区

　　西北油田分公司在塔河油田勘探开发过程中，积累了宝贵的经验，在碳酸盐岩缝洞型油气藏勘探开发领域形成了特色领先技术；同时，也要看到我们发展中遇到的挑战，玉北、塔中、天山南等新区勘探突破面临着巨大挑战，塔河油田碳酸盐岩缝洞型油藏开发面临着挑战，复杂油气藏勘探开发配套技术面临着挑战。

　　"十二五"期间，在"十一五"塔里木盆地已经形成塔河、玉北、塔中3个增储上产主战场基础上，具备了继续保持快速发展的资源条件。要求油田分公司在进一步做好塔河油田勘探开发工作同时，必须加大新区勘探力度，加快玉北、塔中等重点新区勘探节奏，加强评价勘探与开发准备，加强关键技术攻关，加快培育增储上产新阵地。集团公司高级副总裁王志刚在中国石化塔里木盆地油气增储上产会战动员大会上的讲话，正式拉开了会战序幕。他要求："西北油田分公司的将士们发扬'敢为人先、创新不止'的塔河精神，通过艰苦的工作，取得塔里木盆地油气勘探开发的重大成果"。到"十二五"末，累计新增石油探明储量17亿吨、天然气探明储量1.3万亿立方米。原油产量达4750万吨，天然气300亿立方米。

一、油气勘探成果年年攀新高

　　"十二五"期间，西北油田分公司贯彻执行集团公司勘探战略，按照中国石化党组转变发展方式、提高发展质量的新要求，做到"从突出油气发现向突出商业发现转变，从重视储量数量向重视储量质量转变"，勘探投资和

工作量大幅优化，勘探成效显著提高。

勘探效益明显提高。探井成功率逐年上升，由 2011 年的 35.9% 提升到 2015 年的 60%，控制储量发现成本由 2011 年的 38.82 元/吨降至 2015 年的 19.92 元/吨，单井发现控制储量由 2011 年的 194.3 万吨/口提升到 2015 年的 478.8 万吨/口。（见表）

西北油田分公司"十二五"期间勘探效益分析表

年份	控制储量发现成本元/吨	单井发现控制储量万吨/口	探井成功率（%）	原油产量（万吨）	天然气产量（亿立方米）	勘探评价井成本（元/米）	实现利税（亿元）	总收入（亿元）	职工总数
2011	38.82	194.3	35.9	725.0	15.9	7988	210.5	288.0	4129
2012	28.7	313.5	37.2	735.0	16.4	9099	197.0	292.0	4262
2013	29.5	469.4	40.9	737.0	16.4	10988	189.7	281.9	4255
2014	32.79	353.3	50	735.5	16.3	10045	165.0	265.5	4253
2015	19.92	478.8	60	703.0	16.0	9119	-2.9	115.7	4143

二、"走出塔河"稳步推进

"十二五"以来，走出塔河迈出坚实步伐。勘探上以做实基础研究为核心，不断深化顺托果勒低隆区地质认识，取得了"三个重要进展"：

寒武系烃源岩普遍发育；后期改造的缝洞型优质储层普遍存在；喜山期是主要成藏期。

初步形成"立足本地烃源岩，围绕古隆起、古斜坡，沿着深大断裂带，寻找晚期油气藏"的勘探新思路；进一步丰富立体勘探目标类型，即勘探层系由一间房组－鹰山组上段转向鹰山组下段、蓬莱坝组；勘探类型由单一岩溶缝洞型储层转向多类型储层，圈闭类型由表层风化壳型转向内幕缝洞型；成藏特征由早期改造油气藏转向晚期原生油气藏，实现"走出塔河"设想。

从而，取得顺托 1 井、顺北 1－1H 井、塔深 3 井导向性突破，胡杨 1 井重要突破，以及六个油气发现。即 1）顺 9 井在顺托果勒低隆志留系获低产油流，实现柯坪塔格组下段的新发现；2）于奇西 1 井在超重质油藏北部发现中质油藏，拓展塔河油田西北部奥陶系油藏新类型；3）以顺西 101 井、

西北石油局、西北油田分公司表彰了在塔河油田建设中作出突出贡献的历届省部级以上劳动模范

顺 7 井、顺西 1 井、中 12CX 井为代表的卡塔克隆起多口钻井获油气流，表明卡塔克隆起较好的油气成藏条件；4）皮山北新 1 井在麦盖提斜坡白垩系白云质角砾岩试获低产油气流，实现新区新层系重要油气发现；5）巴探 5 井在奥陶系鹰山组酸压获工业气流，实现巴楚地区小海子区块奥陶系鹰山组油气重要发现；6）于奇东地区天然气勘探获得商业发现，于奇东 1 井在奥陶系试获工业气流，向北扩大了塔河油田的含油气范围。

此外，取得两项技术进步，落实了"三个亿吨级"石油天然气增储区带，奠定了"十三五"发展的资源基础。

截至"十二五"末，西北油田分公司负责勘查的区块 28 个、面积 11.75 万平方千米，主要分布地域为塔北、塔中、巴麦和孔雀河地区。区块石油地质资源量 56.12 亿吨，天然气地质资源量 2.5 万亿立方米，合计 76.09 亿吨油当量。获三级保有地质储量 18.65 亿吨油当量（含溶解气与凝析油），其中探明石油地质储量 13.57 亿吨、天然气地质储量 1674 亿立方米。

三、进一步提高效益开发为中心思想

"十二五"以来，西北油田分公司面对优质规模储量准备不足、老区剩余储量品位低的不利局面，着重提出效益开发中心思想，要求四个"思维"：立足系统思维、整体思维、创新思维、底线思维，树立已动用储量是最优质储量理念，完成"四个转变"：

即一由规模动用储量向增加经济可采储量转变、二由规模上产向老区精细开发转变、三由注重产量向产量效益并重转变、四由提高采收率单项技术向复合技术转变。实现整体规划推进提高采收率工作，创新控递减革命性技术，增强坐稳塔河的信心。效益开发为中心思想明显体现如下：

（1）新区产能建设质量不断提高。一是碳酸盐岩油藏实现对"断溶

体"、"古河道"的系统刻画，并位部署由"占高点、打残区"向断裂面、暗河型有利缝洞体转变。二是碎屑岩强化微低幅圈闭的描述，实现隐蔽油藏的滚动开发。通过深化油藏认识、完善运行机制，产能建设质量有所提升，新井平均建产率比"十一五"平均提高2.5个百分点；在缝洞体规模逐渐变小，碎屑岩构造幅度减低，河道砂逐渐变窄、变薄的形势下，平均新井能力转降为稳。

2013年10月14日，塔河采油一厂结合党的群众路线教育实践活动，举办"听劳模讲故事"访谈活动，邀请获集团公司采油工技能大师称号的毛谦明与广大青工一起分享成长路上的点滴故事。图为活动现场

（2）老区降递减工程成效显著。"十二五"以来，西北油田分公司大力开展各项降递减工程，不断夯实老区稳产基础。一是以区块目标管理为统领，持续开展老区综合和专项治理，针对不同油藏类型存在的开发矛盾，差异化治理不同开发阶段的主要矛盾。二是深化井间关联关系认识，推行精细化注水，实施不同储集体类型、不同阶段的差异化注水，做到有效注水、减少无效注水。三是优化措施挖潜，落实"六个到位"，坚持"四个不打"（剩余油少不打、工艺技术不成熟不打、工程难度太大不打、成本太高不打），由措施挖潜向提质提效转变。四是精细油藏管理，大力开展"331"（查三低、攻三高、治一停）群众性活动，全面推行高产井预警和机采井管理。五是开展无功低效反思活动，全面分析无功低效措施、注水、注气井情况。"十二五"期间自然递减率呈逐年减缓趋势，提前3年实现自然递减控制在20%的目标。

（3）剩余经济可采储量保持稳定。"十二五"期间，西北油田分公司储量替代率平均在89.5%，储采基本保持平衡。其中前3年储量替代率在1以上，后两年受油价影响，年度新增经济可采储量下降明显，储量替代率在1以下。

（4）老区采收率有所提升。"十二五"期间，老区进一步加强缝洞型油藏剩余油精细描述，稳步扩大注水规模，创新发展注气提高采收率技术，老区采收率提高 0.8 个百分点。

（5）油田综合含水得到有效控制。"十二五"期间，通过加强高产井预警、新老井工作制度优化、堵水工艺优化，有效控制油田综合含水，期末年均综合含水率 42.9%，年均含水上升率 1.5。

（6）依靠塔河老区实现原油产量的稳中有升。通过精细研究、精细管理，原油产量由 2010 年的 700 万吨增加到 2013 年的 737 万吨，后两年受油价影响，产量有所下降。"十二五"年均产量 727 万吨，比"十一五"末增加 27 万吨。

第二节　突破顺北油气田，喜创第三里程碑

刘宝增书记在 2017 年 1 月 22 日，局、分公司工作会议总结头年工作时，他不无振奋地说："打出了顺北勘探大场面。面对新常态、低油价的现实考验，我们沉着应对、主动作为，在顺北 1 - 1H 井取得重大突破基础上，把发现规模优质储量作为主攻方向，在顺北 1 井断裂带上部署了 6 口滚动评价井，日产原油均在 100 吨以上，甩开部署的顺北 2 井，也获得了工业油气流，实现了'塔河之外找塔河'的战略构想，开启了继沙参二井突破和塔河油田发现之后油气勘探的第三个里程碑"。他说中石化集团公司领导焦方正高度赞扬这一最突出的勘探成果，也是集团公司最响亮的勘探成果，坚定了集团公司油田上游板块信心，提振了队伍士气。

一、顺北油气田的发现，并不一帆风顺，艰难而曲折

顺北油气田埋藏超过 7000 米，是目前国际上埋藏最深的油藏，且富集成藏模式不清，在国内外没有成熟的勘探理论、模式和成功实例可供借鉴。局、分公司一路走来攻坚克难，砥砺奋发；攀高何惧险阻和挫折，不弄清地质真面貌决不歇步。

早在 2006 年，为实施"塔河之下找塔河，塔河之外找塔河"战略，加快塔河油田建设和资源接替战略步伐，先后部署了井深为 8408 米的塔深 1 井，以及于奇 6 和塔深 2 井，但均未达到预期效果。2010 年，玉北 1 井获得油气流，其地层结构、储盖组合、油藏特征跟塔河油田何其相似，人们仿佛

看到了希望。然而接下的勘探开发同样使人高兴不起来。"换一种思维，换一个天地。"勘探家们转变勘探思路，将勘探方向指向塔中北坡地区，部署了顺南 1 井。该井获重大油气发现，进一步展示了塔中北坡地区良好的油气勘探前景，一间房组顶面小于 7500 米等深线的有利勘探

2015 年 11 月 30 日，西北石油局党委书记、西北油田分公司副总经理刘宝增（右排 3），分公司副总经理漆立新、胡文革与中国石化勘探开发研究院副院长何治亮座谈交流

面积达 6261 平方千米，勘探潜力巨大。是塔中地区实现战略突破及建设储量、产量接替阵地的有利地区。

这让苦苦探索的西北石油人看到了期待，然而遗憾该井尚未达到工业油气流标准（日产气 38714 立方米，产油 4 立方米），又让科研人员不敢贸然乐观。精于严谨地质资料研究的可靠性、科学性的优秀传统西北石油人，通过强化三维地震资料研究、储层预测研究，验证了串珠和断裂关系。认为不是无油可找，而是缺乏创新、缺少新思路，就在地质认识、成藏认识、盆地演化上打破以前的认识，创新建立起顺北油田深大断裂带"控储、控藏、控富"油气富集模式和"近源供烃、断缝输导、三元控储、喜山成藏、断储控富"成藏模式，使得蒙着神秘面纱的顺北区域，在地质家脑海里一步步清晰开了。

二、顺北油区的神秘面纱一步步深入与揭开

在此基础上部署的顺南 4 井、顺南 5 井、顺托 1 井，一举成功，实现了由塔中隆起向顺托果勒低隆的勘探战略转移。这就是 2013 年 6 月，顺南 4 井在奥陶系鹰山组测试，获日产天然气 40 万立方米高产油气流。同年 8 月，顺南 5 井在奥陶系蓬莱坝组测试，获天然气日产量近百万立方米（估算）。2014–2015 年顺南 4 井、顺南 5 井、顺托 1 井相继取得油气重大突破，实现了由塔中隆起向顺托果勒低隆的战略转移。2015 年 1 月位于顺托果勒隆起上的顺托 1 井获得重大油气发现，在奥陶系鹰山组至一间房组放喷估算，日产

气高达 495 万立方米，用采气树放喷，日产气 58 万立方米。同年 9 月布在顺北区块的重点评价井顺托 1－1H 井日产稀油 185 吨、天然气 9 万立方米。顺托 1－IH 井的出油，进一步证实了顺北地区奥陶系油气藏具有较好的前景。接着又布了顺托 1－2H 至 1－7H 评价井，均获得日产超百吨的高产油气流。从而实现顺北地区油气勘探大场面大突破，奠定了"十三五"建成 150 万吨原油生产基础。

为快速突破顺南和顺托区块钻井完井技术，局党政重拳出击，2015 年 3 月 25－26 日召开专题研讨会，局长、分公司总经理陈明政，局党委书记刘宝增等，及集团公司高级专家共 140 多人参加会议。刘宝增强调塔中北坡是分公司 2015 年勘探开发三大主战场之一，顺南区块主要表现出储层埋藏深、地层压力与井底温度高、兼探层系多、气窜难以压稳、含有酸性气体等特点，给钻井、固井、测试完井、储层改造等带来系列严峻挑战。他提出三点要求：（1）进一步增强破解顺南、顺托区块钻完井技术难题的紧迫感和责任感。塔中北坡天然气领域是西北油田实现二次跨越的重要战场，塔中北坡未来的大规模开发是落实转型发展、实现西北油田梦的希望所

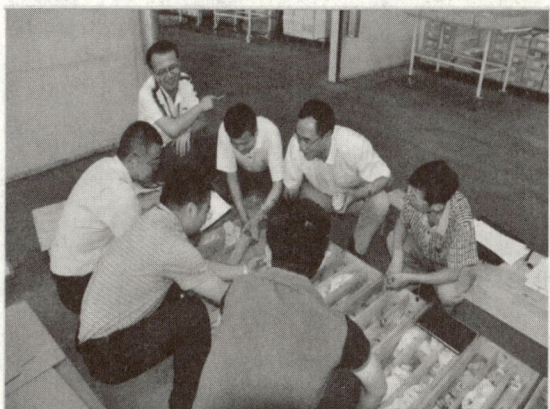

2013 年 7 月 31 日，西北油田分公司副总经理漆立新（右 2）带领油气勘探中心、勘探开发研究院相关负责人和科研人员前往岩芯库，分析分公司获重要油气突破的顺南 4 井和皮山北新 1 井岩芯

在。（2）进一步增强破解顺南、顺托区块钻完井技术难题的决心和信心，用历史思维、底线思维、辩证思维、创新思维来看待问题和难题。（3）进一步加强顺南、顺托区块钻完井技术进步的实力。创新工程承包模式进一步突出战略契合和互利共赢理念，早日在顺南、顺托区块钻完井技术进步上见到新成效。倾全局之力予以夺取。

经过 3 年的攻关，科研人员通过对顺北地区碳酸盐岩储层特征、主控因素和油气规律研究，创新建立了海相超深层碳酸盐岩"本地烃源、垂向输导、断裂控富"油气成藏新理论，提出了顺北超深碳酸盐岩断裂缝洞复合型

油气藏成藏模式，指导了生产实践。同时，创新形成了超深层碳酸盐岩断裂带成像、缝洞体系精细描述评价技术和超深层小井眼短半径水平井钻井技术。

三、顺北的突破是勘探理论和工程技术创新突破的结果及其重大意义

认识和掌握了顺北奥陶系油气藏主要成藏期为喜山晚期，表明中下寒武统相原地烃源岩超深层超高温条件下晚期持续生烃，为晚期成藏奠定了坚实的资源基础。顺北奥陶系碳酸盐岩储层以裂缝－洞穴为主，受断裂、层序面和热液等成因控制，形成了以断裂控制为主的多种成因叠加改造的混合型储集体，实现了由表层型到内幕、由隆起到斜坡、由岩溶缝洞型向多类型裂缝－洞穴储层转变，丰富了勘探类型。

故顺北地区油藏类型为奥陶系碳酸盐岩裂缝－洞穴型油藏，原油的质量好，但埋藏深度超过7300米，具有超深、超高压超高温的特点。顺北油气层整体以垂向运移为主，深大断裂是油气垂向运移的主要通道，控制油气的平面分布。

目前勘探的指导思想更加明确了，在"寒武供烃、喜山成藏、垂直运移、断裂控富"的油气成藏模式指导下，遵循"立足原烃源岩，沿着深大断裂带、以超深多成因、多类型裂缝－洞穴型储集体为目标，寻找晚期原生规模轻质油气藏的勘探理论"，推进顺西、顺托、顺南等区块约2.8万平方千米的油气勘探进程。在整个顺托果勒低隆上初步刻画了18条断裂带，面积达4800平方千米，估算资源量石油12亿吨，天然气5000亿方。

2016年8月29月，中国石化正式宣布，顺北油田勘探取得重大商业发现，在地下7500米探出优质油气藏，估算资源量达到17亿吨。顺北大场面的突破，千真万确地证实一个理，偌大的塔里木不是无油可找，而是缺乏创新、缺少新思路，找不到地质真面貌。往往被貌似的假象迷惑，陷入困境、迷阵，苦苦不能摆脱。现在找到了油气富集模式和成藏模式，终于找到了顺北油田，然而埋藏太深了。因此胡广杰局长指出："顺北是勘探理论和工程技术创新突破的结果，二者缺一不可。"

1984年沙参二井夺破，1997年发现塔河油田，2016年夺取顺北油田；从发现时距6年：13年：19年比较分析，若以6年为间距，依次拉长一至二乃三倍多，说明突破建碑一次比一次艰难。因此在祝贺发现顺北油田的同时，

人们不禁有更多的深思，甚至是警示：警示塔里木盆地找油难度的提升、呈几何级数的倍增，令人震撼！虽说盆地油气地质资源量为 283 亿吨油当量，采收率仅 15% 左右；这世纪的勘探开发潜力巨大。友邻队伍的进展同样缓慢。说明什么？归根一条：科技进步、理论创新、地质认识、工程技术创新。四者结晶于人的创造能量！因此如何激发人的创造力是第一位的。在偌大盆地，谁抢先储存和掌握了创新能量，谁就将赢得塔里木的垂青。第四个塔里木油气勘探里程碑的出现，但愿也许用不了太长时间。这或是顺北油田发现的意义。

第三节　科学技术支撑有力，集成创新发力突破

西北油田科技工作以开拓油气勘探新领域为主攻方向，加大科技成果转化力度，着力推进原始创新、集成创新和引进消化吸收再创新，为油田勘探突破提供强力技术支撑。

面对储层形态多样、储集体空间分布复杂和"三高两超"（高温、高压、高矿化度，超深、超稠）的碳酸盐岩缝洞型油藏，不断发展海相碳酸盐岩缝洞型油气藏勘探开发理论，丰富完善超深层缝洞型储层预测评价、储层改造等 10 大技术系列。这就是超深层缝洞型储层预测评价技术、缝洞型油藏描述技术、缝洞型油藏滚动开发技术、缝洞型油藏储量分类评价技术、缝洞型油藏注水提高采收率技术、缝洞型油藏控水治水技术、超深复杂地层钻完井技术、超深井举升技术、超稠油开采技术、超深高温井酸压储层改造技术。以及创新配套注气提高采收率革命性技术，优化配套石油工程优化钻井技术，革新形成超深井超稠油高效化学降黏技术，集成创新地面防腐技术。

石油工程技术研究取得长足进步。

1）通过"顺南高压气井安全钻井配套技术研究"、"顺南井区钻井技术优化研究与应用"、"顺南碳酸盐岩气藏控压钻井技术研究"、"20000PSI 采

油气井口国产化应用"、"顺南超高温、高压气藏高效改造工艺技术研究"等项目研究，应用井身结构优化、控压钻井技术、高密度抗高温钻井液体系、胶乳液硅防气窜水泥浆体系和控压固井工艺、优化改进的节流阀、国产140兆帕采气井口、抗高温压井液与完井液，初步形成顺南地区钻井、完井测试、储层改造等关键技术。

2）通过"顺北1井区钻完井评价与优化研究"，顺北井区应用定向工具和超深小井眼轨迹控制技术、低密度水泥浆及提高顶替效率等固井工艺，确保顺北-1H井安全钻井和良好的固井质量，177.8毫米套管下深7458米，下深创中国石化最深纪录。

3）通过"碳酸盐岩储层暂堵分段酸压技术研究与应用"、"碎屑岩水平井复合堵水增效技术研究与应用"、"托甫台区块高效深抽技术研究与应用"等项目研究，进一步完善碳酸盐岩复杂地层封隔水层侧钻技术、暂堵分段酸压技术；开展旋冲钻井提速技术、自适应调流控水（AICD）完井技术、空心杆矿物绝缘内置加热器降黏技术、碎屑岩水平井不动管柱冻胶堵水技术实验，取得较好实验效果。

4）通过"塔河油田非金属管适应性评价及标准化选材应用研究"、"塔河油田集输管道点蚀机理及防治技术研究"、"塔河油气田采输系统腐蚀机理与控治技术研究"等项目研究，明确非金属失效的机理及主要影响因素，建立塔河油田非金属管失效分析、适应性评价、长期服役性能评价及价格指导等4套技术体系；完成含氧环境的缓蚀剂配方优选评价及一种含硫环境咪唑啉缓蚀剂的开发评价；应用管道非开挖磁力层析检测技术、原位固化修复技术、非金属管道HTPO管内穿插修复技术等新技术。

"十二五"期间，西北油田分公司获国家科技进步一等奖1项、中国石化科技进步奖12项、新疆维吾尔自治区科技进步奖9项。2014年，西北油田分公司"超深井超稠油高效化学降黏技术研发与工业应用"项目获得国家科技进步一等奖，这充分证明西北油田在超深井超稠油开发方面处于国内石油行业的领先地位。

顺北油气勘探的重大突破成果，无疑是科学技术强大支撑的胜利。

第十四章 坚持不懈加强队伍思想建设和经济管理措施创新

西北油田分公司及其前身一普大队在 50 多年来的油气勘查与开发实践中，尤其 2000 年以来，西北油田自主创新建立了"扁平化架构、科学化决策、专业化管理、市场化运作、社会化服务、效益化考核、信息化提升"的油公司模式；"十二五"期间，以 4000 余人勘探开发年产 900 万吨油当量油田，以中国石化 1/200 的劳动力贡献了中国石化 1/10 的利润，人均产量达到 1150 吨，人均剩余经济可采储量 1.07 万吨，人均利润 265 万元。"寒冬期"以来，西北油田坚持改革破困局，创新添活力，聚焦提质增效升级，持续深化油公司体制机制建设，在逆境中突围，成为国内上游企业唯一以油盈利的企业。闯出了一条低投入、高发现、高效益的发展之路，取得了令同行瞩目的成就。其主要原因，就是多年如一日狠抓落实艰苦奋斗、勤俭勘探、严谨部署、强化科研、创新体制等 5 项经济管理措施，特别得益于从国家地质普查事业单位向油公司企业的变革以及与国有特大型企业的合并重组。

第一节 针对不同时期，创建活的思想建设内容

一、加强思想政治工作是石油地质勘查事业的特殊使命

正因石油质队伍工作的分散性、流动性、艰苦性，加之队伍独立作战往往人员少、装备简陋、基础薄弱、任务繁重的特殊性，1954 年 4 月 9 日，经中央批准正式成立"中华人民共和国地质部政治部"。基本任务是："根据党的方针政策和国家对地质勘探计划的要求，组织和发动全体职工，系统地提高思想水平与政治水平，加强党与工会、共青团等组织工作，以保证和监督国家所交给的地质勘探任务的胜利完成。"局队建立政治工作部门，执行准军事化编制，强化职工思想政治工作力度。

　　半个多世纪的一个甲子60年历史，大体可分为前23年（1955－1977年），中20年（1978－1997年）和后18年（1998－2015年）的三个思想政治工作阶段。三个历史阶段的职工队伍来源构成和时代不

2006年6月29日，西北石油局组织部分离退休老干部回油田参观，使他们亲身感受油田的可喜变化。

同、思想建设内容、形式和方法均有区别。前23年职工尤其20世纪50年代油气普查队伍的职工，大部分来自农村翻身农民或其后代、转业自经过抗日战争、解放战争或抗美援朝战争硝烟考验的人民解放军，以及少量来自新中国第一代大中专毕业生（包括初、高中生）。教育形式和方法，采取全方位多渠道。从组织上健全党团支部建在井分队，开展定期组织活动和上党、团、工课及活动；每年规定冬训40％时间，集中思想作风建设；生产工作中强调领导干部、党工团员和班组长处处事事以身作则，冲在前列。教育广大职工树立为祖国找油，吃大苦、耐大劳，连续作战不怕疲劳、雷厉风行的过硬作风；生产工作中表现出天不怕地不怕的闯劲和实干拼搏、苦干加巧干的科学精神；不怕风雨交加的严冬还是炎热煎熬的酷暑，不怕遇到什么困难和挫折；吓不倒、压不垮，做到"干革命何惧风险，搞石油哪怕艰难"。

二、积极培育"三光荣"精神支柱建设

　　第二阶段油气勘探队伍职工来源构成：城镇上山下乡知识青年、职工子女、国家分配的大中专毕业生和复转军人。从队伍来源构成分析，有一显著变化。原排第二位的复转军人数量，占比趋弱了；排第一阶段为数最少的城镇青年学生，一跃而起成第二阶段队伍的主体。第二阶段职工思想基础和社会影响，较第一阶段队伍构成人员素质有了质的差别。他们既受十年"文革"造反思潮毒害，又受西方文化撞击影响，队伍出现了"信仰危机"；出现"不愿干地质、不愿当钻工、不愿跑野外"思想。

　　在这一关键时刻，中共中央批准了《国营企业职工思想政治工作纲要（试行）》。地矿部及时提出以共产主义思想为核心的"以献身地质事业为荣，以艰苦奋斗为荣，以找矿立功为荣"的"三光荣"教育。西北石油地

质局面对队伍中年轻职工思想动态，加之塔里木盆地自然条件的恶劣现实，以及油气勘探工作本身行业不可规避的艰苦本质，针对性地实施"三光荣"教育，作为动员、组织和激励广大职工找油立功的精神支柱，坚持持之以恒的不懈锻造，以开创塔里木油气勘探新纪元。

郭少英《瀚海骄子》：1986年骄阳似火的五月，一物大队以潘民空为首组成I级重力基点联测小组，使用4台高精度拉克斯特恒温重力仪对东起尉犁、西至阿克苏的广阔工区进行重力联测。I级重力基点的联测要求精度高，而工区沼泽、密林、沙丘连绵，地形复杂，路面差，拉克斯特仪器又十分娇气，最怕颠簸碰撞和受震动，潘民空倍加小心，总把仪器抱在怀里。5月23日，当他们测完东河滩乡至热合曼时，连续工作竟达24小时以上，小伙子都感到全身像散了架似的，而50开外的潘民空还要进行数据计算、制定第二天出工方案，大家心疼地劝他："潘工，您明天休息一天吧"，"不行，咱们必须节省财力物力和时间，做到认真准确，争取一次成功。"那坚定的话语，认真的表情给人增添了力量，大家的敬佩之情油然而生。他们每天的工作量令人咋舌，联测一个单趟就要上百千米，每天往返2至3趟。生活就更艰苦了，一日三餐主食稀饭、挂面，佐餐盐水黄豆、榨菜片，喝的是塔河水，露宿荒野、栖身车下。在这种常人难以忍受的工作生活环境里，这位白发老人一天不拉地与烈日、与风沙、与蚊虫、与饥渴苦战了近两月，圆满地完成了敷设I级重力基点任务，为今后塔克拉玛干沙漠重力勘探打下了良好基础。

1954年，22岁的潘民空离开繁华的上海，参加了地质工作，37年来，他风风雨雨，奔波于穷山恶水间，足迹遍布祖国大江南北。然他从1962年结婚至今，和妻儿们共同生活时间不到3年。他志在山野，心系石油，哪里有石油，哪里就是他的家；常年坚持在野外生产第一线与职工同甘苦共患难，他眷恋蕴藏丰富宝藏的塔里木，热爱他执着追求的事业，一辈子夫妻分居甘当牛郎。

1990年7月，他去陕西出差时已是患病在身，腹泻、厌食……妻子来信叫他回沪，他婉辞了，只当是胃病，搞地质人哪有没胃病？.这期间他忍着癌症晚期的痛苦，完成了巴楚－麦盖提重力报告答辩，获得"优秀"评价。

11月，妻子找铁路有关人员为他联系好了回家的车票，潘民空为了参加一个重力勘探学术讨论会而没回去，会上他发言时感到非常吃力，边说边出大颗虚汗，语言断断续续已不能连贯……

12月，妻子再次为他联系好回沪的车票，可他又要去陕西、河南验收资料，就这样他一次次地推迟了探亲日期，误了病情的诊断和治疗。当他从郑州上车探亲时，已精疲力竭了，两个包还是好心人帮他拿上了火车，次年元月4日到家，潘民空便瘫倒住进了医院。

诊断结果为肝癌晚期。但他经治疗稍好些，就不忘为人做好事，见义勇为扑大火。上海黄浦区给一物发来感谢信，高度赞扬他并要求表扬和推广潘民空这种舍生忘死的高尚精神。

直到他生命的最后时刻，他心里惦着的仍是他为之奋斗终生的找油事业。当一物大队书记潘炳铨看他时，他还向书记要求把计算尺留给他使用。弥留时他把天花板看成构造图，指指点点，恳请大夫"一定要把我的病治好，还有论文没完成……"。这是他的唯一要求，是一颗共产党员闪光心灵的最后呼唤，望着他那憔悴的面容，在场的人们双眼模糊了，医生惋惜地说："耽误了，耽误了，哪怕早来两个月还有一线希望！"

（节选自《石海潮》）

三、从"凝聚力工程"到"塔河精神"教育

第三阶段职工队伍人员构成，进入"九五"后期，基本成两个倾向不同群体。一个是接受了第一、二阶段思想政治教育，并经受共和国历次政治运动风雨洗礼，人生阅历较深刻而成熟的群体。另一是上世纪八九十年代后国家分配的大中专学生，对传统思想政治有印象但不深刻，很模糊。传统的"三光荣"等思想政治教育，

2007年1月19日，西北石油局、西北分公司2007年工作会议上，离退休老领导自右向左：董顺、骞扼斌、越元哲、魏开谈、张世汉。

对他们显然变得不那么有利害关系，不那么受欢迎了。因为"三光荣"，归结一句话，就是企业甲方强调乙方职工群体的付出、奉献；而企业这个主体甲方，应该履行对乙方即全体职工的奉献、艰苦、立功的哪些权益需要承诺什么？却没有被提上议事日程！

刚成立的中国新星石油公司，敏感地洞察到了这一被疏忽的问题要害所在。提出了紧贴时代脉搏"凝聚力工程"教育，来加强职工队伍建设。从关心职工群众入手，加强和改进职工思想政治工作的新路子：以人为本，实施"了解人、关心人、尊重人、信任人"的人格化管理，作为"凝聚人"的根本大策。首先强调建设以廉洁、实干、有开拓精神的领导班子团结人，以奋发向上的企业精神鼓励人，以真诚关心温暖人，以安居乐业稳定人。美国著名企业家考尔松说："员工，他们虽无权选择总裁，但可以选择将工作做好还是做坏，没有员工的支持、配合，无论多么严格的管理也是难以奏效的，尊重人、信任人是严格管理的核心"。

历史跨进了 21 世纪门槛，西北石油人以中石化企业精神文明建设为纲，坚持科学求实的作风，发扬严谨细致、勇于探索创新精神，敢走前人没走过的路，不懈追求一流技术、一流管理、一流效益；发扬连续作战精神，一举攻克我国第一个塔里木盆地世界级难题碳酸盐岩缝洞型油气藏勘探开发的特大型油田。西北油田分公司与时俱进，在总结老一辈石油人"三光荣"基础上，结合 21 世纪时代鲜明特点；强化党员理想信念、班子作风建设和企业文化建设；水到渠成地凝练出具有新一代石油人的核心价值观、人生观，崇高境界：以"敢为人先（敢于探索、敢于拼搏、敢于超越），创新不止（创新发展、创业报国、创建和谐）为核心的'塔河精神'"，作为新世纪、新阶段激励和鼓舞全体干群的强大动力和精神支柱。

第二节　坚持艰苦奋斗，战胜各种困难

从华北地质局 226 队、一普大队到青海石油队，乃至新疆石油普查勘探指挥部、中国新星石油公司西北石油局、中国石化集团西北石油局、中国石化股份公司西北油田分公司；甲子六十年几代石油地质普查人怀揣黑金梦，听从祖国召唤，哪里有石油憧憬，就在哪里安家；与严酷自然较量，坚持油气侦察。20 世纪 5、60 年代在华北白碱、海滩，备尝苦涩咸水；70 年代跋

涉磨砺青海戈壁高原，80 年代胼手胝足千里"死亡之海"。他们在后勤保障困难、通信设施落后、资金严重匮乏，坚定信心为国找油，勇闯不毛之地；以汗水、血气和铁骨向困难挑战，寻找地下油气资源的生储盖条件。他们以自己的实际行动，谱写了艰苦奋斗、战胜困难，为圆祖国黑金梦高唱无私奉献的英雄赞歌。

一、"小米加步枪打天下"，砥砺奋进

全民所有制地质事业单位，油气勘探生产物资装备全部由代表国家的地质部统一采购，无偿调拨各勘探生产单位。由于地质部投资总盘缺口大，统一采购勘探装备及运输车辆，难免既不是一流先进设备，更是往往不配套，缺胳膊少腿，基本上靠"小米加步枪打天下"。如 20 世纪 60 年代前的装备全部是仅能打几百米的浅中钻机，而石油深钻为苏制 3200 米，拖到 1961 年后才调拨新装备，但钻具与钻头、修配与运输设备同样不配套。

"十年动乱"更是雪上加霜，在青海工作阶段，装备和物资供应举步维艰：物探仪器型号落后，过不了"上山关"，难以获取准确地质信息；钻井因技术装备残缺和技术性能低下，过不了"井斜关"。

如民参 1 井遇到井涌、井喷，又因资金短缺，井场一无重晶石粉储备，二无阻流配套装置，井队人员不得已就地取土压埋，日夜苦战了半个月，最终未能幸免井塌埋钻事故。

又如一套 203 毫米钻铤几个井队交错轮流使用，因各井队自有工作进度安排，岂容随时倒换。因此遇任务紧急时，等不及 203 毫米钻铤，无奈选用直径 178 毫米钻铤凑合钻进。结果腹背受敌吃尽苦头，如民深 8 井，井斜大，键槽多，卡钻频繁，终至报废。尔后重打民深 8 井，钻铤短缺再酿井下事故，纠斜及处理井下复杂情况耗时达 71 天 19 小时 35 分钟。此后采取系列纠斜、防斜措施，才勉强将井打成。

人称"死海"的偌大塔里木，沙漠戈壁，战线长、交通闭塞，需要先进的运输设备。然而西北石油局"九五"末期前，分队交通运输清一色解放卡车，均属超期服役，且数量有限。为提高生产进度，广大职工常年跋涉，以步代车，起早摸黑两头不见太阳。生产指挥车只配备少量北京帆布 5 座或 7 座吉普，砥砺奋进。

半个世纪的普查勘探历程，充满艰辛和无奈，然而队伍士气高昂，以不

屈的无畏精神，群策群力战胜一个个不可能，创造了奏合使用成为可能的奇迹。他们发挥人的聪明才智和艰苦奋斗精神，自力更生，知难而进"土"胜"洋"，一个个钻塔如林的油田，如雨后鲜花开遍长城内外。

二、井分队职工生活流落无着，乐在此间

国拨地勘费投资计划规定，野外井分队生活基地建设，不许列入"国拨基本建设投资计划"。

截至上世纪末，从华北、青海到新疆，一个不成文的规定，基本建设投资只准井分队核销帐篷、板房和土坯干打垒。几十年来，井分队每遇工区转移，队部和生活行囊搬迁前，习惯派先遣奔赴该地，与当地政府联系，请求帮助解决临时住房若干，当然是无偿的。正因无偿借住，如要求具备较好经济基础的乡镇村，能腾出容纳百十号男女吃住、几十辆工程车停放、水电设施齐备的大院子，多数乡、镇、村面有难色。由此必介绍去住破败、废墟的牛棚、猪舍、祠堂庙宇、旧厂房、学校、仓库、军营、监狱、窑洞等等。人所共知，塔里木盆地荒漠戈壁，人烟稀少，经济落后，资源短缺，寻找这类废弃场所似在大海捞针。因此，野外井分队惟一栖养出路，自力更生一搭帐篷，二建土坯泥屋或挖地窖。即使如此简陋的居养条件，大多数野外资料采集职工无缘享用；只有分队留家领导、行政、财会、医务以及室内资料初步整理解释人员享用。

尤以物探工种的地震勘探，野外作业期间基本过着"卷蓆筒"，风餐露宿的艰苦生活；因为每天频繁流动，职工生产生活状态，比井队职工更难看和尴尬，蓬头垢面、衣着脏乱。重力测量的野外作业殊为艰辛，骆驼搬运勘探

1979 年~1984 年，建局初期坐落于乌鲁木齐新市区的局机关办公与住宿的活动板房及帐篷基地

及生活必需品的帐篷、水、粮食、酱菜、油盐；午餐以干馍伴凉水解决，晚上与搬家驼队汇合，虽疲惫不堪，但自己动手吃一顿地锅揪面片热饭，简直像满汉全席有其乐无穷之感。联测组作业流动性最大，生活条件更苦，往往

出工时捎一袋干馍，五六天全以干粮过日子（因肝癌病故潘民空语）；地质填图、地质剖面实测等野外生活大体相似，但能每天回住地。实事求是说野外勘探职工生活近50年原地踏步。

三、机关驻地同样与废墟为伍，条件将于勤俭作风长存

1960年一普成立，在山东德州破天荒建过几十间简易平房，1967年进青海至1978年底撤离，长达12年岁月间，借用青海劳改局设在离西宁市12千米西川区的一所废弃监狱里；铁丝高墙与高高岗楼，依然完整无损。一派阴森骇人。又于1968搬至柴达木盆地海西州，被介绍迁进海西州德令哈西约30千米，名尕海废钢厂和为该厂劳动服刑改造犯人的监狱内。没有围墙岗楼，荒漠千里上无飞鸟。1971年工区转至青海东部民和盆地，大队机关、修配厂等单位再次入驻西宁废弃监狱，并一住就是8年。1974年大队为生产指挥前移工区中心，借用民和火车站废弃的史纳火车站库房，改作前线生产指挥所。

1978年底，一普奉命开展塔里木油气勘探，一头扎进了离喀什市12千米、破败不堪的原骑兵三团营房。

一普进疆后队伍一分为四：钻井大队（保持原一普番号）、物探大队（即第一物探大队）和地质大队。一普机关和修配厂同住骑三团。物探大队借住喀什郊区下马的喀什农学院，后又搬库尔勒地质三大队废弃基地；地质大队落脚阿克苏红旗坡气象站废房里；井下作业队委身喀什倒敝陶瓷厂，等等。

直至1985年，一普和一物办公和居住基地陆续搬至米泉县古牧地新建楼群里，地质大队搬进乌鲁木齐新市区局基地。至此，油气勘探队伍的大队级机关办公和居住条件，结束了长达近30年寄人篱下的流浪于"蓬户瓮牖，桷桑而无枢"的生活。

然而，西北油田分公司虽然人均销售收入跃上全国同行前列，但传统的勤俭刻苦作风长存：分公司基地建设始终保持俭朴、简单、实用，克服奢华攀比之风；在众多基地包括分公司办公基地，仍不建档案馆、展览馆、陈列馆，更没有俱乐部、影剧院、健身房、体育馆、职工医院。西北油田分公司职工抚今忆昔，60年干群平等，同甘共苦，团结奋斗；向艰苦挑战，不攀比待遇，一心找油；"无悔洒热血、无怨作油魂"的传统矢志不移。

第三节　坚持勤俭办勘探，努力降本增效

改革开放前，国家财政一直比较困难，事业费拨款始终不足而偏紧，从地质部建部至 1980 年，平均占国家财政总盘子的 1.65%。石油地质勘探的拨款更有限。改革开放以后，地勘费拨款逐年下降尤为严重。面对这种状况，石油地质普查队伍特别强调勤俭勘探、降本增效，千方百计用较少的钱办更多的事。

西北石油局的员工认为，国家地质勘查队伍必须树立为国分忧的责任理念，千方百计勤俭节约、精打细算，杜绝浪费、降低成本，筹措和汇聚资金，多做勘探工作。从 1978 年至 1998 年，全局基本建设投资合计仅 66193 万元，加上自筹资金 16686 万元，两项合计 82879 万元，年均为 3949.7 万元。而基本建设项目包括房产、土地、构筑物、油气井和物资设备等诸多项目，每个项目分摊所得十分有限。

为节约有限资金，从一普大队时期到西北石油局时期大致采取了以下 5 方面措施。

一、坚持从严控制投资方向，实现增资节流

按投资使用方向，大体可分 3 个时期：1955－1985 年，投资使用方向基本不变，地质部划拨的地质勘探资金基本分为地勘费、固定资产、流动资产和基本建设 4 块。地勘费使用方向大体含工资及津贴、职工福利、劳动保护、材料、管材摊销、折旧、修理、运输、其他直接费和管理费 10 项。1986－1997 年，投资使用方向增加了油气试采、开发、炼化、销售与多种经营。从 1997 年开始，国拨地勘费逐年递减，至 2000 年降为零。2000 年后执行油公司计划投资的企业运作模式。上述 3 个时期尤其前两个时期，对投资使用进行计划分配，在实施上从严控制的措施基本相同。

"勤俭办地质"是当年石油地质工作的基本要求。每年从地质部到地区局、再到各生产大队的年度计划会议，无不因争拨款多寡而弄得面红耳赤。听得最多的一句回答是：自己想办法克服困难。计划财务部门只能进一步挤压有限投资，用以保重点勘探项目。如 1994 年冬，西北石油局为准确认识

桑塔木地区（塔河主力油区）的油气地质面貌，布置 100.97 平方千米的三维地震工作，国拨地勘费只能挤出十分之一。计划财务部门在领导的帮助下，从挤压的投资中调剂出 500 万元，又从自筹资金中挤出 200 万元，才使这一重点项目得以顺利开展。

2011 年 10 月 14 日，西北石油局党委书记陈明政在局党办公室、工会、纪委和基地管理中心负责人陪同下，到米泉基地调研

在当年西北石油局年度投资计划分配上，工资及津贴、职工福利、劳动保护大体每年压缩控制在 5% 左右，材料、管材摊销、折旧、修理、运输费则控制压缩在 7.5% 左右；其他费用和管理费，特别是管理费压缩至 8.5% 左右。由于资金不足又经几番压缩，为了保证石油普查的需要，迫使西北石油局无奈从降低职工工资待遇、集体福利、勘探装备上寻找出路。如挤压了盆地高浮一级工资、野外队浮动工资、边疆工作年限补贴、地区生活补贴、艰苦地区津贴、沙漠补贴、沙漠临时生活补贴、保健津贴、书报费、洗澡理发费、肉食补贴、技师津贴、知识分子补贴、四种主要副食品补贴、副食品价格补贴、误餐费等共 29 项津贴和补贴待遇，使全局工资福利待遇明显低于同行友邻队伍。正是靠这样的勤俭和节约，降低了各项勘探成本。表中的数据就说明了这一点。（见下表）

西北石油局 1979 – 1985 年油气勘探成本（地震单位成本为剖面千米元）

项目	1979 年	1980 年	1981 年	1982 年	1983 年	1984 年	1985 年
地震单位成本	9304（试）	5302	7713	3758	4666	3069	4839
钻探（元/米）	417	1016	879	1137	1167	1335	1121
测井（元/米）	0.37	0.61	0.28	0.49	0.66	0.98	0.64
重力（元/平方千米）	99	122	39	46	66	35	41

二、开展劳动竞赛、增产节约，降低成本筹措资金

20 世纪 50 年代和 60 年代，一普队伍在华北、大庆、辽河和江汉盆地开展油气普查工作，勘探队伍在各级党组织的领导下，广泛、深入地开展以"增产节约"为目标，以"五好"为中心的比学赶帮超劳动竞赛活动，发挥职工群众的积极性，争取经济效益最大化。如 1964 年一普大队开展增产节约活动，全队生产提前至 9 月 10 日就完成全年任务的 106.7%，勘探成本下降 25.1%，并取得良好的油气成果。地质部因此追加下半年 7900 米钻探任务。全队又掀起竞赛活动，创当年全国石油钻井成本最低纪录。节约出的资金，用到济阳和黄骅两坳陷重点井位的部署上，油气地质新成果不断涌现。一普大队因此得到地质部"五好单位"嘉奖。

20 世纪 80 年代以来，在联合勘探热潮及重组入中石化开发塔河油田的工作中，西北石油局每年都以争取油气新突破和增储上产、产能建设为目标，开展"比贡献、比效益、比安全、比水平、比作风"

2005 年 9 月 21 - 23 日，西北石油局、西北分公司离退休老干部一行 30 余人到塔河油田生产一线参观。图为游览库车大峡谷时的合影

的新"五比"劳动竞赛活动。如 2004 年为实现 141 万吨产能建设目标，开展了"塔河杯"和"安康杯"劳动竞赛。在奋战"三个塔河"及"走出塔河"的历年中，大力开展劳动赛。各级领导亲自挂帅，党、政、工、团同心协力，形成横向到边、纵向到底的争创红旗采油厂、优胜采油厂、金银牌基层单位和五星站（所）的管理网络，为实现塔河油田优质高效开发，储量、产量持续快速增长发挥了重要作用。

第三编　挑战塔里木，攀峰树三碑

三、坚持财务年检制度，堵塞非勘探性开支漏洞

1979－1997 年西北石油地质局地勘工作费用成本表

年份	钻探工作			地震工作			测井工作		
	总成本（万元）	工作量（米）	单位成本（元／米）	总成本（万元）	工作量（千米）	单位成本（元／千米）	总成本（万元）	工作量（万米）	单位成本（元/米）
1979	294	7057	417	202	217	9304	13.3	36	0.37
1980	458	4507	1016	394	280	14071	41.2	68	0.61
1981	704	8006	879	376	488	7713	28.3	101	0.28
1982	1000	8797	1137	383	1019	3758	33.5	68	0.49
1983	898	7695	1167	416	891	4666	56.5	85	0.66
1984	473	3543	1335	425	1384	3069	65.7	67	0.98
1985	1105	9855	1121	542	1119	4839	66.3	104	0.64
1986	1986	7232	2745	2484	6273	3960	184.3	421	0.44
1987	2531	26043	972	2078	5164	4025	112.5	673	0.17
1988	2097	13871	1512	2189	5566	3933	115.2	448	0.26
1989	3382	25147	1345	2123	5785	3670	195.2	725	0.27
1990	4293	28111	1527	2030	5509	3684	191.0	1304	0.15
1991	4315	24973	1728	2438	4465	5461	371	840	0.44
1992	5178	32611	1587	2162	4686	4614	422	1174	0.36
1993	6944	32471	2139	928	1817	5108	569	1022	0.56
1994	7019	30188	2325	999	1004	9952	484	1260	0.38
1995	7155	24056	2974	1136	1101	10314	458	1501	0.31
1996	18183	63027	2884	2285	2005	11396	882	2630	0.24
1997	27738	86512	3206	5870	4926	11916	1151	3210	0.36

正因地勘费不足，挤干经济运作过程的水分尤显迫切重要。西北石油局

采取全方位、多层次的对策措施，通过严格各项规章制度来精打细算，杜绝漏洞，使到手的资金只向勘探开启——绿色单行道，堵死一切非勘探生产的开支漏洞。1978－1996 年西北石油地质局，按照地矿部石海局的统一部署，成立大检查领导小组和办公室开展财务税收大检查工作。李建国、陈云华、贾铁荣、孙鹤峰、程关林、李玉合、尹善等先后担任大检查领导小组组长、副组长；李建国、孙鹤峰、刘宝增等先后任大检查办公室主任、副主任，每年于 4－5 月和 9～11 月，分别组织两次财务税收大检查。检查的步骤先由各单位自查自检，计财处再组织各单位分南北疆两个组，办公室主任、副主任各带一个组进行互查，发现问题及时纠正。这是一条雷打不动纪律：坚持财务年检制度。领导小组长由分管财务的第一副局长兼任，副组长及办公室主任由会计师、经济师、计财处、物管处处长担任。1994 年局财检办的税收财务物价大检查工作，被地矿部财检办评为先进集体。检查步骤：先由各单位自查自检，再组织各单位主管财务工作领导分组进行互查，发现问题及时纠正。检查重点：是否执行西北石油局颁发的各项财务收支规定，包括投资结构使用方向的计划分配控制节约指标。

时任局长的郭仁炳主动向国家审计署驻地矿部审计局提出三年审计的审请。核准后于 1994 年 6 月、1995 年 9 月、1996 年 9 月，国家审计署驻地矿部审计局，分别由马恩忠、刘庆龙副局长任组长，对西北石油地质局 1993 年 1 月－1996 年 6 月的财务收支及资产、效益情况进行了审计。这样大张旗鼓扎扎实实发力做的目的就是保证国库资金，精打细算、不折不扣为油气经济效益服务，多做勘查工作服务。

西北石油地质局的财务管理工作一直抓得比较紧，特别自 1993 年后，为适应新的经济形势下的财务管理和会计核算工作的需要，先后制定和颁发了《油气勘查任务承包方案》、《承包经营责任制实施办法》、《承包经营年度考核试行办法》、《滚动勘探开发财务管理暂行办法》、《关于加强财务会计工作管理及规范会计核算行为的通知》、《局控资金管理暂行办法》等一系列规定和办法。重组入中国石化后，财务管理跃上一个新台阶——"'全面预算管理'渗透生产全过程"的管理措施，为西北石油局、分公司的高速发展发挥了重要作用。（见下节）

四、实施油气试采、开发和炼化加工，滚动勘探自筹资金

1984 年沙参 2 井实现突破以后，西北石油局拥有的自喷井不断增加，广

大职工梦想开发的呼声日益高涨。但当时体制规定"探采分离",石油普查单位无权实施油气开发。1990 年 11 月沙 22 井又获日产千吨高产油流,给西北石油局开发上产提供了机会。1993 年终于获准编制油气田开发方案。西北石油局首选面积仅 10 平方千米的西达里亚油田,作为探采结合的起点和突破口,从此闯出了一条新的生存发展之路。

西北石油局完全依靠自己的力量,不向上要钱,不挤占地勘费,不向银行贷款,只"向地要油,以油变钱",先后从油气收入中筹措 1.7 亿元,完钻油气井 17 口(总进尺 77952 米)。油气产量由 1990 年不足 2 万吨,人均不足 6.3 吨,迅速增至 1995 年的 36.3 万吨,人均超过 103 吨,年均增长 3.5 倍;油气收入由 1990 年不足 910 万元,迅速增至 1995 年超过 2 亿元,年均增长近 4 倍。其次,从油气收入中筹措 8000 多万元,建单井流程 17 套,购买油气生产设备 30 多台(套),并完成原油集输处理站和计量、供电、供水、通信、道路等基础设施建设,满足了油气开发高速发展的需要。更重要的是,西北石油局队伍由过剩三分之一变为严重不足,开始走市场招投标之路解决工程队伍;全局经济实力面貌发生了显著的变化,较好地实现了滚动勘探开发、全面自我发展战略。

西北石油局从油气开发和炼化滚动发展中积攒资金,并不一帆风顺。其中前 8 年油气试采和炼化生产筹集的资金与地勘费之比,只由 1985 年的 3.0% 提高到 1992 年的 12.7%。1993 年正式获得开发权后,仅用不到 3 年时间,自筹资金与地勘费之比就从 1992 年的 12.7%,直线上升至 1995 年的 138.7%,至 1999 年竟达 2451.1%,超过地勘费 24.5 倍。至此,在计划经济体制下运行几十年的油气探采分离体制宣告结束。

实践表明,石油地质普查队伍走自力更生、艰苦探索、实施油气试采、开发和炼化滚动筹措资金的发展之路,是石油地勘生产力发展的客观要求。同时又是国拨地勘费不足的自力更生、自我发展、自筹资金、增加发展后劲、求得更大发展空间的必由之路。

第四节　推行"全面预算管理",渗透生产全过程

自改革开放来,西北石油局不断探索深化管理机制改革,通过科学管理开源节流。

20 世纪 90 年代初试行"内部银行"管理制度，保证投资结构使用方向按计划运行。当年局属各单位在普遍实行承包经营责任制后，内部核算单位增多。为了防止资金管理失控，取消了所属独立核算单位在银行开设的账户，由"内部银行"集中办理内部核算单位相互结算和对外承付、汇兑、结算业务。"内部银行"搞活用好了流动资金、自有资金，搞活了资金管理，为保证油气滚动勘探开发发挥了重要作用。乌鲁木齐信德工贸实业公司"小步快跑"改革经验中，"内部银行"发挥了重要的资金管理作用。

随改革的深入和西北石油局体制的转轨改制，以及做大做强西北油田分公司发展形势的需要，2001 年 5 月，中石化任命刘宝增为总会计师。他在局领导班子全力支持和经济运行同行的密切配合下，着力探索加强经济运行的管理和控制；着力降本增效，力争实现在经济新增长的路上，迈出局经济管理工作向科学化、制度化、系统化的重要提升步子。

一、2003 年开始推行"全面预算管理"及实践步骤

紧紧围绕"储量、产量、成本、效益"的任务目标，以财务预算管理为中心，以成本精细化管理为重点，夯实财务预算基础，改进预算管理方式，深化预算执行分析，财务管理水平和经济运行质量有了较大提高。实施这一降本增效新举措，使钻井、物探和开发成本进一步得到压缩。

第一步：一成立会计核算中心，取消二级单位核算，实行分公司一级核算管理。二撤销二级单位所有账户，实现了分公司资金集中管理，防范了资金风险。三会计核算和财务管理实现了适度分离，财务工作迈出了由核算型管理向经营性管理转变的步伐，初步建立了以预算管理、资金管理、价税管理、资产管理为主要内容的财务管理框架；突出了预算管理、资金管理在财务管理中的核心地位。

第二步：深入全面预算管理、完善投资管理体系，积极加强内部管理控

制，完善以计划部门为龙头的投资计划管理网络，分解和控制年度及月度投资计划，将管理和控制的责任落实到具体部门和责任人。

第三步：最终实现"以预（算）为先、先算后干、精细管理、持续改进"的工作思路，落实"五项结合"（业务预算与财务预算相结合，推进全员预算管理；年度预算与月度预算相结合，确保预算平稳运行；预算管理与ERP系统相结合，强化预算过程控制；总量控制与动态平稳相结合，提高预算运行质量；增产增收与降本增效相结合，实现预算管理目标）；突出"五个特点"：将事前预测、事后控制、事后分析融为一体，形成了"建三库，算三账""3＋2管理法""三层四控""节点管理法""动因分析法""三检一会一考核"等一系列行之有效的管理方法。

通过深化全面预算管理，实现了生产经营管理由事后向事前、由生产型向经营型的两个转变；推动了价值理念的形成，营造了一个全员创造价值的经营管理氛围。

二、"全面预算管理"，强调预算管理渗透生产全过程

油田企业成本控制中心是采油厂，西北分公司抓住这一重点，将采油厂分为油气生产作业中心、集输处理作业中心、井下作业中心、油建工程作业中心等8个生产作业中心，建立以作业中心为单元的成本管理体系，并根据各项作业内容的成本动因，找出有效降低成本空间。采油厂按照现有生产管理模式，将成本分解为10个大项63个节点，逐项分解各节点的费用制定出预算计划。这样全面预算管理便渗透到生产全过程中，形成成本费用分别由部门和分队（站）、班组、岗位分级控制。与此同时，通过每月经济分析例会对各项费用的预算与形成情况进行对比分析，狠抓事前预算、事中控制和事后分析，做到"先算后干，干中要算和干后也算"，为每项工作建立预算管理档案，指导今后的成本管理工作。

如：2005年采油一厂井下作业费达5500多万元，仅大型措施井就占总成本的25％。2006年该厂措施配产比上年大幅增加，但分公司采用零基预算管理方式，给一厂下达的措施年度预算目标4095万元，其中大修、大型措施预算费仅1000万元。根据预算管理目标，采油一厂制定措施技术方案，增加措施质量，大胆尝试复杂井风险管理，建立风险承包合同管理模式；调动工程施工人员积极性，大大提高了措施有效率，保证了成本费用控

制在预算管理内。2006 年该厂在措施产量加大，预算资金减少的情况下，措施有效率比 2005 年同期提高 9 个百分点。

三、"以预为先，零基预算，优化配置"

分公司以业务预算为基础，把预算管理与内控制度紧密结合起来，在追求效益最大化的目标支持下，"以预为先"，对所有预算支出不考虑以往情况，均以零为基底，采用零基预算编制方法推行全面预算；突破了垂直性组织结构的界限，打破部门、地域界限，快速整合人力、信息、资金等资源，通过排查会指导项目决策，通过评审会保证项目实施效果，通过项目报审会控制成本支出。"三会"制度全程监管预算项目，不但加强了作业项目成本控制，提高了决策效率和水平，且从根本上降低了成本支出，大大增强了经营预控能力，实现资源优化配置。

实践结果，节约措施成本 108 万元的塔河油田 8 区 TK847 井，2005 年遭水淹油井不再生产。经过几次风险分析，修改措施方案为转机抽生产，继续对该井生产层段进行抽水评价。2006 年 2 月作业完毕开井当天即产油 58.39 吨。截至 7 月 30 日该井累计增油 7651.39 吨，创造了巨大的经济价值。

四、完善机构、持续改进、全面控制

成立三级预算管理委员会，划分明确职责，负责预算的审查、审批，执行；建立了五级预算管理网，通过岗位、班组、采油队、采油厂、分公司的各层级预算管理委员会，进行业务预算编报；用统计分析手段，收集在业务形成、执行、检查和结果等过程中的数据，进行系统分析，通过循环的 PDCA 模式，持续改进全面预算的管理水平。目前，西北分公司全面实现了全员、

全国文明单位

中央精神文明建设指导委员会
2015 年 2 月

2015 年 2 月 28 日，在北京人民大会堂召开的全国精神文明建设工作表彰暨学雷锋志愿服务大会上，西北石油局被评为全国文明单位

全方位、全过程、全要素的预算管理工作目标，形成了以"预算统领全局，以内控把握过程，以考核保障结果"的成本控制体系，为有效保证预算管理

在生产经营中的控制作用，杜绝预算超概算、结算超预算现象的发生。该公司以"三会"制度全程监管预算项目，通过"排查会"指导项目决策，通过"评审会"保证项目实施效果，通过项目报告"审查会"控制成本支出。

"三会"制度的实施，加强了作业项目成本控制，提高决策水平，且从根本上降低成本支出。据西北分公司2006年上半年由于受预算约束，暂缓实施生产项目130项，约2200万元；暂缓实施辅助生产项目40项，约400万元。预算符合率平均达到99.5%以上，井下措施作业共安排124井次，井号对号率达95%，措施项目对号率达99%，费用预算符合率达100%，确保预算准确执行。

通过全面预算管理，抓住成本费用控制这个"牛鼻子"，强化企业经营管理，将生产运营过程变先干后算为"以预为先，先算后干"，从"事后管理"转变为"事前运作"，全方位、全过程控制油田勘探开发、原油生产销售的每一环节成本费用。2005年西北分公司油气生产通过深入开展全面预算管理，生产操作成本控制在线以下，一年增效上亿元。2006年，在总部紧缩投资指标，在油田开采难度加大、措施井增加的情况下，上半年吨油成本依然控制在指标线以下运行。

2005年塔河油田产油能力达420万吨，采油一厂夺得中石化西部地区第一个红旗采油厂。该油田把成本预算管理作为与原油生产同样重要目标，严格按照内控管理要求，优化资金配置，推行全面预算管理。由于该

2009年6月6日，西北油田分公司总会计师刘宝增（右3）在雅克采气厂调研，与基层财务人员交流成本管理经验

油田推行全面预算管理成绩斐然，2006年中石化集团在油田召开集团公司"全面预算管理"现场经验交流大会，受到予会者高度评价。

该油田在预算管理中力争"三个转变"：即财务工作从核算型向管理型

转变：生产运行管理从生产型向效益型转变；预算管理全过程向全员性转变；做到"两个延伸"，即：将财务管理的对象从原来的财务部延伸到整个企业的业务部门；财务管理的主体从原来的财务人员延伸到整个生产管理人员；最终实现以效益为导向的预算管理目标。

第十五章　队伍体制、机构沿革与党政班子

第一节　国家地质总局新疆石油普查勘探指挥部
（1978. 5. 8 – 1979. 10. 5）

　　为了适应国家经济发展的需要，1978 年 5 月 8 口，国家地质总局决定在塔里木盆地开展石油普查勘探工作。并以地油［1978］369 号给新疆维吾尔自治区党委、自治区革命委员会致《关于建立新疆石油普查勘探指挥部的函》，同意在乌鲁木齐建立新疆石油普查勘探指挥部。任命新疆地质局副长李奔兼任指挥部指挥长。指挥部属于会战性质，实行以国家地质总局为主，党的工作由自治区领导的双重管理体制。

　　根据这一通知精神，新疆石油普查勘探指挥部于 1978 年 6 月在乌鲁木齐正式成立。次年 9 月 25 日建立党的组织。成立中共国家地质总局新疆石油普查勘探指挥部临时委员会。同时任命了领导。李奔任书记，毕占海、刘淮声任委员。下辖 2 个基层临时党委，1 直属党支部，有 403 名党员。

　　1978 年 6 月 13 日，决定派国家地质总局第四物探大队 442 队、443 队、第六物探大队 644 队、石油地质综合大队有关地质分队等进疆开展先期地质和物探技术方法试验和生产侦察工作。11 月 4 日，国家地质总局将第一普查勘探大队 960 人，成建制从青海调入新疆石油普查勘探指挥部。同时，从新疆地质局和华东石油指挥部调进职工 145 人。翌年 2 月 11 日，指挥部为加强石油普查工作的专业化勘探机制，以青海石油队为基础，按专业分别组建新疆石油普查勘探指挥部地质大队、钻井大队、物探大队、井下作业大队。

6月4日，国家地质总局根据计划调整，批复保留国家地质总局第一普查勘探大队、第一物探大队、新疆石油普查勘探指挥部地质大队及三个直属科级单位：汽车队、仓库、西宁留守处。指挥部机关设办公室、政治部、地质物探处、物资供应处、生产调度室、计划财务处等6个职能部门。职工总数1455人。

第二节　地质部第三石油普查勘探指挥部
（1979. 10. 5 – 1983. 4）

1979年10月5日，地质部地油（1979）906号文通知，"国家地质总局新疆石油普查勘探指挥部"，更名为"地质部第三石油普查勘探指挥部"。党的组织机构也随之改称中共地质部第三石油普查勘探指挥部临时委员会。李奔任书记，徐生道任副书记，毕占海、刘淮声任委员。下辖3个基层临时党委，2个直属党支部，有457名党员。地质部政治部以地政（1980）379号文充实了领导成员。

指挥长：李奔（1979. 10 – 1983. 04）；

副指挥：徐生道（1980. 04 – 1983. 04）、吕华（1981. 11 – 1983. 09）。

第三节　地质矿产部西北石油地质局
（1983. 4 – 1996. 12. 7）

1983年4月，接地矿部地油〔1983〕159号文通知，指示将"地质部第三石油普查勘探指挥部"改名为"地质矿产部西北石油地质局"。下属地勘单位与指挥部时期相同，仓库并入第一普查勘探大队；1985年4月5日，局决定组建井下作业队、试采队和运输机修队；局机关设：办公室、地质处、物探处、计划财务处、装备物资处、生产调度室、劳动人事处、保卫处、工会和团委等11个职能部门。全局有职工2191人。

1983年12月23日，地矿部党组和自治区党委批准，成立中共地矿部西北石油地质局委员会。徐生道任书记，骞振斌、张世汉任委员。1986年10月，徐生道离休，骞振斌任书记，岳振恒、陈云华、张泽祥任委员。1991年8月，骞振斌调离，岳振恒兼任书记，张泽祥任副书记，郭仁炳、陈云华、赵元哲任委员。1993 年 3 月岳振恒离休，郭仁炳任书记，张泽祥任副书记，陈云华、赵元哲、魏开谈任委员。下辖 6 个基层党委，1 个直属党总支，有 805 名党员。

　　1983 年 8 月 31 日地矿部政治部地政［1983］552 号和［1984］439 号文先后任命了行政领导。此后，又多次调整领导成员。

　　副局长：骞振斌（1983.08－1986.10）；赵元哲（1984.11－1993.03）。

　　局　长：岳振恒（1986.10－1993.03 离休）。

　　副局长：张泽祥（1986.10－1993.03）；

　　　　　　陈云华（1986.10－1993.03）；

　　　　　　郭仁炳（1991.12－1993.03）。

第四节　地矿部塔北油气勘探联合指挥部（所）
（1985.11.1－1992.12）、西北石油地质局
（1983.4－1998.4.27）

　　1985 年 11 月 1 日，成立地矿部塔北油气勘探联合指挥所。1986 年 5 月，朱训部长考察塔北油气勘探时，宣布塔北油气勘探联合指挥部与西北石油地质局，实行两块牌子一套班子的管理体制。西北石油地质局机关设：办公室、政治部、宣传处、组织处、地质处、计划财务处、装备物资处、勘探工程处、劳动人事处、技术安全处、审计处、保卫处、纪委、工会和团委等 16 个职能部门。塔北油气勘探联合指挥所下设行政办公室和生产办公室。1987 年 3 月 23 日，局决定井下作业队与试采队合并。局属单位：地矿部第一普查勘探大队、第一物探大队，西北石油地质局地质大队、井下作业队、运输机修队。全局职工 3016－3110 人。

　　塔北油气联合勘探单位：地矿部华北石油地质局第四物探大队 2－4 个地震队、第五普查勘探大队 1－3 个钻井队、1 个试油队。地矿部华东石油地质局第六物探大队 3 个地震队、1－2 个试油队。地矿部中南石油地质局第五物探大队 3 个地震队、第四普查勘探大队 1 个钻井队。地矿部西南石油地质局第十一普查大队 2 个钻井队、第二物探大队 2 个地震队。地矿部广州海洋地质调查局第十二普查勘探大队 3 个地震队。

第三编　挑战塔里木，攀峰树三碑

第五节　地矿部西北石油地质局、
新疆华疆矿产资源开发总公司

1993 年 3 月 13 日，经地矿部和自治区批准，成立新疆华疆矿产资源开发总公司，实行与西北石油地质局两块牌子，一套机构的体制；党的组织机构也改称中共西北石油地质局（公司）委员会。地矿部党组经自治区党委同意，以地政任［1993］67 号文任命了局、公司领导。此后，对局、公司领导作过一次调整。

局　长（总经理）：郭仁炳（1993.03 - 1996.03 退休）；

副局长（副经理）：陈云华（1993.03 - 1996.03 调离）；

副局长（副经理）：董顺（1996.07 - 1997.11）、左兴凯（1996.07 -
　　　　1997.11）；

总工程师：蒋炳南（1996.03—1997.11）；高咨组长：康玉柱（1996.03
　　　　- 1997.09）。

1996 年 3 月郭仁炳退休，地矿部党组与自治区党委协商同意，张泽祥任书记，汤国祥、董顺、左兴凯任委员。下辖 6 个基层党委，1 个直属党总支，有 808 名党员。

1993 年 5 月 8 日，新疆华疆矿产资源勘查开发总公司成立开业，并保留地矿部西北石油地质局番号。深化改革管理机构，机关实行"四处、四部、两办、三委"。"四处"：科技处、劳人处、计财处、装备处；"四部"：地质勘查部、油气开发部、经营管理部、政治部；"两办"：生产办公室、局务办公室；"三委"：纪检委、工会和团委。1996 年局机关设：办公室、地质勘查部、油气开发部、经营管理部、劳动人事处、装备物资处、计划财务处、科技处、生产办、政治部、纪委监察、工会、团委、经济政策研究室、联指办公室、基地生活服务中心、离退休职工管理处、生产调度室、油田保卫处等 21 个部门。下属单位：地矿部第一普查勘探大队、第一物探大队、西北石油地质局规划设计研究院（调出一物大队物探研究队与地质大队合并改组）、井下作业队、采油大队（剥离出井下作业队的采油队伍组建）、运修队、西部石油天然气开发公司。此外，联指办公室与调度室组成前线指挥所，其职能为油气勘探、开发、销售等生产活动的指挥、协调，属西北石油局的派出机构。下设 6 个处室和办事部门：总调度室、总监室、油田保卫和前指办公室、经营部办事处、管道公司等办事机构。局直属单位：测井站、物资供应站。职工总数 3105 - 3806 人。

第六节 中国新星石油有限责任公司西北石油局

1996 年 12 月 7 日，国务院批准成立中国新星石油有限责任公司，西北石油局为其下属单位，称谓"中国新星石油有限责任公司西北石油局"。1998 年 5 月 18 日，西北石油局完成油气分公司转轨改制工作。经过队伍和产业结构调整重组，油气分公司直属单位：西北石油局规划设计研究院、工程监理中心、采油大队、工程服务大队、物资供应中心、基地服务中心、测井站；授权代管专业公司：工程作业大队；授权管理直属单位：油气销售公司；代行出资授权管理单位：新疆新星实业公司。分公司总部设：办公室、勘探项目管理处、油气开发处、总调度室、科技处、人事处、综合计划处、财务资产处、保卫处、安全卫生处、政治部、纪检监察处、工会办公室等职能部门。职工总数 2619 人。1998 年 4 月 27 日，中国新星石油公司决定注销原地矿部西北石油地质局、华疆矿产资源勘探开发总公司，更名：中国新星石油有限责任公司西北石油局。

2000 年 4 月 29 日，据国务院全国石油大重组战略，西北石油局改组改称为"中国石化集团新星石油有限责任公司西北石油局"，简称中国石化新星公司西北石油局。

1997 年 11 月 25 日，新星石油公司以中新油发〔1997〕168 号文任命了局、公司领导，

局　长（总经理）：张爱东（1997.11 - 1998.07）；

副局长（副总经理）：董顺（1997.11 - 1998.07 改任）、左兴凯（1997.11 - 1998.07）；

总工程师：蒋炳南（1997.11 - 1998.07）。

1998 年 7 月 7 日以中新油发〔1998〕127 号文调整了西北石油局领导成员。

局　　长：张爱东（1998.07 - 2001.05 调离）；副局长：左兴凯（1998.07 - 2001.05 调离）、盂德成（1998.07 - 2001.11 调

离）、詹麒（1998.07 – 2001.12）；总工程师：蒋炳南
（1998.07 – 2001.05 退休）；工会主席：董顺（1998.7 –
2001.12）

书 记：张爱东（1997.11 – 2000.04）；副书记兼纪委书记：苏来依曼·
阿不都（1998.07 – 2000.04）。

第七节　中国石化新星公司西北石油局

2000 年 4 月 29 日，中国新星石油公司新星油发［2000］4 号文关于变
更名称的通知称：根据国务院国办通［2000］1 号文件精神及国家经贸委提
出的中国新星石油公司重组方案，原中国新星石油公司整体并入中国石化集
团公司。并入后的名称为：中国石化集团新星石油有限责任公司西北石油
局，公章称谓：中国石化新星公司西北石油局，领导成员不变。

2001 年 5 月，中国新星石油公司党委经商新疆维吾尔自治区委员会同
意，以新星油发［2001］109 号文调整了西北石油局领导成员。

局　长：徐向荣（2001.05 – 2001.12）；

副局长：张泽祥（2001.05 – 2001.12）、孟伟（2001.05 – 2001.12）、宗
　　　　铁（2001.05 – 2001.12）；

总工程师：翟晓先（2001.05 – 2001.12）；

总会计师：刘宝增（2001.05 – 2001.12）。

2001 年实施重组改制方案和队伍结构调整：一、撤销采油大队、工程作
业大队、工程服务大队、测井站、保卫处等机构，不再承担固井、修井、钻
前施工、油田建设施工，供暖、运输、机修等生产施工作业任务。二、新组
建塔河一区、二区、雅克拉作业区，主要承担西北石油局的采油气生产任
务、油田管理、油田油气藏动态分析和管理，以及辖区油气资源管理和安全
环保等工作。三、新组建油田工程技术研究中心，主要承担油气勘探开发工
作中钻井工艺、固井、测试、试采、完井工艺的技术研究、技术引进、应用
推广工作以及测井、测试、试井的资料处理和解释工作，并承担油气勘探开
发的部分测井、测试和完井等生产施工作业任务。四、新组建油田维护中
心，主要承担油气田的供电、油田地面建设设施的维护维修、油田路桥养
护、应急抢险、防洪抗洪及单井原油倒运任务。五、新组建油田治安保卫消

防中心，主要负责油田的保卫治安消防工作。

第八节　地矿部塔北油气联合勘探指挥所、地矿部塔北油气勘查联合指挥部

1985 年 11 月 1 日，地矿部下文成立塔北油气联合勘探指挥所。并任命了领导成员。

主　任：岳振恒（1985.11 – 1986.03）；

副主任：骞振斌（1985.11 – 1986.03）。

为了加强塔北油气勘查工作，1989 年 4 月 1 日地矿部决定撤销"地矿部塔北油气联合勘探指挥所"，成立"地矿部塔北油气勘查联合指挥部"。夏国治副部长兼任总指挥，副指挥杨朴、岳振恒。成员有杨长城、骞振斌、陈云华、张泽祥、赵元哲、康玉柱、李正玉、张爱东、钱志奇、孙万录、刘庆民、黄绪德、王庆斌、万有林、毛克伟、何庆志、孙肇才、木沙．克里木、杨振华等 20 人。

1991 年 12 月 27 日，地矿部党组决定，塔北联指常设机构（办公室、勘查室、测试室、调度室）与西北石油地质局合并。合并后对外仍挂两块牌子，使用各自公章。后于 1998 年 5 月塔北联指摘牌，公章也停止使用。

第九节　中国石油化工股份有限公司西北分公司、中国石油化工集团西北石油局

2003 年 6 月 16 日石化股份人［2003］249 号，《关于徐向荣等 5 人职务聘任的通知》：鉴于中国石油化工股份有限公司新星西北分公司管理体制已调整变化并更名为"中国石油化工股份有限公司西北分公司"、"中国石油化工集团西北石油局"。经研究决定，聘任：

徐向荣为中国石油化工股份有限公司西北分公司经理；苏来曼．阿布都、孟伟、宗铁、翟晓先为中国石油化工股份有限公司西北分公司副经理。以上人员的聘期到 2006 年 4 月 22 日止。分公司原行政领导人员的职务自然解聘。

西北分公司与西北石油局共设一个党委、纪委、工会等党群组织。

所属单位：塔河采油一厂、塔河采油二厂、雅克拉采气厂、勘探开发规划设计研究院、工程技术研究院、工程监督中心、器材供应中心、油田维护中心、油田治安消防中心、油气销售公司。

机关设置：办公室、人力资源处、计划处、财务处、审计处、科技与外事处、勘探处、开发处、工程处、生产运行处、物资装备处、质量安全环保处、企业管理处。

中国石化集团西北石油局（简称西北石油局）。

机关设置：办公室、人事处、政治部、监察处、物资装备处、计划处、开发处、财务处、质量安全环保处、审计处、科技与外事处、企业管理处。

所属单位：塔河油田石油化工厂、基地服务中心、离退休职工管理中心、特种运输队。

2004 年 6 月 18 日石化股份人〔2004〕203 号，《关于焦方正等 5 人职务聘任、解聘的通知》决定：聘任焦方正为西北分公司经理；聘任刘宝增为西北分公司总会计师；聘任甘振维为西北分公司副经理。以上人员的聘期到 2006 年 4 月 22 日止。解聘徐向荣的西北分公司经理职务，调出另有任用；解聘苏来曼．阿布都西北分公司副经理职务。

2004 年 6 月 18 日中国石化党组〔2004〕85 号，《关于陈云华等 6 人职务任免的通知》，根据工作需要和中央关于干部交流的精神，经研究并征得中共新疆维吾尔自治区委员会同意，决定：调陈云华任中共西北石油局委员会书记；调焦方正任中共西北石油局委员会副书记；苏来曼·阿布都任中共西北石油局纪律检查委员会书记、西北石油局工会主席。免去张泽祥的中共西北石油局委员会书记、委员职务；免去徐向荣的中共西北石油局委员会副书记、委员职务；免去董顺的中共西北石油局委员会委员、纪律检查委员会书记、西北石油局工会主席职务，任西北石油局调研员。

2004 年 10 月 11 日西北油发〔2004〕59 号，关于成立西北石油局北京联络处的通知：经西北石油局、西北分公司党政领导联席会议于 11 月 11 日研究决定，成立西北石油局北京联络处，为西北石油局直属单位。

2004 年 11 月 17 日西北油字〔2004〕504 号，关于成立西北分公司油田供电管理中心的通知，为分公司所属二级单位。

2005 年 7 月 28 日中国石油化工股份有限公司石化股份人［2005］238 号，《关于窦之林、元涛职务聘任的通知》，决定聘任窦之林、元涛为西北分公司副经理，聘期到 2006 年 4 月 22 日止。

同年 3 月 7 日西北油发人［2005］45 号，《关于成立西北分公司完井测试中心的通知》：为适应新的加快发展要求决定，将工程技术研究院原有的完井、测试、监测、现场施工等职能和相关机构调整划出，成立完井测试中心，为分公司所属二级单位。

同年 5 月 19 日，西北石油局、西北分公司下发西北油发人［2005］110 号，《关于成立应急中心的通知》：依据中石化西北地区应急中心组建原则，成立应急中心。新组建的应急中心与原西北石油局、西北分公司治安消防中心为一个机构，两个牌子。下设 3 个大队：治安大队、消防支队、应急抢险大队。

同年 6 月 22 日中国石油化工股份有限公司西北分公司，下发西北油人［2005］119 号《关于成立西北分公司会计核算中心的通知》。为规范会计管理工作，有效执行会计制度，完善财务管理组织结构，实行会计集中核算，使西北分公司实现内部会计信息共享，提升企业资金成本管理与控制水平，按专业化管理的原则，决定成立会计核算中心，为分公司所属事业单位。将对各二级单位财务人员的定员标准进行重新核定。

2006 年 10 月 24 日西北石油局西北分公司，西北油发人［2006］125 号《关于成立西北分公司油田特种工程管理中心的通知》。

同年 10 月 24 日西北石油局西北分公司，西北油发人［2006］128 号《关于成立西北分公司基地管理中心的通知》。

同年 10 月 30 日西北石油局西北分公司，西北油发人［2006］131 号《关于成立西北石油局资产管理中心的通知》。

同年 11 月 9 日西北石油局，西北局企［2006］36 号《关于注销霍城县古琴大厦的决定》。

同年 11 月 15 日，西北油发人［2006］138 号《关于成立西北分公司离退休工作处的通知》。西北分公司离退休工作处与西北石油局离退休职工管理中心为一个机构，两个牌子，合署办公。

2007 年 3 月 9 日中国石油化工股份有限公司，石化股份人［2007］83

号《关于翟晓先、宗铁职务聘任解聘的通知》：决定聘任翟晓先为西北分公司副经理（正职待遇），聘期到 2009 年 5 月 24 日止。解聘宗铁的西北分公司副经理职务，调出另有任用。

2008 年 3 月 17 日，中国共产党中国石油化工集团公司党组，中国石化党组［2008］35 号《关于陈明政、陈云华同志职务任免的通知》：调陈明政同志任中共西北石油局委员会书记。免去陈云华同志的中共西北石油局委员会书记、委员职务。

同日，中国石油化工股份有限公司，石化股份人［2008］89 号，《关于陈明政职务聘任的通知》：聘任陈明政为西北油田分公司副经理（兼），聘期到 2009 年 5 月 24 日止。同日中国石油化工集团公司，中国石化人［2008］135 号《关于免去陈云华职务的通知》：鉴于年龄原因，决定免去陈云华的西北石油局副局长职务。

同年 5 月 7 日，中国共产党中国石油化工集团公司党组，中国石化党组［2008］54 号《关于中共中国石化集团西北石油局委员会组成及有关领导人员职务任免的通知》，决定如下：中共中国石化集团西北石油局委员会由陈明政、焦方正、翟晓先、孙兆玉、刘宝增、甘振维、窦之林、元涛等 8 名同志组成，陈明政同志任书记，焦方正同志任副书记（兼）。原中国石化集团西北石油局党委、纪委及工会有关领导人员职务自然免除。撤销勘探西北分公司党委、纪委及工会，有关领导人员职务自然免除。

同日，中国石油化工股份有限公司，石化股份人［2008］173 号《关于漆立新职务聘任的通知》，任漆立新为中国石油化工股份有限公司西北油田分公司勘探开发研究院（石油勘探开发研究院西北分院）院长，聘期到 2009 年 5 月 24 日止。

同日，中国共产党中国石油化工集团公司党组，中国石化党组［2008］56 号《关于张洪安同志任职的通知》，张洪安同志任中共中国石油化工股份有限公司西北油田分公司勘探开发研究院（石油勘探开发研究院西北分院）委员会书记。

同年 8 月 28 日，中国石油化工股份有限公司，石化股份人［2008］335 号《关于秦强运等 3 人职务聘任解聘的通知》，聘任秦强运、胡广杰为西北油田分公司副经理，聘期到 2009 年 5 月 24 日止。解聘孙兆玉的西北油田分公司副经理职务，调出另有任用。

同年 3 月 20 日，西北石油局西北油田分公司，西北油发人〔2008〕30号《关于唐世春、孟繁莹、漆立新、林涛同志职务聘任的通知》，聘任唐世春同志为西北油田分公司副总工程师（正处级）；聘任漆立新同志为西北油田分公司副总地质师（正处级）；聘任林涛同志为西北油田分公司副总工程师（正处级）。以上人员聘期到 2009 年 5 月 24 日止。

同年 11 月 7 日，西北石油局西北油田分公司，西北油发人〔2008〕84号《关于王士敏同志职务聘任的通知》，聘任王士敏同志为西北油田分公司副总经济师兼组织人事处处长。

同年 4 月 1 日，西北石油局西北油田分公司，西北油发人〔2008〕31号，《关于成立西北油田分公司完井测试管理中心的通知》，下设 5 个科室：综合管理科、人力资源科、生产运行科、安全技术科、计划财务科。机关直属管理小车班、两库班组。下设 4 个基层分队：完井测试工程技术所（职能包括施工设计和总结，油品化验分析）、完井设备管理部、勘探井完井测试项目管理部、开发井完井测试项目管理部。完井测试管理中心定编 161 人，其他用工总量严格按照审批通知执行。其中机关岗位定编 50 人（包括领导班子成员 5 人）。

同年 5 月 22 日，西北石油局西北油田分公司，西北油发人〔2008〕55号《关于信息中心机构调整的通知》：西北油田分公司信息中心为正处级直属单位。信息中心主要办公地设在乌鲁木齐市，下设：综合室、系统室、应用室、信息安全管理室、通讯室。编制 35 人。其中中心主任 1 名（正处级），中心副主任 3 名（副处级），各室人员可根据工作需要动态配置，岗级职数按有关规定执行。

同日，西北石油局西北油田分公司，西北油发人〔2008〕56 号《关于小车服务中心机构调整的通知》，西北油田分公司小车服务中心为正处级直属单位。下设安全科、综合科、外租车辆管理科 3 科室和油田生产分队、油田指挥分队、综合服务分队 3 个分队。小车服务中心正式职工编制 39 人（暂按现有人员），其中中心主任 1 名（正处级），中心副主任 2 名（副处级），各科定员 2 人，各分队人员可根据工作需要动态配置，岗级职数按有关规定执行。

同年 6 月 30 日，西北石油局西北油田分公司，西北油发办〔2008〕65号《关于成立西北油田分公司北京联络处的通知》，为进一步加强中国石化机关各部门的沟通协调，做好赴京出差人员的交通、食宿安排等接待工作，经研究决定，成立西北油田分公司北京联络处。

2009 年 5 月 22 日中国石油化工股份有限公司，石化股份人［2009］187 号《关于焦方正等 10 人职务聘任的通知》，决定聘任：焦方正为西北油田分公司总经理（兼）；陈明政为西北油田分公司副总经理（兼）；翟晓先为西北油田分公司副总经理（正局级）；刘宝增为西北油田分公司总会计师；

甘振维、窦之林、元涛、秦强运、胡广杰为西北油田分公司副总经理；漆立新为西北油田分公司勘探开发研究院（石油勘探开发研究院西北分院）院长。

以上人员的聘期到 2010 年 5 月 22 日止。由于年龄、工作需要等原因进行的调整，不受聘期限制。

同年 9 月 21 日中国石油化工股份有限公司，石化股份人［2009］438 号《关于王世洁、元涛职务聘任解聘的通知》：聘任王世洁为西北油田分公司副总经理，聘任期到 2010 年 5 月 22 日止。解聘元涛的西北油田分公司副总经理职务。

同年 4 月 17 日西北石油局西北油田分公司，西北油发人［2009］18 号《关于成立西北油田分公司档案馆的通知》。

同年 4 月 17 日西北石油局西北油田分公司，西北油发人［2009］19 号《关于成立西北油田分公司北疆试采管理部的通知》。10 月 16 日西北石油局西北油田分公司，西北油发人［2009］74 号《于撤销西北油田分公司北疆试采管理部的通知》。

同年 10 月 16 日西北石油局西北油田分公司，西北油发人［2009］73 号《关于成立西北油田分公司塔河采油三厂的通知》。

2010 年 7 月 9 日，中国石油化工集团公司，以中国石化人［2010］381 号《关于刘中云、焦方正职务任免的通知》决定：调刘中云任西北石油局局长。免去焦方正的西北石油局局长职务。

同日，中国石油化工股份有限公司，以石化股份人［2010］258 号《关于刘中云、焦方正职务聘任解聘的通知》决定：聘任刘中云为西北油田分公司总经理，聘期到 2012 年 5 月 22 日止。解聘焦方正的西北油田分公司总经理职务。

同年 2 月 22 日，西北石油局、西北油田分公司，以西北油发人［2010］

19 号《关于胡广杰等同志职务聘任解聘的通知》决定：聘任胡广杰同志为西北油田分公司总法律顾问（兼）；聘期到 2013 年 5 月 22 日止。解聘孟繁莹同志西北油田分公司总法律顾问职务（兼）。

同年 11 月 19 日，中国石油化工股份有限公司，以石化股份人〔2010〕452 号《关于赵化廷、甘振维职务聘任解聘的通知》决定：聘任赵化廷为西北油田分公司副总经理，聘期到 2012 年 5 月 22 日止。解聘甘振维的西北油田分公司副总经理职务，调出另有任用。

同年 2 月 1 日，西北石油局、西北油田分公司，以西北油发人〔2010〕14 号《关于成立西北油田分公司采油气工程管理处的通知》，为进一步加快西北油田分公司油气开发建设的步伐，完善油公司管理体制，全面提高专业化管理水平，确保分公司油气开发生产作业安全高效运行，经局、油分公司党政领导联席会议研究，决定成立西北油田分公司采油气工程管理处。下设 3 个职能科室，定编定员 18 名。班子成员 3 名：处长 1 名，副处长 2 名。

同年 3 月 31 日，西北石油局、西北油田分公司，以西北油发办〔2010〕35 号《关于成立西北油田分公司上产服务队的通知》。为做好夺油上产服务工作，扭转产量被动局面，经局长经理办公会议研究，决定成立西北油田分公司上产服务队。分开发服务队、采油工程服务队、油田建设服务队。

同年 5 月 24 日，西北石油局、西北油田分公司，以西北油发人〔2010〕50 号《关于成立西北石油大厦管理处通知》，经局、分公司党政领导联席会议研究，决定成立西北石油局大厦管理处。为西北油田分公司下属正处级二级单位。实行一个机构两块牌子，对外以西北石油局下属的分公司体制运行；对内为西北油田分公司西北石油大厦管理处（简称西北石油大厦管理处）履行职能职责。

2011 年 12 月 12 日，中国石油化工股份有限公司，石化股份人〔2011〕563 号《关于漆立新等 3 人职务聘任解聘的通知》决定：聘任漆立新为西北油田分公司副总经理、总地质师；聘任唐世春为西北油田分公司副总经理。以上人员的聘期到 2012 年 5 月 22 日止。解聘翟晓先的西北油田分公司副总经理（正局级）职务，调出另有任用。

同日，中国共产党中国石油化工集团公司党组，中国石化党组〔2011〕110 号《关于张洪安等 5 名同志职务任免的通知》决定：张洪安同志任中共中国石化集团西北石油局委员会委员、纪律检查委员会书记；漆立新、唐世春同志任中共中国石化集团西北石油局委员会委员。免去元涛同志的中共中国石化集团西北石油局委员会副书记、委员、纪律检查委员会书记职务，不再担任中国石化集团西北石油局工会主席职务，调出另有任用；免去翟晓先同志的中共中国石化集团西北石油局委员会委员职务。

同年2月21日，西北石油局西北油田分公司，西北油发人［2011］16号，《关于聘任刘宝增总法律顾问职务的通知》，决定聘任刘宝增为西北油田分公司总法律顾问（兼），解聘胡广杰西北油田分公司总法律顾问职务（兼）。聘期到2012年5月22日止。

同年8月1日，西北石油局西北油田分公司，西北油发人［2011］80号《关于聘任陈惠超、常志远、林涛、胡文革首席专家的通知》聘任：陈惠超为西北油田分公司油气勘探领域首席专家（正处级），解聘其西北油田分公司副总地质师职务；常志远为西北油田分公司钻完井工程领域首席专家（正处级），解聘其西北油田分公司副总工程师职务；林涛为西北油田分公司采油气工程领域首席专家（正处级，兼），解聘其西北油田分公司副总工程师职务；胡文革为西北油田分公司油气开发领域首席专家（正处级，兼），解聘其西北油田分公司副总地质师职务。以上人员聘期到2014年7月31日。

同年2月21日，西北石油局西北油田分公司，西北油发人［2011］13号《关于李天荣、赵习森职务聘任解聘的通知》聘任：李天荣为西北油田分公司副总政工师（正处级）；赵习森为西北油田分公司开发处副处长，解聘其西北油田分公司雅克拉采气厂总地质师（副处级）职务，不再担任雅克拉采气厂党委委员职务。以上人员聘期到2012年5月22日止。

同年8月1日，西北石油局西北油田分公司，西北油发人［2011］81号《关于黄太柱、张平、张建梁、赵永贵4人职务聘任的通知》聘任：黄太柱为西北油田分公司副总地质师（兼）；聘任张平为西北油田分公司副总工程师（兼）；聘任张建梁为西北油田分公司副总会计师（兼）；聘任赵永贵为西北油田分公司安全副总监（兼）。以上人员聘期到2012年5月22日止。

同年8月8日，西北石油局西北油田分公司，西北油发人［2011］82号《关于成立西北油田分公司勘探项目管理部的通知》，勘探项目管理部下设5个科室，编制暂定23人：综合管理科4人、地球物理科4人、钻井管理科4人、测录管理科4人、完井测试科2人，班子成员5人（主任1人、副主任3人、总工程师1人）。

同年11月30日，西北油田分公司，西北油人［2011］405号《关于成立西北石油局工程技术支持中心的通知》，西北石油局工程技术支持中心（简称中心）是西北石油局直属单位。中心班子成员 4 人：经理 1 人、副经理 3 人，下设经营管理部、天然气项目部。

2012 年 8 月 1 日，中国石油化工股份有限公司，石化股份人［2012］289 号《关于黄太柱、漆立新职务聘任解聘的通知》，聘任黄太柱为西北油田分公司勘探开发研究院（石油勘探开发研究院西北分院）院长，聘期到 2015 年 5 月 11 日止。解聘漆立新的西北油田分公司勘探开发研究院（石油勘探开发研究院西北分院）院长职务。

同年同日，中国共产党中国石油化工集团公司党组，中国石化党组［2012］217 号《关于江旭、张洪安同志职务任免的通知》，决定江旭任中共中国石油化工股份有限公司西北油田分公司勘探开发研究院（石油勘探开发研究院西北分院）委员会书记。免去张洪安的中共中国石油化工股份有限公司西北油田分公司勘探开发研究院（石油勘探开发研究院西北分院）委员会书记、委员职务。

同年 10 月 19 日，中国共产党中国石油化工集团公司党组，中国石化党组［2012］278 号《关于席兴怀同志任职的通知》，决定席兴怀任中共中国石化集团西北石油局委员会副书记。

同年 2 月 6 日，西北石油局西北油田分公司，西北油发人［2012］22 号《关于成立西北石油局、西北油田分公司土地管理处的通知》，决定成立西北石油局、西北油田分公司土地管理处（以下简称土地管理处）。土地管理处与生产运行处合署办公，实行组织机构一套班子、两块牌子。下设 2 个科：公共关系科、土地管理科。定员 9 人（暂定）。

2013 年 6 月 14 日，西北石油局、西北油田分司，以西北油发人［2013］116 号《关于聘任漆立新为西北油田分公司油气勘探中心主任的通知》决定：聘任漆立新为油气勘探中心主任（兼），聘期到 2015 年 5 月 11 日止。

同年 1 月 11 日，西北石油局以西北局人［2013］1 号《关于赵化廷、孟繁莹职务聘任解聘的通知》，决定聘任孟繁莹为西北石油局工程技术支持中心经理（兼），聘期到 2015 年 5 月 11 日止。赵化廷不再兼任西北石油局工程技术支持中心经理职务。

同年 5 月 24 日，西北石油局、西北油田分公司，以西北油发办［2013］

103 号《关于成立西北油田分公司油气勘探中心的通知》。

同年 6 月 14 日，西北石油局、西北油田分公司，以西北油发人［2013］114 号《关于西北油田油气勘探中心机构设置的通知》如下：机构设置。油气勘探中心是分公司勘探业务的经营管理主体和勘探投资的责任主体，对勘探投资和油气储量发现成本负总责。

原西北油田分公司勘探处、勘探项目管理部 2 个部门撤销，人员整体划转到油气勘探中心。

中心领导成员：主任 1 人（分公司主管勘探的副总经理兼任），副主任 4 人。中心下设 3 个管理部：规划部署管理部、生产技术管理部、综合事务管理部。各管理部负责人由中心副主任兼任。其中：规划部署管理部副职 2 人，专家 2 人；生产技术管理部副职 2 人，专家 1 人。

规划部署管理部下设 2 个科：规划部署科、矿权储量科；生产技术管理部下设 4 个科：物探工程科、钻井工程科、测录井工程科、完井测试科；综合事务管理部下设 3 个科：投资管理科、信息标准科、综合事务科。

2014 年 5 月 13 日，中国共产党中国石油化工集团公司党组，中国石化党组［2014］91 号《关于胡文革、张平同志任职的通知》，决定胡文革、张平同志任中共中国石化集团西北石油局委员会委员。

同日，中国石油化工股份有限公司，石化股份人［2014］190 号《关于胡文革、张平职务聘任的通知》，决定聘任胡文革、张平为西北油田分公司副总经理，聘期到 2015 年 5 月 11 日止。

同年 9 月 19 日，中国共产党中国石油化工集团公司党组，中国石化党组［2014］163 号《关于刘宝增等 3 名同志职务任免的通知》决定：刘宝增同志任中共中国石化集团西北石油局委员会书记；陈明政同志任中共中国石化集团西北石油局委员会副书记（兼），免去其中共中国石化集团西北石油局委员会书记职务。免去刘中云同志的中共中国石化集团西北石油局委员会副书记、委员职务。

同日，中国石油化工集团公司，中国石化人［2014］505 号《关于陈明政等 4 人职务任免的通知》决定：陈明政任西北石油局局长；刘宝增任西北石油局副局长（兼）；胡广杰任西北石油局常务副局长。免去刘中云的西北石油局局长职务，调出另有任用。

同日，中国石油化工股份有限公司，石化股份人［2014］316 号《关于陈明政等 5 人职务聘任解聘的通知》，决定聘任陈明政为西北油田分公司总经理；聘任刘宝增为西北油田分公司副总经理（兼），解聘其西北油田分公司总会计师职务；聘任胡广杰为西北油田分公司常务副总经理。以上人员的聘期到 2015 年 5 月 11 日止。聘任艾合麦提·艾萨为西北油田分公司副总经理，挂职时间 2 年。解聘刘中云的西北油田分公司总经理职务，调出另有任用。

2015 年 4 月 30 日，西北石油局、西北油田分公司下发西北油发人 [2015] 58 号文，聘任余满和为西北油田分公司副总政工师。

同年 9 月 8 日，西北石油局、西北油田分公司下发西北油发人 [2015] 143 号文，聘任魏新勇为西北油田分公司副总工程师（正处级），解聘其西北油田分公司工程技术研究院副院长（兼）职务。

第十节　西北油田分公司、西北石油局 2015 年党政班子、机构设置

西北石油局党委书记、副局长，西北油田分公司副总经理：刘宝增；

西北石油局局长、党委副书记，西北油田分公司总经理：陈明政（3 月离任）、胡广杰（3 月任职）；

西北油田分公司副总经理：艾合麦提·艾萨、王世洁；

西北油田分公司副总经理、总法律顾问：赵化廷；

西北油田分公司副总经理、总地质师：漆立新；

西北油田分公司副总经理：唐世春、胡文革、张平；

西北石油局纪委书记：张洪安（3 月离任）、王保生（3 月任职）。

中共西北石油局委员会成员名单：

书　记：刘宝增；

副书记：陈明政（3 月离任）、胡广杰（3 月任职）；

委员：王世洁、赵化廷、漆立新、张洪安（3 月离任）、唐世春、胡文革、张平、王保生（3 月任职）。

2015 年西北石油局、西北油田分公司有中层机构 42 个。

机关处室（部门）20 个：总经理办公室、投资发展处、财务资产处、

人力资源处、企业管理处（法律事务处）、审计处、安全环保处、科技处、设备管理处、基建处、市场管理处、油气勘探管理部、油气开发管理部、工程技术管理部、生产运行管理部、党委办公室、纪委（监察处）、工会、团委、机关党委。

兼有管理职能的专业化服务单位8个：物资供应管理中心、概预算中心、财务结算中心、信息化管理中心、档案管理中心、石油工程监督中心、油气销售中心（油气运销部）、离退休工作处。

科研单位2个：勘探开发研究院、石油工程技术研究院。

采油（气）厂4个：采油一厂、采油二厂、采油三厂、雅克拉采气厂。

专业化单位8个：完井测试管理中心、油田特种工程管理中心、油田供电管理中心、油田治安消防中心、基地管理中心、小车服务中心、北京联络处、西北石油大厦管理处。

局、分公司人员结构：2015年底，正式职工4143人，派遣劳务工1427人。正式职工中经营管理人员2298人、专业技术人员1218人、技能操作人员627人；博士研究生32人、硕士研究生442人、大学本科2380人、大学专科610人、中专46人、高中及以下633人；正高级专业技术职务31人、副高级739人、中级1178人、初级1153人。

第四编　附　录

（1955 – 2016 年）

1955～1998 年一普及前身机构沿革和历届主要负责人一览表

序号	机构名称	成立～终止（年月）	中共党组织负责人	行政主要负责人	分管生产、科研负责人	钻井技术负责人
1	地质部华北 226 队	1955.1 –1956.9	贺光	陈树森、贺 光	隗和有	刘思明
2	地质部华北石油普查大队	1956.9 –1958.9	孙良鹏	贺光	陈树森 隗和有	孙万铨 刘思明
3	地质部山东地质局石油普查队	1958.9 –1960.11	王世荣	何秉仁	杨兆宇	张启礼
4	地质部第一普查勘探大队	1960.11 ～1961.12	王敏	张连奎	张连奎	苏仲山
5	同上	1962.1 ～1965.3	白庆培	张连奎	张连奎	苏仲山
6	同上	1965.3 ～1967.4	张志宏	张连奎	张连奎	苏仲山
7	同上	1967.5 ～1970.9	张志宏	李桂旺	师宗浩	黄超彤
8	国家计委地质局青海石油队	1970.9 ～1975.9	张志宏 李桂旺	李桂旺 王树德	师宗浩	黄超彤
9	国家地质总局青海地质局石油普查队	1975.10 ～1979.1	毕占海	张同彦	师宗浩	李正型 赵元哲
10	新疆石油普查勘探指挥部钻井大队	1979.2 ～1979.6	师宗浩	师宗浩 1979.3 ～1979.6	赵元哲 1979.3 ～1979.6	刘其用 1979.3 ～1985.3

序号	机构名称	成立～终止（年月）	中共党组织负责人	行政主要负责人	分管生产、科研负责人	钻井技术负责人
11	地质总局第一普查勘探大队	1979.7～1979.10	师宗浩 1979.12～1981.6	师宗浩 1979.7～1984.1	赵元哲 1979.6～1979.10	同上
12	地质部第一普查勘探大队	1979.10～1983.4	师宗浩	师宗浩 1979.7～1984.1	赵元哲 1979.10～1981.7	同上
13	地质部西北石油地质局第一普查大队	1983.4～1986.12	骞振斌 1981.1～1983.8	师宗浩 1981.7～1984.1	师宗浩 1981.7～1984.	同上
14	同上	1983.4～1986.12	赵元哲 1984.1～1984.11	赵元哲 1984.1～1984.11	刘其用 1985.3～1987.10	
15	同上	1983.4～1986.12	杨慧民 1985～1986.1、窦汝玉 1986.6～1987.3	刘其用 1985.3～1987.10	刘国栋 1985.3～1987.6、姜成生 1987.6～1989.7	姜成生
16	同上	1983.4～1996.12	魏开谈 1987.3～1989.7	刘金 1987.3～1993.2	姜成生 1987.6～1989.7	李枫 1989.7～1990.3
17	中国新星石油公司西北石油局第一普查勘探大队	1996.12～1998.4	窦汝玉 1989.7～1991.1、童明华 1991.1～1998.2	董顺 1993.7～1996.7、张哲 1996.7～1998.5	卫怀忠 1995.3～1998.5	常志远 1993.7～1998.5
	同上	1998.4～1998.5	一普撤销			

写在书末的话

首先，以最虔诚的敬意感谢宋瑞祥部长，他在繁忙公务中抽时为我这名地质石油队伍老兵的所谓文字写序。部长言简意赅的话语，寄托他对这支诞生于共和国初年的国家首批石油地质队伍的深深怀念和殷殷期待。足见老领导对西北石油局、分公司的发展足迹高度关注；期待在新的历史时期不辱使命，百尺竿头更上一层，彩绘益发煊丽的图画。

一

话说编"一普"史，源自一个偶然。1967年冬，221队从青海诺木洪农场，搬至海西州尕海下马钢厂。这原是劳改场所，一片破败土坯窑洞，与周缘百里戈壁瀚海没有围墙警楼阻隔，极目苍穹，万里萧索。犯人若胆敢越狱，跑不出茫茫苦海，就得饿死、渴死戈壁。一天我闲逛，瞅一间新坯土屋，南向敞开无墙，里边横七竖八堆放箱篓杂物。随手掀开盖子，尽是书报，惊艳大喜。当天阳光煦煦，我慢慢乱翻。那年月书册之类文字如粪土，有谁关心在这边掏宝呢！除大量马列著作、文史书籍外，意外发现如《石油普查通讯》合订本1－70期，还有手写或打印的一普相关总结类原始资料件，等等，如获至宝。推测该是德州搬来的政治处资料室物件，准是当年几条舞文弄墨汉子如黄文光、李维汉、张学良、刘金等的心爱。眼下被扔在这戈壁荒漠土屋，任风沙尘土肆虐，无人问津，一派落泊。后又光顾几次，每次抱到不能承受为止。回到窑洞细细品阅，这不是一普的现实史吗？自此萌生了编写一普史的想法心结。

后来读到一位伟大哲人说，一个伟大国家、一个伟大民族，一定要有伟大的发展历史与之匹配。我不揣冒昧地演绎：一个有强烈个性而顽强搏击前行的企业，就应该有自己独特的发展轨迹史；既彰显宝贵精神富矿，又启迪后者永葆青春，为国家民族多做贡献！

这支成立于 1955 年初开共和国油气普查勘探先河的队伍,迄今已走过 60 余寒暑。他们怀揣找油报国大于天的豪情壮志梦想,汗洒长城内外、青海高原和边陲新疆,磨砺大半个中华;为大庆、胜利、辽河、江汉和塔里木油气突破亮出侦察兵夺目光芒,圆了美好壮伟的梦想。

"一普"这支独具强烈个性而顽强搏击前行的企业队伍,不该在人类记忆档案层面展露头角吗?

二

编写信心越发坚定,着手准备史实素材。往后几十年不断用心四处搜寻有关"一普"的大报小报及上下级党政发文资料,哪怕几张了草记事纸片,视作宝贝廬集珍藏。加之此前受局返聘,曾参编《西北石油局志》、图志和钻井志等工作,又掌握一定资料和编纂经验。

欲试劲头倍增,心心念念惦想重温"一普"及后的西北石油局、分公司所走的足迹。想来容易,一当执笔,面对巨量资料,颇感一头雾水。难点在于一:如何恰到好处把握既不失较全面、系统、客观、准确地总结和反映队伍的基本面,又能不陷入面面俱到的流水账泥潭。这是考验宏观与微观审慎力高度的难点。权衡再三,要有所为有所不为,要抓纲开网。惟有不按队伍、专业、人物一一细分详述;紧抓宏观着墨局、分公司油气成果关联的勘探开发总成。二:由于华北、青海与塔里木各勘区历史实况的差异,按实际需对侧重点进行相应调整,力戒三分天下等量齐观。斟酌多时,敲定纲目思路:力求编写基点扎实,推崇事实说话,数据作证原则;重在写实写透各地区历史闪光点,为一普人树碑立传、载入史册;让大批珍贵史料,完整系统地传录后世。

最后形成的构架是:华北盆地遵循从零起步,"物探先行,地质指路,钻探验证"探边摸底的普查战略,激发革命加拼命精神;瞄准油气勘查工作的丰富、翔实史料与重大事件的主线;狠抓实现围绕油气的发现和突破与上交国家勘探成果报告编写的目标,展开大规模油气侦察勘探史料纪实。青海地区以千方百计恢复、完善、规范各项生产管理机制,抵制无序、动荡和"派性"贻害,搏击勘探中油气钻探技术成功完井为中心;以较多篇幅记述"纠斜"、"堵涌"和"防塌"的三夺重围苦战。而塔里木盆地则围绕以寻找

— 347 —

油气新突破口为旗帜，开创"三光荣""塔河精神"思想建设；树立不断探索创新勘探开发新理论，敢攀世界级难题的锐气和意志，齐夺油气勘探开发稳产高产建产大目标，拉开勘探开发总成大场面史实的较全面记述。同时，在第三编十四章"不懈坚守队伍思想建设和经济管理措施创新"中，第一节"针对不同时期，创建活的思想建设内容"、第二节"坚持艰苦奋斗，战胜各种困难"和第三节"坚持勤俭办勘探，努力降本增效"等，为的是避免三地区的内容重复，故集中在最后的新疆地区进行几上三方面内容的概括记叙。因为思想建设和经济管理措施，虽各地区各时期有差别，但基本上相近类似。

厘清了一二难点和纲目思路，说来清楚，而面对浩繁事实仍感左支右绌，困不可忍。比如在徜徉资料海洋，找出史实脉络后，要凸现队伍正能量，高扬行业闪光点时，往往涉人事及其他敏感事久久犹豫，屡遇弯路和失败。此外，青海地区的文革事，基本避而不谈。有的章节写了废掉，反反复复，多则三四次；一次成功属罕见；加之非专业行家，遇拦路虎经常找基础知识课本或专业大辞典如《中国大百科全书"地质卷"》之类弄懂了再编纂。其艰难一言难尽，甚至痛苦至几经放弃。在放弃与重拣间发生多次，常伴疾病纠葛而扔下。瞅滴液时脑洞忽开，死结如梦初醒攸忽而解。八年之痒，个中难言，点滴记心头，只缘偶然心结，终生应诺。

三

为活跃史类文字固有的沉闷，增强阅读魅力，在记叙的一定时距内，有意识安排穿插与史实有亲缘关系的相关花絮文字；均以小半号字，似注释类面貌出现。一类是散文、诗歌式趣闻轶事，如李奔的纪实散文和郭仁炳的诗；二是注释类文字，帮助读者理解其中史实来龙去脉，补充正文不足，如对庆功会、二四三队等的勘探及相关重大事件史实介绍；三是对勘探队伍涌现出的独特事迹、人物、事件等的介绍，如潘民空、一四五队等。或许一孔之见，殊非党政评定。凡获国家、省部奖者，文件公布，此书免一一遵纪。

此外，为提高阅读的视角冲击力，期待有典型现场感记录照片。费尽周折搜寻昔日影像共选用数十张（包括地图），特别是华北和青海地区，物是人非，困难之至。当下的塔里木现场照俯拾即是，只选集体的、典型的，力戒重复，不当处鉴谅。这里特别感谢谷俊仑的"翰海油珠"照，视角与艺术处理堪称独到，击中了我的心灵，与本书切题，故选作封面题照。此外插入少量图表共 6 份，以数据提高历史存在的真实性。

最后，囿于篇幅制约，难以全面反映，部分勘探及配套工程作业等涉足较少，存在遗珠之憾。埋头经营 8 年，于 2017 年秋完稿。由于自身诸多储备的缺憾，存在偏颇、粗疏乃至错误；心余力绌瑕瑜互见，难能勉力达到准确、系统、完整地记述"一普"及西北石油局、西北油田分公司 60 余年发展的客观史实；谨敬读者朋友，仁者见仁智者见智，理解万岁了。其中华北和青海两部分的主要内容，《西北石油》报曾用一年时间予以连载，在此衷心致谢。收到较好反映，有领导来电来信要求早日结集出版。

作者 2017 年 9 月杭州谨识

参考文献及资料

1、《油气资源勘查四十年（1949－1989）》1、2、3册油墨打印本，地矿部石油地质研究所编委会。

2《柴达木盆地油气勘查史》、《东疆地区油气资源勘查史》、《准葛尔盆地油气资源勘查史》，西北石油地质局《勘查史》编写组手写复印稿，1990年4月。

3、《松辽盆地石油和天然气勘查史（1949－1989）》编写组，1992年地质出版社。

4、《石油地质综合大队队志（1962－1996）》，1997年10月，内部资料印刷。

5、《华北地区油气勘查史（1955－1989）》，华北石油地质局科技委编，1990年内部资料。

6、《第二普查勘探大队队史》，西南石油地质局队史编写组1985年10月25日，内部资料。

7、《第二物探大队队史》，西南石油地质局二物队史编写组1988年5月，内部资料。

8、《中华人民共和国地质矿产史（1949－2000）》朱训、陈洲其主编，2003年地质出版社。

9、《中华人民共和国地质矿产部年鉴1985》编审委员会，1985年地质出版社。

10、《朱大绥石油物探文选》，1997年8月，地质出版社。

11、《李四光论文选编（供内部学习)》，1971年甘肃地质局第二区域地质测量队编印。

12、《普查勘探通讯（1964.2－1965.12.1－70期合订本)》，一普大队政治处编内资。

13、《塔里木盆地油气勘查文集》，康玉柱、陆青主编，1994年新疆人民出版社。

14、《中国塔里木盆地石油地质特征及资源评价》康玉柱主编，1996 年地质出版社。

15、《油气资源和油气工作研究》郭仁炳著，1996 年地质出版社。

16、《油气成控条件和探采结合研究文集》郭仁炳、李景芹著，2001 年石油工业出版社。

17、《塔里木盆地北部油气勘探与开发论文集》蒋炳南主编。

18、《西北石油局志》、《西北石油钻井志》及《西北石油局图志》。内部资料。

19、《西北石油局年鉴 2000 年至 2016 年》（2002 年前为《塔里木石油年鉴》）。

20、《西北石油局统计资料汇编 1978－2000 年》。内部资料。

21、西北石油局、分公司 1978－2005 年计财年度报告说明。内部资料。

22、西北石油局、分公司 1979－2016 年度工作报告。内部资料。

23、西北石油局、分公司"七五"、"八五"、"九五"、"十五"、"十一五"、"十二五"工作总结。内部资料。

24、焦方正主编《塔河油气田开发研究文集》、翟晓先主编《塔河油气田勘探与评价文集》。

25、《中国大地构造纲要》，中国科学院地质研究所编，1959 年科学出版社出版。

26、《中国大地构造问题》，陈国达、朱夏等，1965 年科学出版社出版。

27、《黄汲清纪念文集》，中国地质科学院编，1998 年地质出版社出版。

28、石宝珩著《石油史研究辑录》，2003 年地质出版社出版。

29、《瀚海晨报》、《西北石油》1985－2016 年。

30、《光辉山野》，地质矿产部老干部局编，1992 年地质出版社。

31、《中国大百科全书·地质学》，地质学编辑委员会编，1993 年中国大百科全书出版社出版．上海。

32、《华北油田大事记》，华北油田大事记编委会编，2006 年石油工业出版社出版。

33、《江汉油田》、《济阳坳陷油气勘探》、《辽河油田》，2005 年石油工业出版社出版。

34、《中国新星石油文集》，杨朴主编，1999 年 11 月地质出版社出版。